你一定爱读的
极简世界史

品墨 编著

陕西师范大学出版总社

图书代号:SK18N1664

图书在版编目(CIP)数据

你一定爱读的极简世界史 / 品墨编著. —西安:
陕西师范大学出版总社有限公司, 2018.11
ISBN 978-7-5695-0397-5

Ⅰ.①你… Ⅱ.①品… Ⅲ.①世界史—通俗读物
Ⅳ.①K109

中国版本图书馆 CIP 数据核字(2018)第 259936 号

你一定爱读的极简世界史
NI YIDING AIDU DE JIJIAN SHIJIESHI

品 墨 编著

总 策 划	杨建峰
责任编辑	乔树雄 杨永胜
责任校对	乔树雄 高 峰
装帧设计	松 雪
出版发行	陕西师范大学出版总社
	(西安市长安南路 199 号 邮编 710062)
网 址	http://www.snupg.com
印 刷	天津兴湘印务有限公司
开 本	880mm×1270mm 1/32
印 张	15
字 数	388 千
版 次	2018 年 11 月第 1 版
印 次	2018 年 11 月第 1 次印刷
书 号	ISBN 978-7-5695-0397-5
定 价	42.00 元

读者购书、书店添货或发现印装质量问题,请与本社营销部联系、调换。
电话:(029)85251157 传真:(029)85307636

前　言

法国历史学家马克·布洛赫曾说："历史以人类的活动为特定的对象，它思接万载，视通万里，千姿百态，令人销魂，因此它比其他学科更能激发人们的想象力。"又如英国著名历史学家汤因比所说："一个人如果能身处在历史感悟之中，他就一定是获得真知的人，因为历史的经验是最为丰富的一座智慧之库。"历史蕴含着经验与真知，它记录了人类社会的成功与失败、兴盛与衰退、辉煌与悲怆、交替与更新，也预示着人类的未来。

从史前人类的进化到古代文明的萌发，从帝国的林兴与覆灭到封建社会的繁荣与鼎盛，从中世纪思想文化的璀璨到资本主义社会科技的突飞，从世界大战的硝烟弥漫到和谐地球村的歌梦同扬……历经沧海桑田，历尽痛苦磨难，人类历史自孤立、分散的人群逐渐发展为"地球村"式的大家庭。

在这条奔腾不息的历史长河中，大大小小的事件浩如烟海，经天纬地的人物繁似星辰，国度地域的脉络错综庞杂，辉映古今的思想文艺异彩纷呈……要从总体上把握世界历史的发展进程并不是一件容易的事情。相应地，研究者们出版了各种典籍，有的写专门化、不同主题的历史，有的写不同国家的历史，由此出现了历史研究中的细化和碎片化现象，加上动辄数本乃至数十本的图书，阅读起来费时费力，使得普通读者望而生畏，很难找到入门之捷径，对世界历史的面貌更是难以形成清晰的认识。《你一定爱读的极简世界史》将为你开辟一条轻松读史的康庄之路，让读者在短时间内清晰地了解历史、感悟历史，正是编写本书的初衷。

本书以广阔的视野和令人惊叹的丰富知识，用通俗易懂的语言，深入浅出地介绍了世界历史的发展进程。将文明起源直至 21 世纪的人类历史逐一扫描，立体凸现出社会生活各方面的发展传承，让身处 21 世纪的我们全方位地感受到恢宏而博大的人类历史和文明进程。

全书以时间为序，分史前文明、世界上古史、世界中古史、世界近代史、世界现代史五篇，脉络清晰地梳理了人类历史的各个阶段。在横向记录历史的同时勾勒出世界历史演进的基本脉络和多元文化的发展过程，每篇都讲述多个对人类历史进程产生重大影响的人物、事件，以面带动点，再由点来通观全局，全面再现了从人类起源到现在的真实历史过程。这样使得读者对于各个时期所发生的历史事件一目了然。

同时，本书见微知著，去伪存真，在参考了大量历史文献、考古资料，并结合最新研究成果的基础上，力图揭开众多富有传奇色彩的历史谜题，还原历史的本来面目，使广大读者从新的角度走进历史事件、接近历史名人。

2018 年 6 月

目 录

第一篇 史前文明

人类起源 　　　　　　　　　　002

工具和火的使用 　　　　　　　004

母系氏族 　　　　　　　　　　005

父系氏族 　　　　　　　　　　007

最初的文明火花 　　　　　　　008

第二篇 世界上古史

第一章　上古埃及 　　　　　　　012

　　　　古埃及文明 　　　　　　012

　　　　埃及第一王朝法老美尼斯　013

　　　　金字塔 　　　　　　　　015

　　　　狮身人面像 　　　　　　017

　　　　图形文字 　　　　　　　017

第二章　上古西亚 　　　　　　　020

　　　　苏美尔文明 　　　　　　020

　　　　苏美尔人创建楔形文字　　022

　　　　古巴比伦 　　　　　　　024

	汉谟拉比法典	026
	亚述帝国	027
	野蛮征服	028
	赫梯王朝	029
	腓尼基文明	030
	波斯帝国	032
	贝希斯敦铭文	034
第三章	上古印度	036
	古印度文明的源头	036
	亘古不变的种姓制度	038
	婆罗门教	039
	佛教的起源	041
	摩揭陀与孔雀帝国的兴起	043
	"无忧王"阿育王	043
第四章	上古希腊	046
	爱琴文明	046
	雅典的崛起	048
	斯巴达城邦	050
	希波战争	053
	伯罗奔尼撒战争	056

	马其顿帝国的缔造者：亚历山大大帝	059
	马其顿帝国的分裂	067
	历史之父：希罗多德	069
	古希腊哲学的诞生	070
第五章	上古罗马	074
	古罗马的传说	074
	罗马共和国	076
	斯巴达克起义	078
	"独裁官"恺撒大帝	081
	奥古斯都屋大维	083
	埃及艳后和她的男人们	087
	庞贝古城	089
	西罗马帝国	092
	迦太基帝国	093
	罗马人的克星：汉尼拔	095
	第一位信仰基督教的皇帝：君士坦丁大帝	098
第六章	上古美洲	101
	玛雅文明	101
	玛雅人的雕刻艺术	104
	玛雅人的商贸活动	105

	阿兹特克文明	107
	奥尔梅克文明	108

第三篇　世界中古史

第一章	中古西欧	112
	匈奴进入欧洲	112
	日耳曼人入侵	113
	法兰克王国	116
	早期的英格兰王国	118
	大宪章的订立	119
	诺曼底之战	122
	英法百年战争	123
	分裂的德意志和意大利	126
	欧洲大瘟疫	127
第二章	中古东欧	130
	查士丁尼大帝	130
	查士丁尼法典	132
	基辅罗斯的盛衰	133
	奥斯曼帝国	135

第三章	中古西亚	137
	伊斯兰教先知穆罕默德	137
	阿拉伯帝国	142
	东罗马帝国的陷落	144
	《一千零一夜》	145
	阿拉伯数字	146
第四章	中古日本、朝鲜和南亚次大陆	148
	日本的起源	148
	大化改新	151
	日本幕府	154
	"第六天魔王"织田信长	156
	一代枭雄丰臣秀吉	158
	朝鲜"三国时代"的确立	159
	李成桂建立李朝	160
	莫卧儿王朝的衰落	161
第五章	新航路开辟、文艺复兴和西欧资本主义兴起	163
	新航路的开辟	163
	哥伦布成功的背后	165
	达·伽马到印度	166
	麦哲伦：地球是圆的	167

哥白尼与"日心说"	168
文艺复兴：让希腊再现	171
但丁与《神曲》	172
旷世奇才达·芬奇	175
人人都爱莎士比亚	177
欧洲资本主义工商业的出现	180
尼德兰革命	182

第四篇　世界近代史

第一章	近代英国	186
	英国圈地运动	186
	英国资产阶级革命	188
	被公开处死的国王查理一世	190
	英国资产阶级革命的领导者：克伦威尔	192
	东印度公司	194
	英荷战争	195
	英国宪章运动	197
第二章	近代法国	200
	波旁王朝	200

	"太阳王"路易十四	201
	攻陷巴士底狱与法国大革命	203
	雄狮拿破仑	206
	百日王朝	209
	神圣同盟	212
	1848年法国二月革命和六月起义	213
	路易·波拿巴与第二帝国	214
	巴黎公社起义	215
第三章	近代俄国	219
	俄罗斯帝国的成立	219
	第一位沙皇：伊凡雷帝	220
	彼得大帝改革	224
	女皇叶卡捷琳娜二世	226
	克里米亚战争	228
	亚历山大改革	229
第四章	近代德国与意大利	232
	哈布斯堡家族的发迹	232
	马丁·路德宗教改革	233
	弗里德里希大帝	236
	德国1848年革命	245

	德意志统一	248
	铁血宰相俾斯麦	250
	"红衫军"远征和意大利统一	255
第五章	近代美洲	259
	美国独立战争	259
	1787年宪法	261
	美国的缔造者：华盛顿	262
	门罗主义	263
	美国内战	265
	从小木屋到白宫：林肯	268
	美国领土扩张	271
第六章	近代拉丁美洲	276
	独立战争前的拉丁美洲	276
	海地独立	278
	葡属巴西独立	279
	英雄圣马丁	279
	"解放者"玻利瓦尔	281
	墨西哥独立	284
	墨西哥资产阶级革命	287

第七章	近代亚洲和大洋洲	290
	日本明治维新	290
	德里反英大起义	293
	章西女王葩依	295
	朝鲜甲午农民战争	297
	澳大利亚的兴起	300
第八章	近代非洲	305
	悲惨的非洲	305
	阿散蒂的抗英斗争	306
	埃及的抗英斗争	307
	苏丹马赫迪起义	308
	埃塞俄比亚反英斗争	310
第九章	工业革命时代	312
	瓦特发明蒸汽机	312
	工业革命	314
	电的发明与利用	318
	第二次工业革命	320
	垄断组织的形成	322
	芝加哥工人大罢工	324

英布战争	328
美西战争	329
日俄战争	332
诺贝尔与诺贝尔奖	335

第五篇　世界现代史

第一章　第一次世界大战　　338

三国同盟	338
三国协约	339
巴尔干火药桶	340
萨拉热窝的枪声	342
凡尔登战役	344
索姆河战役	347
日德兰海战	348
战争结束	350
日本趁火打劫	351
美国的介入	353
俄国二月革命	356

	四月提纲	357
	俄国十月革命	358
	第二国际	361
	凡尔赛—华盛顿体系的建立	363
第二章	动荡的世界	371
	经济大危机横扫世界	371
	凯恩斯主义	373
	罗斯福推动新政	379
	朝鲜"三一"运动	381
	"圣雄"甘地	382
	土耳其凯末尔革命	384
第三章	第二次世界大战	386
	墨索里尼与法西斯党	386
	希特勒发动"啤酒馆政变"	387
	德国法西斯上台	389
	日本法西斯上台及对中国的侵略	391
	第二次世界大战爆发	397
	轴心国的形成	399

张伯伦的绥靖政策	403
敦刻尔克大撤退	405
不列颠大空战	407
激战巴尔干	412
莫斯科保卫战	413
列宁格勒保卫战	420
珍珠港遇袭：美国向日本宣战	423
反法西斯同盟的形成	430
东京轰炸	431
鏖战中途岛	433
斯大林格勒会战	434
诺曼底登陆	436
太平洋战场的反攻	441
希特勒畏罪自杀	450
日本本土作战	451
德黑兰会议	452
雅尔塔会议	455
联合国成立	458

第一篇

史前文明

人类起源

人类从诞生之初就开始思考到底谁是造世主。最初，懵懂的原始人认为一定是某位神灵。

在欧洲，人们普遍认为，是《圣经》中的上帝创造了人类；在中国，人们则认为是女娲娘娘用泥造出了第一个人；非洲的神话传说更是千奇百怪，除了神灵造人外，一些人还认为是动物变成了人类。

从19世纪开始，人类开始用严密的逻辑推理思维以及科学的眼光看待此问题。

1831年，一名从剑桥大学毕业的学生参加了英国海军"小猎犬号"舰环绕世界的科学考察航行。这名学生跟随船舰从英国到达南美洲的巴西、阿根廷，在考察了南美西海岸的岛屿后，他们又跨越太平洋，到达大洋洲，再穿越印度洋来到南非。最后，他们绕过好望角经大西洋又回到南美的巴西，历经5年时间回到英国。

途中，该学生收集了各种动植物标本。在后来整理标本时，他惊奇地发现，各种物种之间显示出了一种从低级到高级的排列关系。基于这样的发现，他开始意识到，人类很有可能是物种进化的一个结果。

后来，他在大量真实资料的基础上，提出了物种进化的思想。人类和其他生物一样，是经过遗传、变异和自然选择，从低级慢慢发展到高级而来的。这就是我们今天熟知的"进化论"，而这个学生，也就是著名生物学家达尔文。

达尔文提出进化论后，在伦敦乃至整个世界都引起了极大的轰动。由于这个说法推翻了上帝造人的宗教传说，遭到了教士们的极力反对。 他们认为，如果人是从猴子、猩猩进化而来，那么上帝该怎么办？ 此外，达尔文的进化论在当时的知识界也引起了不小争论，有人表示赞同，也有人极力反对。

17年之后，恩格斯撰写了《劳动在从猿到人转变过程中的作用》一文，论证了人类从类人猿发展而来的具体过程。 时至今日，进化论仍在研究人类的起源上有着重要的价值。

恩格斯文中所指的类人猿包括黑猩猩、猩猩、大猩猩以及长臂猿等在内的猿类。 因类人猿的形态结构和生理功能与人类十分相似，在所有动物中和人类的亲缘关系也最为接近，所以被称为类人猿。 在考古过程中，科学家发现了距今3500万年至3000万年前的古猿化石。

古猿和人类虽然类似，但也存在差异，那就是人类可以直立行走，并且能使用和制造工具，而且拥有发达的大脑，可以思考问题等，而古猿却没有这些特征。

从古猿进化到现代人，经历了这样几个阶段：早期猿人、晚期猿人、早期智人、晚期智人。

从古猿到人的过渡，大约发生在距今七八百万年以前。 那时，地球正处在活跃的造山运动时期，地形、气候和之前相比，发生了巨大变化，森林逐渐减少。 为此，原本生活在森林中的古猿为了生存不得不下到地面，再经过漫长的演化后，才最终进化为人类。 而留在森林中的古猿则进化成了类人猿。

古猿下到地面后，慢慢进化成了猿人，其最显著的变化就是直立行走。 为此，他们的身体结构慢慢发生了一系列适应性变化，如身体重心下移、下肢骨增长和脊柱从弓状变为S形等。

学会直立行走最重要的作用是解放了人类祖先的前肢，同时为大脑的进一步发育创造了条件。 鉴于两足直立行走的重要意义，人类学家把动物是否具备这一条件作为划分人和猿的一个重要标志。 为此，晚期猿人又被人类学家称为"直立人"。在直立人中，最具有代表性的是德国海德堡猿人。此外，还有中国的蓝田人和北京猿人。

在早期智人中，最具有代表性的当属尼安德特人，简称"尼人"。他们生活在距今二三十万年至五万年前，相当于考古学上的旧石器时代中期，虽然他们是和现代人更为接近的人种，但仍具有原始性质。

在以前，晚期智人原称"智慧的人"，后来简称为"智人"。相比于早期智人，他们和现代人更加接近，已经拥有了属于自己的雕刻和绘画艺术。晚期智人大约生存在距今5万年前，他们的活动年代很久，一直从旧石器时代到现在。为此，人们也通常把晚期智人叫作现代人。不过，从严格意义上来说，他们并不是真正的现代人。因为，现代人是指新石器时代以后的人类，即距今约1万年前至现在的人类。

截至目前，人类发现最古老的"智人"是美国科学家于2003年6月11日在埃塞俄比亚发掘的一批人类骨骼化石，他们大约距今有16万年之久。美国的科学家通过测量这些化石的物理特征，推算出他们处在智人的起始阶段。

智人的出现，标志着现代人开始出现在世界的舞台上。

工具和火的使用

猿人又称史前人类，和人类最早的祖先相比，他们有了明显的进化，其中最主要的标志就是开始制造和使用工具。在今天看来，那种"制造"只是一个简单的过程，但在那时，这却意味着人类已经迈出了一大步，开始了目的性行为。

在漫长的进化过程中，他们逐渐有了思考能力。

那时，气候环境非常恶劣，不断有各种各样的自然灾害威胁着他们的生存。为了生存，他们开始四处迁徙。

可以想象的是，在那样恶劣的环境下行走是件非常困难的事情。就是在迁徙途中，他们依然会遭遇各种不同的危险，如果没有对策，等待他们的将是灭顶之灾。

随着社会发展和自己本身的不断进化，在与环境长期的斗争中，他们渐渐地开始了各种各样的发明。如最早的捕猎陷阱，就是在地上挖一些大坑，然后用一些树枝和树叶掩盖起来。只要猎物掉入设下的陷阱，他们就会一起用石块将猎物砸死。然后把猎物的肉用来食用，皮毛用来做衣服御寒。后来，他们懂得动物的巢穴可以寻求温暖，又开始了穴居的生活。这说明，当时的人们已经学会了动脑筋。

虽然有了皮毛大衣和遮风挡雨的山洞，但大部分人依然无法抵挡冬日的寒冷，体质较弱的老人和小孩经常被冻死。

在困难面前，人类并没有选择低头，而是顽强地战斗着。在人类以前的印象中，火一直是凶险的存在。但在这冰天雪地里，火渐渐融入了人类的生活。当人类把枯树枝拖进山洞，并用一根着火的枝条将它们点燃时，一个寒冷的山洞就变成了温暖的巢穴。就这样，人类在与大自然的斗争中，学会了使用火。可以说，火的使用，是人类发展史上一次革命性的进步。

母系氏族

生产力的发展，要求有一种新的社会组织形式与它相适应，于是母权制氏族公社应运而生。母系氏族公社的产生，一方面是因为生产力的发展，要求原来各自孤立的集团与集团之间必须保持一定的联系，而定居生活给这种联系提供了可能；另一方面是因为人们在长期的生活实践中逐渐意识到近亲通婚的危害，由此产生了"普那路亚家庭"。而氏族制度在绝大多数场合下，都是从普那路亚家庭中直接发生的。这样，人类发展到一切兄弟姐妹之间，甚至是母方最远的旁系亲族间的婚姻关系都被禁止的时候，就组成了一个坚固确定的女系血族集团。也就是说，这时氏族出现了。两个互通婚姻的氏族组成了早期的部落。

在旧石器时代晚期，母系氏族公社是当时社会的基本细胞。生产资料归氏族公有，氏族成员共同居住、共同劳动、共同消费。在母系氏族社会，由于婚姻是族外群婚，人们只知其母，不知其父，世系只能按母系计算，而且当时妇女在采集经济及照管孩子等公益劳动中发挥着重要作用，因此妇女受到极高的尊敬。氏族的族长一般由妇女来担任，但这决不意味着女尊男卑，在母系氏族公社，男女地位是完全平等的。

新石器时代是母系氏族的兴盛时期。在这个时期，婚姻制度由群婚转入了对偶婚。在对偶婚下有一对比较固定的夫妻，但是他们的结合并不牢固，婚姻关系极容易解除。虽然由对偶婚组成了许多对偶家庭，但是这种对偶家庭并不能组成独立的经济单位，当时社会的经济细胞是母系氏族公社。在母系氏族社会，族长一般由氏族议事会选举产生，如果族长不称职，氏族议事会有权将其撤换。一切重要的事都要经过氏族议事会讨论决定。在氏族议事会中，氏族的每一个成年男女都享有平等的投票权，氏族成员有相互援助的义务和血亲复仇的责任，有共同的墓地和共同的宗教节日。氏族还有给本氏族成员命名的权利。有时氏族可以接纳外人作为养子，养子和其他氏族成员拥有同等的权利。在母系氏族阶段，婚姻双方都是母方氏族的成员，一个人死了之后，其财产归其余的同族人所有，丈夫和妻子是不能互相继承的，子女更不可能继承父亲的遗产，因为父亲和子女是分属于两个不同的氏族的。母系氏族在人口增殖之后，分裂为许多小氏族，而原来的氏族则成为胞族，即大氏族。

虽然母系氏族这种组织形式曾对生产力的发展起到了促进作用，但是这种原始的共产制度是在生产力水平极其低下的情况下建立起来的，当生产力进一步发展之后，原始公社制度必然走向解体。

父系氏族

从母系氏族公社过渡到父系氏族公社，这是一场家庭的革命。

这场革命首先是由经济原因引起的。在由石器时代向金属器时代过渡的过程中，原始的狩猎经济逐渐转变为畜牧经济，原始的锄耕农业逐渐转变为犁耕农业。看管牲畜和驾畜耕田这类十分重要、为社会所必需的公共劳动完全由男子承担，妇女的公益劳动失去了社会意义而转变成"私人的事务"。男女经济地位的变化由此导致了社会地位的改变。由此可以看出，父权制的确立是男子在经济上跃居统治地位的直接结果。

伴随着私有制的产生，男子要求改革继承制度，这成为引起家庭革命的另一个原因，男子拥有牲畜、奴隶等财物，自然希望将来把它们传给自己的子女，但是这个愿望在母系氏族社会是无法实现的。私有制和传统的继承制因为男女经济地位的改变而产生了矛盾。这样一来，扰乱了旧秩序，引起了混乱，而这种混乱只有通过转向父权制的办法才能消除。于是人们规定，子女从父而不再从母；妻从夫而不再是夫从妻，财产由先前的母系亲属继承改为子女继承。父权制确立后，父亲开始支配子女，丈夫开始奴役妻子，主人开始压迫奴隶。换句话说，也就是男子开始"独裁"，妇女被大大贬低。

虽然历史上出现了父系氏族公社，但这并不表示母系氏族公社立即消失。在世界的不少地区，它们往往是并存的。只是因为它们各自代表不同的文化阶段，所以学者才按照发展顺序划分出顺次更替的不同历史时代。其次，父系氏族公社还保有母系氏族残余的影响。经过漫长的时期，甚至在阶级社会形成以后，这些残余才在一些文明民族中逐渐消亡。

经过漫长的发展，父系家庭公社从父系氏族内部分化出来，这是"男子独裁"的第一个结果。家庭公社又称为家长制家庭或父系大家族，是父权制时期的社会细胞。它是一个自然的经济团体，包括一父所生的几代子孙及其妻子儿女，有的还包括奴隶在内。土地和主要的生产工具公有，人们共同生产、共同消费。这时在氏族内有一个经选举产生按民意行事的族长，他既是生产的组织者，同时也是生产的领导者。在有些地方，他们甚至已经拥有个人权利。家庭公社是从对偶家庭到个体家庭过渡的中间环节，是现代家庭的萌芽。它一直残留到近代，几乎在全世界都留有它的痕迹。

最初的文明火花

远古的人类虽然整天忙于寻找食物填饱肚子，但他们的精神生活却并没有因此而枯燥乏味。只要有时间，他们就会用动物的牙骨、捡来的贝壳制作手镯和项链。虽然石头和骨头制成的武器很粗糙，但这并不妨碍他们在上面进行雕刻。在居住的洞穴中，他们在石壁上画出了美丽的图画，有狩猎的场景，有歌舞的场面。也许，他们认为把自己心中的愿望画出来，这希望就有实现的一天。也可能，他们希望神灵看见这些美丽的图画，从而了解他们心中的向往。

那时候，人们对自然的了解还不是很多，但他们对大自然的一切都充满了敬畏，相信神灵无所不在，对自然、祖先、灵魂、山川日月乃至身边的花花草草都崇拜。原始人认为，把每一种有用的动物或植物作为氏族的图腾，崇拜它们，就能使各种动物大量繁衍，食物来源丰盛，氏族强盛壮大。

在漫长的母系社会中，人们迫切需要的是人丁及谷物的繁殖。原始人认为女人会生孩子、大地会产粮食、女人种地应该比男人在行，所以在几乎所有的原始部落中，都是女人种地，男人都装模作样地去打猎了。当然，后来男人也种地，因为女人实在是忙不过来。

每到播种前，氏族、部落都要举行盛大的仪式，力图把女人生育的法力"传染"给地里的庄稼，办法自然就是所有人十分努力地跳舞，十二分努力地群交。人们在墓砖、岩画、绘画、雕刻中常有这种场面的表现。人们对丰产女神的崇拜日益盛行，现今发现的许多故意夸大女性特点——乳房悬垂、大腿粗壮，这类黏土雕像便可证实这一点，这类雕像遍布世界各地。

到了父系氏族的时候，由于女人变成了男人的私有财产，因此全氏族的野合被宣布禁止，与神的交流由巫师来完成。巫师在氏族中不生产，不劳动，专门负责祭祀和通神。当然，这是一个具有危险性的工作，一旦巫师的祈祷没得到神的保佑，这个巫师就要被杀死。

这些原始的图腾崇拜，后来慢慢发展成了宗教。随着人们对自然的了解，在天文、地理、医药等方面都有了突出的进步。由于记事的需要，文字也产生了。从最初的结绳记事，逐渐衍变为图画文字，进而产生了有读音的文字，世界的文明史，也由此拉开了序幕。

第二篇

世界上古史

第一章　上古埃及

古埃及文明

尼罗河是世界第一长河，位于非洲东北部，由卡盖拉河、白尼罗河、青尼罗河三条河流汇聚而成。尼罗河发源于非洲东北部的布隆迪高原，流经埃及和苏丹等许多非洲国家。尼罗河下游分成许多河流，这些河流主要分布在三角洲平原。整个三角洲面积约 24000 多平方公里，地势平坦，河渠交织，是非常理想的农业生产地。

尼罗河定期泛滥，而且汛期较长，从每年的 7 月到 11 月都处于洪水期。其中，最高峰一般出现在 9 月。到 11 月后，洪水便会渐渐退去。那时，河流两岸就会留下一层厚厚的肥沃河泥。

洪水退去后，古埃及人首先要做的事情便是将种子散播到那些肥沃的泥土上，然后驱赶着猪或羊上去践踏。尽管每年的种植期很短，只是从 3 月到 6 月，但因尼罗河两岸的土地非常肥沃，4 个月的劳作就足以养活两岸人民。因此，古希腊历史学家希罗多德特意说道："埃及是尼罗河的赠礼。"

随着生产力水平的提高，古埃及人在公元前 4500 年建立了许多国家。

当时，埃及人依然处于铜石并用的时代，很多生产、战斗使用的都是以青铜和石器制成的工具。考古挖掘发现，最能体现古埃及人在公元前4500年到公元前3100年历史的是埃及南部的涅伽达遗址。

这段历史被称为涅伽达文化。当时，文字已经出现，人工灌溉也比较发达。通过考察墓葬，人们发现了那时王族和国王的权力标志，这意味着当时已经有了国家。

在众多的考古发现中，最能说明涅伽达文化已经产生王权的是涅伽达地方1610号墓中的一个黑顶陶罐。陶罐上有以眼镜蛇作为红冠的图像，这说明当时的王权已经萌芽。

另外，考古学家还发现了一些记录其生活的绘画，如希拉康波里的画墓。内容有战争，包括水战和陆战，有头戴蝎子标志的贵族以及象征王权的白冠，还有腰系牛尾的国王形象，甚至还有捆着双手的战俘形象。这说明，当时的埃及人已经开始用文字和绘画来记录事情。

埃及第一王朝法老美尼斯

公元前3100年前，在尼罗河中游的西岸，出现了一座叫提尼斯的城市。在当时，一座城市就是一个部落。后来，那个部落的首领生下一个儿子，也就是埃及的第一任法老美尼斯。

美尼斯长大后，继承了部落政权。在他掌权期间，表现出了很高的领导能力。在他的领导下，提尼斯不断对外发动侵略战争，最后统一了整个上埃及（埃及南部地区，包括开罗南郊以南直到苏丹边境的尼罗河谷地，便于利用尼罗河水灌溉的地区被称为上埃及；开罗及其以北的尼罗河三角洲地区则被称为下埃及）地区。

统一上埃及后，美尼斯继续对外发动战争，并且很快征服了下埃及，使整个埃及第一次成为明确的统一国家。

美尼斯统一埃及后，面临着一个严峻的问题，那就是上、下埃及不同的政治、经济和宗教形态的融合。为了稳定新征服的下埃及，美尼斯并没有将提尼斯设为新王国的首都，而是把尼罗河三角洲南端的孟菲斯设为埃及的首都。

为了解决当时上、下埃及经济发展水平不同的现状，美尼斯实行"一国两制"。两个埃及不但拥有各自的国库，并且各自实行独立的财政管理。

在宗教信仰上，美尼斯让上、下埃及分别保留自己的宗教中心，并设立各自的圣城。

在公元前3000多年前，美尼斯采取一国两制的制度，在世界政治史上绝对是一大创举。

为了增强自己在上、下埃及的威信和统治力，美尼斯连加冕的仪式也做出了让步。

美尼斯统一埃及前，上埃及传统的统治者头戴白冠，以鹰为保护神，以白百合花为国家象征；而下埃及的统治者则戴红冠，以蛇为保护神，以蜜蜂为国家象征。几百年中，各行其是，互不迁就。

在这个问题上，美尼斯再次表现出了他卓越的统治才能。他分别两次接受上、下埃及的加冕，然后宣称自己是"上下埃及之王"。后来，埃及的历届法老都沿袭美尼斯的这种加冕方式，登位时经过两次加冕，并举行两种不同的典礼。

当时，人们敬称国王为法老，意为"宫殿"。后来，"法老"这个词便成为古埃及国王专用的称呼。

美尼斯统一埃及后，在位26年，后来在一次打猎中，不幸被河马咬死。

美尼斯开创的埃及第一王朝，前后历时250年，历经8个王。开始的时候，国家由国王和贵族共同统治。等到了第五任国王时，国王开始把行政、军事和司法三大权力集于一身，最终进入专制统治时期。

金字塔

　　金字塔作为古埃及国王的陵墓，在现代可谓是无人不知，无人不晓。但在古埃及早期，金字塔并非是法老的安息之所。

　　古埃及在第三王朝之前，法老的权力并不算大。因此，给他们修建的坟墓和给贵族修建的没什么区别，都是马斯塔巴（阿拉伯语意为"凳子"，一种用长方形泥砖建成的锥形建筑）。

　　到第三王朝的第二个法老乔塞尔即位后，埃及国力越来越强。为此，乔塞尔认为，以前的马斯塔巴已经不能体现出法老的尊贵地位，于是下令让建筑师伊姆霍特普为其修建一个高大的王陵。

　　为了给乔塞尔建造一座不朽的马斯塔巴，建筑师伊姆霍特普从山上采下方形石块代替泥砖，建造了一座高达61米的六级梯形金字塔。

　　它之所以被称为金字塔，是由于建筑本身是一种高大的三角形锥体建筑物，并且每个侧面都是三角形，而底座呈四方形，看上去很像汉字的"金"字。所以，在中文里便称它为"金字塔"。

　　到古埃及第四王朝时期（约公元前2650～前2500年），开罗附近的基泽出现了三座规模较大的金字塔，即胡夫、哈夫拉和孟考拉金字塔。

　　在现存的金字塔中，当属胡夫金字塔规模最大，高136.59米，占地5.29万平方米。胡夫金字塔巨大的塔身由230万块巨石砌成，每块石头平均约重2.5吨，其中最大的一块巨石重约160吨。更加叫人吃惊的是，这些巨大的石块之间没用任何的戳着物，完全依靠石块自身的重量堆砌在一起。虽然没有戳着物，但塔身的表面接缝处却非常严密精细，甚至很难在缝隙间插进刀片。

胡夫死后，胡夫的儿子哈夫拉继位。哈夫拉即位后不久，在离胡夫金字塔不远的地方，又建起了一座金字塔，即哈夫拉金字塔。哈夫拉金字塔不同于胡夫金字塔，它的附近还分别建有"上庙"和"下庙"两座神殿。此外，在离金字塔不远处，还矗立着一座雕着哈夫拉头像配着狮子身体的大雕塑，这就是被西方人称为"司芬克斯"的"狮身人面像"。

"狮身人面像"高22米，长57米，宽5米，除狮爪用石块砌成外，整个狮身人面就好像是在一块天然的巨大岩石上开凿而成的。狮子在古埃及神话里有着举足轻重的地位，它是地下世界大门的守护者。因为在古埃及人眼中，太阳是他们最尊敬的神，所以他们认为法老死后会变成太阳神。为了守护尊敬的太阳神，他们专门建造这样一个狮身人面像来守护法老的门户，表示对法老的尊敬。

与前两座金字塔相比，孟考拉金字塔明显要小很多，塔高只有66米，仅相当于二十几层楼的高度。

考古学家和科学家推测，建造金字塔这样浩大的工程，至少需要无数工人花费30年时间才能完成。

一直以来，金字塔给人的感觉都是伟大和神秘的。金字塔除了是法老的坟墓之外，还代表着什么意义一直是一个引人深思的问题。许多学者通过不懈的努力最终得出，在古埃及人眼里，金字塔在古埃及除了是法老的坟墓外，它还是太阳光线的象征，是帮助法老到达天堂的阶梯。

在古埃及人心中，法老就是人间的神，是战争的主导者，更是主持正义和控制国库的领导者。在这个中央集权的政府里，法老可以利用埃及所有的东西，包括不惜一切资源来为自己建造金字塔。当然，当时的古埃及人也很乐意为法老建造金字塔。因为他们相信，只要能为法老王建成一道通往天堂的阶梯，那么，来世法老就会好好地保护他们。

狮身人面像

　　胡夫死后,他的儿子哈夫拉也为自己建造了一座金字塔。 哈夫拉金字塔虽然比胡夫金字塔低了3米,但是它的附属建筑却远远超过了胡夫金字塔,尤其是屹立在塔旁不远处的狮身人面像,更是享誉全世界。 据说,这个巨大的雕像是哈夫拉自己想出来的。

　　哈夫拉即位后,便开始为自己修建陵墓。 为了让自己的金字塔能尽快完成,他经常去施工现场查看进度。 一天,他和往常一样来到施工现场。 巡查时,他无意间发现采石场的工地上矗立着一块巨大的天然岩石,看上去仿佛一头俯卧着的巨大狮子。 哈夫拉灵机一动,便在脑海里出现了一个绝妙主意:他要将自己的形象永远地留存下来,好让后世子孙瞻仰和膜拜。 回到宫殿后,哈夫拉便立即下令让工匠将巨石雕刻成一只雄狮,而头部则雕成他本人的头像。

　　没过多久,这座巨大的石像便竣工了,它高20米,长62米,额头上刻着圣蛇的浮雕,头顶上戴着象征王权的王冠,面朝东方,矗立在哈夫拉陵墓的不远处。

　　哈夫拉的想法很明显,他和其他法老一样都渴望来生继续做统治者。 可是,为了他们的如此天真的想法,数以万计的人家破人亡。 为了修建金字塔和狮身人面像,哈夫拉不停地压榨埃及劳动人民。 繁重的徭役和赋税让人们苦不堪言,等哈夫拉一死,他们便冲进金字塔,拖出了他的尸体,瓜分了他的陪葬物品,以泄心头之恨。

图形文字

　　文字,在人类进化史上,是发蒙启昧的钥匙,是文明与野蛮的分野。文字出现后，人类便从野蛮走向了文明。

在早期王国以前，古埃及人就发明了图形文字。比如画成三条波形的横纹，表示水流动的样子，逐渐演变为"水"字；画两座山峰夹着河谷，表示"山"字。

有些图形文字逐渐演变成音节符号和指意符号，其后又有一音一符号的字母共24个。所有字母都只标辅音，不标元音。各种符号组成词组，共有六百多个词组。

不断演变的古埃及文字，是用字母、音符、词组组成的一种复合文字。

为了便于长期书写习惯，第八王朝时期出现了一种草书体，到中王国时期草书体已广泛流行，只有正式文件和铭刻才用象形体。

随之又出现了纸草，纸草是下埃及的特产，其茎干剖为长条，彼此排齐连接成片，然后压平晒干成纸。这种纸草后来成为古代地中海地区一种通用的纸，希腊人、罗马人以及后来的阿拉伯人都曾用它书写。古埃及人的笔用芦管制成，墨汁用菜汁加烟渣调和而成。

由于文字的出现，文学、艺术便应运而生了。

埃及古王国时期的文学可分为两类：一类是刻在金字塔墓壁上的祷祝法老死后升天获福的诗歌，也就是我们今天能看见的金字塔咒文；另一类是大臣墓地上的碑传。

到中王国时期，文学作品中有起源于人民口头创作的故事。如《一个能说善道的农夫的故事》，叙述一个农夫到城里去买粮食，半路上被仗势欺人的大官仆从抢光了。后来农夫靠着自己的机智和辩才控诉其罪行，使抢劫者受到了应有的惩罚。又如《西努海特的故事》，叙述西努海特逃亡叙利亚的奇遇，是描写奴隶主生活的一部自传体故事。《船舶遇难的故事》写一个官吏到矿山去旅行的经历，其中充满了奇迹和神话。

这个时期的文学创作流传最广的是诗歌，它也像中国古代的《诗经》一样，大都是民间的创作。古埃及的诗歌包括宗教诗、对国王的赞美歌、世俗诗和宗教哲理诗等。其中不乏对神和统治者的歌颂，有的也反映了一些人生痛苦和死后幸福无凭的灰暗思想。例如《绝望者和自己灵魂的谈话》这首诗，作者对死后世界及永久生命是否存在表示怀疑，和传统的宗教观形成了鲜明的对照。作者相信死亡对富人和穷人是平等的，富人在死后也享受不到那华美的花岗石建筑与巍峨的大厦，只能和穷人一样在灼热的太阳下面听一听水里鲤鱼的对话。

最著名的是埃赫那吞宗教改革时所产生的对阿吞神的颂歌，这颂歌热烈赞颂使大地产生生命的太阳的伟大力量，代表了古埃及在宗教诗歌方面的成就。

写实的旅行记是新王国时期最突出的文学体裁。著名的《乌奴阿蒙旅行记》，描写了底比斯阿蒙神庙大祭司派乌奴阿蒙去毕布勒购买木材的故事。

富有史学意义的作品有《图特摩斯三世远征记》。作者可能是参加远征的塔涅尼，所记最详为第一次远征，即美吉多之役，以后一直记到第十七次远征。这篇远征记是研究古埃及军事史的重要材料。

第二章　上古西亚

苏美尔文明

幼发拉底河和底格里斯河经过漫长的冲积，形成了著名的美索不达米亚平原。美索不达米亚平原虽然土壤松软肥沃，但气候干燥、降水稀少。

当时，生活在该平原上的苏美尔人为了生存，在美索不达米亚南部开掘沟渠，逐渐形成了复杂的灌溉网，成功地利用了底格里斯河和幼发拉底河的湍急河水，创建了第一个文明，即苏美尔文明。由于有了相对较好的生产和生活条件，渐渐地，两河流域的居民越来越多，许多小型村落也相继出现。定期泛滥的两条大河给居民们"送"来了沼泽地带的丰盛水草、芦苇以及黏土，使得农业、畜牧业和手工业生产得到了巨大的发展。当生产力发展起来后，城市慢慢开始出现。在人类最早的城市里，苏美尔文化绽放出了灿烂的光芒。

苏美尔人善于制陶，他们给后人留下了许多精美的彩陶，那绚烂的色彩就是他们精湛技艺的最好证明。在当时，苏美尔人的日常用具也都是陶制品，如酒杯、油缸、炉子和灯盏等，都是出自他们之手。让人不可思议的是，就连他们死后用的棺材也都是陶制的。

那一时期，人类没有能力开采大量的石料，苏美尔人便在黏土中掺杂切碎的麦秸，然后制成土砖，用来建造房屋，甚至铺路。因此，当时两河流域的城市建筑物，大多是黏土制砖所建造的。

公元前3000年左右，苏美尔出现了很多以城市为中心的奴隶制城邦。那时的城邦很小，主要以城市结合周围若干个小村落构成。

当时，苏美尔人具有共同的宗教信仰，人与人之间并没有优劣之分，这让他们具备了统一的因素。在苏美尔的第一次世界大战中，乌尔—乌鲁克为南方同盟的霸主，基什为北方同盟的霸主，他们分别联合南北各城邦，形成对峙局面。争霸开始后，南方同盟逐渐占据上风，但是北方同盟也不甘示弱，双方一直征战不休。后来，基什王萨尔贡崛起，统一了南北各城邦。

公元前2371年，萨尔贡建立了西亚第一个奴隶制国家，即阿卡德王国。

进入文明时期的苏美尔人，有着一个刚开始进入氏族部落时期的邻居，即阿卡德人。在苏美尔人看来，刚刚步入农耕与定居生活的阿卡德人只不过是"乡下人"。但谁也没有想到，这些"乡下人"后来却成为了苏美尔人的主人。

公元前3000年左右，闪米特人中的一支阿卡德人相继迁徙到了两河流域北部。在那里，他们与苏美尔人贸易，或者是抢劫他们，这样的生活一直持续了几百年。这段时期，阿卡德人学会了苏美尔人的各种知识。除文化知识外，他们还学会了使用车轮，并且开始自己组建军队，为后来掠夺苏美尔人打下了坚实的基础。

公元前2371年，卢伽尔·扎吉西的温马王第一次将苏美尔世界统一，疆域从波斯湾口延伸到北叙利亚的地中海沿岸。但是，卢伽尔·扎吉西创造的胜利果实，却被说着闪米特语的阿卡德人萨尔贡抢走了。

"萨尔贡"在阿卡德语中的意思是"真正的王"。萨尔贡出身卑微，根据史料记载，"母卑，父不知所在"。也就是说，他的母亲是个低能人。但萨尔贡聪明过人,少年的时候做过基什王乌尔扎巴巴的侍卫,是一个人人称道的英雄。

公元前 2371 年,萨尔贡趁乌玛人侵入基什王国之际,武装夺取了政权,但国号依然沿用"基什"。萨尔贡登基之后,贫民贵族们都不服从他,他决定利用武力来捍卫王位。随后,萨尔贡在城里实行了严格的"武器管制",并建立了西亚史上第一支常备军。

不久之后,苏美尔地区各城邦开始了规模巨大的混战。萨尔贡带领阿卡德人在这场战争中开始登上了历史舞台,开创了两河流域阿卡德大帝国的神话。

萨尔贡去世后,全国各地暴乱频发。特别是在他儿子里姆什继位后,起义开始进入高潮,最终导致了阿卡德王国走向衰落。

里姆什的长兄玛尼什吐苏之子纳拉姆辛即位后,他用了 26 年的时间,平定了祖父横征暴敛所导致的一系列暴动,并进行了大规模的征战。他重创西方的埃布拉,重征南方波斯湾的马干,并与东北山区的卢卢卑人交战夺取土地。

但遗憾的是,阿卡德人的辉煌非常短暂。纳拉姆辛死后不久,其子沙尔卡利沙利便在宫廷政变中被推翻。

公元前 2230 年,库提人攻灭了阿卡德王国。

苏美尔人创建楔形文字

在古代的苏美尔,经常可以看到有人拿着芦秆或木棒做成的尖头呈三角形的笔,在泥板上写字。这种字从左到右横着写,每一个笔画总是由粗到细,像木楔一样。这就是苏美尔人留给后世的珍贵礼品"楔形文字"。

苏美尔文字是逐步产生的，正如我们现在所知，其间由借助图形表达某种观念到文字的出现经过了1000年的演化过程。公元前3500年左右，苏美尔人开始将图像刻于岩石或镌于黏土之上，以此作为某物的标志，比如用一块岩石表示"铁石心肠"，或者用一棵树表示一幢房屋。

大约过了500年以后，由图形向文字的演化速度大大加快。那时，苏美尔神庙的管理人员使用许多规范化的简图，把它们结合起来用以保存神庙的财产档案和商业交易档案。

尽管这一时期的书写文字仍具有象形文字的特征，但已超越了以图画表示人及具体事物的阶段，发展成用图画表示抽象事物，例如，一只碗表示食物，一个人头加一只碗则表示吃。

又过了500年，成熟的文字全面取代了旧有文字，因为到那时，最初的图画已变得非常系统化，以致人们不再把它们视为图画，而视之为纯粹的符号。这些符号有许多已不再表示特定的词。而成了与其他同类符号结合在一起形成字词的音节符号。公元前2500年左右，苏美尔地区的这种文字体系达到了成熟的阶段。楔形符号共有500种左右，其中许多具有多重含义，这就使得楔形文字体系比后来的字母文字体系要难以掌握得多。尽管如此，在2000年间楔形文字一直都是美索不达米亚唯一的文字体系。到了公元前500年左右，这种文字甚至成了西亚大部分地区通用的商业交往媒介。从苏美尔时代残存下来、在近代被发掘的楔形文字文献都是抄写在泥板上的。这些泥板中，大约90％是商业的行政记录，其余的10％则是对话、谚语、赞美诗和神话传说的残篇。

苏美尔人的对话采用这样的形式：两个角色在辩论中站在对立的一方互相辩驳——夏天对冬天，斧头对犁子，或者农夫对牧人。由于双方均有许多可以立足的根据，因而辩论通常没有输赢。另一方面，残存至今的苏美尔谚语则提供了睿智的观点。一则令人着迷的苏美尔处世格言这样讲："仆人待的地方，必有争吵相伴；理发师待的地方，必有毁谤传出。"

楔形文字流传到亚洲西部的许多地方，它为人类带来了文明的"火种"。公元前2007年，在苏美尔人的最后一个王朝衰亡之后，巴比伦王国把这份遗产继承了下来，并有了新的发展。

古巴比伦

阿摩利人灭掉苏美尔人的乌尔第三王朝后，建立了以巴比伦城为首都的巴比伦王国。

古巴比伦王国有着光辉灿烂的文化，古巴比伦第六代国王汉谟拉比曾颁布了著名的《汉谟拉比法典》。公元前729年，古巴比伦被亚述帝国吞并。

公元前1000年，闪米特人（迦勒底人的一支）击败亚述人，后又在公元前612年灭掉亚述帝国，重新建立巴比伦王国。新巴比伦王国时期，以尼布甲尼撒二世统治时期最为强大。短暂的新巴比伦王国仅存在了88年，便被波斯人毁灭。但新巴比伦王朝留下了很多历史遗迹，迄今难以磨灭，"冒犯上帝的城市"巴比伦城便是其中之一。

在《圣经》中，巴比伦城被称为"冒犯上帝的城市"。

根据《圣经·旧约》描述，最初人类只有一种共同的语言。后来，这支人类的祖先在底格里斯河和幼发拉底河流域发现了一块肥沃的土地，他们在那里定居下来，并建造了城池。随着生活质量越来越高，他们便决定修建一座可以通向天上的高塔——"巴别通天塔"。

当时，作为全民性的工程，他们用砖和河泥修建的"巴别塔"很快便直上云霄。上帝耶和华得知此事后，非常生气，认为这是人类虚荣心的象征。耶和华觉得，正是因为人们讲同样的语言，才有沟通能力，建造起了这样的巨塔。后来，耶和华为了不让人类的力量威胁到自己，便让人世间的语言发生混乱，使人们不能沟通，从而削弱人类的团体力量。因为有了这么一个故事，人们便把巴比伦城称为"冒犯上帝的城市"。

虽然这是一个传说，但它却从另一面反映出了当时巴比伦城的繁荣和富强。

当时，巴比伦城是两河流域最为壮丽、繁华的城市。城内外有两道高大的城墙，城里的建筑物宏伟壮观，如尼布甲尼撒王宫和著名的"空中花园"，以及那座传说让上帝感到又惊又怒的巴别通天塔。

巴比伦的城墙长达16公里，宽处可以让一辆4匹马拉的战车转弯。城墙的两端起于幼发拉底河畔，河对岸是巴比伦的新城区，一座大桥横跨幼发拉底河，将新城区和主城区连接在一起。可以说，巴比伦的城墙不仅是用来抵御敌人的防御工事，还是一道保护巴比伦城不受河水泛滥之害的可靠堤防。

此外，巴比伦还有100座用铜做成的城门，因此又被称为"百门之都"。巴比伦古城中，最大的门叫作典礼门。典礼门高4米，宽2米，修建得非常牢固。公元前568年，波斯人在摧毁巴比伦古城时，也没能将这座城门损伤丝毫。

穿过城门大道，向西看去，便是尼布甲尼撒的王宫。据说，"空中花园"是新巴比伦国王尼布甲尼撒二世为了妻子塞米拉米斯公主建造的。

新巴比伦王国建立后，擅长建筑的尼布甲尼撒二世下令重建通天塔，他耗费巨大的人力物力，建成了总高90米的巴别通天塔。

在古代，这样一座如此巍峨雄伟的通天塔，可以说是一大奇迹。

亚历山大占领巴比伦后，也打算重建通天塔。但他发现，光是清除废塔的砖瓦就需要一万人工作两个月，于是放弃了重修通天塔的计划。

汉谟拉比法典

汉谟拉比在统治之初，遇到了一件事。一天，事务官上报了一件十分棘手的案件，说是主审法官不知该怎样判决，请汉谟拉比亲审。

原来，巴比伦城里有一个叫贾巴拉的商人，做生意赚了些钱，就想把自家的房子重新修建一下，他找到城里有名的工匠恩利勒，把房子造得非常漂亮。可没有想到的是，贾巴拉一家搬进新家住了没多久，新房子的一面墙在一天夜里突然塌了，把贾巴拉熟睡的儿子砸死了。贾巴拉一家痛不欲生，去找工匠恩利勒算账。恩利勒说："对你儿子的不幸我也很难过，可我有什么法子呢？要不我再赔你一座房子？"心爱的儿子死了，要房子有什么用？于是贾巴拉就把恩利勒告到了法官那里。法官审理了这个案子，确定房子的倒塌是因为恩利勒的设计出了差错。可是，该如何处罚工匠呢，是罚他再为贾巴拉盖一座房子，还是杀了他抵命？主审的法官也拿不定主意。

汉谟拉比在了解事情的详情后，说："应该让工匠的儿子去抵命！由于工匠的过失，贾巴拉的儿子死了，他失去儿子的痛苦是由工匠造成的，那么就应该让工匠也尝尝失去儿子的痛苦！我治理国家的法则是'以牙还牙，以眼还眼。'"自此，汉谟拉比意识到，必须制定一部法典，用统一的法律调解矛盾，维护秩序。于是，汉谟拉比令人把他的意志记下，制定成法律条文，刻在一个高大的石碑上，竖立在巴比伦马都克大神殿里。这样一来，所有人都知道违反了法律的规定，将会受到什么样的惩罚。

这块用楔形文字书写的石碑，就是著名的《汉谟拉比法典》，也是世界上最早的一部较为系统的法典。这部法典分为序言、正文和结语三部分。正文共有282条，包括诉讼手续、盗窃处理、租佃、雇佣、商业高利贷和债务、婚姻、遗产继承、奴隶地位等条文，处理纠纷的原则就是"以牙还牙，以眼还眼"。依靠这部法典，汉谟拉比时代的巴比伦帝国，成为古代东方统治最严密的国家。

亚述帝国

两河流域的北部叫作亚述，也就是今天伊拉克北部的摩苏尔地区。

早期的亚述国，是在亚述城基础上形成和发展起来的一个城市国家。当时，亚述国实行的政治与苏美尔的城邦首领相似，权力有限，都是贵族寡头。除此之外，亚述国又另外设有名年官和乌库伦。名年官是指每年从长老会议的成员中选出一个人，并用他的名字命名该年；乌库伦是长老会议指派的一个管理司法和土地的小官员。

在公元前19世纪末，沙马什阿达德以暴力手段夺取了政权，成功之后，他继续不断向外扩张。玛里被吞并后，他让儿子在那里担任统治者。接着，他又将领土扩张推进到了地中海东岸，逼迫周围国家向他进贡。

沙马什阿达德死后，古巴比伦王国的汉谟拉比趁机攻打亚述。到了公元前15世纪，亚述被小亚细亚东南部和两河流域西北部的米丹尼王国控制，早期的亚述王国宣告结束。

公元前15世纪初，由于米丹尼受到赫梯的沉重打击，亚述王国趁机独立。从此，开始进入中亚述时期（约公元前15世纪～前9世纪），独立复兴后的亚述不断对外发动扩张战争。 公元前13世纪，中亚述终于一雪前耻，消灭了米丹尼。

中亚述到了提格拉特帕拉沙尔一世（约公元前1115～前1077年）统治时期最为强盛，曾经一度攻陷了南面的巴比伦城，血腥征伐了北部的安那托利亚部落。 到公元前11世纪，大批游牧的阿拉米亚人入侵亚述，使亚述领土四分五裂。 从此，中亚述开始走向衰落。

在中亚述时期，最宝贵的当属那部《中亚述法典》。 当时，王权加强和君主制统治形式确立，经济得以快速发展。 法典规定，土地可以自由买卖，这意味着土地私有制已经出现。 此外法律还规定，对于那些破坏田界或侵占他人土地的人，将给予严重的经济处罚和身体惩罚。 这时，出现了一种普遍的社会现象，即债务奴隶制。 它和汉谟拉比时期那些关于"负债人质在债权人家只服役三年"的规定不一样，中亚述时期的负债人在债权人家里服役是无期限的。 由此可以看出，中亚述时期的奴隶境况比之前悲惨得多。 此外，法典中还规定：如果奴隶从某个自由民的老婆手中获得任何一件东西，除了追回原物外，奴隶还要遭到割鼻耳之刑。

到了公元前9世纪，西亚和北非的一些强国先后衰落，亚述王国经济得到了迅速发展，铁器被广泛应用。 这在一定程度上改善了亚述军队的武器装备，为亚述侵略扩张、建立帝国奠定了雄厚的基础。

野蛮征服

到公元前8世纪后期，亚述国发展成了两河流域最强大的国家。

在国王提格拉特帕拉沙尔三世（公元前746～前727年）时代，亚述人建立了一支当时世界上兵种最齐全、装备最精良的常备军。 提格拉特帕拉沙尔三世和他的后代，凭借这只强大的军队，进行了一系列的侵略战争，先后征服了小亚细亚东部、叙利亚、腓尼基、巴勒斯坦、巴比伦尼亚和埃及等地，成为两河流域和北非一带最强大的军事强国。

亚述帝国的军队分为战车兵、骑兵、重装步兵、轻装步兵、攻城兵、工兵等，拥有当时最强大的攻城武器——投石机，就是在一个个巨大的木框里，装上一种特制的转盘，上面绞着用马鬃和橡树皮编成的绳索，用力一拉，可以射出巨大的石弹和燃烧着的油桶。还有一种攻城锤，用青铜铸成，攻城时用来撞击城墙。

"我用敌人的尸体堆满了山谷，直达顶峰；我砍掉他们的首级，用他们的人头装饰城墙；我把他们的房屋付之一炬，在城的大门前建筑了一座墙，包上一层由反叛首领身上剥下来的皮；我把一些人活着砌在墙里，另一些人沿墙活着插进尖木桩，并加以斩首。"这是亚述王那西尔帕二世的铭文中对自己的记载，描述的是亚述帝国时期对被征服地区的野蛮和残暴。

公元前743年，亚述军队攻陷了叙利亚首都大马士革。由于城中军民拼死抵抗，愤怒的亚述人把成千的战俘绑在削尖的木桩上，让他们慢慢地在痛苦中死去。那些在战斗中死去的将士，亚述人把他们的头颅割下，堆成山状。城里的老人、孩子、妇女，亚述人也不肯饶过，统统杀掉。城中所有的贵重物品，都被运回亚述国。

赫梯王朝

在古巴比伦后期，逐渐强盛的赫梯经常向两河流域侵扰。公元前16世纪初，赫梯军队攻陷巴比伦城，满载而归。公元前16世纪后半叶，赫梯国王铁列平通过制定王位继承法，即"长子优先，无长子归次子，无子归女婿"，来巩固自己的王权。公元前16世纪末到公元前13世纪中叶这一时期，赫梯人毁灭了胡里特人建立的米坦尼王国，并在埃及埃赫那吞改革之际，夺取了埃及的领地，与之争霸。

到埃及法老拉美西斯二世时，双方进行了一次规模宏大的战争。公元前1283年，由于双方损失惨重，两国签订和约。在这次战争中，赫梯王国元气大伤，后来又发生内乱，这个伟大的帝国迅速走向了衰落。

公元前13世纪末，席卷东部地中海地区的"海上民族"腓尼斯丁人肢解了赫梯王国。到公元前8世纪，赫梯帝国彻底被亚述摧毁。

根据史料记载，最早发明炼铁技术的便是赫梯人。在赫梯王国那里，冶铁技术是一项不能外传的专利。因此，当时铁的价格是黄铜的60倍，简直可以说是贵如黄金。

腓尼基文明

腓尼基文明在人类历史上留下了很多痕迹。如我们今天所用的26个英文字母，就来自于古老的腓尼基文明。

腓尼基人属于历史上一个古老的民族——闪米特人，又称闪族人。他们生活在今天的地中海东岸，也就是今天的黎巴嫩和叙利亚沿海一带，公元前10世纪至公元前8世纪，腓尼基人迎来了他们历史上的高潮。

当时，腓尼基国盛产造船用的珍贵木材。因此，它的造船业十分发达，再加上位于西亚和地中海的海陆交通枢纽地区，因而商业也相当繁荣。可以说，造船业和商业是成就腓尼基文明的两大因素。

此外，腓尼基的航海业也十分发达。腓尼基人的船是当时世界上最好的海船，并很早就能在航行中依靠太阳和北极星定位，完全称得上是一个出色的航海民族。

依靠着发达的航海业和商业，腓尼基人在地中海东岸土地上建立了许多繁华的商业城市。其中，当属推罗最大，位置大约在今天黎巴嫩的苏尔一带。

推罗以富裕而闻名于世。为此，古代作家也大肆渲染，甚至用"街上堆银如堆土，堆金如堆沙"等语句来形容当时推罗的富裕。

遗憾的是，腓尼基人没有建立起一个统一的国家。在腓尼基，每个城市都是一个国家，居民们自己推选自己的国王，崇敬自己的保护神。这极大影响了腓尼基人政权的稳定，缺乏必要保护的推罗，最终因此而毁灭。

历史上，推罗多次被倾覆，"凶手"有巴比伦王国，有亚述王国，也有后来的希腊人、撒拉森人和十字军等。但推罗每次遭受毁灭后，都能再次复兴。

腓尼基人最富有、最强大的时候，他们在地中海沿岸建立了许多商站和殖民地。后来，这些商站都成了当地最佳经济区，有的后来发展成了著名的商业城市，有的成为了强大的联邦国家。

腓尼基人庞大的财富是导致其灭亡的主要因素。实际上，在很早的时候，地中海对岸的强大帝国就一直对他虎视眈眈。最后，庞大的罗马帝国成了腓尼基人的梦魇。战败后的腓尼基人被罗马从地中海追到北非。在北非建立迦太基国后不久，又被罗马灭亡。

就这样，迦太基消失了，腓尼基文化也彻底湮灭在了历史长河中。

和其他民族一样，腓尼基人也创造了自己的文化。如腓尼基字母便是腓尼基灿烂文化的一份遗产，它虽没有象形文字和楔形文字那样优美，但这简单的22个字母却是今天欧洲许多文字的共同祖先。

波斯帝国

在公元前2000年代末，伊朗高原上就有了10个部落。后来，随着人口的日益增多，逐渐产生了国家。公元前550年，居鲁士建立了阿契美尼德王朝，定都苏萨，成立了波斯帝国。此后，居鲁士和他的儿子冈比西斯继续对外征战，波斯帝国的版图进一步扩大。在他们之后，第三任皇帝大流士一世，使波斯成为了一个横跨亚非欧的大帝国。

大流士一世的上台，带有很大的偶然性。当时，大流士一世随皇帝冈比西斯远征埃及，不想国内的高墨塔发动政变，于是波斯军队立即回国。在回国的途中，冈比西斯去世，大流士一世率领军队回到波斯。

冈比西斯一直视大流士一世为心腹爱将，两次远征埃及都与他同行。回到波斯后，大流士一世立即联合其他人一起谋杀了叛乱的高墨塔，然后自己登上皇位。可以说，正是这次叛乱成就了大流士一世。

大流士一世上台之后，国内的叛乱仍然此起彼伏，为了巩固统治，他派兵镇压各地的起义。同时，他还把自己的私人卫队扩充了几倍。然而，要彻底平定起义，必须解决其中的内在矛盾。大流士一世看到国内各地政治、经济、文化发展极不平衡，贫富差距太大，这才造成了阶级矛盾和民族矛盾的尖锐。于是，大流士一世开始改革，历史上称为"大流士改革"。

在政治方面，大流士一世大大加强了王权，他宣称自己的权力是神明阿胡拉马兹达恩赐的，强化了君主专制的统治。他独揽大权，集行政权、军权、司法权于一身。在行政区划上，他将全国划分为20

个行省，派遣总督管理。他还建立了庞大的特务组织来刺探情报，从地方总督到军官到平民，都在他的监察体系之内。

在军事方面，大流士一世将全国划分为5大军区，军事长官和地方总督互不相属，这样就互相牵制了他们的权力，从而巩固了王权。在用人方面，他以波斯人为指挥官，其他各族人只能充当中下级士官。由于波斯帝国版图庞大，军队中的军种也很丰富，步兵、骑兵、战车兵、象兵、海军、工兵等，应有尽有。在所有军队中，战斗力最强的是由1万名波斯人组成的"不死队"。

在经济方面，大流士一世进行了成功的改革。他统一了铸币制度，规定帝国铸造金币、行省铸造银币、自治市可铸造铜币。货币政策的统一促进了波斯帝国的经济发展。为了军事和行政管理的方便，大流士一世在全国修建了驿道，这在客观上也刺激了全国各地间的经济交流。同时，大流士一世还开凿了尼罗河至红海间的运河，这条运河不仅促进了波斯本国的经济发展，还加强了波斯和其他国家之间的海上联系。

在宗教方面，大流士一世实行宽容的政策，一定程度上缓和了波斯和被征服地区之间的紧张关系，提升了腓尼基人、撒玛利亚人和犹太人的地位。不过，巴比伦人、埃及人和希腊人却一直在反抗波斯的统治。

大流士一世的改革虽然巩固了波斯帝国的统治，但是却没有从根本上解决帝国内部的阶级矛盾和民族矛盾，也没有消除国内政治、经济、文化发展的不平衡。

在改革的同时，大流士一世并没有放慢对外扩张的步伐，他积极推进对外战争。在他的武力征服下，印度次大陆北部成为了波斯的行省之一。大流士一世还把目光转向了希腊，波斯与希腊之间的战争相当漫长，在大流士一世去世以后，他的儿子薛西斯一世继续进行对希腊的战争，并取得了一些战果。

最终，希波战争却以薛西斯的彻底失败而告终。希腊城邦团结一致击败了波斯，这也使得波斯帝国放缓了对外扩张的步伐。战败之后，薛西斯彻底颓废，他雄心不再，沉醉于奢靡的宫廷生活。同时，他还大兴土木，在波斯境内竟然设立了4个首都：苏萨、爱克巴坦那、巴比伦和帕赛波里斯。每个首都都建有豪华的王宫，薛西斯则按照四季轮流入住。

希波战争严重削弱了波斯军队的实力，也激化了波斯国内的各种矛盾。薛西斯一世被谋杀之后，宫廷政变频发，继任的君主一代不如一代。中央权力变弱，地方实力却与日俱增，行省总督往往兼任军事长官，慢慢独揽了军政大权。

公元前334年，亚历山大东征，攻陷了曾经不可一世的波斯帝国。皇帝大流士三世在逃亡途中被杀，波斯帝国灭亡。

贝希斯敦铭文

公元前520年，大流士看到国内政局平稳，便用波斯、埃兰和巴比伦三种文字，将自己平息叛乱的过程刻在了首府爱克坦那以西的贝希斯敦大石崖上，这就是著名的"贝希斯敦铭文"。大流士则自称为"王中之王，诸国之王"，后人尊称他为"铁血大帝"。

1835年，英国学者劳林森发现了"贝希斯敦铭文"。这个铭文的上半部分是浮雕，浮雕上的大流士身罩披肩，气宇轩昂，双目圆睁，傲视前方。他左脚踏着倒在地上的高墨达，右手指向波斯人崇拜的光明与幸福之神——阿胡拉·马兹达。在浮雕中，阿胡拉·马兹达的高度从冠顶到所乘神辇的底部大约为114.3厘米，其两翼的圣光总宽为127厘米，圣光底部距叛王头顶最近处约为16.5厘米。 雕像中的阿胡拉·马兹达面生美髯，头戴有角高帽，面朝国王，站立于圣光闪耀的太阳圆盘之中。 大神双手腕部带镯，右手举起，现出掌心，左手持一环。 大神身穿宽袖的白袍，在腰间扎一根腰带——看起来颇像一个火祆教僧人。 至于那10个不幸的俘虏，他们都是双手被缚于身后，脖子上系着绳索，跪卧在地上，其雕刻形态据考证基本是按照他们处刑之前的模样记录的，俘虏的身高只有117厘米。 这些被绳索绑着脖颈的叛乱首领被雕刻得如此矮小，与高大伟岸的大流士形成了鲜明对照。

第三章　上古印度

古印度文明的源头

古印度是人类文明的发源地之一,在文学、哲学和自然科学等方面对世界文明作出了独创性的贡献。在文学方面,创作了不朽的史诗《摩诃婆罗多》和《罗摩衍那》;在哲学方面,创立了"因明学",相当于今天的逻辑学;在自然科学方面,最杰出的贡献是发明了目前世界通用的计数法,创造了包括"0"在内的10个数字符号。所谓阿拉伯数字,实际上起源于印度,然后通过阿拉伯人传播到西方。公元前6世纪,古印度还产生了佛教,先后传入中国、朝鲜和日本。

就地理范围而言,古印度不仅指今天的印度,还包括巴基斯坦、孟加拉、不丹、尼泊尔等在内的整个南亚次大陆。中国在西汉时称其为"身毒",东汉时改称"天竺",到了唐代,高僧玄奘将其译为"印度"。

印度的远古文明直到1922年才被发现。由于它的遗址首先在印度哈拉巴地区发掘出来,所以通常称古印度文明为"哈拉巴文化";又由于它主要集中在印度河流域,所以也称为"印度河文明"。

哈拉巴文化以南部的摩亨佐·达罗和北部的哈拉巴为中心,它是古代印度青铜时代的文化,代表了一种城市文明。从已经发掘的遗址来看,城市的规划和建筑具有相当高的水平。考古学断定,哈拉巴文化大致出现在公元前3000年到公元前1750年，鼎盛时期约为公元前2300年到公元前2000年。哈拉巴文化的主要经济部门是农业，栽种的作物有大麦、小麦等。除田间作物外，椰枣、果品也是人们喜爱的食物。当时，人们已经能够驯养牛、山羊和各种家禽。哈拉巴文化遗址中出土了大量铜器，这表明古印度人已经掌握了对金银等金属的加工技术。从出土的各种美妙绝伦的手工艺品和奢侈品中，可见当时工匠的精巧技艺。制陶和纺织是哈拉巴文化的两个重要部门，染缸的发现表明当时已掌握纺织品染色的技术，纺织业与车船制造业等也高度发达。城市的繁荣使哈拉巴的商业盛极一时，不仅国内贸易活跃，国际贸易也特别频繁。大量古迹遗址的发掘充分证明了它与伊朗、中亚、两河流域、阿富汗，甚至缅甸和中国都有贸易往来。

哈拉巴与摩亨佐·达罗两处城市遗址，规模都相当大。街道布局整齐，纵横相交。房屋一般用砖建造，有的隔出许多大厅和房间，并有良好的排水设备，而一些小房间则根本没有排水设备。这说明社会上已有贫富不均和阶级对立，已经存在依靠剥削而养尊处优的统治者。

哈拉巴文化还创造了自己的文字，它们主要留存于各种石器、陶器和象牙制的印章上，这些文字符号有象形的，亦有几何图案，至今尚未成功译读。正因为如此，关于哈拉巴文化的来源问题，一直为考古学家与历史学家争论不休。

哈拉巴延续了几百年之后逐渐衰落，于公元前18世纪消亡。它来得突然，去得更突然，以致日后印度文献对它一笔带过。哈拉巴文化衰落之谜，仍有待后人去破解。

哈拉巴文化衰落后，从印度西北方入侵的游牧民族雅利安人创立了更为持久的文明。雅利安人于公元前2000年左右出现在印度西北部，并逐步向南扩张。经过长时期的兼并战争，公元前4世纪，雅利安人在南部的恒河流域建立了以摩揭陀为中心的统一国家。

亘古不变的种姓制度

大约在公元前 1750 年左右,哈拉巴突然衰落下去。究其原因,可能是当时的人口增多,需要很多木材来盖房子、烧火做饭。对森林的过度砍伐,导致了灾难性的洪灾,人们被迫逃离哈拉巴城。

不过,最致命的打击还是雅利安人的入侵。雅利安在梵语中是"高贵、有信仰者"的含义,雅利安人的故乡在中亚和高加索一带。到了公元前 1400 年,他们迁徙到印度北部,并征服了当地的土著民族。

雅利安人在印度河流域定居下来后,渐渐从靠畜牧业为生转向了大力发展农业。随着以河流充当运输剩余粮食的天然交通干线,贸易也开展起来,在铸币没有出现之前,雅利安人将母牛作为大笔交易的价值单位。

经济的发展转过来又促进了部落的合并,国家开始出现。在印度河和恒河流域,相继出现了犍陀罗、开卡亚、马德拉、居萨罗等十几个国家。

随着雅利安人建立起自己的国家,他们开始意识到,自己应该是永远的统治者,而那些当地的黑土著,肤色的差别决定了他们应该永远是愚笨的奴隶。

由于这种强烈的种族优越感,雅利安人开始极力阻止与受他们鄙视的臣民融合,从而发展起四大世袭种姓的制度。

种姓在梵文中叫作"瓦尔纳",是肤色的意思。最高贵的是祭司和僧侣,他们掌握神权,专管占卜祸福,被称为婆罗门;其次是武士贵族,包括国王以下的各级官吏,掌握国家除神权之外的一切权力,被称为刹帝利;武士以下是农民、手工业者和商人,统统叫作吠舍;

第四个种姓是首陀罗，留给了印度土著，那些被称作达塞人的奴隶。种姓制度规定了各个等级不同的生活方式，连宴请朋友的礼仪也作了明确限定，各个等级之间的界限始终固定不变，更不允许不同等级的人结婚。达塞人作为最卑贱的人，不得参加宗教仪式，也没有任何社会权利。雅利安人宣称，人将有多重生命，在过去的生命中，甚至可能是一种动物，通过在本等级中的行为，决定来世的身份。因此人在活着的时候要安分守己，多做善事，这样就可以在来生中升级。反之，如果今生有反叛之心或是干了坏事，来世不仅会降级，没准还会变成猪、狗、鸡、鸭。这个信念，让广大印度人不能动摇等级制度，即使他们对自己的生活不满意，也只有在忍耐中期待来生的幸福。

婆罗门教

为了维护种姓制度，婆罗门僧侣还到处宣扬，说把人分为四个种姓完全是神的意志。在婆罗门的经典《吠陀》中，婆罗门把种姓制度的出现用神话来解释。传说原始巨人普鲁沙死后，天神梵天用他的嘴造出了婆罗门，用双手制成了刹帝利，用双腿制成了吠舍，用双脚制成了首陀罗。

婆罗门的《摩奴法典》里还说，摩奴是大神梵天的儿子，为了确定人间各种人在社会上的应有次序，确定婆罗门和其他种姓的义务，才制定了这部法典。《摩奴法典》规定，刹帝利辱骂了婆罗门，要罚款100帕那（银钱单位）；如果吠舍骂了婆罗门，就罚款150到200帕那；要是首陀罗骂了婆罗门，那可不是罚钱能解决的事了，骂人的首陀罗要被滚烫的油灌入口中和耳中。相反，如果婆罗门侮辱刹帝利，只罚款50帕那；侮辱吠舍，罚款25帕那；侮辱首陀罗，则只需交纳

12 帕那的罚金。高级种姓的人如果杀死了一个首陀罗,不用偿命,用牲畜抵偿或者简单地净一次身就行了。所谓净身,其实就是洗澡的同义词。古代印度城中公共浴池很多,大概就是因为这个规定吧。

《摩奴法典》还对各个种姓的衣食住行都作了繁琐的规定。比如规定不同种姓的人不能待在同一个房间里,不能同桌吃饭,不能同饮一口井里的水等等。如果有人触犯了《摩奴法典》,轻则处罚,重则会被开除出种姓之外。

被开除出种姓的人成为贱民,只能居住在城外,从事抬死尸、清除粪便等低贱的工作。走在路上,贱民要佩带特殊的标记,口中还要不断发出特殊的声音,或敲击某种器物,以提示高级种姓的人及时躲避。婆罗门认为,接触了贱民是一件非常倒霉的事,回去之后要举行净身仪式。

印度神话中的神

神	传说
梵天	创造神,传说天地间早期的众神都是梵天自己生出来的。
毗湿奴	转生神。
帝释天	天帝,是古神话中因陀罗的演化。在佛教神话中,帝释天最重要的职责是保护佛祖、佛法和出家人。
吉祥天	毗湿奴的妻子,吉祥和幸福女神,也是财富女神。
地天	坚牢地神,在古印度神话中,地天是抚育万物的母亲。
多闻天	名毗沙门天,又称施财天,是佛教中守护北方的天王。
迦楼罗	太阳鸟,毗湿奴的坐骑,众鸟之王。
乾达婆	乾达婆共有6333个,在古神话中是一群美男子。佛教中的乾达婆没有男女之分,是佛门的音乐家。到了中国乾达婆成了女性,演化为敦煌艺术中的飞天。
阿修罗	原为古印度神话中的一种恶神,佛教经籍称阿修罗为"非天"或"劣天"。男极丑,女极美,与帝释天是冤家对头,争斗不休。

佛教的起源

佛教的创始人乔达摩·悉达多大约生活在公元前 563 年到公元前 483 年之间。

根据佛教传说，悉达多 16 岁时和同龄的表妹结婚，之后就在王宫里过着奢华幸福的生活。 在悉达多 29 岁时，他的妻子为他生下了一个儿子。 为此，全城都在庆祝净饭王得了孙子和悉达多有了儿子。然而，就在这样一个万民同乐的时候，悉达多却做出了一个惊人的决定，他决定放弃优越的生活，去寻求人生的真谛。 于是，他抛弃万贯家财和幸福的生活，告别妻子和孩子，毅然去做了一个苦行者。

他的父亲看他执意如此，只好派人跟着他。 之后，悉达多和他的侍者们在恒河流域整整行走 6 年，参访宗教界的无数名师，研习了许多理论和方法，并一直特意过着艰苦的生活。 然而，悉达多最终认识到，这种折磨自己的方法只能使自己的头脑更加模糊不清，而不会使自己更接近真知。 于是，他抛弃了当时盛行的禁欲主义，开始恢复正常的饮食。

一次，悉达多独自来到尼连禅河边，并在菩提伽耶附近的一棵菩提树下坐了下来，静思人生的问题。 在苦思冥想了七天七夜之后，悉达多终于豁然开朗，战胜了种种烦恼和魔障，顿悟了人生无尽苦恼的根源和解脱轮回的方法。 此后，人们便都称他为佛陀，意为"觉悟者"。

但此时已经 35 岁的他并没有停止前行，而是带着他新的人生观，游遍了整个印度北方，向所有愿意听讲的人宣讲。 到公元前 483 年他去世时，门下已有数以万计的皈依者。

最初，佛陀只是以口传的方式进行说教，后来为了便于记忆，开始采取偈颂的形式，再后来，便结集为由经、律、论组成的"三藏"（《经集》《如是语经》《无问自说经》）。

佛陀死去几百年之后，他的说教才被人们用文字记录下来。但这时他的宗教思想已经被分裂成了许多不同的教派。其中，小乘派和大乘派是其中两个比较接近的教派。小乘派主要在南亚居主要地位，现在，大多数西方学者都认为它和佛陀最初创立的教说比较接近；而在中国和北亚一带居统治地位的教派则是大乘派。

"四谛"是原始佛教基本教义的核心。"谛"意为"实在"或"真理"。"四谛"也叫"四圣谛"，意为"四条真理"，即：苦、集、灭和道。整体上来讲，四谛分为两个部分：一是说明人生的本质及其形成的原因，即苦和集二谛，侧重于解释世间；二是指明人生解脱的归宿和解脱之路，即灭和道二谛，侧重于创造世间。

苦谛，就是把人生判定为"苦"。

集谛，是早期佛教的理论基础，它主要阐述人生诸苦产生的原因。

灭谛，主要宣扬：若想根绝苦因、摆脱苦果，就要消灭一切"欲爱"。因为只有这样才能达到佛教理想中的最高境界——涅槃，即不生不灭、圆满寂静、永远摆脱因果轮回的境界。

道谛，主要指出如若要达到涅槃，就必须要修炼正见、正思、正语、正业、正命、正精进、正念和正定，这八正道。

在悉达多死后的很长一段时期里，佛教的传播速度一直很慢。直到公元前3世纪，阿育王改信佛教，才使得佛教的影响迅速扩大。因此，佛教传到了缅甸、锡兰，以及整个东南亚，并一直传到马来西亚和今天的印度尼西亚。此外，佛教还向北传播到了今天的西藏，然后又向西北传播进入阿富汗和中亚地区。

摩揭陀与孔雀帝国的兴起

摩揭陀历史上第一个著名的国王是瓶沙王（约公元前544～前493年），他建都于王舍城，用通婚的方法与各国保持友好的关系。到了瓶沙王之子阿阇世在位时期，摩揭陀已成为恒河流域的一个强国。到难陀王朝时期，摩揭陀已经统一恒河流域，并打算向西征服印度河流域，但这一计划被亚历山大的东征打断了。亚历山大在征服波斯之后，便东进到印度河流域，因部下反对而放弃继续东进，只得返回巴比伦。亚历山大一走，印度人民就开始反抗马其顿人，亚历山大的总督率兵逃走，印度河流域又回到印度人手中。

在印度人民的起义中，一个名叫旃陀罗笈多的人成为领袖，公元前324年，他在西北印度自立为王，后向东推进，灭难陀王朝，并摩揭陀。旃陀罗笈多建立起新的王朝，因其家庭出身为养孔雀者，故王朝名为"孔雀王朝"。

"无忧王"阿育王

要了解古印度文化，就必须了解一个人，那便是阿育王。阿育王是古印度孔雀王朝最著名的帝王，他曾是一个残暴的君主，后来却成为了佛教的护法。阿育王是印度帝王中无与伦比的一位，对印度历史有着非同一般的影响。

公元前600年到公元800年之间，印度的种姓制度逐渐确立，部落社会慢慢向国家社会转变，印度社会正在发生着翻天覆地的变化。

授地制开始兴起并逐渐向封建制转化，新婆罗门教兴起并向印度教转化。在此期间，释迦牟尼创立了佛教，大雄创立了耆那教。

阿育意译为无忧，故阿育王又称"无忧王"，他生于公元前304年，死于公元前232年，是印度孔雀王朝的第三代君主。阿育王的前半生是杀戮的半生，后人称之为"黑阿育王"时代。

征战和杀戮，并不是阿育王一个人的兴趣，而是孔雀王朝一贯的政策。孔雀王朝的缔造者，阿育王的祖父旃陀罗笈多击败了入侵的希腊人，才建立了孔雀王朝。继任者宾头沙罗，也就是阿育王的父亲，为了开疆拓土，先后消灭了南部的16个国家。在这样的家族中，阿育王的铁血性格可以说是与生俱来的。

当阿育王18岁的时候，他已经是阿般提省总督了。阿育王兄弟众多，为了在兄弟中脱颖而出，他非常善于表现自己的能力。当叉始罗城叛乱的时候，阿育王残酷地镇压了叛乱，立下大功，逐渐积累了足够的政治资本。

公元前273年，宾头沙罗病重，阿育王看准时机，马上回国争夺王位。为了顺利登上王位，阿育王心狠手辣地杀害了他的99个兄弟。在这一场血腥的内部斗争后，阿育王如愿以偿，成为了孔雀王朝的第三代君主。

登上王位后，阿育王的所作所为丝毫没有收敛，反而变本加厉，愈加残暴。对内，阿育王派遣凶恶的酷吏残害百姓，镇压他们的反抗；对外，阿育王积极扩张，发动侵略战争，在远征孟加拉沿海的羯陵伽国的战争中，他制造了10万人的大屠杀。

据说当时阿育王面对尸横遍野、血流成河的战场，心头突然一阵剧痛，感到了深深的震撼和悔恨。从此以后，阿育王放下屠刀，立地成佛，开始宣扬佛教，还与佛教高僧优波毯多次彻夜长谈。最终，在高僧的感化之下，这个有名的暴君皈依了佛门，同时也改变了统治的策略，成了一位仁君。

阿育王的后半生，不但自己信仰佛教，还成了佛教的护法，在全国努力推广佛教，这个时期也被称为"白阿育王"时代。阿育王宣布不再主动发动战争，在不得已发动战争的情况下，也会尽量减少伤亡。他宣布佛教为国教，并将自己的诏令和"正法"的精神雕刻在崖壁和石柱上。更为难能可贵的是，在佛教成为国教之后，阿育王并没有迫害其他教派，相反对婆罗门教和耆那教还给予了慷慨的帮助。这既是佛教基本精神的体现，也是阿育王统治的需要。

为了提高佛教的地位，阿育王还在全国各地兴建佛教建筑，并向僧侣们捐赠了大量的财产和土地，客观上也促进了印度建筑的发展。据说在当时的印度，全国各地总共兴建了84000座奉祀佛骨的舍利塔。

阿育王把佛教奉为经典，促进了佛教文化的广泛传播。在国内，他让高僧辩论，并整理出统一的佛教经典，然后派遣王子和公主加入使团，到边陲地区和周边国家传播佛教。佛教迅速向周边的斯里兰卡、缅甸、中国、埃及等地传播。

公元前232年，阿育王带着佛教"护法明王"的尊号去世。他前半生辛苦征战统一的印度，在他死后只延续了半个世纪；但是他后半生所宣扬的佛教，影响范围却越来越广，最终成为世界三大宗教之一，对人类文明产生了深远的影响。

第四章 上古希腊

爱琴文明

传说，在地中海中有一座名叫克里特的小岛，该岛上的国王名叫米诺斯。米诺斯是一位非常有意思的国王，他在岛上建造了一座有着无数宫殿的迷宫，里面通道纵横交错，只要进去就别想再走出来。并且，迷宫的深处还有一只叫米诺牛的恶兽。米诺牛人身牛头，为了供奉他，米诺斯规定，雅典每九年要送七对青年男女来，然后让恶兽吃掉。

有一年，雅典人民眼看又到了供奉青年男女的日子，便在一片哭泣声中把这七对不幸的青年男女送上船，送往克里特岛。当时，雅典国王爱琴有位英勇好战的儿子叫忒修斯。他为了不再让同胞遭受杀戮的命运，便决心和青年男女们一起出发，决定要杀死那头恶兽米诺牛。

离开之前，忒修斯和父亲做了一个约定，如果能够杀死米诺牛，在他们返航时便挂白帆。意思是，老国王只要看到船上的黑帆变成白帆，就知道自己的儿子还活着。

到了克里特岛后，忒修斯的英俊潇洒引起了米诺斯国王的女儿阿里阿德涅的爱慕。当这位公主知道忒修斯的使命后，便送给他一把魔剑和一个线球，以防自己心仪的男人受到恶兽米诺牛的伤害。

聪明英勇的忒修斯进入迷宫后，便将线球的一端系在迷宫的入口处，然后放开线团，沿着曲折复杂的通道走向迷宫深处。最后，他终于遇到了怪物米诺牛，经过一番苦战，忒修斯用阿里阿德涅公主给的魔剑杀死了米诺牛。随后，他带着青年男女走出迷宫。为了预防米诺斯国王的追击，忒修斯和手下们凿穿了海边所有克里特船的船底。当时，由于阿里阿德涅公主对忒修斯热爱，便和他们一起登上了回国的船。

经过数天航行，忒修斯看到了自己的国家，大家都异常兴奋，载歌载舞。但却因为这一时的高兴，忒修斯忘记了和父亲的约定，没有把黑帆改成白帆。

为了等待儿子归来，爱琴在海边天天守着。当他看到归来的船挂的是黑帆时，痛不欲生，以为儿子已被怪物吃掉，于是跳海自杀了。

后来，人们便把爱琴国王跳入的那片海称为"爱琴海"，以此来纪念他。

但传说终归是传说，没有多少人相信克里特岛上真有文明存在。直到19世纪末，英国著名考古学家阿瑟·伊文思在克里特岛的克诺索斯发现克里特文明后，人们才开始相信克里特岛上真的曾经有文明存在过。

在那里，考古队发掘出了米诺斯王宫的遗址。王宫依山而建，占地约两公顷，大多为三层建筑，宫内设施齐全，有浴室、厨房、仓库和庭院等。此外，考古学家发现了许多金银、宝石以及青铜工艺品。其中，以珠宝项链、金银手镯等最为精致。

此外，王宫内还设有供水和排水系统。排水系统设计十分巧妙，只要天一下雨，雨水便会冲洗下水道，使下水道保持干净。

考古学家还证实，说它是迷宫一点都不夸张。王宫有千门百户，阶梯走廊迂回曲折，陌生人一旦进入便很难寻找到出口。

在这座宫殿遗址中，考古学家还发现，在2000多块刻泥板、印章和器皿上，有着许多线条构成的文字，即后来科学家所说的线形文字。这些文字和古希腊使用的文字非常相似，如果能破译，人们就可以推算出克里特岛文化和希腊文化之间存在着怎样的密切联系。

根据史料记载，大约公元前1500年，克里特岛上的宫殿突然倒塌。地质学家推测，宫殿突然倒塌，很可能是附近锡拉岛火山喷发引起的海啸或地震造成的。但这应该不是导致该文明真正灭亡的原因。

很多学者认为，克里特王宫在后来的几十年内，又遭到了希腊迈锡尼人的破坏。从此，希腊人才成为了克里特岛的主人，并与当地居民逐渐融合。后又经过几番洗劫，克里特文明才最终走向衰落。

雅典的崛起

公元前1000年，雅典成为了古希腊最重要的城市国家。但在公元前6世纪，雅典却陷入了水火之中。

当时，雅典的萨拉米斯岛在战争中被邻国夺走，雅典农民的境况也空前艰苦。因为雅典盛行债务奴隶，只要农民偿还不清债务，自己便会成为债务奴隶。一年之后，要是欠债者仍还不清账务，那么他的妻子孩子都会沦为奴隶。为此，不少雅典人被贩卖到异邦邻国。

梭伦出生在没落的贵族家庭，年轻时一面经商一面游历，丰富的经历开阔了他的眼界。当然，雅典的现状也被他看在了眼里。

梭伦认为，要让雅典强大，就必须先唤醒雅典人的爱国热情和自豪感。而要唤起人民的爱国热情和自豪感，就必须先废除压迫民众的法令。为了避开当时不公正的法律，梭伦"佯装疯癫"，以疯子的形象在雅典的中心广场上，对人群朗读自己的诗篇。

在诗歌中，梭伦以歌唱雅典历史的方式来证明萨拉米斯原本属于雅典，并号召人们要为收复这座海岛而战，以洗雪雅典人身上的奇耻大辱。

在梭伦的激励下，人民的爱国情绪空前高涨。在这样的压力下，雅典政府被迫废除了不得提议收复萨拉米斯的法令。为此，梭伦在人民心中有了更高的声望。公元前600年，30岁的梭伦被任命为指挥官。上任后，他统率部队夺回了萨拉米斯岛，成为了雅典最有影响力的人物。

公元前594年，梭伦出任首席执政官。随后，他立刻开始了一系列改革。在雅典中心广场上，他面对成千上万的农民、手工业者和新兴的工商业奴隶主，正式宣读了新法律。梭伦改革的内容主要有以下几点：

（1）废除了农民债务，禁止债务奴役。

（2）废除德拉古制定的残酷法律，只保留关于谋杀的部分。

（3）此外，他根据个人拥有的财产，将公民分为四个等级，其政治权力则按照财产来决定。

（4）恢复公民大会作为国家最高权力机关，前三等级公民享有被选举权。

（5）在贵族会议之外，另设立400人会议管理国家，议员没有财产资格限制。

（6）建立公民陪审法庭，有无财产的公民都可参加。

梭伦改革是雅典城邦历史发展中的重要里程碑，它奠定了雅典民主政治的基础，促进了工商业的发展。此外，它还调整了公民集体内不同阶层之间的利益关系，使自身从事劳动的中、小所有者公民在经济、政治和社会上的地位获得保证。因此，雅典很快成为了古代希腊最繁荣的工商业城市。

梭伦改革是雅典城邦乃至整个古希腊历史上最重要的社会政治改革之一，它为雅典城邦的振兴和富强打下了坚实的基础。

斯巴达城邦

在希腊的土地上，还有一个与雅典齐名的城邦——斯巴达。斯巴达位于伯罗奔尼撒半岛南部的拉哥尼亚平原，埃夫罗塔斯河的西岸，面积达8500多平方公里。斯巴达的战略地位非常重要，自然地理环境也十分优越。它三面环山，扼守着塔伊耶托斯山脉，山脉上的隘口是进入拉哥尼亚和伯罗奔尼撒半岛的必经之路。斯巴达并不靠海，但中部有肥沃的平原，并有欧洛河自北向南纵贯全境，非常适宜农业耕作。大约在公元前9世纪，多利亚人开始建立斯巴达城，当时没有城墙和街道，只有四个村庄。因此，多利亚人也是最早的斯巴达人。

斯巴达以其严酷纪律、独裁统治和军国主义而闻名。斯巴达的政体是寡头政治，和当时雅典的民主制度形成了鲜明对比。斯巴达人非常好战，国家规定所有男人都必须从军，他们的国家就是在不断对外征服的过程中形成的。据说，斯巴达人在攻陷了拉哥尼亚南部的希洛城后，俘虏全城人作为奴隶，因此希洛人成了奴隶的代称。在征服了拉哥尼亚以后，斯巴达又向西侵略美塞尼亚。从公元前8世纪至公元前464年，斯巴达先后发动了三次美塞尼亚战争。几经周折，终于征服了美塞尼亚，把美塞尼亚人也变成了希洛人。斯巴达人对希洛人进行残酷的统治。他们迫使希洛人穿上象征卑贱的衣服，每年对希洛人进行定期鞭打，不允许他们有任何独立人格。为了防止希洛人反抗，斯巴达人还经常在夜晚残害希洛人中的青壮男子。每年新的监察官上任，第一件事就是要举行向希洛人"宣战"的仪式，因为在"宣战"

之后，他们便可以对这些毫无反抗力量的"敌人"进行肆意的屠杀。

哪里有压迫，哪里就有反抗。在斯巴达惨无人道的统治下，希洛人奋起反抗。为了维持对希洛人的剥削与压迫，斯巴达需要组建一支强大的军队。军队在斯巴达人的生活中占据着极其重要的地位，远远超过农业生产和文化发展。除了参与公民大会和相关的政治活动外，斯巴达人的绝大多数时间都被军事训练和对外战争所占据，整个国家就像一个超级军营。也正因为此，斯巴达军队在当时的希腊城邦中所向无敌。斯巴达人非常重视军队纪律，冲锋时也不会破坏队列，所有人都在优美的笛声中投入殊死的搏斗。在全民皆兵的斯巴达，女性对于勇敢的男性也有着特殊的崇拜。男子出征前，斯巴达的女人都会指着他们的盾牌，对自己的儿子或丈夫说出这样的临别嘱托：要么带着它回来，要么躺在上面。

斯巴达人的战争思想甚至深入到他们对于婴儿的态度上。斯巴达的少女虽然住在家中，但从不娇生惯养。斯巴达人相信，只有健壮的母亲才能生养出优秀的战士，所以女孩从小就必须进行格斗、竞走、掷铁饼、投标枪等艰苦的训练。而对斯巴达的男孩来说，他们一出生则会面临着更大的考验：首先，母亲会用烈酒给刚出生的男孩洗澡，如果男孩抽风或失去知觉，则说明他们的体格不够结实，进而也就会被遗弃；体格过关的男孩会被抱到部落长老那里接受检验，如果长老认为这个男孩不健康，男孩也会被弃之荒谷。在男孩很小的时候，母亲就注意培养他们一些基本的品质，比如不怕黑暗、不怕孤独、不哭闹等等。斯巴达的男孩7岁就开始过集体生活，12岁起开始不穿内衣，无论冬夏都只能穿一件外衣，且赤手裸足，晚上只能睡在自己编制的草垫上。斯巴达少年从小就要学会忍受各种肉体痛苦、饥饿、寒冷、黑暗和孤独的折磨，这一切都是为了以后的战争做准备。斯巴达人对于孩子的文化要求不高，甚至不用认字，只要记住姓名、会传军令即可。 男子到20岁便正式成为军人，从20岁到60岁，他们都必须住在军队中，每天参加军事训练，不能回家住和吃饭。 斯巴达军队由步兵方阵组成，40人组成一小队，500人组成一中队，平时训练的主要内容也是使用各种武器和操练步兵方阵。

斯巴达人的婚姻非常特别，男子必须20岁订婚，30岁结婚。 婚姻的目的很简单，就是为了生育健康的后代，健康的男孩将会成为勇敢的士兵，健康的女孩将会成为优秀的母亲，将来再生育健康的后代。 男子在结婚后也必须生活在军营中，只能在夜晚偷偷地溜回家中与妻子相见，但天亮前就得返回。 当妻子怀孕后，丈夫才可以多陪陪妻子。 有意思的是，斯巴达的女人在婚姻上拥有很大的自由，当她们认为自己的丈夫不够强壮、不够英俊时，完全可以与自己中意的优秀男子生育后代，而丈夫还不能有丝毫的嫉妒。 从某种程度上，这也是对勇敢、强壮的男性的肯定。

斯巴达人给奴隶套上枷锁的同时，也给自己套上了唯恐奴隶起义的枷锁。 在这种恐惧心理下，斯巴达人对于改革一律持反对意见，也拒绝和其他城邦交往。 在这种政策下，斯巴达文化逐渐走向没落。

凭借强大的军事力量，斯巴达成为了伯罗奔尼撒半岛上的霸主。但另一方面，斯巴达在文化上却是个小国。 曾经，斯巴达也有自己的诗人、工艺品和陶瓷，但美塞尼亚战争之后，斯巴达彻底成为了一片文化荒漠。 所以，希腊最大的城邦实际上就像是一个大村庄。 斯巴达人对于城市建设也没有兴趣，在他们看来勇敢才是最好的城墙。

斯巴达在军事上积极扩张，到公元前6世纪下半叶，斯巴达在半岛上组建了伯罗奔尼撒同盟。 这个同盟只是军事性质上的，在军事和外交上各城邦都听从斯巴达的协调和指挥，但在其他方面仍保持独立。 通过这个同盟，斯巴达镇压了境内的众多希洛人起义，也积极干涉其他城邦的内政，以此来维护和发展自己的统治。

希波战争

从公元前6世纪下半叶起,波斯开始从伊朗高原崛起,并大举对外扩张,迅速发展成了一个庞大的军事帝国。到了大流士统治时期(公元前522～前486年),波斯已经发展成为历史上第一个横跨亚非欧三洲的大帝国。公元前513年,国王大流士一世进一步控制了黑海海峡和色雷斯一带,希腊半岛各城邦面临着来自波斯的巨大威胁。

事实上,在公元前6世纪中叶,波斯帝国就开始侵占了小亚细亚西部沿岸希腊人建立的各城邦,希腊人被迫向波斯纳税服役,饱受欺压和剥削。公元前500年,小亚细亚的希腊城邦米利都第一个站出来反抗波斯,包括雅典在内的其他希腊城邦也纷纷出手相助。公元前494年,波斯帝国派大部队镇压希腊人起义。波斯帝国早有野心西侵,于是借口雅典和埃雷特里亚曾援助米利都,于公元前492年,发动了对希腊的战争,这便是历史上著名的希波战争。

显然,波斯低估了对手的力量,在战争的初期便遭到了挫败,波斯陆军在色雷斯一带遭遇当地军民的联合抵抗,战败而退。此外,波斯海军也遭飓风摧毁,全军覆没。第二年,大流士一世希望通过非战争手段来降服希腊,便派使者到希腊各城邦索要"水和土",以此作为归顺波斯帝国的象征。面对如此蛮横无理的要求,希腊最大的两个城邦——雅典和斯巴达坚决拒绝,于是,一场不可避免的大战开始了。

公元前490年,波斯大军横渡爱琴海,在雅典郊外的马拉松平原开始登陆。此时,雅典已经陷入了战争的困境,一方面在城内进行紧急动员,加紧全城戒备;另一方面赶紧向斯巴达求助。雅典和斯巴达相距200多公里，当时没有先进的通信设备，只能依靠人力。于是，雅典派出当时最擅长长跑的斐里庇第斯日夜兼程赶往斯巴达。这位长跑健将在没有马骑的情况下，竟然只用了一天多的时间就赶到了斯巴达。然而斯巴达却有个奇怪的先例，月不圆不能出兵。斯巴达人以此为由委婉地拒绝了雅典的请求。斐里庇第斯声泪俱下，苦苦哀求，但斯巴达人还是无动于衷。遗憾的斐里庇第斯只好再赶回马拉松复命。

尽管没有斯巴达的援助，但雅典人依然斗志昂扬。当时雅典统帅米太亚得在分析出敌强我弱的客观实情后，决定利用精锐的重装步兵去突袭波斯的步兵和弓箭手。在战争中，波斯人的主力骑兵还没来得及投入进攻，就遭到了雅典军两翼的猛击而全线溃败。米太亚得仅以1万兵力就打败了10倍于己的波斯军队。战争胜利后，斐里庇第斯又马上奉命奔回雅典报捷。因为身上有伤，斐里庇第斯的体力接近透支，但他仍然屏住最后一口气跑了40多公里的路程，终于到达了雅典。然而，当他喊出那句"我们胜利了"之后，便永远地倒在了地上，再也没有醒来。如今的马拉松长跑比赛就是后人为了纪念斐里庇第斯而举办的。

虽然在马拉松战役中遭遇到耻辱性的惨败，但波斯人仍不甘心。大流士一世去世后，他的儿子薛西斯继承了王位。薛西斯发誓一定要征服雅典和希腊，完成父亲生前的夙愿。为此，薛西斯卧薪尝胆了4年，全身心地筹备人力、物力等战争资源，还动员被征服地区的民族与波斯人一起组成远征军队。与此同时，希腊各城邦间也开始团结一致，积极整顿以随时备战。公元前480年春，波斯军队分海、陆两路，向希腊发动大规模进攻，于七八月间来到了德摩比勒隘口。这里作为希腊的"门户"，历来是兵家必争之地，依山傍海，关前有两个硫黄温泉，所以又名"温泉关"。温泉关的关口非常狭窄，只能容一辆战车通过，是贯通希腊南北的唯一通道。在这里，斯巴达王列奥尼达率300名战士奋勇迎战。然而因通敌者引路，温泉关还是失守了，300名战士也全部慷慨就义。

通过温泉关以后，波斯军在希腊境内长驱直入，很快攻占了雅典城。然而，当波斯人进入雅典城时，才发现这里早已是一座空城。原来，当时雅典杰出的海军统帅提米斯托克利已经下令将所有的妇女和儿童暂时转移到萨拉米斯岛和亚哥斯的特洛辛去躲避，而剩下的男人们则乘着战船，集中到萨拉米斯海湾。公元前480年秋天，波斯军和希腊人在萨拉米斯海面展开了激烈的决战。波斯虽然拥有很多战舰，但船体大而笨重，在水浅港窄的萨拉米斯海湾里根本无法施展威力；而希腊人则利用了当地的这一特点，充分发挥小型战船机动灵活的优点，一举扭转了战局，薛西斯最后只能无奈地匆匆收兵返回波斯。

第二年，在普拉提亚，希腊联军再次以寡敌众，歼灭了薛西斯留在希腊的陆军，并进而收复了希腊本土的大量失地。波斯远征希腊频频以失败告终，再加之国内矛盾重重，最后被迫由攻转守。希腊以雅典为首的各城邦则逐渐逆转局势，并趁机在海上扩张势力，雅典还在爱琴海海域建立起了海上霸权。到了公元前478年，雅典占领赫勒斯滂海峡北岸最重要的城镇塞斯托斯，进而控制了通向黑海的要道。同年，雅典联合爱琴海诸岛及小亚细亚等希腊城邦结成"海上同盟"，因同盟金库曾设于提洛岛，故又称"提洛同盟"。同盟以雅典为首，加入的城邦越来越多，最后达到了200多个。同盟各邦提供资金和船只，组建海上舰队，雅典也因此掌握了同盟的金库管理权和舰队的指挥权。

公元前449年，在塞浦路斯岛东岸的萨拉米斯城附近，希腊海军再次重创波斯军队，最后双方同意讲和。在波斯首都苏萨，卡里阿斯代表雅典谈判并最终签订了《卡里阿斯和约》。通过这个和约，博斯普鲁斯海峡和爱琴海及赫勒斯滂从此摆脱了波斯的控制，塞浦路斯归波斯辖治，小亚细亚西岸希腊诸城邦取得了独立地位。到此，希波战争宣告结束。

通过希波战争，希腊的势力得到了极大的加强，而波斯帝国的实力则不断被削弱，这场战争的胜负形成了东地中海地区新的政治对比。

伯罗奔尼撒战争

公元前431年至公元前404年，在巴尔干半岛和爱琴海海域爆发了一场大规模的战争，史称"伯罗奔尼撒战争"。交战的双方是以斯巴达为首的伯罗奔尼撒同盟和以雅典为首的提洛同盟，交战的目的则是为了争夺希腊的霸权。这场战争给希腊带来了前所未有的破坏，导致了希腊奴隶制城邦的危机，是希腊文明由盛转衰的转折点。

在长达几十年的希波战争中，为了抵抗波斯军队，雅典联合众多希腊城邦组织了提洛同盟，在这个同盟中，雅典实际上是各城邦的首领。希波战争结束后，雅典并没有解散这个同盟，而是继续利用它进一步扩张自己的海上霸权。雅典不仅将同盟金库的资金据为己有，还向同盟中的其他城邦不断勒索贡赋，甚至派遣军队和监察官实行军事殖民。这种恶劣的行为激起了提洛同盟内部很多城邦的不满。与此同时，以斯巴达为首的伯罗奔尼撒同盟也已经逐渐成熟。斯巴达的贵族寡头政治和雅典的民主政治原本就是水火不容，它们都想把自己的政治制度扩大到其他城邦，因此各不相让、相互敌对。双方为了争夺原料、奴隶、商品以及销售市场等，产生了很多争端，雅典的海上扩张政策更是严重威胁到以斯巴达为首的伯罗奔尼撒同盟的利益。

公元前435年，伯罗奔尼撒同盟中的科林斯与科西拉发生了争执，科西拉无奈之下竟向雅典求援。在公元前433年的希伯达海战中，雅典出兵援助科西拉，科林斯被迫撤兵。科林斯为了报复雅典，便唆使提洛同盟中的其他城邦退出同盟，脱离雅典的统治。结果，提洛同盟中的波提狄亚宣布退盟，麦加拉也时常在两个同盟间摇摆不定。雅典对伯罗奔尼撒同盟的多管闲事非常不满，不久便派兵围攻波提狄亚，同时借口收容逃奴而对麦加拉实行经济制裁。公元前432年秋，在科林斯的积极鼓动下，伯罗奔尼撒同盟集会要求雅典让出对提洛同盟的领导权，雅典当然不会接受。公元前431年3月，伯罗奔尼撒同盟的底比斯袭击了雅典的盟邦普拉蒂亚。从此，双方投入战斗，开始了漫长的伯罗奔尼撒战争。

众所周知，雅典的海上势力要远强于它的陆地势力。战争之初，斯巴达军队多次进军攻入阿提卡半岛，一方面对雅典乡村恣意蹂躏，希望激怒雅典，把战场转移到陆地上；另一方面极力煽动雅典盟邦们叛变，试图拆散提洛同盟。然而，当时雅典的执政者伯里克利不仅没有上当，还充分利用了自己的优势。雅典在陆上采取守势，把农村人口撤入雅典城和城内通往海港的防御墙内；在海上采取攻势，派舰船频频侵袭伯罗奔尼撒半岛沿海地区，还鼓动希洛人暴动，逼斯巴达求和。在双方的政治活动和军事行为下，不仅彼此都受到了很大的打击，两地的人民更是遭受到了深重的灾难。尤其是公元前430年雅典城爆发了一场巨大的瘟疫，由于人口密集，瘟疫造成了不计其数的死亡，执政者伯里克利也于次年病死。这场战争所造成的破坏和苦难，引发了人们的强烈不满。公元前427年，米蒂利尼等盟邦掀起了反雅典起义。同时，雅典城邦内部也发生了党争，以尼西阿斯为首的主和派和以克里昂为首的主战派之间发生了激烈的争斗。

公元前 425 年，强大的雅典海军攻占了美塞尼亚西岸的皮洛斯以及附近的斯法克蒂里亚小岛。3 年后，雅典和斯巴达在安菲波利斯发生激战，双方的主将克里昂与伯拉西达双双战死沙场，这次战争也以雅典的战败而告终。公元前 421 年，雅典主和派首领尼西阿斯同意与斯巴达缔结停战和约，即《尼西阿斯和约》。和约做出了交战双方都要从各自占领地撤军并交换战俘的规定，希望双方在 50 年内保持和平。

但现实是残酷的，战争并没有因为这一纸和约而结束，没过几年，雅典和斯巴达再次打了起来。公元前 415 年，雅典由阿尔基比阿德斯和尼西阿斯等率领轻装步兵 1300 多人、重装步兵 5000 多人、战舰 130 多艘，出征科林斯殖民地西西里。前者到达西西里不久，国内政敌就以渎神罪为由将他召回雅典受审。阿尔基比阿德斯知道回国后必定是九死一生，于是向斯巴达投降，并向斯巴达军队告知了关于雅典的很多情报。斯巴达大胆地采用了他的计策，于公元前 414 年出兵西西里。面对斯巴达军队，尼西阿斯指挥不力、优柔寡断的弱点完全暴露了出来，最终，西西里的雅典军全军覆没，他自己也惨遭杀害。斯巴达继续加强陆上进攻，次年，斯巴达军队大举攻入阿提卡，并长期占领了雅典城北部地区德凯利亚。此时，雅典的农业生产已经完全瘫痪，还爆发了大规模的奴隶逃亡事件。

西西里之战后，雅典引以为傲的海军也逐渐失去了优势，其盟邦更是相继叛离。不仅如此，国内还发生了一场推翻民主政体的政变，旨在建立贵族寡头专政制度，虽然很快就恢复了民主政体，但政治的根基已经动摇。公元前 412 年至公元前 411 年，雅典海军在基齐库斯和阿拜多斯大败斯巴达海军，并于公元前 408 年收复了拜占庭，重新启动了黑海航道，这让不少雅典人看到了希望。然而，斯巴达在波斯的援助下开始整顿舰队，公元前 405 年，斯巴达海军在赫勒斯滂海峡全歼了不可一世的雅典海军,再次令雅典人感到绝望。 随后,斯巴达主将来山德指挥大军,分海陆两路围困雅典城。 次年,饥荒中的雅典不得不宣告投降,被迫接受了屈辱的和约。 根据和约,雅典解散了提洛同盟,加入了伯罗奔尼撒同盟;拆毁了长墙工事,仅保留12艘警戒船。 至此,长达27年的伯罗奔尼撒战争终于结束了,斯巴达击败雅典,取得了希腊的霸权。

伯罗奔尼撒战争所带来的灾难是空前的。 在战争中,大奴隶主、大土地所有者、投机商人和高利贷者乘虚而入,聚敛了大量的财富、土地和奴隶,而大部分的小农经济与手工业者纷纷破产,中小奴隶制经济开始解体,以大地产、大手工业作坊主为代表的大奴隶主经济逐渐取而代之。 由于大批公民的破产,造成了兵源的急剧缩减,进而动摇了城邦的统治基础。 为了反抗豪强和富人的统治,广大贫民在斯巴达、科林斯等城邦先后发起起义的浪潮,沉重打击了奴隶主的统治进一步加速了希腊城邦的衰落。 斯巴达夺得希腊霸权后,所推行的统治同样引起了其他城邦的强烈不满,在城邦的不断反抗中,伯罗奔尼撒同盟也逐渐解体。 公元前3世纪前半期,由于内战的消耗,希腊不断衰落,最终被马其顿所灭。

马其顿帝国的缔造者:亚历山大大帝

亚历山大,公元前356年7月22日出生在马其顿首都佩拉,母亲奥林匹亚斯。 奥林匹亚斯的个性独断专横而又神秘,甚至有记载说她喜欢与蛇共眠,这使腓力二世十分讨厌她,但她对儿子亚历山大的影响非常大,远征期间的亚历山大经常写信给母亲叙述自己的所见所闻。 当时,由于马其顿的谣言和后来阿蒙神谕的显示,人们普遍相信亚历山大是天神宙斯之子。而在亚历山大出世前，奥林匹亚斯梦见雷电，佩拉市区则有一座女神殿被焚毁，人们惶恐不安，几个占卜师都说这是大灾难来临的前兆，但也有一个人说："女神殿的焚毁日，有一个男孩诞生，此儿以后将灭亡全亚洲。"

据普鲁塔克记载，公元前344年，一名色萨利的卖马人带来了一匹价值13塔伦特的骏马，腓力的所有最优秀的驯马人都试图驯服它，但都失败了。小亚历山大告诉他的父亲，如果他能驯服，那么他的父亲就要将这匹马作为礼物送给他。腓力对他不屑一顾，认为他无视对年长者应有的礼仪，但却认同了这个赌局。亚历山大首先把马头牵往背光的一边，然后轻轻地抚摸，培养信任感，紧接着突然上马，骑着马奔向远方。原来，亚历山大用他那明锐的洞察力发现这匹马恐惧看见自己的影子，最后他给那马起名为布塞法洛斯。当亚历山大骑着马回来时，腓力欣喜若狂，热泪盈眶："我的儿子，找一个适合你的王国吧，马其顿太小了。"

亚历山大的成长深受荷马的《伊利亚特》及其中人物阿喀琉斯和传说人物海格力斯的影响（他的父母王系名称是海格力斯和阿喀琉斯的后代）。亚历山大的启蒙教育由他母系的近亲阿卡纳尼亚人莱西马库斯和莱昂尼达斯负责，后者更加关键，他培养了小亚历山大节制和坚忍的性格，为亚历山大的成长开了一个好头。后来，为了让桀骜不驯的亚历山大学到更多知识，腓力二世聘请希腊哲学家亚里士多德做亚历山大和其他马其顿王国贵族子弟在米埃札的导师。亚里士多德给予他完整的文学培养和口才训练，并且激发了他对医学、科学和哲学浓厚的兴趣。

公元前340年，腓力二世开始远征拜占庭，他认为是时候锻炼亚历山大了，所以，他留下16岁的亚历山大在马其顿主持国政。在此期间，亚历山大并非无所事事，腓力的离开使马其顿原本不稳定的北部边境米底人发生了叛乱。 亚历山大初次上阵就大败敌人，一直进军到叛乱的城市，驱散了当地人，重新组织移民，将那里命名为亚历山大波利斯。 公元前339年，他又参与了父亲发起的北方战役，洗劫了出尔反尔的西徐亚人的领地，进一步学习到了相关的军事艺术。

真正的挑战发生在公元前338年，因为腓力在拜占庭的受挫，希腊城邦中发生了反马其顿的大叛乱，为此，雅典和底比斯两大城邦结成了同盟以备随时对抗腓力。 腓力不可能漠视这个行动，因此双方展开了一场决定希腊命运的战役——喀罗尼亚战役。 在这次战役中，亚历山大发挥了十分重要的作用，作为联军的左翼总指挥，他抓准时机果断突入联军的缝隙，全歼了闻名希腊的最强战队底比斯圣队，又从背后沉重地打击了联军，使马其顿人获得了极其关键的胜利，此年亚历山大只有18岁。

然而，亚历山大此后的地位却并不牢固，由于腓力爱上了阿塔拉斯的女儿克丽奥佩特拉，因此和他的母亲奥林匹亚斯之间发生了矛盾。 亚历山大对此很反感，在一次聚会上他甚至直接和腓力产生了矛盾，险些被腓力杀死，此后他只得逃出马其顿，到北方的伊里利亚暂避风头。 腓力的朋友和亲信科林斯人迪马拉图斯善意地提醒腓力这么做可能会带来的风险，理智的腓力接受了，至此结束了父子对峙。

腓力和亚历山大的矛盾并没有完全缓和，但是腓力二世参加女儿的婚礼时，被他的旧友保萨尼阿斯刺杀身亡，亚历山大的时代到来了。

20岁的亚历山大被马其顿军队中的外交家兼重臣安提帕特推举为新国王。 亚历山大利用在佩拉的优势，通过不铺张腓力二世的葬礼和减少税收赢得了马其顿人民和军队的支持；他以参与暗杀腓力二世的罪名处死埃罗普斯的两个儿子，和当时被腓力派遣去小亚细亚东征的阿塔拉斯；同样有继位权的阿明塔斯则以策谋颠覆亚历山大的罪名而被处死；奥林匹亚斯杀了克丽奥帕特拉和她的同样有继位权的儿子。就这样，亚历山大成了马其顿王族中唯一健全的男性继承人。

亚历山大即位时，马其顿的国库紧张。公元前335年，在科林斯重新得到除斯巴达以外的希腊城邦同盟支持的亚历山大出征马其顿北部色雷斯，为东征小亚细亚稳固北部防线，并报复了公元前338年当地特里巴利部落对腓力二世部队的战利品的盗窃和偷击。在多瑙河打败特里巴利后，他进军并打败了威胁马其顿西北的伊利里亚，补正了腓力二世执政时的重要贻误。

为了得到希腊同盟的承认，公元前336年末，亚历山大带领军队采取表面同意议和的策略进入原被腓力二世统治的特萨利，迫使特萨利人民承认他为特萨利新的世袭统治者。

同时，雅典和当地强权底比斯把亚历山大死于多瑙河的谣言看成是新的机遇。底比斯再次起义后，亚历山大从伊利里亚不经马其顿仅仅用14天就到达底比斯。他和希腊同盟国一起彻底摧毁了底比斯，消除了威胁马其顿的三大希腊势力之一（剩下两个为雅典、斯巴达），将国境分给盟国，并把大多数底比斯邦民售为奴隶。军事支持（但军队尚未过国界的）底比斯的其国领袖阿卡狄亚随之被处死，未在军事上支持底比斯而已被封锁港口的雅典也放弃了抵抗。不到两年时间，亚历山大就稳固了他在希腊的地位，并且给了所有反对他的人一个下马威。此后他东征时，他的后方只发生过一次有规模的骚乱。

希腊与波斯的敌对从公元前6世纪开始，当时位于小亚细亚的自由希腊城邦沦陷于向西扩张的波斯王国。爱奥尼亚叛乱和马拉松战役后，公元前481年，波斯国王薛西斯一世在第二次希波战争时试图占领希腊。尽管薛西斯一世被打回波斯之后再也没有进攻希腊，但薛西斯一世于公元前480年火烧雅典卫城及其他被认为渎神的行为却使亚历山大时的希腊政界仍然存在着反攻波斯和报仇的声音，这也被腓力二世和亚历山大所利用。 公元前334年，以"解放小亚细亚希腊城邦"为口号，亚历山大出征小亚细亚，母亲奥林匹亚斯则留在佩拉执政，安提帕特也留守马其顿，以约1500骑兵和12000步兵维持对欧洲的势力。 亚历山大亲自率领由马其顿和其他希腊城邦组成的4000～5000骑兵和30000～40000步兵越过了希里帕（今达达尼尔海峡）。

在小亚细亚，亚历山大带一小部分部队首先访问了特洛伊，他和童年的亲友海菲斯提恩分别祭阿喀琉斯和《伊利亚特》中阿喀琉斯的亲友帕特洛克罗斯。 之后，亚历山大与将军帕曼纽带领的其余部队会合，进军波斯地方总督的要塞。

波斯的希腊雇佣军统帅、罗德斯的蒙农建议焚烧四周的田地，但因为波斯地方总督怜惜他们的财产，所以未被采纳。 当时波斯边疆省份的3位总督，包括波斯皇帝大流士的驸马，联兵4万人（2万希腊雇佣兵，2万波斯骑兵）在格拉尼库斯河与亚历山大正面激战。 亚历山大在格拉尼库斯战役中亲自率领近卫骑兵"伙伴骑兵"队，与波斯骑兵交战，2位波斯总督被亚历山大和他的"伙伴骑兵"队杀死。 亚历山大的帽缨和头盔也被其中一位波斯总督的战斧劈掉。 一位波斯总督在亚历山大身后偷袭时被亚历山大的部将克利图斯杀死。 为了恐吓为波斯人效力的希腊雇佣兵，亚历山大让部队在战场上屠杀了大部分希腊雇佣兵，剩下的则被押回马其顿强迫劳动。 他还把300领波斯铠甲作为给雅典娜的祭品送回雅典卫城，带着如下题字：

"来自亚历山大，腓力之子，和希腊人（除了斯巴达人）的奉献，从居住在亚细亚的野蛮人手中夺取。"

与波斯部队相比，尽管敌众我寡，并存在很多不利因素，但是亚历山大仍然沉重地打击了波斯军队，取得了胜利。 他的成功有两个主要原因：第一，腓力二世留给他的军队比波斯军队训练有素。 第二，亚历山大是一位伟大的天才将领，他具有英勇无畏的精神。 尽管每场战斗初期亚历山大都在后方坐镇指挥，但是一旦部队发动决定性进攻，他就身先士卒。 这种冒险的战术使他屡屡受伤，但他与士兵们同生共死，极大地鼓舞了军队士气。

这次战斗后，他发现波斯的海军优势对他的后勤补给产生了阻碍，但是当时希腊根本没有足够强大的舰队挑战波斯的制海权。 所以他决定采取一个笨办法——从陆地上攻占所有的东地中海港口和基地。 亚历山大从现在的土耳其地区出发，一路征战南下叙利亚、巴勒斯坦，直至埃及。

亚历山大首先率部队攻克了小亚细亚，消灭了驻守在那里的一小撮波斯部队；接着向叙利亚北部挺进，途中，波斯皇帝大流士御驾亲征，从亚洲腹地征调了几十万大军在亚历山大的背后出现，切断了马其顿军的供应线。 亚历山大回身面对大流士的优势兵力，展开了伊苏斯战役。

对伊苏斯会战中波斯方的兵力，古典历史学家的说法历来不一，阿里安的《亚历山大远征记》中的 60 万未免有些夸大其词。 但是，波斯兵力占有很大的优势是确定无疑。 然而，波斯军的素质不如马其顿军。 波斯军此战几乎全军覆没，大流士皇帝溃败而逃。 为了巩固侧翼，亚历山大没有穷追不舍，而是回身接着向南征服地中海沿岸港口，经过七个月的艰难围攻，攻克了腓尼基的岛屿城邦推罗城（如今的黎巴嫩）。 在围攻推罗期间，亚历山大收到波斯国王的一封书笺，提出为了达成和平协议，他甘愿将半个波斯帝国割让给亚历山大。 亚历山大的将军帕曼纽觉得这个建议很好，他说："假如我是亚历山大，我就采纳这个建议。"亚历山大回答说："假如我是帕曼纽，我会采纳这个建议。"

攻克推罗之后，亚历山大继续南进。 经过两个月的围攻，埃及一箭未发，主动缴械投降。 随后，亚历山大在埃及停留了一段时间，让军队略作喘息，并建立如今埃及著名的港口城市亚历山大。 在那里，年仅24岁的亚历山大被誉为"法老"，人们称之为"太阳神阿蒙之子"。

经过在埃及的修整，他率军返回亚洲，北上向波斯腹地进发，与大流士进行最后一搏。 在阿贝拉会战（也叫高加米拉会战）中，亚历山大的7千骑兵和4万步兵，面对大流士御驾亲征召集的波斯帝国各部族的倾国之兵。

普鲁塔克的古典著作《希腊罗马名人传》说波斯军有100万，另外一个古历史学家阿里安则说有100万步兵、4万骑兵、200辆大镰刀战车、15头战象（早于汉尼拔对罗马的战争，在印度以外使用战象这是历史记载的第一次）。 这些数字当然是夸张了的。 真正的波斯军数字已经无从可考，最保守的估计是4.5万骑兵和20万步兵。 阿贝拉会战的结果是古老而庞大的波斯帝国一战崩溃，大流士逃出战场。

取得这场胜利之后，亚历山大率军进入波斯和巴比伦的两座都城：波斯波利斯和苏萨。 随后，亚历山大开始长途奔袭，从波塞波利斯到埃克巴达那，再到拉伽，穿过里海门，经过长时间的急行军最终追上了波斯军。 波斯军为了防止国王大流士三世（并非大流士大帝）向亚历山大投降，暗杀了他们的国王，时为公元前330年。 亚历山大进入波斯帝国的东部行省，主要包括索格地亚纳和巴克特里亚。 他击败了大流士的继承人柏萨斯，将他斩首。

在处死了代表反叛的柏萨斯之后，亚历山大陷入了斯皮塔米尼斯领导的东部游击战中。 斯皮塔米尼斯行踪诡秘，曾经率领一只游牧军队攻陷了亚历山大的一些堡垒，并且击败了亚历山大的一支别队。 亚历山大意识到事情的严重性，对其展开军事上的围捕，并且残酷镇压当地的叛乱势力。 期间，亚历山大还击败了西徐亚人的游牧骑兵，西徐亚首领立刻臣服。 斯皮塔米尼斯与亚历山大周旋了一段时间后，终于被亚历山大埋伏在当地的部将科纳斯彻底击败,被当地人献出后处死。 消灭了主要对手后,亚历山大开始镇压各地的叛乱,在索格迪亚纳岩的战役中充分表现了他的山地作战能力,他们俘虏了反叛首领阿克雅提斯的家眷和当地的贵族,并且一改其在此地的残酷风格,接纳战俘,并且准备正式迎娶阿克雅提斯的女儿罗克珊娜。 阿克雅提斯得知消息后主动上门投降,自此,东方行省的战役结束,前往印度的道路畅通无阻。

此时,亚历山大已经征服了整个波斯,原本可以返回家园,重新筹划他的新领土。 但是他征服的欲望并没有因此而得到满足,而是接着挥军进入印度。 进军到印度河以东的海达佩斯河时,与前来抗击的印度国王波拉斯隔河对峙,打了他四大会战中的最后一战——海达斯佩斯会战,彻底击败了波拉斯的军队。 由于钦佩波拉斯的勇敢,也为了赢得当地人的拥护,亚历山大战后义释被俘的波拉斯,让他继续做印度国王。 虽然波拉斯的两个儿子和一个孙子在战场上阵亡了,波拉斯本人此后仍然死心塌地地效忠亚历山大。 此时亚历山大手下的军队已经厌战,亚历山大只得停止远征,开始西归,途中,他击败了不服从他的部落,还派人进行了一系列探险活动,包括寻找波斯湾,查明印度河入海口,并绘制海岸地形图,还想查清里海到底是海还是湖等。

回波斯的次年,亚历山大用了将近一年的时间振奋帝国和改编军队,这一年意义重大。 亚历山大自幼认为希腊民族代表了唯一的真正的开化民族,而所有非希腊民族都是野蛮民族。 这也是在整个希腊世界流行的观点,亚里士多德也持这种看法。 虽然亚历山大彻底打败了波斯军队,但是他渐渐认识到波斯人根本不是野蛮人,他们与希腊人一样充满智慧,富有才能,值得尊敬。 所以,他产生了融其帝国的两部分于一体的想法,由此创造了合二为一的希腊波斯民族共和王国,他想让波斯人、希腊人和马其顿人结成同等的伙伴。 为了实现这个计划，他把大量的波斯部队编入自己的部队，还为此举行了一场盛大的"东西方联合"宴会。 在宴会上，几千名马其顿士兵与亚洲妇女正式结成夫妻。 尽管他自己以前与一位亚洲公主结过婚，但这次也又娶了达赖利斯的女儿为妻。 显而易见，亚历山大企图利用这支改编的军队再次开展征服活动：入侵阿拉伯，可能还有波斯帝国以北地区以及迦太基和西地中海地区。 但是公元前323年6月初，亚历山大在巴比伦突然因发热而病倒，十天后去世。 去世时还未满33岁。

马其顿帝国的分裂

亚历山大没有留下儿子，继承人成了空白，据说他临死前，他的密友帕提卡斯要求他指定一位继承人，他含糊地说："让最强者继承。"亚历山大死后，马其顿群龙无首，亲信将领们各怀心腹事，强大的帝国面临危机。

有人提出，让亚历山大同父异母的弟弟阿里戴奥斯继承皇位，马上就有人站出来反对，理由是亚历山大的皇后正怀着身孕，也许她生出的就是男孩。 经过10天的争论，群臣终于达成共识，先让阿里戴奥斯称王而不称帝，帝位留给皇后肚里的孩子，称为亚历山大四世，让帕提卡斯担任帝国的摄政王，负责处理政务。

这个安排引起了多年来跟随亚历山大征战的将领们的不满，他们的真实想法是瓜分这个帝国。 根基浅薄的帕提卡斯不敢得罪这帮人，只得同意他们以亚历山大"继业者"的身份，瓜分亚历山大的财产。 谁料想此举还是没有什么效果，亚历山大的另一位部将托勒密不甘心只当一个"继业者"，还想当摄政王。

托勒密作战勇敢，亚历山大生前对他十分器重。马其顿军队征服埃及后，亚历山大委任他为埃及总督。亚历山大死在了巴比伦，按照常例，要把他的尸体运回马其顿，葬在老国王的墓地里。只有亚历山大的继承人，才有资格主持他的葬礼。托勒密知道这是一个难得的机会，便着手采取行动。

这年秋天，在通往马其顿的大道上，走来了一队骑兵，他们是护送亚历山大灵柩的仪仗队。当这支队伍行进到叙利亚境内时，突然从四周涌出数不清的骑兵，把他们包围在当中。为首的一位将领，就是埃及总督托勒密。托勒密对押运灵柩的军官说："先王生前有嘱，他死后应改葬在埃及的亚历山大里亚城，不能归葬马其顿。"

那位军官反驳道："归葬马其顿是所有将领共同商议后的决定，不能更改！"

托勒密不屑于跟他解释，喝令他的手下动手抢夺亚历山大的尸体。相比之下，护送灵柩的仪仗队人数太少了，没有几个回合，亚历山大的尸体就被托勒密劫走了。随后，托勒密在埃及为亚历山大举行了隆重的葬礼，俨然以亚历山大的继承人自居。

摄政王帕提卡斯得知这个消息，对托勒密的行径特别气愤，于是亲率大军征讨埃及。谁知进入埃及不久，就在一片沼泽地里被他心怀不满的部下杀害了。帕提卡斯死后，马其顿的将领们纷纷加入争夺摄政王的行列，马其顿帝国陷入一片混战之中。

公元前305年，托勒密在埃及正式称王，为托勒密一世，定都亚历山大里亚，开创了埃及历史上的托勒密时代。除了托勒密的埃及，亚历山大的另一位部将塞琉古占领了巴比伦，称为总督，再加上马其顿本土，一个庞大的帝国一分为三，历史上称这三个国家为"希腊化国家"。

历史之父：希罗多德

我们现在之所以能对希腊的历史了解得如此清晰，要归功于一位伟大的希腊人。正是他用生动的笔触描绘了希腊的风土人情，讲述了那场延续数十年的战争，在他的笔下，每一个出场的人物都个性鲜明，每一句话都有着诗一般的韵味。这个人，就是"历史之父"希罗多德。

希罗多德大约在公元前484年出生于小亚细亚西南海滨的一座古老城市。他的父亲是一个奴隶主，家资充足，叔父则是当地著名的诗人。当时，他们城邦的统治者是一个通过阴谋篡夺了政权的家伙，希罗多德随叔父等人积极参与推翻篡位者的斗争，可惜失败了，叔父被杀，希罗多德也被放逐。

30岁的希罗多德从此开始了人生的游历，走了许多地方。公元前445年前后，希罗多德来到了希腊的雅典。当时正是雅典的黄金时期，无论是经济、政治还是文化，都是一派欣欣向荣、民主和谐的景象。希罗多德感到异常兴奋，他留在了雅典，很快就和伯里克利、索福克勒斯等人成为了好朋友。对于雅典的民主政治，对于雅典打败了波斯帝国，对于雅典丰富多彩的文化生活，希罗多德都十分钦佩，乐此不疲地向周围的人打听雅典的一切。

公元前443年的春天，雅典人在意大利南部的塔林敦湾沿岸建立了图里翁城邦。希罗多德跟随雅典移民到了那里，开始将主要精力用来写作《历史》。可惜的是《历史》并没有最终完稿，希罗多德便离开了人间。

希罗多德的《历史》不仅是一部史书，更是一部优美的散文。他创造了叙述历史的新方法，即把记载史实和加以阐释有机地结合起来。对于历史事件，希罗多德并没有首尾一贯地解释发生的原因，他时而诉诸神的意志和命运，时而认为取决于个别人物的才能，也有时借助于对历史或地理情况的分析。他在严肃认真地搜集和考证了大量史料后，用诗人特有的风范将它们记录下来，让历史画面再一次生动地浮现在人们脑海中，使我们如同亲历了那时的场景。

古希腊哲学的诞生

古希腊哲学又称为古希腊罗马哲学，它于公元前6世纪至前5世纪出现在希腊本土以及地中海沿岸地区。古希腊哲学是西方哲学的"幼年时期"，最初的希腊哲学家也是自然科学家。由于他们不满足于原始的宗教和神话，不相信神话中流传的种种创世说，他们根据自己的观察，用人类正常的常识作为依据，用自然现象本身去诠释世界。

哲学家从无限多样的自然现象中去寻找统一性和内在的联系，并且看到它们的不断发展和变化，以及其间存在的矛盾和对立。也正是因为如此，最初的希腊哲学家具有朴素的唯物主义或者朴素的辩证主义思想。而最初的唯心主义哲学则是在宗教影响、阶级偏见和认识的片面性中发展起来的。即使那些唯心主义的哲学家也会将世界当作一个整体，从宏观的角度来观察。

马克思认为古希腊人是"正常的儿童"，他们受到的歪曲较少，虽然他们的世界观还比较幼稚，但是也少有错误。后来，西方的各种唯物主义和唯心主义、形而上学和辩证法的思想，都是从古希腊的哲学思想中发展起来的。

古希腊哲学家伊壁鸠鲁(约公元前341～前270年)、德谟克利特(约公元前460～前370年或前356年)和卢克莱修(约公元前99～前55年)所创立的原子论学说,不但是后来的唯物主义,也是近代科学的先导;苏格拉底(公元前469～前399年)、柏拉图(约公元前427～前347年)、亚里士多德(公元前384～前322年)创立的古代系统哲学,虽然大多是唯心主义,但其中也包含有理性主义的因素,为后来西方的哲学以及科学文化的发展起到了重要的影响作用;以赫拉克利特、亚里士多德和柏拉图为代表的古希腊辩证法思想,对黑格尔(1770～1831年)辩证法的形成也有深刻的影响。

不但如此,古希腊哲学中还有各种唯心主义和形而上学,比如神秘主义、诡辩论、怀疑论、折中主义等各种颓废的人生哲学,这些哲学影响着后来的各种消极思想。至今,2000多年前的古希腊哲学仍是许多学者不断研究的课题。古希腊哲学家对后世的影响从未间断过。古希腊哲学的发展大概可以分为3个阶段,即自然哲学期、希腊化和罗马哲学期、古罗马哲学。

自然哲学期大概起源于公元前60世纪,东方伊奥尼亚(今土耳其安那托利亚西南海岸)的一些哲学家开始提出有关世界本原的问题,他们反对过去流传的种种神话创世说,认为世界的本原应该是一些物质性的元素,比如水、火、气等。他们是最早用自然本身来解释世界形成的人,是西方最早的唯物主义哲学家。著名代表人物有阿那克西曼德、泰利斯、阿那克西米尼等。

与此同时,意大利南部出现了另一种思想倾向的哲学学派,他们认为世界的本质并不是物质性元素,而是某些抽象的原则,这种物质性的抽象原则对以后的唯心主义哲学产生的影响很大。在公元前5世纪,出现了一批以教授演说等论辩术为职业的思想家,他们被称为"智者"。智者讨论的中心不是自然界宇宙的生成,而是集中于人类社会政治伦理方面，以"人"为研究中心，并提出了"人是万物的尺度"的命题。

希腊化和罗马哲学时期大概起源于公元前4世纪，自马其顿王亚历山大即位，希腊文化以亚历山大里亚城为中心得到了广泛的传播，这一时期被称为希腊化时期。在这一时期，自然科学如物理学、天文学、地理学、医学等都迅速发展。唯物主义哲学家伊壁鸠鲁为这些科学成就作出哲学总结，他接受并发展德谟克利特的原子论，指出原子的重量也是彼此不同的，所以在运动中会产生偶然性的倾斜，他比较正确地解释了必然和自由的关系问题。

除了以上所说的两个时期，古希腊哲学还有一个重要时期就是古罗马哲学时期。古罗马哲学是古希腊哲学的继续，古罗马哲学一方面是以卢克莱修和琉善（约120～180年）为代表的唯物主义，另一方面，各种唯心主义哲学也已经开始盛行。在此时期内，怀疑论和斯多阿主义（主要是宣扬服从命运并带有浓厚宗教色彩的泛神论思想，其中既有唯物主义倾向又有唯心主义思想）继续流行，还产生了折中主义和神秘主义哲学。罗马后期，产生了"教父哲学"，哲学渐渐沦为宗教神学的工具，从此古希腊罗马哲学逐渐向中世纪哲学过渡。

古希腊哲学为现代科学和现代哲学铺设了道路，在宗教方面，古希腊哲学也对早期不同宗教的希腊化发展具有深远的影响。在这个时期内诞生了许多影响后世的伟大思想家。在这些思想家中对后世影响较大的是苏格拉底、柏拉图和亚里士多德。

苏格拉底是古希腊著名的唯心主义哲学家，在哲学方面他改变了以前哲学关于万物形态的本原观，把人类对万物的统一性认识提高到一般和个别、本质和现象的内涵上。在政治方面，他主张专家治国论，认为各个行业乃至于国家政权都应该让经过专业训练，有知识和才干的人来管理，他反对民主。苏格拉底一生没有留下任何著作，但他的影响却是巨大的。哲学家往往将他作为古希腊哲学发展史的分水岭，并将他之前的哲学称为前苏格拉底时代。

柏拉图是苏格拉底的学生，也是古希腊最著名的唯心论哲学家。柏拉图认为灵魂是不朽的，可以不断投生，而灵魂一旦进入肉体就会失去自由，把本来知道的知识也遗忘了。《理想国》是柏拉图的代表作，内容涉及他的思想体系的各个方面，其中包括哲学、伦理、教育、政治、文艺等，主要探讨理想国家的问题。柏拉图认为国家就是放大了的个人，个人就是缩小了的国家。他还提出人有三种品德：智慧、勇敢和节制。国家应该有三等人，一是有智慧的统治者，二是勇敢的卫国者，三是有节制之德的供养者。他认为，前两个等级拥有权力但不可有私产，后一个等级拥有私产但不可有权力，这三个等级如同人体的上中下三部分，只有达到协调一致才不会有矛盾，才能达到高度和谐。

亚里士多德又是柏拉图的学生，在柏拉图去世后，亚里士多德给当时的马其顿王国王太子亚历山大当老师。亚里士多德认为客观存在的物质世界是永恒的，不是依靠观念而产生的，世界和生命都在运动，没有运动就没有时间、空间和物质。在亚里士多德之前，科学还处于胚胎时期，他的光辉成就之一就是以宽广的胸怀将科学组织成了一个有条不紊的强大体系。

从苏格拉底到柏拉图再到亚里士多德，古希腊哲学不断发展。无论是在政治、道德还是思想方面，后人都能从哲学中获得指导，为自己的行为寻找出理论的借口。

古希腊哲学家对后世产生的影响从未间断，从早期基督教神学、穆斯林哲学到文艺复兴、启蒙运动和现代的科学中都可以见到。

第五章 上古罗马

古罗马的传说

古罗马的开国同样充满了传奇色彩，相传特洛伊被希腊联军攻陷的时候，王子伊尼亚带领一部分人逃走，他们在大海上漂泊，而后沿着北非西行，穿过迦太基，最终来到了意大利半岛，并在岸边建立了国家，这些人便是最早的罗马人。而根据现代的研究，古罗马是在漫长的移民中形成的，在公元前10世纪到公元前7世纪这段时间，意大利半岛上已经有了多个民族，包括萨宾人、翁布里亚人、拉丁人等，这些民族经过长期的融合，最终形成了意大利人的祖先。

相传公元前754年至公元前753年，英雄罗穆卢斯和他的孪生兄弟瑞摩斯建立了罗马城，他们的故事至今仍广为流传。

在罗马东南部的阿尔班山区曾经有一个阿尔巴国，国王努米托被他的兄弟阿穆利乌斯驱逐出境。为了把持王位，阿穆利乌斯要断绝国王的后代，便准备让国王唯一的女儿雷亚·西尔维亚做祭祀，但是雷亚·西尔维亚与战神玛耳斯相爱，并生下了一对双胞胎。阿穆利乌斯得知后非常愤怒，杀死了雷亚·西尔维亚，并让女仆把双胞胎扔进河里。结果，在台伯河畔，一只丧子的母狼发现了双胞胎。在母狼的喂养下，双胞胎逐渐长大。后来一位牧羊人发现了双胞胎，就把他们带回家抚养。牧羊人听说了女祭司事件，才知道这两个孩子的身份。

双胞胎长大之后，为母报仇，杀死了阿穆利乌斯，并帮助外祖父努米托恢复了王位。 然后，他们离开了外祖父，在被牧羊人发现的地方建立了自己的城市。 在争夺城市命名权的时候，两兄弟起了纠纷。神谕便要两兄弟比赛，以他们看到的飞鸟来决定。 结果，瑞摩斯站在阿文廷山上看到了 6 只秃鹫，罗穆卢斯站在巴拉丁山上看到了 12 只秃鹫。 虽然罗穆卢斯看到的飞鸟更多而且数字更幸运，但瑞摩斯却更早看到飞鸟。 两兄弟为此再次争吵，最终酿成决斗，在决斗中罗穆卢斯杀死了瑞摩斯，并以自己的名字命名城市为罗马，自己也成为新城的国王。 这一天是公元前 753 年 4 月 21 日，也就是罗马的建城日。

此时的罗马还只是一个部落。 初期的罗马缺少妇女，为了繁衍后代，国王罗穆卢斯想到了一个办法。 他假装邀请附近的萨宾人赴宴，当萨宾人喝醉的时候，埋伏在周围的罗马人便一拥而上，把萨宾女人抓回家当老婆。

这件事引起了萨宾人的极度不满，于是罗马人和萨宾人之间爆发了战争。 一年后，当萨宾人和罗马人又一次战斗的时候，萨宾女人抱着婴儿纷纷冲到两军阵前哭泣，两军中都是她们的丈夫、父亲和兄弟。 在亲情的感召之下，罗马人和萨宾人最终握手言和，共同在罗马居住。 后来继任罗穆卢斯的第二任国王努马就是萨宾人。

在建立城邦的初期，罗马人仿效了附近的埃特鲁斯坎文明。 在早期，国王掌握着绝对的权力，罗马处于王政时代。 国王不仅是大立法官和大祭司长，还是军队的首领，只有元老院和公民大会能够遏制国王的权力。 元老院即元老议会，由不同部族的首脑组成，按照宪法和传统习俗，元老院具有通过或否决国王的任命权力以及判定国王的立法和诉讼的权力；公民大会则由罗马的全体男性公民构成，根据亲缘关系分成 30 组，公民大会授予国王行使权力，而这一点需要得到元老院的正式批准。

在不断的发展中，罗马开始出现了贫富差异，财富逐渐集中在贵族手中。贵族不仅是整个社会中最富有的成员，还控制着大部分的贸易、行政管理和军队，只有贵族才能够进入元老院，进而成为官员。而大多数人都是平民，主要由小农场主、劳动者和手工艺者组成，平民在政府中几乎没有发表意见的机会。

在罗穆卢斯之后，罗马又经历了6位国王的统治。公元前6世纪中叶，埃特鲁斯坎人攫取了罗马的政权，罗马被埃特鲁斯坎君王统治。罗马人奋起反抗，最终又推翻了埃特鲁斯坎人的统治，并且从此彻底摒弃了君主政治，结束了王政时代，建立了共和政体。

罗马共和国

公元前510年，罗马人驱逐了暴君卢修斯·塔克文·苏佩布，结束了王政时代，建立了罗马共和国。国家由元老院、执政官和部族会议三权分立，元老院掌握国家实权，由贵族组成；执政官由百人队会议从贵族中选举产生，行使最高行政权力；部族大会则由平民和贵族共同组成。

事实上，在驱逐国王之后的最初16年里，罗马陷入到了长期的"骚乱"之中。由于贵族们并不愿轻易给自由民权利，致使罗马爆发了一场平民反对贵族的斗争。在这次斗争中，并没有发生流血冲突，始终以和平的方式进行，最终也和平结束。这就是历史上著名的"和平撤离运动"，为后来罗马的强大打下了基础。

国王被驱逐之后，罗马平民的数量急剧上升，但是平民的财富却并没有随之增多。因为绝大部分的财富都掌握在贵族手中，这也导致了罗马的贫富差距日益拉大。同时，由于当时的公职没有薪水，所以普通平民也无法参与公共事务。在这种局面下，贵族逐渐把持了罗马的政治、军事等各项权力。

尽管罗马当时已经积累了庞大的财富，但换个角度看，罗马只是一个城邦，在周围有很多部落并不友善，对罗马虎视眈眈。而平民是一种拥有自己武装的军事力量，要维护罗马的统治，必须依靠平民的力量。

果然，公元前494年，罗马遭到周围部落的攻击。平民虽然带上了武器，但却没有参加战斗，相反，他们离开了罗马前往圣山，这便是"第一次撤离运动"。在这种情况下，贵族需要借助平民的武装力量来保卫政权，于是不得不对平民做出让步。通过这次斗争，平民获得了推举保民官和举行"平民会议"的权利。保民官是由平民选出的，享受薪水，并有权否决行政长官的命令，来保护平民的权利。

在此之后，罗马的平民知道了怎样保护自己的权利，当他们再遇到不平的事情时，便会自发地组织"撤离运动"。罗马的政治环境和战略条件决定了贵族不可能单枪匹马，必须要依靠平民的力量。于是，罗马制定了"十二铜表法"，由贵族和平民各出五人组成的"十人立法委员会"来制定法案；使贵族承认"平民会议"对全体罗马公民都具有法律效力；还废除了平民与贵族不得通婚的规定，提高了平民的社会地位。后来，贵族不得不同意平民可以竞选具有执政官权力的"军政官"。再到后来，贵族又被迫同意，两名执政官中必须有一人出身平民。最后，平民又取得担任大祭司长等高级官员的权利。得到了法律的保证，罗马平民的权利得到进一步提高。

公元前326年，为了解决平民因贫穷而沦为债务奴隶的问题，罗马又通过了类似雅典"梭伦改革"的法案，废除了债务奴役制。

公元前287年，平民再次组织"撤离运动"，拿起武器前往圣山。这次撤离罗马城，斗争的目标更大，并得到了同样出身平民的独裁官霍腾西阿的支持。最终，罗马制定了法案，规定平民会议决议的权力是神圣不可侵犯的，对罗马全体公民都具有法律效力，并且不需要经过元老院的批准。这一事件标志着罗马平民争取权利的斗争取得了完全的胜利，此时的罗马共和国终于成为真正意义上的共和国了。

斯巴达克起义

通过长期的战争和掠夺，古罗马聚集了大量的土地、财富和人口。奴隶没有人身自由，在市场上像牲口一样任人买卖，然后在皮鞭下进行繁重的体力劳动，沦为"会说话的工具"。在古罗马，随处可见大规模使用奴隶劳动的庄园。罗马的奴隶制度在公元前2世纪达到鼎盛，此时，剥削者对奴隶的压迫已经达到了极致。哪里有压迫哪里就有反抗，公元前73年，奴隶们终于忍无可忍，爆发了起义。这便是古代世界史上规模最大的一次奴隶起义——斯巴达克起义。由斯巴达克领导的这次起义是罗马共和国晚期奴隶反抗奴隶主阶级残酷压迫的一次壮举。

斯巴达克本是生活在巴尔干半岛上的色雷斯人，在罗马进兵北希腊的一次战役中，斯巴达克被俘虏了。斯巴达克不仅拥有一副强健的体魄，还有一定的军事素养，是难得的军事奇才。然而，沦为了奴隶的他，只能成为一名任人摆布的角斗士。

斗兽场是古罗马的重要象征，其中最大的能容纳五万观众。在这里，贵族为了取乐经常会举办各种娱乐活动，最有名的就是角斗士的表演。当角斗开演的时候，贵族、奴隶主、大商人和平民都会前来观看，有些人还会下注赌博，角斗的场面往往十分狂热。

角斗士基本上都是奴隶，主要由色雷斯人、日耳曼人、高卢人等各地的战俘组成。在角斗士学校里，斯巴达克和他的伙伴们不是自相残杀，就是与野兽相拼，在身体和心理上都承受了很大的伤害。 终于，这些角斗士奴隶们忍无可忍，在斯巴达克的带领下，他们决定用暴力起义的方式争取自由。斯巴达克对伙伴们说："我们宁为自由战死在沙场，也绝不为贵族老爷们取乐而死于角斗场。"可正当他们在秘密筹划起义的时候，有叛徒向贵族通风报信了。 斯巴达克当机立断，决定立刻行动起来。 于是，角斗士们拿起了刀和铁叉，杀出了一条血路，奔向牢笼外的自由世界。

一共有78名角斗士跟随斯巴达克逃了出来，他们沿途夺取了一些武器，还袭击了几个奴隶主庄园，最终到达维苏威山上，斯巴达克决定在这里建立一个坚固的阵地。 众人一致推举斯巴达克为首领，恩诺麦伊和克里克苏为部将。 很多逃亡奴隶和农民纷纷赶来，起义队伍迅速壮大，很快发展到约一万人。 斯巴达克按照罗马军队的形式改编了起义部队，除了步兵外，还组建了侦察兵、骑兵、通信兵以及小型辎重队。 此外，斯巴达克还制定了严格的兵营和行军生活规章。 在斯巴达克的领导下，起义军多次战胜罗马非正规军，很快就控制了坎佩尼亚平原。

公元前72年春，起义军已发展到了六万人。 到达阿普利亚和路卡尼亚时，人数已经激增到十二万。 如此巨大的起义规模震惊了罗马元老院，他们派遣执政官盖利乌斯和楞图鲁斯分别率领两支军队前去讨伐起义军。 这个时候，起义军内部在战略问题上出现了分歧。 斯巴达克和大部分奴隶都认为敌强我弱，主张暂时离开意大利，向北翻越阿尔卑斯山，进入高卢地区，先摆脱罗马统治，获得自由。 而克里克苏和当地的一些贫农则不愿离开意大利，主张坚持与罗马军作战，夺回失去的土地。 分歧最终没有解决，克里克苏率领三万人脱离了主力部队，不久就在伽尔伽努斯山下遭遇罗马军队，几乎全军覆没。 斯巴达克在北上的途中也遭到了罗马军队的堵截，只好回师南下，将追击的两队罗马军分别击破，杀死了300名罗马战俘以告慰阵亡战友的亡灵。 此后，斯巴达克率领剩下的队伍继续北上。

公元前72年，斯巴达克率领军队沿亚得利亚海岸穿越意大利，起义军在齐扎尔平斯高卢省又与罗马军队发生了一场战争，最终，起义军击溃了卡西乌斯率领的军队，取得了摩提那会战的胜利。 此后起义军改变了计划，并没有向北翻越阿尔卑斯山，而是转向南方，这引起了罗马城内的极度恐慌。 但是斯巴达克没有直接进攻罗马，而是直奔意大利半岛南端，准备渡过墨西拿海峡奔向西西里岛，然而海盗违背事先的承诺导致起义军的渡海计划失败。 此时，罗马元老院已委派克拉苏统率大军，镇压起义军。 克拉苏知道起义军必会撤回意大利，因此派兵在起义军兵营后方挖了一条两端通海的巨大壕沟，并筑起土围，想借此切断起义军的后路。 最终，起义军以惨重的代价突破了这道壕沟。 公元前71年，斯巴达克带领军队试图突袭意大利南部港口布林的西，然后乘船渡海回到色雷斯。 而此时，克拉苏又获得了庞培大军的增援。 这种情况下，双方在阿普里亚省南部展开了生死决战。斯巴达克一心要杀死克拉苏，在大腿受伤的情况下依然浴血奋战。 最终，起义军还是没有抵抗住罗马军队的疯狂围攻，六万名起义者慷慨就义，斯巴达克也壮烈牺牲。 仅有五千名起义军逃往了意大利北部，但最后也被庞培消灭，被俘虏的起义者全部被钉死在十字架上，从罗马城一直绵延到加普亚。

轰轰烈烈的斯巴达克起义虽然失败了，但它沉重地打击了奴隶主统治阶级，暴露了罗马政治体制的种种弊端，也加剧了统治集团内部元老派和民主派之间的斗争，并最终导致了罗马共和制度走向瓦解。而领导者斯巴达克在起义中所表现出的勇敢、智慧和爱憎分明的人格魅力，不仅在历史上留下了不可磨灭的痕迹，也成为全世界追求自由的人们的榜样。

"独裁官"恺撒大帝

公元前146年，罗马共和国的统治已经充满危机，奴隶起义和平民运动风起云涌，共和制度已经奄奄一息，建立帝制成为必然。但由于元老贵族的垄断，改制步步受挫。在苏拉和马略的党争中，共和制的支持者不断被暗杀，反对势力日益壮大。在这种背景之下，几个政治军事方面的强人相继登上了政治舞台，主要有剿灭海盗、胜利结束米特里达提战争的庞培、以镇压斯巴达克起义而闻名的克拉苏和野心勃勃的没落贵族恺撒。

在这三人之中，庞培拥有强大的罗马军团，克拉苏则拥有惊人的财力，而恺撒却只有慷慨好施之后留下的巨额债务。公元前70年，庞培和克拉苏一同当选为罗马执政官，上任后他们很快恢复了保民官的权力，并把司法权和包税权重新还给了骑士。然而，庞培和克拉苏却是各怀鬼胎，都想找准机会压倒对方，成为罗马的唯一操纵者。他们之间的矛盾给了恺撒一个可乘之机，恺撒非常善于笼络人心，经常为平民举办演出，还提供免费的饮食等。此外，恺撒还是个有胆有识的人，他勇于揭露元老贵族的贪污行为，在罗马人心中逐渐树立了威信。公元前62年，恺撒登上罗马政坛，并出任西班牙总督。但此时的恺撒却身陷经济困境，克拉苏慷慨解囊相助，替恺撒还债做了担保，使恺撒得以顺利赴任。克拉苏这么做必然是有目的的，他是想拉拢恺撒对抗庞培，同时也借助恺撒提高自己的地位。

在西班牙的一年，恺撒专心理财，取得了很大收获。公元前60年，恺撒返回罗马。此时庞培正与元老院明争暗斗，原因是庞培在东方战场上消灭了本都王国和塞琉西王国，攫取了许多战利品。这使得元老院的权贵产生了妒忌之心，因此拒绝了庞培拟定的东方政策。庞培对元老院恨之入骨，对从中作梗的克拉苏也是愤恨不已，因此在恺撒回国后主动与之交好。在恺撒的斡旋下，庞培和克拉苏也重修于好。公元前60年，三人出于各自的政治图谋结成了秘密同盟，并肩与元老院共和派抗衡，史称"前三头同盟"。公元前59年，在庞培和克拉苏的共同支持下，恺撒顺利当选为罗马执政官。恺撒上任后马上批准了庞培在东方的决策，并实行了新的土地法，将土地分给庞培的老兵和多子女的公民。为了笼络以克拉苏为代表的骑士们，恺撒还减免了亚洲的三分之一包税金。

恺撒深知自己需要更多的业绩和实力，才能进一步实现政治野心。于是，他把目光转向了高卢行省，并出任该地总督，决定以此地作为自己的发展基地。古代高卢以阿尔卑斯山为界，分为山北高卢和山南高卢。其中，山南高卢早在公元前2世纪就成为了罗马的一个行省；但山北高卢却不属于罗马控制。山北高卢地域辽阔，土壤肥沃，人口众多，物产丰富，这正是恺撒多年来梦想要得到的地方。于是，恺撒就任高卢总督后，先是挑拨高卢本地各部落之间的矛盾，然后利用4个军团的兵力，一举征服了高卢全境。

恺撒在高卢的胜利不仅为自己积累了财富，也大大刺激了庞培和克拉苏的贪欲。公元前56年，三人在伊达拉里亚北部的路卡举行会议，决定由庞培和克拉苏出任执政官，任满后庞培和克拉苏分别出任西班牙总督和叙利亚总督5年，而恺撒则继续留任高卢总督5年。三人都在处心积虑地积蓄力量，渴望取得更大的利益。公元前53年，克拉苏在东方轻敌冒进，在帕提亚被杀。从此，斗争就成了庞培和恺撒两人之间的事情。

恺撒与元老院关系一度很僵，恺撒曾唆使保民官指控元老贵族西塞罗私自处死罗马公民，最终导致西塞罗被放逐。在克拉苏死后，恺撒继续扩张，将罗马的疆域扩大到现在的法国北部和比利时一带，他还渡过莱茵河深入日耳曼，两度侵略不列颠，这些功绩都被恺撒自己写在《高卢战记》一书中。 恺撒势力的迅猛增长，引起了元老院的恐慌。 元老院立刻与庞培联合，拥戴庞培当上了前所未有的"单独执政官"。 公元前50年，庞培和元老院计划削弱恺撒的实力，打算在下一年总督届满时要求恺撒交出兵权并解职回国。 恺撒听闻这个消息，立即率领身边仅有的一个军团跨过卢比孔河，攻入罗马。 庞培和元老院被恺撒杀了个措手不及，仓皇逃往希腊。 公元前48年，在法萨卢战役中，恺撒击败庞培，庞培逃到埃及后被杀。 恺撒追至埃及后，借机干预托勒密王朝的权力之争，扶植克丽奥佩特拉为埃及女王。 公元前45年，恺撒消灭了庞培在非洲和西班牙的残余势力，终于结束了内战。

公元前48年，恺撒当选为终身保民官，并兼任5年执政官。 公元前45年，恺撒又被宣布为终身独裁官。 恺撒是继苏拉之后，又一次在罗马建立独裁统治的人，此时罗马的共和制早已名存实亡。 执政期间，恺撒改组了元老院，将元老的数目增加到900人，元老院也成了他的统治工具。 为了巩固统治，恺撒还采取了很多新措施，例如扩大罗马公民权的范围、提高行省的地位、增加行政官员的数目等。 此外，恺撒还兴建了移民城市，用来安置老兵和贫民。

然而，恺撒的独裁统治并没有维持多久，共和传统的残余势力又沉渣泛起。 公元前44年3月15日，恺撒在元老院会议厅被亲信布鲁图斯与其同伙卡西乌斯连刺23剑，一代枭雄就这样死了。

奥古斯都屋大维

恺撒大帝被刺身亡后，罗马政局再次陷入到动乱之中。 由于恺撒掌权时期带给民众很多好处，因此民众纷纷指责布鲁图斯和卡西乌斯为凶手，要求处死他们为恺撒报仇。于是，罗马政坛上新一轮的权力争夺开始了。在众多的政治力量中，一个年轻有为的新政治明星正在冉冉升起，他是恺撒的侄孙，曾被恺撒收为养子并指定为继承人，他的名字叫盖乌斯·屋大维。

事实上，当时的屋大维只不过是一个18岁的青年，他没有政治势力，也没有军队的支持。但他却胸怀大志，颇具政治头脑，依靠恺撒的声望，屋大维一步步建立起自己的地位。这时候，恺撒派以安东尼为首，元老院则以"罗马散文泰斗"西塞罗为首，安东尼对于争权斗争的筹划明显不足，而西塞罗的地位则与日俱增。西塞罗非常看好屋大维的能力，并想利用他来对抗安东尼。屋大维很明白双方之间的明争暗斗，便开始和元老院合作，并迫使元老院选举他为执政官。公元前43年秋，屋大维与安东尼、雷必达结成历史上的"后三头同盟"。三人商定协议，分治天下5年，还划分了势力范围。屋大维控制非洲、西西里与撒丁尼亚；安东尼统治高卢；雷必达统治西班牙；而意大利和罗马则由三人共同治理。由于东方还在布鲁图斯和卡西乌斯的控制之中，所以就归屋大维和安东尼处置。

"后三头同盟"的缔结是公开的，并得到了元老院和公民大会的认可，取得了5年间处理国家事务的合法权利。后三头打着"为恺撒报仇"的旗号，在罗马宣布公敌告示，这场报复的浪潮最终造成了包括西塞罗在内的300名元老和2000名骑士丧命。公元前42年，屋大维和安东尼联手进军希腊，与共和派军队进行了战争，最终摧毁了共和派的势力，布鲁图斯和卡西乌斯也自杀了。

公元前40年，"后三头"在肃清政敌后重新划分了势力范围，由屋大维统治意大利和高卢，安东尼控制罗马东部地区，雷必达则统辖北非。这样，屋大维就稳坐罗马。在逐渐与元老、骑士等上层统治分子取得妥协后，屋大维以公民领袖自居，逐渐积累了雄厚的实力。公元前36年，屋大维兼并了庞培之子小庞培在西西里和撒丁尼亚的势力后，解除了雷必达的军权，收取了北非的统治权。从此，"三头同盟"变成了"二龙对峙"。

与此同时，安东尼坐镇东方，不仅政治上毫无建树，还与曾经迷倒恺撒的克丽奥佩特拉结婚，并对外宣称他统治下的领土将由克丽奥佩特拉的儿子继承。这样的丑闻不仅动摇了安东尼的统治基础，也为屋大维除掉安东尼提供了绝佳的机会。公元前32年，三头分治协议结束，屋大维和安东尼公开决裂。在屋大维的怂恿下，元老院和公民大会一致宣称安东尼为"祖国之敌"，并向埃及女王宣战。公元前31年9月，在希腊的阿克兴海角，屋大维与安东尼展开决战。在交战初期双方势均力敌，难分胜负，但就在战斗最激烈的时候，督战的克丽奥佩特拉却把埃及舰队撤退回国，安东尼也跟随而去，于是屋大维一举击溃了安东尼的军队。这场战争的胜利为屋大维主宰帝国全境奠定了基础，他也终于成为了恺撒真正的继承人。公元前30年夏，屋大维举兵攻打埃及，安东尼和克丽奥佩特拉做了同命鸳鸯。同时，这也标志着托勒密王朝的灭亡。

公元前29年秋，屋大维率领部队返回罗马，他成了罗马内战时代的唯一胜利者。同时，罗马开始实行帝制，屋大维揭开了罗马历史崭新的一页。

屋大维建立帝制专权，也经历了相当漫长的过程。从公元前32年至公元前23年，屋大维连任10年执政官。在这10年里，屋大维一步步地集军、政大权于一身。公元前30年，屋大维被授予终身保民官的职权。公元前29年，屋大维凯旋罗马，被赋予了监察官的权力，并获得了"元帅"称号。公元前28年，屋大维荣膺首席元老。公元前27年1月，为了取得元老院的信任，屋大维发表演说，宣布放弃权力，恢复共和，获得了元老院赠予的"奥古斯都"（拉丁语，意为神圣、至尊）尊号，并在元老院的恳求下直接管辖高卢、叙利亚和西班牙三个行省。屋大维开始统率20个军团，期限为10年，后来又被延长。不久，屋大维兼任大祭司长这一最高的宗教职务，还获得"祖国之父"的最高荣誉称号。至此，屋大维已经集罗马的军事、政治、宗教等一切大权于一身，本人更是被神化，在意大利和行省甚至都建有供奉他的神庙和祭坛。虽然共和国时期的各种官职和政治机构此时依然存在，但屋大维的权威早已驾凌所有官职之上。共和制度在罗马实行500年来，早已根深蒂固，所以苏拉、恺撒建立独裁统治之后，也不敢公开称王称帝，恺撒只是露出一点儿想当皇帝的迹象，便招来了杀身之祸。而屋大维则是一个富有远见、运筹帷幄的人，他不急于称帝，而是以"元首"的称号，建立了元首制的独裁统治形式。从理论上来讲，屋大维建立的元首权力是罗马元老院和罗马人民给予的，而且不进行世袭，这就不同于帝制专权。元首制从公元前27年一直延续到了公元284年，这一段时期史称"早期帝国"。

在屋大维统治时期，他依靠和保护元老贵族、骑士及行省贵族的利益，对有产平民以保护为主，对流氓无产者采取镇压和笼络并重的方式，对奴隶则实行严厉的统治。此外，他还颁布了一系列法令，旨在复兴罗马优良淳朴的传统风尚，整治日益沦丧的社会道德。他鼓励生育，提倡节俭，构造健康的家庭关系；他大兴土木，建造神庙，恢复罗马古老的宗教崇拜；此外，他还兴建了剧场、浴池、水道等众多公共设施，把一座砖造的罗马变成了大理石造的罗马。"罗马不是一天建成的"，这话是名副其实的。

屋大维还进行了一系列改革，比如增设在他亲自监督下的中央集权制法庭；建立了新的货币制度；让一些城市和行省行使地方自治权；借地方总督的权威直接监督和控制行省官吏，对贪污受贿、横征暴敛等行为严加惩处；废除了极易导致腐败的行省包税制，任命一些有固定薪水的人做收税人；录用行政官吏的时候坚持以知识经验为依据。

公元14年8月18日，屋大维与世长辞。他在位的40年中，罗马帝国始终保持着安定局面，并持续了200多年，这是罗马历史上的盛世，史称"罗马和平"。

埃及艳后和她的男人们

克丽奥佩特拉（即克丽奥佩特拉七世）是位传奇的女性，她是埃及托勒密王朝倒数第二位国王的次女，拥有着倾城的容貌和超人的智慧。父亲死后，克丽奥佩特拉和兄弟一起执政，后来她一脚踢开兄弟，自己成为埃及的主人。

恺撒大帝征服埃及后，克丽奥佩特拉对恺撒投怀送抱，目的只有一个：保全自己的国家。恺撒死后，养子屋大维掌权罗马，恺撒的干将安东尼声震罗马。公元前41年，安东尼到达西利西亚的塔尔苏斯，召见克丽奥佩特拉。克丽奥佩特拉认为安东尼可以保护自己和自己的国家，于是就坐了一艘镀金大船来到了塔尔苏斯。这艘船不仅挂满了用名贵的推罗染料染成的紫色风帆，还用金片包镶了船尾的楼阁，航行之中船与碧波交相辉映，散发着光彩。楼阁上，克丽奥佩特拉七世打扮成爱神阿芙洛狄忒的样子侧躺在串着金线、薄如蝉翼的纱帐中。美丽的侍女侍立在旁，各执香扇轻轻摇动。岸上的人看到如此美景，不禁奔走相告，引来观者如潮……

安东尼很快就听到了消息，没过多久，他就骑马来到了河边。当他看到河中央镀金大船上那薄纱中若隐若现的美丽女子后，眼前一亮，迅速跳上停在岸边的小船，朝河中央划去。上船后，安东尼终于看清了"埃及艳后"的脸，真不愧是"埃及第一美女"啊！安东尼只消一眼就被眼前的这位"艳后"迷得神魂颠倒，不知所措。

三天后，安东尼彻底被"埃及艳后"俘虏，拜倒在其石榴裙下。克丽奥佩特拉七世见计划成功，便找机会对安东尼说，让安东尼帮他杀了埃及王位的继承人和竞争者亚西斯。亚西斯是克丽奥佩特拉七世同父异母的妹妹，为了躲避克丽奥佩特拉七世的追杀，而躲藏于以弗所。

安东尼二话不说，马上答应了克丽奥佩特拉七世。不久后，安东尼就跟随克丽奥佩特拉七世回到了埃及。一直到冬天过去，安东尼才找时机杀了亚西斯。公元前40年夏天，安东尼告别克丽奥佩特拉七世，回到了意大利。

回国后，安东尼和屋大维的矛盾有所缓和，为了巩固政治上的联盟，安东尼不得已娶了屋大维的姐姐奥克塔维娅为妻。但是好景不长，到了公元前37年，安东尼和屋大维矛盾再度激化，安东尼回到东方，准备远征帕提亚，并以征途艰辛、不宜安置家属为由，把奥克塔维娅遣送回了罗马。随后，安东尼到达安条克，迫不及待地约见了克丽奥佩特拉七世。紧接着，安东尼不顾埃及人民的反对，正式迎娶了克丽奥佩特拉七世。

婚后，安东尼带着克丽奥佩特拉七世远征帕提亚。为了满足自己的野心，克丽奥佩特拉七世施展种种手腕去迷惑安东尼，让安东尼乖乖地把叙利亚中部地区和塞浦路斯交到了她手里。为此，罗马人民对克丽奥佩特拉七世恨之入骨，认为她是除了汉尼拔以外对罗马构成威胁最大的人。安东尼也为此威信扫地，逐渐失去了民心。

公元前32年，安东尼和屋大维矛盾趋于尖锐，一度完全决裂。如此一来，倒是给了克丽奥佩特拉七世一个好机会。一天晚上，克丽奥佩特拉七世为安东尼"出谋划策"，让他休了奥克塔维娅，这样一来不仅给了屋大维一个下马威，也好好地羞辱了他。安东尼被说动了，第二天，将休书送到了屋大维手中。屋大维看后愤怒不已，发誓要为姐姐所受的侮辱报仇。他不顾冒犯罗马传统的习俗，从维斯塔贞女(女祭司，奉圣职的30年内须守贞)手中取得了安东尼放置于神庙中的遗嘱，并公布于众。遗嘱中，安东尼不仅对克丽奥佩特拉七世及其子女的领土进行了分配，还指派克丽奥佩特拉七世将其遗体安葬在亚历山大里亚。遗嘱一公布，舆论哗然，群情激愤。对此，罗马元老院和"特里布斯大会"(古罗马公民大会之一)以侵占罗马人民财产为由，向克丽奥佩特拉七世宣战，并剥夺了安东尼的执政官职务以及其他一切权力。至此，安东尼和屋大维正式开战。

公元前31年，两军在亚克兴海角激战正酣时，克丽奥佩特拉七世突然离开战场，返回了埃及。安东尼不解，随即追赶过去，抛下了战斗部队任其遭受歼灭。公元前30年，屋大维进攻埃及，安东尼见大势已去，拔剑自刎。安东尼死后，克丽奥佩特拉七世为求自保，又想去引诱屋大维，哪知屋大维不吃她这一套，反而要将她押回罗马，游行示众。克丽奥佩特拉七世不甘受辱，最后自杀而死。

"埃及艳后"凭借着自己的美丽，不但暂时保全了一个王朝，而且还让强大的罗马帝国的当权者纷纷拜倒在她的石榴裙下，并心甘情愿地为其效劳卖命。为了夺位，她曾引诱恺撒；为了掌权，她曾毒死自己的丈夫；最后为了巩固自己的统治，她又投入了安东尼的怀抱；安东尼死去，她又想色诱屋大维，但却未能成功，最终自杀了此残生。"埃及艳后"之死，代表着统治埃及近300年的托勒密王朝结束，埃及从此并入罗马版图。

庞贝古城

公元一、二世纪之交，罗马帝国进入鼎盛时期，而庞贝城则是罗马昔日辉煌的一个缩影。 庞贝的地理位置十分重要，北靠维苏威火山，西临那不勒斯湾，萨尔诺河绕城而过，同时连接着古罗马帝国与世界各地的贸易往来，城中商贾云集，热闹非凡。 庞贝的气候宜人，土壤肥沃，物产富饶，葡萄和油橄榄大片地生长，无花果和迷迭香也是当地的特产。 然而就是这样一座美丽而富饶的城市，却在火山灰下深埋了十几个世纪，直到18世纪才得以重见天日。

早在公元前8世纪前叶，庞贝城就形成了，但直到公元前1世纪，庞贝才成为罗马的一个自治城市。 庞贝人口约两万人，面积约1.5平方公里，四周是石头砌的城墙，城墙周长约5公里，一共有8个城门。 庞贝城内有四条主街，呈"井"字形，街道中间走车，两侧为人行道。 所有的十字路口都有大理石水池，池内蓄有清澈的泉水，还有精美的雕像。 泉水是用高架水槽从城外引来的，先通过城内最高点的水塔，再由水塔输送到各个公用水池以及豪门宅院，这种设计体现了庞贝人民丰富的想象力。

在庞贝城的西南部，有一个长方形的广场，政府、法院、大庙宇等建筑物集中在这里，非常庄严肃穆。 政府的规模很大，并设有议事厅，供重要人物办事。 法院是一座双层的长方形建筑物，主要进行司法审判，商人也可以在这里签订贸易合同。 庞贝城的东南角是规模宏伟的大剧场和竞技场。 庞贝城内的竞技场可容纳两万人左右，是现存的古罗马竞技场中最古老的一个，在这里经常会举行角斗士比赛和其他娱乐活动。 在广场的东北则是商场，从发掘出来的遗迹可以看出，这里曾经店铺鳞次栉比，商品琳琅满目，商业非常发达。

在庞贝城的遗址中，还发现了很多豪华的住宅。 这些豪宅的大门上有大理石圆柱，门楼上也雕刻着精美的花纹，走廊和庭院里竖立着天神和野兽的塑像，就连墙上的壁画和地板上的镶嵌画也都别具匠心。 有一幅壁画，生动地再现了当时金属工艺、花木栽培、葡萄种植、香料制造、染布等各行各业的生产过程；另一幅壁画上则画着三位仙女，她们都长着翅膀，正在花丛中嬉戏。这些壁画或反映了真实的生活，或洋溢着浪漫主义的气息，是庞贝人安定、自由生活的集中体现。 在当时，公共浴池是庞贝人生活中不可缺少的部分，因此浴场都用大理石砌成，并且设计得十分细致。按摩室、更衣室、美容室等一应俱全；浴池中还有冷热水管道来调节水温；此外，还设有专门的女士浴池。这些都反映了当时庞贝的市民生活已经达到了高度的富裕。但这只是富人的生活，穷人的住宅仍然非常简陋，更无福消受公共浴池奢侈的服务，可见古罗马人的贫富差距相当大。

庞贝人在享受着美好生活的时候，并没有想到，身后那座维苏威火山在赠予他们沃土的同时，也隐藏着巨大的危机。在一个宁静的夜里，这座聚集了几百年力量的火山瞬间爆发，最终摧毁了整座庞贝城。

据历史考证，那一天是公元79年8月23日的深夜，维苏威火山爆发了。顷刻之间，地动山摇，天色昏沉，一向平静的那不勒斯湾也翻腾起汹涌的浪涛。火山口里喷涌而出的熔岩，落地时迅速凝固成石块。大量的石块和火山灰很快覆盖了地面，随后又天降大雨，引起了山洪，洪水挟带着石块和火山灰，形成了汹涌而下的泥石流。庞贝人被梦中的恶魔惊醒，却发现现实更加可怕，他们来不及穿好衣服，就在街道上狂奔。此刻的人们多么希望逃离这个他们深爱的城市，但他们却逃不开命运的安排。巨大的石块如雨般落下，砸向慌乱中的人们；下落的火山灰迅速堆积起来，掩埋了那些宏伟的建筑；腾起的岩浆气浪向所有房屋扑来，富人和穷人的住宅此刻已经没有了区别。整个城市都成了一座废墟。在灾难中，有的人被砸死，有的人被烧死，有的人被熏死。当时的庞贝城，连续三天不见天日，火山碎屑掩埋了这座城市，最深处竟达20米。在沉睡了千年之后，这座昔日的繁华城市终于醒来，开始向人们诉说自己曾经的故事。

西罗马帝国

屋大维开启了"罗马和平",在他之后的300年间,罗马帝国又涌现出不少杰出的皇帝。但也有一些荒诞邪恶的帝王。公元286年,戴克里先把罗马帝国一分为二,位处西部的帝国仍然以罗马为首都,称西罗马帝国;而东部的帝国后来被称为东罗马帝国或拜占庭帝国。

戴克里先这么做也是不得已。当时,罗马正处于内忧外困的时期。戴克里先上任后,知道自己一人不可能应对内部的奴隶起义和外族的入侵,于是便把罗马帝国分为两半,与好友马克西米安分别治理。此外,他们还都设立了副职。所以,当时的罗马实际上是由四个人共同治理的,史称"四帝共治制"。

这种分裂也曾经历过短暂的统一。当狄奥多西一世上台后,他宣布基督教为国教,反对一切异教和异端,甚至禁止了古奥运会。在基督教的支持下,狄奥多西一世击败了西部的篡位者欧根尼乌斯,统一了长久处于分裂状态的罗马帝国。但是,次年狄奥多西一世就去世了。在他的遗嘱中,他竟然又将国家分裂了。于是,罗马帝国再次一分为二,东罗马帝国由狄奥西多一世的长子阿卡迪乌斯统治;西罗马帝国则分给了其幼子霍诺里乌斯。

在西罗马帝国成立之初,可谓内外交困。原先的内部矛盾不但没有解决,反而愈演愈烈。而住在多瑙河、莱茵河一带的日耳曼人部落,也开始向西罗马帝国席卷而来。在这种局面下,西罗马帝国难以应付,罗马的社会矛盾也加剧了。

而面对西哥特人首领阿拉里克的不断入侵,东罗马和西罗马并没有团结一致抗敌,而是眼睁睁地看着阿拉里克越来越强大。西哥特人突破了莱茵河,进而占领了高卢的大部分地区,还引得更多的日耳曼人部落进入高卢。 西罗马帝国节节败退,于公元407年又放弃了不列颠。 大敌当前,罗马皇帝霍诺留竟然轻信谣言,处死了自己的司令官斯底里哥,使得斯底里哥的部下纷纷叛变,西罗马帝国面临着巨大的危险。 在罗马建国之后,即使面临汉尼拔的威胁,罗马城也没有被攻陷,并因此得名"永恒之城"。 但在公元410年8月24日晚,罗马的历史被改写了。

阿拉里克此前曾两次包围罗马城,但都是为了取得赎金。 这一次情况不同,西罗马帝国已经摇摇欲坠,于是,阿拉里克率领属下第三次围攻罗马城。 半夜的时候,城里的奴隶打开城门,放西哥特人进入罗马。 西哥特人进城后,不仅对罗马大肆洗劫,还很快扶植了一个傀儡皇帝,仍然维持着西罗马帝国的名号。 同时,其他日耳曼人部落也见机涌入了西罗马,纷纷建立自己的国家。

公元439年,汪达尔人建立阿兰王国,从海上袭击罗马帝国,进一步摧垮了西罗马帝国的商业。 公元455年,汪达尔人趁乱攻进了罗马,并杀掉了罗马皇帝马克西穆斯。 为了维护统治,西罗马开始招募日耳曼人为雇佣军,希望依靠他们的力量来抵抗汪达尔人。 但皇帝此时已经没有了实力和权威,很快便被雇佣军架空,成了傀儡。 后来,匈奴帝国崩溃,西罗马帝国也彻底走向了绝路,日耳曼雇佣兵的领袖奥多亚克废黜了年仅6岁的西罗马皇帝罗慕洛。 至此,西罗马帝国正式灭亡。 许多蛮族王国乘虚而入,进入罗马,并建立了大大小小10个王国,欧洲从此踏入了中世纪。

迦太基帝国

迦太基一词源于腓尼基语,意即"新的城市"。 迦太基位于非洲北海岸今突尼斯一带，与罗马隔海相望。这一点，似乎已经注定了迦太基的悲剧命运。

事实上，迦太基的建城时间要比罗马更早，早在公元前814年，以商业闻名的腓尼基移民就横渡地中海来到北非，以和平的方式向当地人购买下了一块土地，并在这块土地上建立了迦太基城。

在建城之初，迦太基只是一个贩卖奴隶和海上贸易的中转站。在公元前8世纪到公元前6世纪的时候，迦太基开始扩张。对内，迦太基大量开发殖民地，并且成功地控制了腓尼基人在北非的大部分殖民地。对外，迦太基向海洋进发，占领了大片的海岸和岛屿，开始称霸西地中海，也正因此，迦太基与海上霸主希腊之间的战争在所难免。

从公元前6世纪开始，为了争夺地中海西部的霸权，迦太基与希腊人的冲突就一直没断过。在开始的一个多世纪里，双方你争我夺，互有胜负。迦太基人曾经联合伊特拉斯坎人打败过希腊人的舰队，但也曾在西西里岛被希腊海军打得落荒而逃。直到公元前4世纪初，伯罗奔尼撒战争爆发。希腊从此元气大伤，迦太基逐渐占据了海上霸权。可是，希腊虽然退出了争斗，迦太基却又迎来了一个更加可怕的对手——罗马。

迦太基有殖民地和商业两大基础，殖民地以内陆的农业为主，商业则以海上贸易为主。在迦太基称霸西地中海的时候，作为贸易中心，迦太基取得了庞大的收入，它的钱币甚至成为了西地中海最硬通的货币。表面上看起来迦太基十分强大，农业和商业都很发达，但事实上，迦太基的权力主要掌握在贵族寡头手上，他们因为代表的阶级不同往往会为了利益发生冲突，甚至互相牵制，这就影响了迦太基的团结。

反观当时共和制的罗马，军事力量则十分强大。迦太基和罗马之间先后发生了三次战争，史称布匿战争。

第一次布匿战争发生于公元前4世纪，当时的罗马刚刚统一了意大利，开始向地中海进军，于是向迦太基挑起了战争。罗马以保护在西西里的同盟国为由，撕毁了与迦太基签署的友好声明，突然袭击了迦太基在西西里岛的殖民地。有意思的是，当时名震地中海的迦太基海军被罗马初建的海军连番击败，而一向弱小的迦太基陆军却与罗马陆军打了个平手。第一次布匿战争前后打了23年，迦太基终于向罗马求和，赔款的同时也全面撤出了西西里岛。

第二次布匿战争是汉尼拔的战争。

第三次布匿战争发生于公元前149年，为了彻底击垮迦太基，罗马派遣大军闪电般围攻迦太基城。3年后，也就是公元前146年，罗马军统帅西庇阿占领了迦太基。罗马军队在迦太基城内烧杀抢掠，无恶不作，最后连迦太基港口都被毁掉。从此以后，迦太基帝国宣告灭亡。

罗马人的克星：汉尼拔

在军事上，罗马共和国一直是无往而不利，即便偶尔遭遇挫折，也很快就能恢复。但罗马人不会忘记一个人，那就是汉尼拔。汉尼拔不仅仅击败了罗马的军队，还率领军队在罗马境内四处征讨。

第一次布匿战争的时候，汉尼拔的父亲哈米尔卡就曾经率领弱小的迦太基陆军对抗罗马军队。汉尼拔出生于公元前247年，他很小的时候就深受父亲的影响，立志要打败罗马人。据说有一次父亲出征，汉尼拔要求随行，哈米尔卡便要儿子立誓，年幼的汉尼拔便在神殿内立下重誓，表示与罗马的仇恨不死不休。为了实现父子之间的誓言，他自小就努力学习军事知识，参加严格的军事锻炼。

哈米尔卡阵亡之后，其女婿哈斯德鲁巴继任为统帅，哈斯德鲁巴死了之后，汉尼拔在军中已经拥有了非常高的声望，士兵们都支持他继任统帅。 当时，罗马公然违反第一次布匿战争后的条约，联合了西班牙城市萨贡托，还宣布此城为罗马保护地，迦太基的安全受到了严重威胁。 在这种局面下，汉尼拔果断出兵包围并占领了萨贡托。 这也直接引发了第二次布匿战争，迦太基政府向罗马宣战。

汉尼拔的军事才能不仅表现在临场的战斗上，还表现在战略眼光上。 此时，他认为与其等待罗马打上门来，不如把战火烧向罗马本土。 由于第一次布匿战争中战败的迦太基丧失了制海权，迦太基无法从海上攻击罗马，而如果坐等罗马进攻，迦太基势必会落败。 因此，汉尼拔决定走一条常人难以想象的路。 公元前218年春天，汉尼拔率领军队从新迦太基出发，从西班牙翻越比利牛斯山和阿尔卑斯山，虽然一路上牺牲了大量佣兵，但当年冬天，汉尼拔的军队终于抵达了意大利北部。

汉尼拔奇迹般地出现在罗马本土，让所有人都大吃一惊。 当时，高卢人各部落刚刚臣服罗马不久，见到这种状况纷纷叛变。 在得到情报后，罗马执政官西庇阿迅速率军返回意大利，双方在波河流域提契诺附近发生激战，汉尼拔的骑兵击败了罗马步兵。 这一仗，让高卢人彻底叛变了罗马。

罗马元老院惊慌失措，立即传令执政官朗戈斯与西庇阿联合对付汉尼拔。 汉尼拔首先截获了罗马的大量军粮，然后在特拉比亚河畔与之展开决战。 汉尼拔先用骑兵骚扰罗马军营，诱使罗马军队出击，然后再用骑兵突袭罗马军侧翼。 在这一战中，罗马军队伤亡惨重。

公元前217年春季，汉尼拔继续南下。 为了抵抗汉尼拔，罗马派出新任执政官弗拉米尼驻守在通往罗马城的交通要道上。 汉尼拔巧妙地引诱弗拉米尼，并且刻意破坏罗马周遭的农田庄园，让罗马的盟邦看到没有保护他们的能力。 最后，在特拉西梅诺湖北岸，汉尼拔设下埋伏，再一次击败了罗马军队。

虽然已经兵临罗马城下，但由于兵力只有4万人，又缺乏攻城的器械，所以汉尼拔并不急于进攻，而是先前往意大利中南部，寻找起义军。 为了打击罗马人的士气，汉尼拔对沿途的人们宣称："我并非来此与意大利人为敌，反之我是为了意大利人的自由而与罗马为敌。"

罗马元老院新任的独裁官马费边·克西穆斯知道汉尼拔难以战胜，于是不得不采取消耗战，一直尾随着汉尼拔的军队。 当汉尼拔在一些富有的地区破坏掠夺的时候，克西穆斯也不敢贸然地上前。 后来克西穆斯包围汉尼拔之后，因为害怕汉尼拔的诡计，他仍然不敢带兵围攻，任凭汉尼拔安然撤走。 这种消极的策略让克西穆斯在罗马声望尽失，于是他的军权又回到了执政官手中。

公元前216年春天，罗马出动了共和国史上最庞大的一支联军，由两位执政官带领着10万人的军队，决定与汉尼拔一决胜负。 面对数倍于自己的罗马军队，汉尼拔发明了举世闻名的新月形战术。 在战斗初期，汉尼拔将军队部署成中锋凸起的圆月形；交锋之后，又变成凹陷的弦月状，将罗马主力包围在其中。 加之迦太基人对骑兵的合理运用，汉尼拔成功地以较少的兵力彻底包围了罗马军队。 最终，汉尼拔杀死、俘虏了将近7万罗马人，其中包括一名执政官和80位元老院议员，使罗马遭到了巨大的打击。

从此以后，罗马人真正见识到了汉尼拔的厉害，纷纷效仿消极的克西穆斯，再也不与汉尼拔对阵了，罗马王国之内的很多城邦都投靠了汉尼拔。 此后的几年，汉尼拔又取得了一些胜利，在公元前208年的一场战役中又杀死了两名执政官。 可惜的是，迦太基国内一直没有向汉尼拔提供人力和武器上的增援，这给了罗马喘息的机会。

就这样，汉尼拔在罗马境内孤军奋战长达15年，直到罗马人也学会了汉尼拔的策略，派人进攻迦太基，才使得汉尼拔被迫撤军。 回到迦太基，汉尼拔与大西庇阿对阵。 由于前盟友东努米底亚王的倒戈，汉尼拔失败了。 罗马人信心大增，迦太基也感到大势已去，随即向罗马投降，第二次布匿战争以罗马的胜利而告终。

战争结束后，汉尼拔依然没有忘记年少时曾立的誓言。 他四处流亡，先后帮助一些国家对抗罗马，但当时的国家都不敢、不愿与罗马作对，这使得汉尼拔心灰意冷。 而罗马人却始终担心着这个敌人，于是要求所在国引渡汉尼拔，不愿受辱的汉尼拔最终服毒自尽。

第一位信仰基督教的皇帝：君士坦丁大帝

君士坦丁出生于南斯拉夫的内苏斯镇（如今的尼什）。 他的父亲是部队的高级将领。 君士坦丁的少年时期是在戴克里先皇帝的宫廷所在地尼考米迪亚度过的。

戴克里先305年让位，君士坦丁的父亲君士坦提乌斯一世成了罗马帝国西半部的君主。 第二年君士坦提乌斯一世去世，他的军队中有一些人要求君士坦丁当皇帝，但是也有一些将领反对这一要求，所以爆发了一系列的国内战争。 战争持续到312年君士坦丁在罗马附近的米尔维安大桥战役中击败最后一个劲敌马克森提乌斯才宣告结束。 之后，君士坦丁名正言顺地成了罗马帝国西半部的统治者，但是东半部却由另一位将军李锡尼统治。 323年，君士坦丁主动出击，于324年在亚德里雅那堡和克里索普利斯战胜了李锡尼。 从那时起，他始终是罗马帝国唯一的君主，直到337年逝世。

君士坦丁到底从什么时候开始信奉基督教我们不得而知。 最通常的一种说法是在米尔维安大桥战役的前夕，君士坦丁看到天空中闪耀着十字架样的火舌与这样的话："这是你克敌的迹象。"但无论君士坦丁如何或什么时候成为基督信徒，他一直热衷于发展基督教。君士坦丁信仰基督教绝不是为了使它成为正式的国教，但是他制订的政策和法律都有力地促进了它的发展。显然，在他统治期间改信基督教将会增大在政治上谋到高官显位的可能性。他的法令给予基督教徒各种不同的税收豁免权及特权。几所世界著名的教堂也是在他的统治期间建成的，如耶路撒冷圣墓（耶稣墓）教堂和伯利恒圣诞教堂。

他早期的行动之一就是颁布《米兰敕令》，根据这部敕令，基督教成为一种自由的、合法的宗教。敕令还要求归还迫害时期没收的基督教教会的财产，并且规定星期天为礼拜日。

颁布《米兰敕令》并不是为了让所有人都有宗教信仰的自由。相反，君士坦丁开始正式迫害犹太教，而这种迫害在基督教化的欧洲持续了数百年之久。

仅仅君士坦丁作为罗马第一位信仰基督教的皇帝这一点就足以使他在历史中占有一席之位。更何况他的另外几个举动也产生了深远的影响。第一，他重建并大规模地扩建了古老的城市拜占庭，将它重新命名为君士坦丁堡，并定为首都。君士坦丁堡（今名伊斯坦布尔）曾经是世界上最大的城市之一，直至1453年仍是东罗马帝国的首都。君士坦丁对基督教派的内部事物也起了重大的作用。为了解决一场阿里乌和亚大那西（两位神学家提出了彼此对立的学说）的信徒之间发生的论战，君士坦丁于325年召开了尼西亚会议——基督教第一次会议。他在会上起了积极的作用，会议通过了《尼西亚信经》，结束了这场论战，使《尼西亚信经》成了正统的基督教学说。

君士坦丁制定的一些民法更加重要。他创建的法律规定某些职业（如面包师和屠夫）为世袭职业。他还颁布了一道法令禁止佃农离开租种的土地，用现代话来说，他把佃农变成了农奴，终生依附于那块土地。 这道法令和类似的法律对奠定中世纪欧洲整个社会的结构基础产生了积极的作用。

君士坦丁直至临终时才愿意接受洗礼，显而易见，在此很久以前他就变成了基督教信徒。 同样，他也十分清楚基督教精神已完全使他神魂颠倒了。 即使按照当时的标准来说，他是冷酷残忍的，而且不只是对他的敌人——326年，他的妻子和长子都死在他的手下。 君士坦丁一世最初任命长子克里斯普斯为恺撒，但后者因为受到继母法乌斯塔（君士坦丁的第二任妻子）的诬陷于326年被处死。 不久，君士坦丁又以通奸罪处死法乌斯塔，但任命她所生的三个儿子为恺撒：君士坦丁二世统治西班牙高卢与不列颠；君士坦提乌斯二世统治亚洲与埃及；君士坦斯一世统治意大利与北非。

也有人说君士坦丁信奉基督教并没有真正改变历史的进程，而仅仅是顺应了难以避免的历史潮流。 戴克里先帝王（284～305年在位）疯狂地迫害基督教，但终究没有得逞，因为当时基督教的势力十分强大，即使用最疯狂的手段也无法铲除它。 当人们想到戴克里先企图消灭基督教的斗争终归失败时，可能会认为即使没有君士坦丁的干涉，基督教最终也会赢得胜利。 这样的猜想新颖独特，但却无法以理服人。 很难想象没有君士坦丁将会是怎样的一番情形。 但是，在他的鼓励下基督教的势力和影响迅速地发展扩大。 在不到100年的时间里，基督教从少数人的宗教变成地球上最大帝国里占据支配地位的法定宗教。 很显然，君士坦丁是欧洲史上最伟大的至关重要的人物之一。 他的名次比亚历山大大帝、拿破仑和希特勒更高些，虽然他们的名气比他更大，但是他的政策具有更为持久的影响。

第六章 上古美洲

玛雅文明

玛雅文明是拉丁美洲古代印第安人文明的杰出代表，主要分布在墨西哥东南部、危地马拉、伯利兹、洪都拉斯、萨尔瓦多以及犹加敦半岛等地，因印第安玛雅人而得名。

通常，中美洲文明被划分为三个时期，公元前1500年到公元300年称为前古典期或形成期，公元300年到900年为古典期，公元900年到1500年为后古典期。传说玛雅人在3000年前就开始建造宗教性建筑，最早的建筑是由一些简单的土坟所组成，后来才进一步演化为金字塔。早期的玛雅文明据说受到更早的奥尔梅克文明的影响，奥尔梅克文明在将他们的文化传播到今天的犹加敦半岛以后，便衰败灭亡。

玛雅文明中有着太多的未解之谜。比如，玛雅文明一直处于石器时代，玛雅人没有发明青铜器，更不用说铁器，但是他们却掌握了高超的建造技术，并创造了令人称奇的城市文明。在这种发展极不平衡的文明下，玛雅人很早就能够熟练地种植玉米，开垦畦田、梯田和沼泽水田，并创造出了独特的象形文字，掌握了数学和天文历法知识。

公元前400年左右，玛雅人建立了早期的奴隶制国家，一度相当繁荣，农业生产和文化都非常发达。但从公元7世纪中期开始，玛雅社会却没有任何征兆地衰落了。

关于玛雅文明的湮灭,至今仍无定论。科学家和考古学家对此也提出了许多假设,诸如外族入侵、人口爆炸、感染疾病、气候变化、农民起义等。现今最为人所信服的观点是,由于文明高度的发展,导致人口过度膨胀与资源消耗,加之灾难频发,使得采用游耕技术的玛雅人难以负担庞大的人口,后期玛雅人甚至为了争夺资源而自相残杀,最终导致了灭亡。

古老的玛雅人并非是热爱和平的民族,相反,在玛雅文明全盛时期,各个城邦的贵族们一直在进行着争权夺利的战争。高深的知识和文化只掌握在极少数的贵族和祭司手中,绝大多数的下层劳动者甚至是文盲。在战争中,战士们拼命地厮杀,目的是为了抓俘虏,然后把俘虏献给本方的祭司,而那些养尊处优的贵族知识分子在遭遇灾难的时候难以生存,因此导致了玛雅文明的毁灭。

玛雅人笃信宗教,他们的文化生活中充满了宗教色彩。他们崇拜太阳神、雨神、五谷神、死神、战神、风神、玉米神等,此外还奉行祖先崇拜,相信灵魂不灭。宗教也影响到国家政治,首都是宗教中心,国家兼管宗教事务,居民围绕着祭祀中心居住。

西元前后,玛雅文字就出现了,这是玛雅文明的又一个伟大之处。玛雅人使用大约800个象形文字,用来记录农耕、狩猎、雕刻和祭祀等事。玛雅文字不仅玛雅人自己使用,还随着商业贸易传播到了世界各地。

玛雅人的历法是一种独特的历法,他们的历法体系由三种历法构成,即神历、太阳历和长纪年历。

神历也称"卓尔金历",类似于中国的天干地支。玛雅人将20个神明图像和1~13的数字,不断组合循环,得到260种组合图标,代表一年的260天。但奇怪的是,在太阳系里并没有一个适用这种历法的星球;按照这种历法,这颗行星的大致位置应该在金星和地球之间。

太阳历是根据天文测算而来的金星历法。一年分18个月，每个月20天，另加5天作为禁忌日，这样全年就是365天。这与今天科学测定的绝对年长数值相差无几。玛雅人甚至还算出了金星历年，金星历年是指金星环绕太阳一周所需要的时间。玛雅人费了384年的观察期，算出了584天的金星历年，而今天的计算结果是583.92天，误差率每天不到12秒。以如此高的精确度计算出金星历来，实在是件不可思议的事。

长纪年历适于推算悠远漫长的历史刻度，建立在极其发达的数学思维之上，玛雅人运用这套历法可以准确无误地记下几千年中的每一个日子。考古学家根据16世纪西班牙入侵玛雅的时间，再依照碑文上记录此事的计数单位往回推算，算出玛雅纪年的元年为公元前3114年8月13日。

不仅如此，玛雅人还制定了"太阴历"，算出了火星和金星公转一周的时间，并找出了纠正太阳历和太阴历积累误差的方法。

玛雅人的预言非常有名，之前令很多人惊恐的"2012末日说"，就来自于玛雅人的传说。

每个民族一般都有一个纪元。但在玛雅的传说中，他们有5个纪元，每个纪元都是以地球毁灭性破坏的结束为起点的。玛雅的最后一个纪元开始于公元前3113年，这正是他们在中美定居下来的日子；玛雅的上一个纪元开始于公元前11000年，那时正好地球上冰河期结束；再往前推，他们还有四个纪元，每个纪元的时间都要以几十万年或几百万年来计算。根据这个神话传说，地球现在是第四个纪元，而依照推算这个纪元将结束于2012年12月21日。在第四纪元结束后，地球进行大净化重生，存活下来的人类会变成意识更为醒悟的新人类，新文明由此开始。在第五纪元结束后地球将真正彻底毁灭，消失于宇宙。"2012末日说"的支持者认为，由于地球磁场颠倒而遭到毁灭性的破坏，人类可能因此灭亡。

在数学领域，玛雅人在公元前4世纪就掌握了"0"这个数字概念，这比中国人和欧洲人分别早了800年和1000年！

无论如何，玛雅文明确确实实在这个星球上存在过。在历史上，玛雅文明经历了公元3世纪到9世纪的繁盛期，在15世纪衰落，最终被西班牙殖民者摧毁，此后便湮没在热带丛林之中。但关于玛雅文明的种种谜团，仍等待着人们去解开。

玛雅人的雕刻艺术

玛雅人在继承苏美尔人巨型石雕传统后，把雕刻艺术发扬光大，有了自己的艺术特色。玛雅人的高大纪念碑是玛雅雕刻艺术达到顶峰的明证。他们雕刻的纪念碑基本上都是长方形，高与宽的比例一般在3∶1以上，最高的甚至达到了7∶1。

作为雕刻艺术品的玛雅纪念碑，实际上是把立体的雕刻与图画般的浮雕手法合二为一的特殊作品，这种艺术特色在世界古代文明的雕刻作品中是比较罕见的。

以科潘一号碑为例，其正面雕成披挂齐全、盛装华服的国王形象。整个纪念碑高达3.5米，国王的头部、手足都要比常人大一倍多。礼仪的要求使得他的姿势有点呆板，脸上的表情亦不免僵硬，但庞大的体形和凝重的表情仍能令人感到他的威严和千钧之重的力量。人物的身形体态在玛雅雕刻的复杂头饰、衣着覆盖下显得若隐若现，而且胸腹部位的尺寸大大压缩，使得头脚之间很不成比例。这些都是玛雅雕刻造型在宗教礼仪下不得不作的"牺牲"，确实大大损害了形象的生动与完整。事实上，这是在神权政治控制下造型艺术所具有的通病。当然，这不等于说玛雅匠师们未能掌握正确的人体比例以及展现行动灵活的姿态的表现手法,实际上,这些衣着头饰虽然繁杂,但它们的线条与变化多端的图样却很优美,而且那些夹杂其间的羽毛蛇、小神灵的雕像更不乏鲜活生动,所以整个纪念碑的雕刻在宏伟精美之余不失其生动与丰富。

在其他一些独立的雕像和用作神庙建筑装饰的雕像上,玛雅艺术家们受到的约束与限制不像纪念碑雕刻那样强烈。通过这些作品,我们可以看到玛雅匠师的惊人技巧。科潘神庙中的玉米神像就是著名的例子,在神像的头上只简洁地刻了一束玉米作为标记,神像本身是近乎裸体的人像,但感情的表现却非常丰富、深沉。玛雅匠师即使在神权政治的高压下也能利用各种机会创造出令人喜爱、情味隽永的作品。

玛雅人的浮雕作品在他们的雕刻艺术中造诣是最高的。这些浮雕除了石刻外还有木刻,它集绘画的丰富细致与雕刻的立体感于一身。玛雅的浮雕作品在塑造和加强形象的立体感上成就也是极高的,达到了希腊古典雕刻的水平。

玛雅人的商贸活动

玛雅人很早就开始了贸易活动。他们经常到很远的地方去获取原材料和成品,建立了一个广泛的贸易网。16世纪时,其贸易范围向北到达墨西哥中央地区,向南到达巴拿马。玛雅虽然是一个农业社会,但它活跃的商业贸易活动促进了文明的发展。农业和商业活动的相互配合与支持,是玛雅文明发展的两大支柱。

在奥尔美加文明的影响下,玛雅在前古典期就已形成了一个贸易圈,这个贸易圈促进了各地文化的交流与政治合作,同时,在很大程度上影响着玛雅对外贸易及各邦之间的各种交流。

玛雅前古典期商道的主要干线在太平洋沿岸，至古典期已集中于中央低地一带，并使玛雅城邦在这一带发展起来。生活、生产所需的各种物品，多是从东西向的这条商道而来。较大宗的商品有燧石、黑曜石、染料、烟草等，陶器、纺织品、磨具、盐、糖、蜂蜜等因具有地方特色而成为远销异域的抢手货，它们或由墨西哥运到玛雅，或由玛雅运到墨西哥和巴拿马。到了古典后期，有了金属器的交易后，又从巴拿马、墨西哥两边同时向玛雅输入。在古典时期，奴隶是玛雅的又一种特殊商品。

长途贸易主要是奇珍异宝的交易，如只产于玛雅东边的翡翠碧玉，它从奥尔美加时期开始就是中美洲各地最受欢迎的宝物；产于玛雅山区的奎特查尔凤鸟的羽毛，不仅被玛雅人当作天地奇珍，而且在墨西哥各地的价值都很高，由于这种鸟在玛雅古典时期已是濒危物种，所以奇货可居的情况超过了碧玉；居第三位的是可可豆，它原来只产于玛雅山区，古典时期已在中央低地东部沿海地带移植成功，可可豆在玛雅、墨西哥乃至整个中美洲都是最抢手的餐饮珍品，无论贵族贱民都离不开它，它甚至还在交易中充当了货币的角色，使玛雅商业如虎添翼，玛雅商人凭此深入异国他乡，且长久立于不败之地。此外，玛雅还有琥珀、珊瑚、珠贝、鲛牙、钠长石、鳄鱼刺、牛砂纹岩等特产，它们随三大宝货或东或西融入国际贸易的洪流，而外地的珍奇货物如墨西哥的孔雀石、高岭土鹿肉、高级工艺品等也流入玛雅或由此转销更远的东方。

长途贸易的兴旺发达促使玛雅的城市迅速发展起来。蒂卡尔城因地处生产可可豆的中央低地东部，是南部奎特查尔凤鸟羽毛集运的中转地，在它的东南是碧玉的产地，玉石西运之路在古典时期已经过这里，地理位置的重要，使蒂卡尔成为玛雅的第一大城市；帕伦克是玛雅世界最西边的一个商业枢纽，玛雅运往墨西哥的货物在此最后集结，而墨西哥和西方其他地方的商品也由此而进入玛雅世界；东边科潘城的强盛也同样得益于其优越的地理位置。

玛雅的商人分为两类：一类是掌握特权的商人，但他们人数较少；另一类是没有特权，不属于统治集团的专业商人。专业商人是玛雅市场上最活跃的一群，他们行业齐全，人数也多，是商人的中坚。另外还有一些小商小贩和半商半农的买卖人，他们主要是为了谋生，处于商人阶层的最下层。

古代玛雅人频繁而活跃的商业活动，使玛雅人获益颇丰，以此极大地推动了玛雅文明向前发展。

阿兹特克文明

阿兹特克人原住地在墨西哥西部的海岛上，从11世纪中叶开始，逐渐向墨西哥盆地迁移。1325年，在特斯科科湖中两个小岛上建立了特诺奇蒂特兰城，即后来的墨西哥城。

阿兹特克人来到墨西哥平原以后，与当地居民混居，并接受了他们的较先进的文化，社会得到了很快的发展。15世纪，阿兹特克人和特斯科科人、特拉科班人结成部落联盟，不断扩张，先后征服周围许多部落，其势力向北扩展到墨西哥湾和太平洋沿岸，向南一直达到危地马拉。在长期征战中，阿兹特克人日益强大，成为同盟的首领。15世纪末，在墨西哥中南部形成一个幅员辽阔的帝国，特诺奇蒂特兰城成为这一大帝国的政治中心。

阿兹特克人发展了一种独特的农业耕作法——"浮园耕作法"，即在用芦苇编成的芦筏上堆积泥土，浮在水面，然后在这新造的土地上种植作物和果树，利用树根来巩固这些人造浮动园圃。同时也利用湖边的土地种植玉米、豆类、南瓜、西红柿、甘薯、龙舌兰、无花果、可可、棉花、烟草和仙人掌等。狗是他们唯一的家畜，家禽主要是火鸡。

他们能冶炼金、银、铜、锡和青铜。阿兹特克人的制陶技术也很高明，他们制造的陶器是褐地黑纹，纹样多用复杂的几何图案和花鸟鱼虫等题材，质地精良，形状优美。在纺织品的图案艺术方面，尤其出色。阿兹特克人的羽绣，用羽毛镶嵌制成的羽毛饰物，精美异常。保存下来的几件作品，虽经数百年，但仍然光泽鲜艳，质地紧固，足见制作技术之精良。

阿兹特克人聚族而居，每个部落下有若干氏族，每一氏族自成独立的政治、经济、军事、宗教单位，由族长领导。部落酋长领导族长会议，实行民主管理。

阿兹特克人把部族神威齐罗波彻里奉为太阳神和战神，此外还崇拜自然神，如月神、雨神、花神和玉米神等。被征服部落的神祇也供养于神庙之中，处于主神的依从地位。祭祀用生人献祭。

阿兹特克人在长期劳动实践中积累了许多科学知识，他们把1200种植物和许多种属的蛇、虫和矿物予以分类。

西班牙殖民者入侵前，阿兹特克统治集团已进行了将近100年的征服战争。战时，掳掠财富和战俘，平时则榨取被征服部落的贡赋，勒索人丁做祭献的牺牲，致使同许多部落结下深仇大恨，它们随时准备反叛。1519年，西班牙殖民者科泰斯率军来侵，各部落不能团结一致，又加上国王孟特祖玛动摇不定和叛徒内奸的叛卖活动，阿兹特克终于1521年被西班牙征服。

奥尔梅克文明

在今天的墨西哥中南部，曾经有一段古老的文明，它存在和繁盛于公元前1200年到公元前400年的中美洲，是已知的最古老的美洲文明之一，这就是奥尔梅克文明。奥尔梅克文明产生于中美洲圣洛伦佐高地的热带丛林当中，以圣洛伦佐为中心，繁盛了大约300年，于公元前900年左右毁于战争。

1938年，墨西哥的考古学会曾组织了一支考古队，深入丛林中去寻找奥尔梅克文明的秘密。在拉文塔族森林里，考古队发现了拉文塔和特雷斯·萨波特斯两处遗址。20多年后，圣洛伦佐遗址也被发现。这三处遗址就是奥尔梅克人曾经居住过的地方，通过这三处遗址，人们逐渐揭开了奥尔梅克文明神秘的面纱。

奥尔梅克文明发源于墨西哥境内的一方沃土，这一带面积约1.8万平方公里，河流众多，水草丰美，有成片的橡胶树林。"奥尔梅克人"本身也有"橡胶之乡的人"的意思。

在发现的三个奥尔梅克文明遗址中，圣洛伦佐文化出现得最早，大约出现于公元前1200年到公元前900年间；然后拉文塔文化出现了，大约在公元前900年到公元前400年；而特雷斯·萨波特斯文化出现最晚，约为公元前500年到公元前100年。

奥尔梅克文明的影响并不仅仅在墨西哥地区，还遍及整个中部美洲地区。在中美洲文明中，有一些共同的因素，比如金字塔和宫殿建造、玉器雕琢、美洲虎和羽蛇神崇拜等。中美洲其后出现的玛雅文明、阿兹特克文明等都与奥尔梅克文明之间有着很深的渊源，它们在社会生活、建筑艺术等各个方面都有很多相似之处，体现出很强的一致性和历史继承性。有些学者认为奥尔梅克文明是玛雅、托尔特克等文明的母体，也有可能是姐妹关系。

奥尔梅克人在雕塑和建筑领域取得了很大的成就，他们可以用石头建造巨大的宫殿和金字塔，也可以在玉石上进行精美的雕刻。奥尔梅克人最著名的艺术作品莫过于"奥尔梅克巨石头像"，这些巨大的人头像是花岗岩质地，高达103.048米，雕刻别具一格，充分显示了奥尔梅克人高超的技术水平。此外，奥尔梅克人的智慧和创造力也表现在他们的建筑上。在奥尔梅克人生活的地方，洪涝灾害严重，所以他们不得不挖土筑墩，建房于土墩之上。在这些高大的土台上，奥尔梅克人建起了很多神庙或祭台，整个建筑看起来就像是一座座金字塔，具有强烈的美洲特色。 在玛雅人和阿兹特克人的建筑中，也继承了这种风格。

除了巨型石像、金字塔等大型建筑外，奥尔梅克人还用绿玉或黑玉雕刻了很多小型物件，包括人像、动物形象等，十分玲珑可爱。 这些玉石人像以裸体直立的站像和五官俱全的面具居多，最引人注意的是一种石手斧，这种手斧颜色往往为灰白、墨绿或碧绿色，带有人身豹头的神像，是奥尔梅克人进行宗教礼仪的用具。 美洲豹是奥尔梅克人崇拜的主要天神，这个神像又兼具了人和豹的特点，可见奥尔梅克人的想象力有多么丰富。 此外，考古发现的一些翡翠绿玉做的礼器、宗教用具和装饰品，也是奥尔梅克文明的一大特色。 这些作品既反映了奥尔梅克人独特的宗教信仰，又形成了一种方正凝重、深厚圆润的独特风格，成为奥尔梅克文明和艺术的典范。

奥尔梅克人辉煌的艺术成就表明，他们已经度过了部落时代，进入了阶级社会，并产生了阶级分化。 国家组织开始形成，统治者开始控制民众的剩余劳动，并且能利用剩余物资役使和供养一批专门的匠人。

奥尔梅克人靠自己耕种作物来获取食物。 他们种植的作物以玉米为主，还包括马铃薯和昆诺阿黎等，奥尔梅克人也可能是世界上最早种植玉米的人。

可惜的是，奥尔梅克文明并没有延续下来，当它传播到今天的犹加敦半岛以后，便开始衰败灭亡。 其中圣洛伦佐的奥尔梅克文明在公元前900年左右毁于战争；拉文塔的文明一直持续到公元前400年，也莫名其妙地消亡了。 尽管如此，奥尔梅克文明还是对中美、北美的其他文明产生了深远的影响，其中就包括著名的玛雅文明。

第三篇

世界中古史

第一章　中古西欧

匈奴进入欧洲

在我国北方，曾生活着一支游牧民族，他们在中国历史甚至世界历史上都留下了自己的特殊印记，这便是匈奴。早在我国的战国和秦汉时期，北匈奴人就经常骚扰汉族的边境，对中原地带构成巨大的威胁。公元1世纪末，逐渐崛起的鲜卑人打败了北匈奴人，无处立足的北匈奴人为了继续寻找适合生存的土地，只好向西迁移。

公元3世纪的时候，北匈奴人在亚洲已经没有任何容身之处，他们便开始向西部进发。北匈奴人经过了黑海北岸，又继续向西前进，终于进入了俄罗斯的伏尔加河和顿河一带，开始结成了匈奴联盟。在这里他们过着传统的游牧生活，但却从来没有停止过西进的步伐。当他们闯入了东哥特王国，看到当地的富饶时，他们激动不已。北匈奴人的首领立即召集部落的全部男子，召开部落会议，决定用武力侵占这片土地。

于是，北匈奴人对东哥特人发动了战争。由于北匈奴人善于骑射，使得东哥特人对这些不速之客感到非常害怕。两军展开了厮杀，东哥特人根本不是北匈奴人的对手，他们被打得落花流水，国王也在绝望中自杀，部落的成员则向西逃走。最终，北匈奴人如愿取得了这场战争的胜利。

征服了东哥特，北匈奴人又把目光瞄向了西哥特。经过激烈的战争，西哥特人同样是一败涂地，无路可退的西哥特人只好向西罗马帝国求救。当时，西罗马帝国的皇帝认为放西哥特人进城也没什么不好，一方面可以扩充自己的军队，另一方面还可以增加税收，于是便同意了西哥特人的请求。不料，大批的西哥特人涌入城后，很快就灭亡了西罗马帝国。

欲望总是没有止境的，击溃西哥特人之后，北匈奴人开始沿着多瑙河流域，向东罗马帝国挺进。当北匈奴人的大军抵达君士坦丁堡城下时，东罗马帝国很快便屈服了。经过谈判，东罗马帝国同意每年向北匈奴人进贡950千克黄金，并割让了巴尔干半岛。公元444年，在多瑙河流域，北匈奴人终于正式建立了自己的王国。北匈奴人从此不用再流浪，它先后征服了很多欧洲的国家和地区，成为了一个地跨欧、亚两洲的大帝国。

在建立了自己的帝国之后，北匈奴人依然不满足，继续进行侵略扩张。匈奴的铁蹄席卷了高卢，又征服了法兰克人、西哥特人和西罗马帝国的联军，一路打到了意大利，最终，教皇被迫与北匈奴人签订合约。从此，匈奴人的阿提拉帝国时代开始了。

日耳曼人入侵

在罗马帝国以北的广阔土地上，生活着很多部落，日耳曼人是其中人数最多的一个部落。日耳曼人大约有20多个分支，其中最著名的有东哥特人、西哥特人、汪达尔人、法兰克人、勃艮第人、盎格鲁人、撒克逊人、伦巴底人等。

日耳曼人最早居住在波罗的海和北海沿岸地带。公元前1世纪左右，日耳曼人定居在多瑙河、莱茵河、维斯瓦河和北海之间的广大地区。 公元3世纪，罗马帝国日益衰落，少数日耳曼人进入罗马境内，定居在多瑙河以南。 这批日耳曼人成为后来大迁徙期间进入罗马帝国的日耳曼人的同盟军。

公元4世纪末，由于匈奴西迁，迫使日耳曼各分支如潮水般涌向罗马帝国境内，掀起了日耳曼人大迁徙的浪潮。 日耳曼人大迁徙前后共持续了200多年，规模宏大，波及了大半个欧洲和北非的广大地区。 当这一迁徙浪潮平静下来的时候，西罗马帝国已经不复存在了，很多日耳曼人在西罗马帝国的废墟上建立了自己的封建王国。 从此，西欧的历史揭开了新的篇章。

公元410年，在起义奴隶的支援下，西哥特人攻破并洗劫了罗马城(西罗马帝国的首都)。 公元419年，西哥特人在高卢(今法国、比利时、意大利等地)西南部建立了西哥特王国。

公元406年，罗马帝国撤回了在莱茵河边界的守军，汪达尔人联合苏维汇人、阿兰人等，渡过莱茵河，进入了高卢地区。 公元409年，他们占领西班牙半岛西部和南部的大部分地区。

西哥特人以罗马帝国的名义，夺取了西班牙大部分地区。 汪达尔人被迫退守到半岛南端和西北地区。 公元429年，汪达尔人在首领凯撒利克的率领下渡海，迁移到了北非。 公元439年，凯撒利克带领汪达尔人占领了罗马人的非洲行省首府迦太基，建立了汪达尔王国。 之后，汪达尔人逐步占领了地中海的一些岛屿，进而控制了罗马帝国的主要产粮区。

公元455年，汪达尔人趁罗马混乱之机，攻陷罗马城，不仅将罗马城洗劫一空，而且大肆焚烧了14天之久，几乎毁灭了罗马城及其辉煌的文明成果，"汪达尔主义"一词由此得名。

在日耳曼的北方地区，法兰克人是最强大的部族。 法兰克人最早居住在莱茵河中下游以北的地区，公元5世纪早期，他们渡过莱茵河，开始向罗马帝国迁移，逐渐占领了卢卡尔河以北的高卢大部分地区。

公元5世纪中期，住在奥得河与维斯瓦河之间的勃艮第人渡过莱茵河，进入了高卢地区。公元457年，勃艮第人在高卢东南部，以里昂为中心建立了勃艮第王国，从而切断了罗马与高卢之间的联系。

大致与此同时，盎格鲁人、撒克逊人渡过北海，进入不列颠，将当地人驱至不列颠岛的西部和北部，在不列颠岛的东半部建立了各自的王国。

至此，西罗马帝国的领土除了意大利之外，几乎都被日耳曼人所占据。经过了频繁的战争之后，罗马的实权落入了雇佣兵将领之手。

公元476年，罗马雇佣兵将领奥多亚克（435～493年）在帕维亚举行兵变，废除了西罗马帝国的末代皇帝罗慕洛。奥古斯都（475～476年在位），建立了奥多亚克王国，西罗马帝国灭亡。

公元451年，匈奴首领率军50万进攻高卢，与西哥特人、法兰克人和部分罗马军展开了一场决战。最终，匈奴战败。

匈奴同盟解体之后，东哥特人摆脱了匈奴的控制，开始向多瑙河南岸的潘多尼亚地区迁移，恢复了自己的社会组织。为了避免东哥特人的进攻，东罗马帝国怂恿东哥特将领狄奥多里克（约455～526年）发起反抗奥多亚克的战争。公元489年，狄奥多里克率兵进攻意大利，经过3年的激烈战争，占领了意大利大部分地区。公元493年，狄奥多里克诱杀了奥多亚克，建立了东哥特王国，奥多亚克王国灭亡。

公元486年，法兰克人在军事首领克洛维（465～511年）的带领下，扫平了罗马在高卢地区的残余势力，建立了法兰克王国。公元500年，法兰克王国征服了勃艮第王国。公元507年，法兰克人又把西哥特人赶出了高卢。这时，法兰克人几乎占领了高卢的大部分地区。

公元568年，原本居住在易北河北岸的伦巴底人，在首领的带领下，渡过多瑙河，进入意大利，占领了波河流域，建立了伦巴底王国。至此，日耳曼人大迁徙结束。

日耳曼人大迁徙，使欧洲大量田地荒芜，农业、手工业和商业衰落，文化也遭到了极大摧残，给欧洲社会带来了严重的破坏。尽管如此，日耳曼人大迁徙也产生了积极的社会效果，它加速了西罗马奴隶制帝国的灭亡，促进了日耳曼人氏族制度的瓦解，从而逐渐形成了一种封建制，使西欧进入了封建社会。

法兰克王国

公元476年，西罗马帝国灭亡，昔日繁华的罗马城成为了一片废墟。在这片废墟上，日耳曼人逐渐强大起来，并建立起很多国家，法兰克就是其中最强大的一个。

从公元3世纪起，法兰克人就开始了频繁的掠夺活动。西罗马帝国灭亡后，法兰克人分成了"河滨法兰克人"和"海滨法兰克人"，前者主要活动在莱茵河中部，后者主要居住在莱茵河三角洲一带。公元486年，莱茵河三角洲年仅21岁的克洛维继承了王位，成为了"海滨法兰克人"的新领袖。克洛维年纪轻轻，却胸怀大志，他发誓要完成统一法兰克的大业。即位之时，克洛维就与罗马军队在高卢北部发生战争，他在苏瓦松击败了罗马军队。取得胜利后，克洛维马上又进军卢瓦尔河与塞纳河流域，并抢占了两河之间的大片土地。

虽然克洛维年轻有为，但仍不能取得所有人的信任。正在此时，西哥特国王的长子贡多巴德打伤了他的三弟戈迪吉塞尔，还将他的两个女儿流放。 克洛维早就听闻戈迪吉塞尔的一个女儿倾城倾国，于是就把她迎娶过来。 这个女子是虔诚的基督教徒，结婚当天，她曾劝说克洛维受洗，但克洛维却对此嗤之以鼻。

此后的一件事改变了克洛维对基督教的态度。 公元496年，克洛维与阿勒曼人发生战争，结果损兵折将，失败而归。 克洛维在撤军的途中再三思忖，下定决心皈依基督教。 于是，法兰克人皈依了基督教，很快便得到了罗马教会的支持。

在基督教会的支持下，克洛维的地位逐渐提高，在民族中取得了越来越多的信任。 克洛维的岳父戈迪吉塞尔更是欣喜若狂，他怂恿克洛维率军去攻打贡多巴德。 克洛维答应了岳父，并于公元500年大败贡多巴德，贡多巴德最终答应了割地和纳贡的要求。

实力大大增强后，克洛维便着手统一法兰克的大业。 然而，河滨法兰克国王智勇兼备，也是很难对付的一个人。 克洛维决定从国王的儿子入手，于是，他派人找到了河滨法兰克国王的儿子小克洛德里克，然后对其进行威逼利诱。 最终，小克洛德里克果然上了当，他杀死了自己的父亲，还将大片的国土拱手让给克洛维。 当然，这个愚蠢的儿子最终也没能逃脱一死。 克洛维就以这样一种简单的方式，成为了河滨法兰克人的统治者，进而顺利完成了统一法兰克的大业。

公元511年克洛维死后，他的四个儿子分别以巴黎、奥尔良、苏瓦松和梅斯为中心平分王国领土，并合力于534年吞并了勃艮第王国。 经过几个王国间长期争战，法兰克于558~561年在克洛塔尔一世统治下短期统一。 克洛塔尔一世诸子又将王国分为奥斯特拉西亚、纽斯特里亚与勃艮第三部分。 613年复由克洛塔尔二世统一。 639年国王达戈贝尔特(623~639年在位)死后，王国重告分裂。 在长期混战中，王权逐步削弱，实权落到掌管宫廷事务和王室地产的宫相手中，国王成为无权的"懒王"。 687年奥斯特拉西亚宫相赫里斯托尔的丕平（即丕平二世）统一全国，751年其孙宫相丕平（矮子，即丕平三世）废墨洛温王朝末王希尔德里克三世(743～751年在位)自立。丕平三世的儿子卡尔，后来被称为查理曼大帝，也就是卡尔大帝，开创了加洛林王朝。

早期的英格兰王国

公元1世纪时，英国正处于封建化的激烈进程中，一些地主趁机掠夺了农民的大量田地，农民由此沦为农奴。地主吞并了大量土地后，有了经济基础，便开始在政治上谋取席位，大规模的封建庄园在全国迅速发展起来，阶级矛盾不断加剧。

1042年，爱德华坐上了英格兰王位的宝座，并在朝廷和教会中任命了一批诺曼人担任要职，想借此和贵族势力抗衡。1066年，爱德华去世，但他没有留下子嗣，因此很多贵族们都出面推选哥德温家族的威塞克斯伯爵哈罗德继位。但哈罗德刚即位，就遭到了两个人的强烈反对，一个是得到了挪威国王支持的哈罗德的兄弟陶斯提格，另一个则是诺曼底的公爵威廉。

1063年，威廉征服了缅因，后来又控制了布列塔尼。身为诺曼底公国的第七位公爵，又控制了英吉利海峡和多佛尔海峡南岸一线，威廉一心要争夺英格兰的王位。他下令伐木造船，招募了大批的水手和骑士。为了加大胜算，威廉还想方设法地取得了教皇以及法、德、丹麦王储的支持。

哈罗德深知威廉的野心，便组织了一支庞大的舰队，并招了很多农民来扩充军队。一切准备就绪了，威廉却按兵不动。哈罗德的士兵认为威廉只是说说而已，并不会真的爆发战争，于是很快军心涣散。 殊不知，威廉一直在等待机会，等到顺风的时候，他的舰队就会渡过英吉利海峡。

1066年9月，机会终于来了，在一股强烈海风的帮助下，威廉率领舰队穿过英吉利海峡，直扑英格兰。 9月28日，威廉的军队在伯文西顺利登陆。 威廉下令在伯文西一带大肆烧杀抢掠，目的就是为了引蛇出洞。 果然，哈罗德很快便闻讯而出。 10月14日，双方在哈斯丁激战了一天一夜，最终哈罗德战死沙场，军队损失惨重，残余部队被威廉打得四散奔逃，威廉取得了战争的胜利。

威廉一鼓作气，率军一举攻下了伦敦。 同年12月25日，威廉加冕为英国皇帝。 从此，诺曼底王朝开始了对英格兰的统治。

大宪章的订立

大宪章是英国贵族于1215年胁迫英国国王签署的旨在维护贵族和教士权利，限制王权的宪法性文件。 它所确立的法律条文，开创了英国宪政的传统，此后英国人民开始进入权利自由的阶段。

中世纪的英国王权过分强大，平民百姓根本没权利可言，甚至连封建贵族的权利都受到极大限制，因此，英国封建贵族一直积极与王权进行斗争，成为与王权斗争的一支重要力量。 诺曼底公爵登陆英国成为英国国王之后，为了维护统治，制定了一些法律，保证法律的正义性，并且禁止掠夺、暴力、不公正审判等行为，给予英国民众一些权利。 此后，英国贵族与亨利一世(1068～1135年)进行斗争，迫使亨利一世给予教会自由，保证贵族的继承权，进一步限制了王权。

1199年，英国国王约翰(1166～1216年)继承王位，成为英国国王，他在政治上肆意践踏英国国王和封建主之间业已形成的权利和义务关系，破坏一切习惯和惯例，并且肆意干涉英国法庭的权力，积极扩张王权的范围，使得王权与贵族的矛盾激化。对外方面，约翰不断发动战争，为了维持战争开销，约翰肆意征税，横征暴敛，激起了各个阶层的不满，约翰陷入孤立的境地，一场政治变革呼之欲出。

英法之间一直存在领土上的纷争，法国国王腓力二世为了统一法国，于1202年剥夺了约翰在法国的领地，引起英国贵族的不满，他们要求国王夺回在法国的领土。1205年约翰国王因英国的主教继任人选问题与罗马教皇英诺森三世发生争执。英国神职人员自行推选出一位候选人继任主教神职，约翰为了加强王权、控制教会，于是也任命了一名主教。神职人员与国王均推出候选人争夺主教一职，并且互不相让，然而罗马教皇却没有承认两人中任何一人的合法地位，他改派英国神甫朗顿继任主教，约翰却拒绝承认朗顿的主教地位。教皇英诺森三世为了惩罚英国国王约翰，禁止英国进行宗教活动，后来又宣布废黜约翰的王位。这些局面都不利于约翰，贵族们伺机反叛。约翰为了维护统治，不得不与教皇和解。

约翰在失去法国诺曼底的领地之后，曾经对法国发起数次进攻，都以失败告终。1214年，约翰与神圣罗马帝国结成同盟，准备再次进攻法国，英国诸侯坚决拒绝了国王的出兵要求，约翰不得不自行招募雇佣兵进行征法战争。1214年7月，法国再次击败英国，导致英国国内的不满情绪空前高涨，反对王权的诸侯趁机联合对约翰不满的骑士、教士、市民阶层，开始反对约翰的斗争。

1215年，全副武装的诸侯们要求约翰遵守历代国王所制定的法律，尊重臣民的自由，结果遭到约翰的拒绝。约翰拒绝臣民要求的行为，引起全国人民的愤慨，英国贵族开始组成"上帝和神圣教会军"进军伦敦。伦敦市长和市民们打开城门欢迎"上帝和神圣教会军"。在众叛亲离的情况下，约翰不得不向贵族请求议和，贵族们和国王约翰约定在萨里郡的伦尼米德草地上进行议和。

1215年6月15日清晨,英国主张限制王权的贵族们提前来到伦尼米德草地,一块商议限制王权的条款,经过商议,他们在一张羊皮纸上起草了大宪章。国王约翰到达谈判地点后,主张限制王权的贵族们拿出草拟的大宪章呈给约翰。国王约翰阅览了大宪章后,非常气愤,但由于形势对他极端不利,他不得不在大宪章上署印,确定大宪章的法律效力。

大宪章全文共63条,其内容主要是限制国王的权力,保证贵族的经济、司法和政治特权不受侵犯。

大宪章主要内容包括:

第一,教会享有自由且不受侵犯,最重要的是它规定国王不得干涉教会的选举自由,在宗教方面限制了王权;

第二,未经议会同意,国王不得私自征收任何税金和免役税,如需另外征税,则要征得议会同意,限制了国王任意征税的权力;

第三,国王不得私自逮捕、监禁自由人,不得私自剥夺自由人的财产和政治权利,还确认了伦敦和其他城市已经获得的自由权利;

第四,国王不得干涉法庭的审判权,削弱了王权对司法权的干涉;

第五,为了保证大宪章的实施,大宪章还规定由25位封建主组成委员会,监督大宪章的执行情况,国王如有违反,25位委员可以动用一切手段,使国王纠正违反宪章的行为。

大宪章签订后,约翰却不想践行,教皇英诺森三世也谴责英国贵族的行为。英国贵族们率先行动,向国王宣战。但是约翰已经做好了准备,战争初期,以约翰为首的主张扩张王权的势力占据优势。法国路易王子因为拥有对英国王位的继承权,也向约翰率领的军队宣战,英国贵族们逐渐扭转了不利局面。1216年,约翰在行军中染病,不幸死于军中。约翰的儿子亨利三世即位,亨利三世为了保存王国，向主张限制王权的英国贵族妥协，承认大宪章的法律效力，双方的战事终结，英国贵族们与王权斗争的成果得以保留。亨利三世在位期间，大宪章曾经多次修改，经过多次修改，起草时有63条条款的大宪章，至1225年仅保留下37条，到亨利三世去世时，大宪章已经成为英国的法律，无人可以撼动。

大宪章是封建贵族与王权斗争的产物，它以法律的形式主要保障了封建主的权利，但它开始把市民阶级当成一种政治力量，并且赋予了城市市民若干权利，成为近代自由的起源。

诺曼底之战

威廉征服英国后，称威廉一世。于是，威廉原先占有的诺曼底地区也就顺理成章地成为了英国领土，从此不再受法国的管辖。法国国王试图要回，但并不容易。

自从公元987年统治法兰西后，卡佩家族的日子一直不好过。因为国王所掌握的权力非常有限，王室的领地只有巴黎和奥尔良两大城市，其他都掌握在封建主手里。不过，法国国王也拥有一定的优势。国王是全国的军事首领，全国的封建主必须向国王行君臣之礼，并承认自己的土地是国王恩赐的；此外，由于即位时被主教涂饰圣油，国王也被视为超自然力量的化身。而卡佩王朝的历代君主正是利用这样的方式来扩张王室领地。

威廉的根据地诺曼底距离巴黎仅仅10千米，这对于法国来说无疑是一个巨大的威胁。因此，法国国王必须尽快削弱甚至吞并诺曼底，以巩固自己的统治。为了实施这样的计划，法国国王极力怂恿威廉一世的长子罗伯特向威廉提出继任诺曼底公爵的要求，结果罗伯特继位心切，竟与父亲兵戎相见。罗伯特一心只想当公爵，根本不顾父子之情，险些将威廉刺死，父子二人从此反目成仇。

1087年，威廉在英国去世，他的另一个儿子罗浮斯继承了英国王位，称威廉二世，而长子罗伯特也如愿成为诺曼底公爵。这样的分治局面无疑是法国国王希望看到的，这为他插手诺曼底和英国之间的事务提供了绝佳的条件。

在法国国王的操纵下，英国国内经常发生贵族叛乱。1100年，威廉二世在打猎时被人暗杀。随后威廉的弟弟亨利继承王位，称亨利一世。亨利一世十分明白动乱的根本原因在于诺曼底，于是便决定征讨罗伯特。

1105年，亨利一世率领大军渡过英吉利海峡，一举征服了诺曼底，并将罗伯特押回英国永远囚禁起来。1109年，为了进一步稳定局势，巩固政权，亨利一世让自己唯一的女儿与神圣罗马帝国的皇帝亨利五世订立婚约，这让法国陷入了腹背受敌的尴尬境地。在这种局面下，法国国王于当年被迫向英国宣战，挑起了一场长达两个世纪的战争。

英法百年战争

从1337年到1453年，英法这两个隔海相望的邻邦之间进行了一场长达一个多世纪的战争，史称"百年战争"。这场战争的起因错综复杂，包括领土争端、王位继承以及对佛兰德尔的争夺等诸多问题。

先说说领土争端的事。由于英国的诺曼王朝和安茹王朝都是由法国封建主所创立，所以英国王室和法国贵族历来有通婚的传统，两国关系也不错。然而，英国王室掌控了法国境内北部沿海一带的大片领地，虽然法国国王收回了一些领地，但南部的加斯科尼和阿基坦仍在英国手中。英国希望继续扩大领土，而法国希望完成领土的统一，双方就此产生冲突，最终走上了战场。

再说说王位继承的事情。1328年，法王查理四世去世，并没有留下子嗣。于是，法国三级会议推举查理四世的堂弟——瓦罗亚家族的腓力继承王位，这便是腓力六世（1328～1350年在位）。此时，英王爱德华三世以法王外甥的资格要求继承法国王位，因为他的母亲正是查理四世的妹妹，但法国以女子无继承权为由加以拒绝。爱德华三世没有得逞，便决定伺机报复。

最后说说佛兰德尔。这是一块吸引人的"奶酪"，它地处法国北部，毛纺织业十分发达，是一块富饶之地。而当时英国羊毛最重要的销售地也正是佛兰德尔，羊毛输出更是英王的重要财源。爱德华三世为了报王位争夺战失败的一箭之仇，下令禁止羊毛出口，腓力六世则一报还一报，没收了英王在法国的领地。于是，佛兰德尔便成为了战争的导火索，它在政治上隶属于法国，但在经济上却与英国的关系更为密切。为了保持纺织原料来源，佛兰德尔宣布支持英国，这无疑进一步加深了英法两国的矛盾。

1337年，英法两国正式宣战，战争就此爆发。1340年，英国海军战胜法国舰队，控制了英吉利海峡，这场百年战争从此在法国的领土上打响了。

1346年，在法国北部的克勒西小镇上，英法两国的国王亲自上阵，两军之间进行了第一次大战。英军阵容严整，主力是步兵和弓箭手，两翼则有骑兵。而法军则以骑士为主力，弓箭手也是从热那亚雇来的，兵阵杂乱无章。结果可想而知，法军损失了1500名骑士，而英军只牺牲了3名骑士和几十名步兵。

克勒西战役后，黑死病在英吉利海峡沿岸一带蔓延开来，大量人员因感染而死，这场可怕的传染病迫使双方休战。1356年，随着普瓦提埃战役的打响，双方的第二次交锋开始了。新即位的法王约翰二世率领了近两万人的大军，而英国王子爱德华只有区区7000人。爱德华将长弓手呈"V"字形排列于两翼，而骑兵全部下马排为三个防御队。英军从左翼率先发动进攻，接着从正面发动了三波步兵冲击。正在双方交战的关键时刻，英军事先隐藏在背后树林中的精锐骑兵突然从法军背后进攻。毫无防备的法军立刻陷入绝境，最终英军以少胜多，再一次取得了胜利。同时，法王约翰二世和许多贵族都被英军俘虏，法国被迫于1360年与英国在布勒丁尼签订和约，向英国交纳了巨额赎金换回了国王，同时割让了大片领土。约翰二世回国后不久就去世了，王子查理即位，称查理五世（1364～1380年在位）。此时的法国，由于连年战争经济陷入困顿，国家民不聊生，起义不断爆发。

为了巩固政权，查理五世励精图治，实行了一系列改革。一方面整顿税收，增强国内的财政实力；另一方面加强军队的建设，起用杰出将领，训练陆军，组建炮兵，建立海军，重建防御工事。经过10多年的改革和发展，军事形势逐渐好转，除了沿海的少数城市外，法军收复了大部分失地。

1380年，查理五世去世，由未成年的查理六世即位（1380～1422年在位）。查理六世患有间歇性精神病，因此朝政大权便落入封建贵族手中。这些人结党营私，在宫内分成了两派，一派以勃艮第公爵为首，另一派以奥尔良公爵为首，这两派封建贵族互相倾轧，明争暗斗。英国利用法国王室的内讧，于1415年再次发动侵法战争。由于勃艮第派暗中与英国结盟，奥尔良派只好仓促应战，最终惨败收场，巴黎以及法国北部地区沦陷。1428年，英军进攻法国南部的军事重镇奥尔良；如果攻下奥尔良，英军便可以长驱南下。

在这关乎法国生死存亡的关键时刻，法国人民的民族意识被唤醒了。一个东北边境的农家姑娘贞德挺身而出，拯救了危难之际的法国。 她身披戎装，手执军旗，带领着军队向奥尔良进军。 在成功守住奥尔良之后，贞德又率领士兵和农民收复了许多城市。 贞德成了法国人民心目中的民族英雄，被人们称为"奥尔良姑娘"。 但"木秀于林风必摧之"，贞德最终被勃艮第公爵出卖，被英国人活活烧死在鲁昂的广场上。 贞德虽然牺牲了，但却激发出了法国国民的爱国热情。人们开始拿起武器奋勇杀敌，连战连捷。 1453年7月，英军最终被驱逐出法国，这场百年战争也以法国收复失地和统一国家而结束。

　　百年战争虽然对法国造成了极大的破坏，但也促进了法兰西国家的统一。 为了过上和平稳定的生活，法国人开始主动捍卫王权，这也使得近代法兰西民族逐渐形成。

分裂的德意志和意大利

　　从查理帝国分裂出的东法兰克王国，大致包括今天的德国、荷兰、瑞士和奥地利，这些地区在当时的地理上称为日耳曼，中文将其译为德意志，所以德意志王国就是日耳曼王国。

　　919年，萨克森公爵被选为王，开始了德国的萨克森王朝。 奥托一世(936~973年)时，德意志强盛起来，由于他帮助教皇平定内乱，被加冕为"神圣罗马皇帝"。 从此，德国在中世纪被称为神圣罗马帝国，其地域包括了意大利北部。

　　可是，这个光荣的称号给国家带来了许多麻烦，而麻烦的来源，则是教会和教皇的争执，意大利和罗马的争执，还有帝国内外王公诸侯的争执。

　　教会认为，基督教和罗马帝国都具有世界性，两者是重合的。 罗马教皇作为上帝的代理人，管理世人的灵魂，罗马皇帝作为上帝的代理人，管理尘世事务，其主要职责就是保卫教会。皇帝对这一理论自然不能接受，矛盾就这样产生了。

从奥托一世起的3个世纪中，几乎每一位皇帝都亲自统兵直趋罗马，干预教皇的选举，这让后者十分愤恨。皇帝长期出征，无暇顾及国内，诸侯乘机扩充实力，日益坐大。到了红胡子腓特烈的孙子腓特烈二世(1212～1250年)时，德国的分裂割据状态基本确立。腓特烈二世一生的大部分时间都住在意大利南部，连德国话都不会说，甚至把关税权、开办集市权、铸币权都划入地方诸侯贵族的权力之内，使各邦诸侯成了合法的独立国家。

到了腓特烈三世(1452～1493年)时，干脆把国号改为"德意志的神圣罗马帝国"，表明帝国疆域日缩，只限于德意志一地了。此时的德国有7大选侯，10多个大诸侯，200多个小诸侯，上千个独立的骑士领地。所以后世的伏尔泰评价说："神圣罗马帝国，其实既非神圣，又非罗马，更非帝国。"

意大利自从西罗马最后一个皇帝退位后，统一的局面就没出现过，而且逐渐被纳入德意志的领土范围。

随着德意志皇帝势力的减弱，教会发生分裂，法国在意大利的势力大增，法国人在这里建起那不勒斯王国、教皇国、威尼斯共和国、佛罗伦萨共和国和米兰公国。虽然这些著名的城市都是法国人建的，但城市普遍由市议会掌握，而控制市议会的渐渐变成意大利的大商人、银行家等贵族。这些贵族彼此竞争，始终没有将意大利统一起来。

欧洲大瘟疫

欧洲大瘟疫不亚于一场残酷的战争，现代医学家、社会学家认为它对人类的影响相当于核武器的毁灭力量。为逃避灾难，人们四处流移，社会秩序不安定，在很大程度上影响了欧洲社会生产力的发展与进步。

对于整个欧洲来说，14世纪四五十年代是一段非常悲惨的时期。名为黑死病的大瘟疫肆意横行，致使大约2500万人丧命，占当时欧洲总人口的1/3左右。曾经有人进行过统计，欧洲大瘟疫时死去的人数比第二次世界大战时因战争死去的人数还要多。

黑死病的病原是鼠疫菌，中世纪时，许多城市鼠多成灾。黑死病在欧洲泛滥的原因除卫生状况差之外，在很大程度上还因为鼠类的天敌——猫在中世纪遭到了不公正的待遇。当时，教会无中生有地对猫横加指责，人们在教会蛊惑下，对之大肆杀戮。猫的遭灾，导致了鼠害泛滥，终于在1348~1451年爆发了一场可怕的鼠疫。

黑死病的症状之一就是患者的皮肤上会出现许多黑斑，所以这种特殊瘟疫被人们叫作"黑死病"。当时，对于感染上该病的患者来说，痛苦地死去几乎是无法避免的结局，没有任何治愈的可能。从1348年起，一场大瘟疫开始肆虐整个欧洲，它首先发难于地中海沿岸，后在1348~1451年间陆续蔓延在欧洲各国。1348年底，黑死病传播到了德国和奥地利的腹地。可以毫不夸张地说，黑死病这位瘟神走到哪里，哪里就有成千上万人的生命被它吞噬。

在英国，由于黑死病的蔓延，原定召开的国会会议无限期推迟。黑死病造成人力奇缺，为了对付黑死病带来的慌乱，国王爱德华时期还制定了英国著名的《劳工法案》。由于这项法令的后果是强迫人们劳动而不增加工资，所以又造成了英国历史上最重要的一次起义——瓦特·泰勒农民大起义，致使英国国内动荡不安。

欧洲其他地方的情况也大致相同。在长达6个月的时间内，意大利佛罗伦萨的居民也死去了一半以上。法国马赛有5.6万人死于黑死病的传染；在佩皮尼昂，全城仅有的8名医生只有一位从黑死病的魔掌中幸存下来。甚至历史上著名的英法百年战争也曾由于爆发了黑死病而被迫暂时停顿下来。

黑死病在欧洲各地造成了巨大的灾难。一般说来，城镇中的死亡率要高于农村，在许多人口密度较大的城市，死亡率超过50%以上。以国家而论，意大利和法国受灾最为严重，而少数国家如波兰、比利时，则成为幸存者。就城市而言，受灾最为惨重的城市是意大利著名文学家薄伽丘的故乡佛罗伦萨，那里有80%的人因患黑死病而死亡。在亲历者薄伽丘所写的《十日谈》中，佛罗伦萨一下子变成了人间地狱：行人在街上走着走着突然会倒地而亡；待在家里的人孤独地死去，在尸臭被人闻到前，无人知晓；每天、每小时都有大批尸体被运到城外；奶牛在城市的大街上乱逛，却见不到一个人的踪影……在一幅幅惨状面前，薄伽丘悲痛到了极点，他的心在滴血：与佛罗伦萨相比，它北面的另一大城市米兰却比较幸运。在黑死病地毯式的包抄中，米兰竟然奇迹般地安然无恙，然而，像米兰、布拉格这样幸运的城市只是少数的几个例外，大部分城市都无法幸免。

如今，虽然那场席卷整个欧洲的大瘟疫已经过去了五百多年，但是那梦魇般的情景依然会不时回荡在人们的脑海中。

第二章　中古东欧

查士丁尼大帝

476年，西罗马帝国经历了前所未有的内忧外患，本已危如累卵的帝国大厦受到了强悍野蛮的日耳曼人的冲击，至此西罗马帝国终于退出了历史舞台。

尽管西罗马覆灭了，但是东罗马帝国依然健在，而且当时正处于其发展繁荣阶段，这主要是得力于东罗马有利的地理位置。东罗马帝国的首都君士坦丁堡（拜占庭）地处欧亚两洲交界，扼黑海咽喉。其海上贸易非常发达，经济因而得到迅速发展，特别是6世纪查士丁尼在位之时，其国势日盛。

西罗马帝国的覆灭使查士丁尼大为震惊，为了稳定统治，他对外疯狂掠夺，对内残酷镇压。

查士丁尼从小接受奴隶主阶级的教育，青年时，查士丁尼亲眼目睹了他的叔父镇压奴隶起义，从中他学到了很多"励精图治"的诀窍。后来查士丁尼接替他的叔父登上了皇帝宝座。早年的权术积累使他自有一套治国之道。查士丁尼上台后的首件大事就是编纂了一部奴隶制法典。此部统称《民法大权》的法典对以后欧洲各国的法律都有着不可估量的影响。法典强调向奴隶们灌输"顺从"意识，奴隶、隶农只能无条件"服从自己的命运"，甘心于自己受压迫、受剥削的处境。法典的颁布实施，在一定程度上稳固了查士丁尼的统治，使他有时间向外扩张。

533年，东罗马的军队开向北非的汪达尔王国。在品尝到侵略带来的甜蜜后，535年，查士丁尼又授权贝利撒留挥师意大利，矛头直指东哥特王国。软弱的东哥特军队令贝利撒留的军队初战告捷，很快东罗马占领了西西里和意大利南部。

555年，东哥特王国最终在侵略者的铁蹄之下灭亡了。在进攻意大利的同时，查士丁尼还分兵进攻西班牙的西哥特王国，虽然遭到当地人民的强烈反抗，但是仍然未能遏制查士丁尼对地中海上的科西嘉岛、撒丁岛及巴利阿里群岛的占领。

多年的穷兵黩武使奴隶的生活日益困顿，他们徘徊在死亡线上。与之形成强烈对比的是奴隶主阶级的花天酒地，挥霍无度。在收获了战争的喜悦后，查士丁尼开始大兴土木，建造各种宫殿、教堂，极尽奢侈之能事。他甚至为建筑君士坦丁堡的圣索非亚大教堂，花费5年时光，征用民工1万多人，其全部费用折合黄金约18吨。奴隶主的压迫终于激起了人民的反抗，532年，君士坦丁堡爆发了一场声势浩大的"尼卡"（胜利之意）起义。

这一天，罗马帝国的都城内到处是熊熊烈火，圣索非亚大教堂、宙克西普浴场，以及一部分皇宫都笼罩在浓烟和大火之中。人们高呼要求绞死皇帝两个最得力的爪牙——约翰和特里波尼安。皇帝和皇后连同几个元老被起义群众困在宫中，一筹莫展。起义群众还簇拥着希伯第（皇帝的外甥）登上王位，发起了反皇权斗争。但是人民的起义最终在当权者的血腥镇压下宣告失败。

"尼卡"起义虽然以失败收场，但从此全国各地的起义此起彼伏，叙利亚、巴勒斯坦和埃及等地也不断发生暴动。与此同时，意大利和北非等地的人民都开展了反侵略的英勇斗争，查士丁尼的统治开始受到不断冲击。

555年,查士丁尼不得不宣布停止了一切侵略战争。10年之后,他结束了自己充满血腥的一生。

查士丁尼法典

526年2月13日,查士丁尼大帝颁布了一项敕令,任命特里布尼厄斯组织一个由10名法学家组成的委员会,前司法长官约翰担任委员会主席。委员会有权力使用现存的所有资料,还可加以增删、修订,之后要把这些敕令分别标上发布皇帝的名号及施行的对象与日期,再按内容分类,以时间先后排列。这部在529年颁布施行的《敕法汇集》,就是著名的《查士丁尼法典》,534年《查士丁尼法典》修改后再度颁布。

《查士丁尼法典》共12卷,卷下分目,每目按年代排序,上面标出颁布敕令的皇帝的名字及接受人姓名,敕令末尾注明日期。

《查士丁尼法典》颁布后,《查士丁尼法学总论》《查士丁尼学说汇编》也陆续颁布,作为《查士丁尼法典》的续编。

此外,查士丁尼在法典编完后又陆续颁布的168条新敕令,后来经法学家汇编成集,称为《查士丁尼新律》。其主要内容是关于行政法规,其中也有遗产继承制度方面的规范。

以上4部分,在12世纪统称《查士丁尼民法大全》。由于《查士丁尼法典》最早编成,并为此部《民法大全》的核心,所以一般以《查士丁尼法典》作为代称。

《查士丁尼法典》明确皇权无限,维护教会利益,巩固奴隶主的统治地位,法典还突出"人人都应安分守法";此外法典特别强调奴隶必须听命主人的安排，不许有任何反抗。由此可见，查士丁尼编纂法典，是试图通过法律规范的系统化，达到巩固皇权的目的，其终极目标是服务奴隶制的。

这部法典虽然保留了奴隶法，但取消了父母可以把子女卖为奴隶以补偿自己对他人冒犯这一部分，另外法典肯定了妇女遗产继承权，有一定的进步意义。法典还强调基督教的思想统治，确立了君权神授原则，并详细规定了基督教生活的各个方面，强调了对异教徒的镇压政策，甚至规定了教堂和修道院的规模和生活规则，强化了对隶农的统治，对不服从者要处以重罚乃至死刑，后来由于隶农的反抗斗争最终增加了释放奴隶的条文。

《查士丁尼法典》是世界上第一部完备的奴隶制成文法，它系统地搜集和整理了自罗马共和时代至查士丁尼为止所有的法律和法学著作，卷帙浩繁，内容丰富。它不仅标志着罗马法发展的完备，而且对以后欧洲各国的法学和法律的发展也产生了较大的影响。

基辅罗斯的盛衰

从4世纪到8世纪，一支名为东斯拉夫的游牧民族迁徙到伏尔加河上游，在这片广袤而寒冷的平原上繁衍生息，这些高大威猛的人素以吃苦耐劳而著称于世。9世纪开始，东斯拉夫人以基辅为中心，建立了罗斯邦国。到9世纪末，奥列格王公率诺夫哥罗德大军南下，一举征服了基辅，以它为中心建立了"基辅罗斯"。奥列格王公理所当然地成为第一位"罗斯大公"。此公崇武尚力，喜欢扩张掠夺，在他的努力下，基辅罗斯逐步发展成为欧洲强国。

奥列格王公没有完成他统治全欧洲的梦想就死了，继之而起的是伊戈尔大公，更加穷兵黩武。945年的一个冬日，伊戈尔去德列夫安人居住区巡行。他喜欢这种巡视，既能打猎，又能显示自己的权威，还能得到许多贡品。这一次的巡视和以往一样，毛皮、蜂蜜、蜂蜡、腊肉堆满了伊戈尔的船舱。但伊戈尔却不知为什么还是心情不好，又带着少数亲兵返回了村庄，想看看能不能弄点儿新鲜玩意儿。

去而复返的伊戈尔让村民们愤怒了，忍耐到了崩溃的边缘，一次又一次的勒索让人看不到希望。"打狼去！"不知是谁喊了一声，村民们立刻附和起来："打狼去！杀掉这些披着人皮的狼！"

愤怒的村民手拿棍棒蜂拥而来，伊戈尔大公还没来得及喊完："你们要造反啊？"就被乱棍打成了肉酱。侥幸逃回的亲兵把大公的死讯带回了城堡，贵族们顿时大乱。这时，只有大公的妻子还镇定地坐在椅子上，她联合了亲信大臣，立幼子斯维雅托斯拉夫为继承人，自己做了摄政女王，并派出大批军队剿灭"刁民"。经过一场残酷的厮杀，德列夫利安人一批又一批倒下了，手拿木棍的他们毕竟不是训练有素、装备精良的军士之敌。

这件事给年幼的斯维雅托斯拉夫大公以极大的刺激，他发誓绝不要落到父亲的悲惨下场，因此更加崇尚武功。他剃了光头，只在脑瓜顶留一撮额发，戴一只耳环，马刀从不离身。可惜，天不从人愿。

东罗马帝国一直窥觑着基辅罗斯，害怕它过于强大影响自己的势力。趁着罗斯大公不备，东罗马帝国突出奇兵，大肆砍杀，罗斯军队本来是和东罗马帝国结盟的友好邻邦，根本没想到会被盟国袭击，损失惨重。

东罗马帝国一心想把罗斯军队彻底消灭，所以派出使者请突厥人帮忙。本已伤亡惨重的罗斯军队再也招架不住这突如其来的打击，几乎全军覆没，斯维雅托斯拉夫大公力战阵亡。

经过这一次大变故，基辅罗斯元气大伤，尽管以后的几位大公励精图治，想重振国威，结果都不是很理想。后来基辅罗斯发生了内乱，分裂成了3个小国，开始你来我往的争权夺利，国力更加衰微，终于在外劫内耗中走向了灭亡。

奥斯曼帝国

奥斯曼帝国是由奥斯曼一世创立的土耳其人国家，这就是今天土耳其共和国的前身。最开始的时候，国土是在中亚，以伊斯兰教为国教，后来迁徙到了小亚细亚，经过多年的不断扩张，极盛的时候曾经横跨欧、亚、非三大洲，在南欧、中东及北非拥有大片的领土，而且还灭掉了东罗马帝国。

奥斯曼帝国的交通位置非常重要，处于东西方文明交汇的地方。在中世纪时期，东西方文明的陆地交流通道就掌握在奥斯曼帝国手中，因此对西方文明有着很大的影响。

奥斯曼土耳其人原本居住于中亚阿姆河，逐水草而居，过着游牧生活。13世纪的时候，蒙古人向西扩张迫使他们大规模向西迁移。最初他们依附于塞尔柱突厥人建立的罗姆素丹国，在和拜占庭相邻的萨卡利亚河畔得到了一块封地。

奥斯曼成为部落酋长以后，趁塞尔柱罗姆素丹国分裂之际，宣布独立，称号"加齐"，奠定了奥斯曼国家的雏形。但真正让奥斯曼帝国强大起来的则是奥斯曼的儿子乌尔汗。

乌尔汗很早的时候便被父亲指定为继承人。本来乌尔汗想将帝国分给他的兄弟阿莱丁，但阿莱丁坚持让乌尔汗为王，乌尔汗非常感动，让弟弟做了自己的丞相。在阿莱丁的帮助下，乌尔汗很快让奥斯曼建立起了帝国的基础。

奥斯曼帝国开始发行自己的货币，建立了一支正规的军队。阿莱丁的军事管理奠定了奥斯曼帝国崛起的基础。他建立了一支正规的、定期发薪的军队，其中包括纪律良好的步兵和骑兵。这个措施比法国国王查理七世所建立的15个常驻团足足早了一个世纪。

有了强大的军事力量之后，乌尔汗便可以随时发动战争，不再像以前那样，战时必须要召唤附庸国和自愿者。

乌尔汗从统治的第一年，便开始走上了扩张的道路，并利用他弟弟为他提供的战争资源，大大加快了扩张的速度。1330年，乌尔汗率军包围拜占庭帝国第二大城市尼斯。此后奥斯曼帝国不断攻击拜占庭帝国以及其他的土耳其国家。乌尔汗统治时期的奥斯曼帝国，军队曾一度渡过达达尼尔海峡，占领了加利波利半岛，并将这里作为进攻巴尔干半岛的桥头堡。

素丹穆拉德一世即位之后，继续率军向东南欧扩张，相继征服了西色雷斯、马其顿、索菲亚、萨洛尼卡和整个希腊北部，还迫使保加利亚和塞尔维亚统治者称臣纳贡。1389年，素丹穆拉德一世在科索沃战役中大败塞尔维亚、保加利亚、匈牙利联军。不久之后，素丹巴耶塞特一世在尼科堡战役中，一举打败了匈牙利、法兰西、德意志等国的联军，俘虏了将近1万多十字军，除了被巨款赎回的300名贵族骑士外，其余的几乎全部遭到了屠杀。此举震惊了欧洲，从此再也没有国家敢轻易援助拜占庭帝国了。

穆罕默德二世即位后不久，考虑到拜占庭帝国的地理位置非常优越，便亲率8万大军进攻君士坦丁堡，一举攻下，然后迁都到此。还把君士坦丁堡改名为伊斯坦布尔，即"伊斯兰教的城市"。

从此，奥斯曼帝国横跨亚、欧大陆之间，完全掌控了欧洲和亚洲之间的陆上交通，奥斯曼帝国的经济也得以蓬勃发展，而这也是西欧国家不断寻找亚洲海路的主要原因。

第三章　中古西亚

伊斯兰教先知穆罕默德

穆罕默德出生时（一说是 571 年 4 月 21 日）父亲已经逝世。从某种意义上说穆罕默德的家庭是一个中层家庭。据伊斯兰教史记载：他早年不识字。他的祖父阿卜杜拉负责照管他。阿卜杜拉是当地有名的哈希姆部落的一个前酋长（这个部落属于古莱氏族）。在他很小的时候，由于当时人们认为麦加的气候不好，因此穆罕默德的家庭把他托付给一个游牧部落，这样一来，小穆罕默德就在沙漠中长大（这个做法对当时的中上层家庭而言是很常见的）。在穆罕默德六岁时，他的母亲阿米纳逝世，八岁时，他的祖父也逝世了。此后，叔叔阿布·塔里布负责照管他。阿布·塔里布是古莱氏族哈希姆部落的新酋长，而此部落是当时麦加最强大的部落。

麦加是一个城市国家，它的中心是卡巴天房，传说是阿拉伯人和犹太人的共同祖先亚伯拉罕亲自建造的。当时，大部分麦加人崇拜圣像。尽管麦加没有自己的资源，但却是一个重要的商场，很多远方的部落来此交换货物。传说穆罕默德十分积极地参加城市生活，他的一个叔叔建立了一个帮助穷人的组织，穆罕默德热情地参与其中。

他在解决纠纷时非常公正，因而获得了"可靠者"的美名。特别著名的是下面这个故事：当卡巴天房在一次洪水中被摧毁重建后，麦加各部落的首领争先恐后地想成为将那里的那块神圣的大黑石放回原处的人。穆罕默德成为解决这个争执的公证人。他让大家在地上铺一块大白布，把这块石头放在白布中央，然后让城内部落的首领一同把这块白布抬到卡巴天房的中央，而穆罕默德则亲手将这块石头安置下来。

穆罕默德年轻时还陪伴叔叔去叙利亚做买卖，所以他很熟悉许多其他地方的情况。

约595年，在一次旅行中，25岁的穆罕默德认识了40岁的寡妇海迪彻。穆罕默德的才能给海迪彻留下了深刻的印象，因此她问穆罕默德是否愿意娶她为妻。这次婚姻是穆罕默德一生的一个重要转折点。按当时的规矩，年轻的儿子不能得到任何遗产，因此穆罕默德既没有从他父亲那里也没有从他祖父那里得到任何遗产。不过，海迪彻为他带来了巨大的财富。《阿拉伯传记》记载海迪彻与穆罕默德共育有六个孩子。

后来，穆罕默德又娶了八个妻子，除阿伊莎外，都是年老的寡妇，有些是在战争中阵亡者的遗孀。穆罕默德和其他妻子都没有留下后代，只是名义上的结婚，目的是为了照顾寡妇们的生活。

他的妻子中最著名的是阿伊莎，有些记载说他们订婚时她只有六岁，结婚时只有九岁，这与阿拉伯民族女孩子在第一次月经时出嫁（相当于订婚）的习惯相符。阿伊莎名义上是穆罕默德的妻子，其实类似于穆罕默德的养女，穆罕默德和海迪彻有子嗣，但是和阿伊莎却没有就足以证明这一点。由于阿伊莎聪明机敏，勤奋好学，深受穆罕默德宠爱，甚至有时出征也相伴而行。

当穆罕默德开始布道反对多神时，他在当地统治者中的地位大大降低了。他的信徒再三受到人身和财物上的攻击。伊斯兰经典记载有些麦加人残酷地迫害新的穆斯林：人们迫使他们躺在灼热的沙土上，在胸部压一块巨石，将烧红的铁烙在他们身上。很多人因此而死亡，但却没有人放弃自己的信仰。这些迫害并没有直接针对穆罕默德，因为他的家族势力太强大了。当情况日益危险时，穆罕默德劝他的一些信徒去阿比西尼亚避难。

麦加人试图收买他，劝他放弃自己的信仰，换取更大的政治权利。当他的信徒越来越多时，他们试图劝他解散他的信徒并且改变宗教。他们愿意给他更多的利润，或者允许他与最富有的家庭通婚。但他拒绝了这些提议。他说："纵然他们把太阳放在我的右边，月亮放在我的左边，列阵对我，我也绝不会放弃自己的使命"。他对宣传伊斯兰的要旨——"真主的独一"如此坚定不移，如此坚信自己的使命。最后，麦加人要求阿布·塔里布将他交出处死，但阿布·塔里布不肯。后来，甚至有人试图刺杀他。当他的叔叔和海迪彻死后，他的家族不再保护他。他被殴打、石击、被用棍棒和荆棘抽打，但没有人有意杀害他。

622年，当对他和他的信徒的迫害越来越大的时候，当别人决定谋杀他时，他和他在麦加的追随者逃离麦加前往麦地那，在那里他拥有很多信徒。"迁徙"标志着伊斯兰历的开始。麦地那人希望穆罕默德统一他们，以防618年麦地那内战那样的情况再次发生。622年至623年间，穆罕默德来自麦加的追随者和麦地那一带的部落签订了《麦地那宪法》，建立了一个联邦。这个文件签署后麦地那和郊区成为了一个联盟国，麦地那是其首都，穆罕默德担任"总统"。穆斯林在这个国家掌管大权，其实它成了伊斯兰的一个首都。为了扩大这个和平与安全的区域，先知与他的"国家"附近的部落签署了类似的条约。

麦加的古莱氏族与麦加的其他氏族成立了一个联盟，迫害麦地那和麦加的穆斯林，他们威胁说每个回家乡的穆斯林都将被处死。在麦地那的穆斯林对此特别警戒。 一些从麦加逃出来的穆斯林开始袭击从麦加去叙利亚的商队，打击麦加的经济。 与此同时，穆罕默德把朝拜的方向由耶路撒冷改为麦加。 624年3月，穆罕默德带领300人袭击一支麦加的商队，这支商队虽然得以逃脱，但麦加决定出动一支约800人的部队给穆罕默德一个教训。

624年3月15日，两支军队相遇，尽管穆斯林的军队人数不足麦加军队的一半，但是他们却打了个胜仗，麦加军死亡45人，包括指挥官，穆斯林军损失14人，70个麦加人被俘。 这次战斗胜利后，穆斯林又消灭了一个不接受麦地那宪法的犹太部落。 至此，麦地那的所有居民都已经被转化为穆斯林了。

与此同时，穆罕默德安排了一系列重要的婚姻。 他的两个女婿后来都成了哈里发，他的两个丈人后来也都成了他的继承人。 625年3月21日，一支3000人的麦加军队进入麦地那。 3月23日，双方交战，胜负不分，但麦加方面自称得胜。 此后两年中，双方积极准备一场决战。 627年4月，一支一万人的麦加军队开入麦地那。 麦地那的犹太人尽管参加了麦地那的联盟，但他们不参加保护城市，而且他们还与入侵者串通一气，在入侵者入城后从后方攻击穆斯林。 还有一些穆斯林叛变了，准备在麦加军进城后予以帮助。

但麦加的万人军队却未能越过麦地那城四周的城壕。 麦加军撤走后，城里的穆斯林开始对叛徒展开报复。 特别是对城里的犹太人的报复最为残酷：所有成年男人被杀，妇女和儿童沦为奴隶。 到627年，穆罕默德统一了麦地那，城里的犹太人和基督徒受到他的保护。 沙漠里的贝都因人以前与穆斯林有过一些冲突，这时也与穆罕默德联盟，并且接受了他的宗教。 并且宣称卡亚巴为穆斯林的圣地。

穆罕默德首先对麦加施加经济压力，但他仍然希望麦加人能主动皈依伊斯兰。 628年3月，他带领1600人去麦加朝圣。 麦加人把他阻止在国境边上。数日后，他们与穆罕默德签订了一个合同。他可以去卡亚巴朝圣，但不准带武器。此后，双方还协定不进行武装冲突，穆斯林可以去麦加朝圣。为了固定这个条约，穆罕默德还与他过去的一个仇人的女儿结了婚。

过了一段时间，这个条约还是失效了，629年11月，麦加的联军攻击了穆罕默德的一个盟友，穆罕默德宣布条约失效。他暗地里做好准备，于630年1月带领一万人向麦加出发。但双方没有打仗，麦加的首领们主动宣布投降。穆罕默德同意大赦（只有少数人被处死）。他逃出麦加的20年后，重返原地。尽管穆罕默德没有要求麦加人皈依伊斯兰，但仍然有许多人这样做了。穆罕默德摧毁了卡亚巴内的圣像和其他一些小圣舍。

"迁徙"结束后，穆罕默德开始联盟游牧部落。起初，这些是互不侵犯协定，后来，当他的力量越来越强时，他要求加入联盟的人皈依为穆斯林。在麦加时，他的这个做法遭到许多部落反对，因此双方打了一仗，他战胜了对手。很多人看到穆罕默德是当时阿拉伯最强的人，因此很多部落派代表去麦加要求加入同盟。他死前，阿拉伯还发生过几次叛乱，但此时的阿拉伯国家已经强大得足以对付他们了。

穆罕默德回到麦地那调停当地两个部落之间的争执。他建立福利设施、收取税收，并将它们分给穷人，签署了众多协议，建造了很多清真寺，并且在那里建立了一个对其他宗教宽容的宗教文化。

教历10年（632年），归真前几个月，穆罕默德亲率10万穆斯林大军赴麦加朝觐，依律完成了各项朝觐功课，这成为以后的朝觐定制。然后，在阿拉法特山，他发表了著名的《辞别演说》，指出：穆斯林是兄弟，彼此的生命财产神圣不可侵犯；应该取缔多神教徒和蒙昧时期的陋习。号召穆斯林严格遵循安拉的经典和先知的圣训。在朝觐期间主麻日的一次讲演中，他再次总结五功制度。最后，他向穆斯林大众宣读了最后的启示:"今天,我已为你们成全了你们的宗教,我已完成我所赐给你们的恩典,我选择伊斯兰教做你们的宗教。"返回麦地那三个月后,先知患重病,治疗无效,荣归真主。圣妻阿伊莎与众弟子们把先知埋葬于生前的卧室中。圣陵位于如今麦地那圣寺一角。

阿拉伯帝国

穆罕默德死后,继任者称为"哈里发"。最初的四任哈里发,都由阿拉伯军事团体从穆罕默德的近亲和密友中选出。在这四任哈里发时期,半岛内部的叛乱被平息,阿拉伯走上了对外扩张的道路。661年,叙利亚总督穆阿维亚夺取了哈里发的权力,以大马士革为首都,建立了倭马亚王朝。倭马亚王朝继续在"圣战"的口号下竭力对外扩张,接连征服了北非、西班牙和中亚等地。8世纪中期,阿拉伯成为地跨欧、亚、非三洲的大帝国。

8世纪中期,阿拉伯的疆域东起印度河流域和帕米尔高原,西临大西洋,南达北非的尼罗河流域,北抵里海和咸海南岸,成为当时世界上版图最大的帝国。750年,倭马亚王朝被推翻。伊拉克大贵族阿拔斯自称哈里发,建立了阿拔斯王朝,迁都巴格达。阿拔斯王朝最初的百余年内,政治趋于稳定,经济得以恢复,文化繁荣昌盛,是阿拉伯帝国的黄金时代。

阿拔斯王朝时期,封建生产关系得到确立,农业和手工业都很发达,商业十分活跃,阿拉伯商人的足迹遍及亚、非、欧三洲。首都巴格达位于东西方商业要道上,是一座繁华的国际性大都市,城里还有专门出售中国货物的市场。

阿拔斯王朝后期，帝国内部各种矛盾十分尖锐，人民起义和教派斗争不断，帝国走向衰落。10世纪，帝国分裂为三个哈里发国家，分别以巴格达、开罗、科尔多瓦为首都。1258年，蒙古军攻陷巴格达，阿拉伯帝国灭亡。

阿拉伯帝国幅员辽阔，古代文化遗产丰富。帝国政治的相对稳定、交通的发达和经济的繁荣，为阿拉伯文化的形成与发展提供了有利条件。阿拉伯各族人民经过长期努力，把东西方文化融为一体，创造出丰富多彩的阿拉伯——伊斯兰文化，在世界文化史上留下了辉煌的成就。

阿拉伯人翻译了大量的希腊、罗马的古典作品，使古代文化的光辉成果得以保存和流传。在数学方面，阿拉伯人确定了三角学中正弦、余弦和正切的概念，创立了完整的代数学。数学家花拉子密的著作《积分和方程计算》传入欧洲后，长期被欧洲各大学作为主要教科书。

阿拉伯人吸收和继承了印度、希腊的天文学知识，结合自己的实践活动，取得了很大成就。他们在许多大城市设立天文台，用自制的仪器观测天象，对许多星体进行命名。医学方面，帝国首都和各大城市设有许多所医院。巴格达国家医院院长拉齐斯著有《天花和麻疹》《医学集成》等书。被誉为"医中之王"的伊本·西拿著有《医典》，这是一部医学百科全书，传入欧洲之后，长期被奉为"医学圣经"。

阿拉伯文学举世闻名。世界名著《一千零一夜》（即《天方夜谭》），以6世纪的波斯故事集为蓝本，吸收了印度、希腊、埃及等地的童话和寓言，到14世纪最后成书。它对后来西方各国的文学、音乐、戏剧和绘画都产生了深远的影响。

阿拉伯的建筑艺术别具特色，建筑物经常使用雄浑的圆顶、高耸的尖塔、明快的色彩、巧妙的图案，风格十分鲜明。

阿拉伯人是文化的传播者。他们吸收了印度10个数字的记数法，把它传到了欧洲。中国的罗盘针、造纸术、火药和火器，以及数学、化学、医学等知识，也由阿拉伯人传到西方，他们给中国带来了阿拉伯的天文、医学知识，也带来了伊斯兰教和伊斯兰文化。

东罗马帝国的陷落

当新航路的开辟成为世界性话题之时，古老的东罗马帝国还塞着耳朵，忙着对付奥斯曼土耳其帝国的进攻。

东罗马帝国的首都君士坦丁堡，雄踞在欧亚两洲交界的博斯普鲁斯海峡的南口，三面环水，背靠大陆，是重要的交通枢纽。但是闭塞的罗马帝国依旧延续原来的古老传统，当传统不再适合实际时，势必引起改变，奥斯曼帝国的穆罕默德二世信誓旦旦，他要让这座信奉基督教的城市改宗伊斯兰教。

战争终于在1453年4月6日这天爆发了。但是在战争初期，土耳其人屡屡受挫。就在人们一片哗然，纷纷劝说年轻的国王收回命令之时，穆罕默德二世仍坚持没有回头，他马上派人到热那亚商人据守的加拉太镇去，用优裕丰厚的报酬收买了那里的商人，使商人们允许他在加拉太北面铺设一条陆上船槽。船槽是用坚厚的木板铺成的，由高往低的滑行面，槽底又涂上很厚的一层牛羊油脂。靠着这条船槽，土耳其人经过一夜的努力，奇迹般地将80艘战船拖运到了金角湾的侧面，在那里架起了浮桥，筑起了炮台，向君士坦丁堡发动了新的攻势。

当炮声轰轰地在北城墙外震响时，城中的官兵惊呆了，他们做梦也没料到金角湾这边会出现土耳其兵。于是，他们手忙脚乱地从两线撤兵增援，将西面的防守交给了赶来支援的热那亚士兵。这样一来，西城墙终于被打开了一个缺口。

穆罕默德二世抑制不住内心的狂喜，向手下的士兵们大喊道："勇敢的将士们，虔诚的穆斯林们！城墙已被打开了缺口，我将给你们一座宏伟而富庶的名城，古罗马的首都、世界的中心任你们抢劫，你们将成为腰缠万贯的大富翁，勇敢地冲进去吧！"

不等话音落地，土耳其人便发疯般地向城里冲去，罗马人仍然拼死抵抗，与土耳其人展开激烈的巷战。土耳其人连攻了两次都败下阵来，最后穆罕默德二世亲自上阵，君士坦丁堡终于陷落。

土耳其士兵在城里连续三天三夜大肆烧杀抢掠，许多居民被掳为奴隶，壮丽豪华的王宫被付之一炬，许多珍贵文物被抢被烧，丧失殆尽，所有的基督教雕像都从教堂搬出，换上了伊斯兰教的壁龛，全城最大的圣索非亚教堂也改建成了清真寺。不久，奥斯曼土耳其帝国迁都君士坦丁堡，改名为伊斯坦布尔（意即伊斯兰之城）。

穆罕默德二世意气风发，继而向巴尔干半岛扩张，先后征服了塞尔维亚、波斯尼亚、阿尔巴尼亚、黑塞哥维那和摩里亚（伯罗奔尼撒半岛），一直把东部疆界扩至幼发拉底河，创建了庞大的奥斯曼帝国，以"征服者"著称。1481年，穆罕默德二世在准备出征罗得岛时，被长子毒死。

《一千零一夜》

《一千零一夜》中那个叫山鲁亚尔的国王是个岛国之主，因为看见王后和奴仆们嬉戏取乐，怀疑王后对他不忠诚，就把王后杀了，并发誓要对所有的女子进行报复。 他每天娶一位女子，第二天早上就杀掉再娶。

就这样，1000个女子被他杀了，有女儿的人家纷纷逃亡，都城里已经见不到女子了。 山鲁亚尔不管这些，依然命令宰相为他寻找女子进宫。 就在宰相为找不到合适的女子而发愁时，他的女儿山鲁佐德自告奋勇，主动要求进宫嫁给国王。

进宫后，山鲁佐德提出想再给妹妹讲个故事，因为第二天自己就要被杀了。 国王表示同意，并一起坐下来听山鲁佐德说的故事——阿里巴巴和四十大盗。

在故事讲到精彩处时，山鲁佐德突然不讲了，说天已经亮了，请国王杀了她。 国王正听到兴头上，急切想知道阿里巴巴的命运，于是没有杀山鲁佐德，想听完这个故事。

第二天晚上，山鲁佐德继续她的故事，但是她讲完后国王意犹未尽，于是，山鲁佐德便又讲了一个阿拉丁和神灯的故事。 和上次一样，故事还是在讲到最关键的时候停住了，国王被山鲁佐德的故事深深吸引，一直没有杀她。

山鲁佐德就这样给国王讲了一个又一个动听的故事，一共是1001个故事，讲了1001个晚上。 国王不仅被山鲁佐德的故事感动，更爱上了这个聪明的女子，他放弃了报复女人的想法，和山鲁佐德白头到老。 山鲁佐德所讲的故事，就被命名为《一千零一夜》。

阿拉伯数字

除了《一千零一夜》，阿拉伯人在数学和医学方面的贡献也不容小觑。 我们现在使用的阿拉伯数字，就是阿拉伯人在数学方面对世界的重大贡献之一，正是他们把阿拉伯数字介绍到了欧洲。

在9世纪的前半叶，印度的数字和零号传入阿拉伯，花拉子密第一个使用印度数字和零号，代替阿拉伯原来的字母记数法。12世纪，印度数字和零号通过花剌子密的著作传入欧洲，欧洲人便把它叫作"阿拉伯数字"，后来为全世界所采用。

大约在700年前后，阿拉伯人征服了旁遮普地区，他们吃惊地发现：被征服地区的数学科学的发展非常先进，于是他们考虑设法将这些先进的数学成就带到阿拉伯。

771年，阿拉伯将印度北部的数学家抓到巴格达，强迫他们教会当地人新的数学符号和体系，以及印度式的计算方法。由于印度数字和印度计数法既简单又方便，其优点远远超过了其他的计算法，因而阿拉伯的学者们很愿意学习这些先进知识，商人们也乐于采用这种方法去做生意。

后来，阿拉伯人又把这种数字传入了西班牙。在10世纪前后，阿拉伯数字经由教皇热尔贝·奥里亚克传到欧洲其他国家。1200年左右，欧洲的学者开始正式采用了这些符号和体系。至13世纪时，在意大利比萨的数学家费婆享契的倡导下，普通欧洲人也开始使用阿拉伯数字，15世纪时阿拉伯数字的使用已经非常普遍。但是那时的阿拉伯数字的形状和现代的阿拉伯数字并不完全相同，只是比较接近而已，由最初的阿拉伯数字发展成今天世界各地所使用的1、2、3、4、5、6、7、8、9、0，这一过程又有许多数学家倾注了不少心血。

在阿拉伯数字传入欧洲以前，欧洲人使用罗马数字和算盘，计算笨拙费时。有了阿拉伯数字，特别是以零号填补个位、十位、百位……的空白，进位法简明准确，大大促进了计算科学的发展。

第四章　中古日本、朝鲜和南亚次大陆

日本的起源

提到日本的起源，我们先来看一下日本列岛的形成。这一方土地的来历，可以追溯到距今大约 200 多万年之前——地质学上的洪积世时期。那时候，中国的东海和渤海还是森林茂密的陆地，而日本列岛也与亚洲大陆连为一体，呈现为亚洲东北部的沿海边地。直到距今约一万多年前的冲积世时期，由于地球气候变暖、极地冰川融化、海平面上升以及剧烈的地壳运动，日本列岛才渐渐地与亚洲大陆剥离开来，逐渐形成了今天我们所看到的形似琵琶横卧海角、又如弯弓孤悬天涯、四面环海的一长串列岛。

这一串美丽的海岛由北海道、本州、四国、九州等大小约 3000 多个岛屿组成，其曲折多姿的海岸线长达 2.9 万多公里。大致位于北纬 20～46 度、东经 122～149 度之间。属于海洋性温带季风气候，南北差异较大，年平均气温为 10～20℃，年均降雨量为 1000～2500 毫米。因为地处环太平洋造山地带，日本列岛的地质构造极不稳定，是大地震和火山活动频发之地。

那么，最早生存在这片土地上的古人类又是来自哪里呢？日本人的祖先是谁呢？对于这个问题，学术界至今仍然聚讼不决，没有给出标准答案。日本学术界比较一致的看法是，日本列岛的先民并非土生土长，而是远古时代从亚洲各地络绎迁徙而来的。据说，在遥远而漫长的旧石器时代，原始人类已经踏上了这片土地。到了距今3万年前，那里的人口已经达到数千人的规模，稀稀疏疏地散居在日本列岛的各处。

根据中日学者的研究，早期生活在日本列岛的先民中，有些人可能是中国北京猿人的后裔。当年日本列岛与亚洲大陆连为一体，日本的西部与中国、朝鲜直接相连，逐兽而徙的原始先民们追逐猎物，经由朝鲜逐步来到这里，成为日本列岛上最早的居民。随后，也有生存在亚洲大陆其他地区的古猿人，因追逐猎物，踏上日本列岛与亚洲大陆在冰川期形成的陆桥，陆续抵达日本列岛。

日本考古学家褪口隆康认为，进入日本列岛的移民途径主要有五条：一，北路——来自库页岛、经北海道进入本州北部；二，南洋路——来自南太平洋诸岛进入本州东部；三，朝鲜路——来自北西伯利亚和中国华北、经朝鲜半岛进入本州中部；四，东中国海路——来自中国长江流域，直接东渡至九州北部；五，冲绳路——来自中国华南及东南亚，经台湾、冲绳至九州南部。

由此可见，日本的祖先比较复杂，按照日本学者木通口清之的说法："日本人是在日本产生的，但其要素是以和中国华南的洪积期化石人有关系的日本化石人为核心，渐次加入南亚方的马来人和印尼人、中国北方的通古斯人和日本列岛上最早的土著人——阿伊努人，最后产生出尚未完全统一的现代日本人。"

其中的阿伊努人，据说是日本列岛上最早的土著居民，属高加索人种的一支，面部和身体多毛，因此也被称作"厚毛阿伊努"。伊奴，在日语里是"狗"的意思，"阿伊努"原是对土人的蔑称。起初，阿伊努人居住在日本南部，后来被大和族人排挤，逐渐向北迁移，避居到北海道地区。也有一些日本人与阿伊努人通婚，生育了体毛发达的后代；中国史书称之为"多毛的海上倭人"。如今，生活在北海道的阿伊努人仍保留着本民族的传统文化，以采集和渔猎为生。人口总数约为2.45万人左右。

千古一瞬，走过旧石器时代的中期、末期，日本列岛便进入了新石器时代，也即日本人所谓的"绳纹文化"时代，其时距今一万年左右。

由于日本早期没有史料记载，历史时期只能根据考古发现的古迹、文物以及地名来命名。比如，日本出土的最古老的陶器，外部通常带有草绳痕迹，便被称为"绳纹陶器"，而它所代表的时代也就被称为"绳纹文化"时代。

绳纹时代是日本的原始社会，绵延了数千年之久，一直存续至公元前3世纪。当时，日本先民们使用的是最简单的石器工具，开始学会打磨石器，制作和使用石枪、弓箭、石斧等劳动工具。伴随着劳动工具的改进，生产能力有了一些提高。但是，仍以采集、狩猎、捕鱼为生。环抱日本列岛的海洋，为人们提供了丰美的海产品；茂密的原始森林中，花样繁多的野生动植物也是日本先民们的美味佳肴。

进入绳纹文化时代的人们，不再满足于早期的居住条件。人们从天然洞穴或岩石遮阴处走了出来，开始在地面上挖一些圆形或方形的坑，中间竖起四根可支撑屋顶的木柱，建起了竖穴式棚屋。居住条件得到了改善，聚居规模也从最初的两三户一个部落发展到十几户一个部落，村落中央还辟出用于全部落活动的广场。

绳纹文化时代，属于母系氏族社会。社会网络以血缘关系为纽带、由单个的母系家庭聚合而成。随着部落的繁育、壮大，部落内部秩序应需而生。由于部落是以母系血缘为纽带组成的，所以，部落首领都是德高望重的女性。在她们的领导下，部落成员集体从事生产活动，过着原始的集体生活。女性首领们并不凭借权势发号施令，而是利用巫术控制家庭和部落。

也是在这一时期，日本先民学会了用火，开始烧制陶器；陶器的出现为人们的生活带来了极大的便利。人们学会了存贮水、存贮粮食和煮熟食物。生活质量有了很大的提高，各个部落渐渐地结束了四处飘移的游猎生活，逐渐在某一个地方定居下来。

因为特殊的地理环境，日本先民们常常遭遇令人生畏的自然威力：岩浆四溢的火山爆发、频繁的地震、狂暴的海啸和凶猛的台风，令他们诚惶诚恐，以致由衷地相信山峦、瀑布、树木、岩石等等世间万物都包含着神灵。日本的原始宗教——神道教，即"自然崇拜"，在迷茫之中萌生了。

绳纹时代末期，人口的增长带来了食物的压力，狩猎、捕鱼和采集已经无力满足不断增长的需要。于是，日本先民们开始尝试简单的农业生产，从而拉开了新时期的序幕。

大化改新

公元7世纪初，日本社会各阶级之间的矛盾冲突再度激化。而此时的中国，在618年隋朝灭亡之后，唐朝兴起，再度成为东亚地区最为强盛的国家。朝鲜半岛的新罗，因为充分采纳了唐朝中央集权的国家体制，国力日渐壮大。新的国际形势对日本产生了新的影响。

622年和628年，圣德太子与推古女皇相继去世。大贵族苏我氏掌控政权，擅自决定了两任天皇——舒明天皇和皇极天皇——的人选。苏我马子、苏我虾夷、苏我入鹿相继当政专权。其中，苏我入鹿"为人暴戾"，试图篡夺皇权，不仅逼死了圣德太子的儿子山背大兄，还大兴土木，为苏我氏大规模建造陵墓。频繁的徭役征调致使日本国民不堪重负，社会陷入混乱。

这期间，圣德太子在608年派往中国的留学生(僧)陆续回到日本。经过在中国二三十年的生活和学习，他们不仅学到了丰富的文化知识，还十分了解中国隋、唐两代的国家统治制度。"海归"们广泛传授和推广中国的先进思想和儒家文化，在执政贵族中产生了很大影响。同时，留学人员非常关注东亚地区的国际形势，认为日本应该仿效中国唐朝的统治方式进行政治改革。他们的新思想和新主张与不满苏我氏专权跋扈的贵族结合成了新的政治势力集团。

主张改革的新势力集团，以舒明天皇之子中大兄皇子(626～671年)和出身于世袭祭官家庭的中臣镰足(614～669年)为首。中大兄皇子刚毅果断、勤于政事，经常向从隋唐归来的留学生讨教。中臣镰足年长中大兄皇子12岁，雄才大略、聪慧过人、博览群书，深受中国儒家思想的影响。两人都对苏我氏的专权不满，又是无话不谈的知己。共同拜留学隋唐归国的南渊清安为师，学习隋唐政治制度和唐太宗巩固封建统治的各种措施。针对日本的国情，俩人秘密策划了消灭苏我入鹿的计划，立志要在日本推广革新政治。

645年6月，在中臣镰足的精心布置下，中大兄皇子等人利用朝鲜半岛三国使者向大和朝廷进赠礼品之际，刺杀了苏我入鹿，并迅速劝降了原苏我氏的部属，迫使苏我入鹿的父亲苏我虾夷自焚而亡。

政权易手，孝德天皇(645～654年在位)即位，组成了以中大兄皇子和隋唐留学生为中心的政权。首都从飞鸟城迁往难波(今大阪市)，并效仿中国，首次建立年号——"大化"。"大化"的日语意思就是"伟大的变化"。

646年初，新政权颁布《改新之诏》，展开一系列的革新措施，史称"大化改新"。

《改新之诏》由四个部分组成。

首先是废除世袭的氏姓制，设立中央机构。除首都之外，全国分为60多个"国"，"国"由中央派任地方官——国司——全权管理。但是，位于首都周围的五个"国"统称为"畿内"，中央给予特殊待遇。

各"国"下设"郡"，"郡"下又设"里"等行政组织。由此，将原有的氏姓贵族所统辖的大小诸国置于中央的直接控制之下。随后，又整顿军事和交通制度，各级官员的任免权也收归中央。环环紧扣，天皇朝廷逐步建立了中央集权式的官僚政治体制。

其次，《改新之诏》废除了皇室和贵族土地所有制和部民制，将土地和部民收归国有。国家向贵族支付俸禄，称为"食封"。

第三，编制户籍和账簿，实行班田收授法。凡6岁以上的男子授予"口分田"2段(约6公亩)，女子"口分田"为男子的2/3，奴婢为公民的1/3。政府每隔6年分发一次。

第四，统一税收标准，实行"租庸调"制。"租"是得到口分田者每年向政府交纳的田租。"庸"是21~65岁的男子每年需要服的徭役，时间的长短根据年龄而定。分15天、30天和60天不等，但实际天数往往超期。徭役包括"兵役"和"劳役"，此外还要为国家水利、土木工程或为地方政府的杂务出力，不能服役的就要上缴代纳物。"调"指国家征收的地方特产，比如布、绢、丝等实物。庸、调比租的征收率要高很多。农民还需要承担运送这些庸、调到首都的任务。

大化改新之后，中央机构得到了整顿和充实，官僚体制也有所加强，中央集权体制得以确立。农民对口分田有了终身使用权，对山林池沼也享有使用权。除需交纳固定的租税和承受徭役之外，农民可以分享自己的剩余劳动成果，经济地位得到了一定的改善。奴婢依然存在，但已经不再是主要的社会阶层。大化改新的一系列措施，将日本带入了封建社会。

日本幕府

日本幕府政治是日本古代的一种中央政府机构，与中国的"挟天子以令诸侯"相类似。当时的最高权力者为征夷大将军，也称为幕府将军，掌控着实际权力。日本这种制度开始于1185年，一直到1867年结束，一共延续了682年。日本的幕府一共经历了三个时代，分别是镰仓幕府、室町幕府、江户幕府。

镰仓幕府是由关东武士首领源赖朝创立的。源赖朝被任命为征夷大将军，然后在镰仓开设幕府实行独裁，所以被称作镰仓幕府。

镰仓幕府以将军为核心，御家人为骨干，是一个非常地道的武士政权。而天皇的朝廷名存实亡，权力掌控在将军的手里。

1199年源赖朝死了以后，源氏外戚北条氏又掌控了幕府大权。

这段期间内，后鸟羽上皇不满幕府掌控权力，便发动了讨幕战争，但很快就被打败。战后，幕府将后鸟羽等三个上皇全部流放，并且没收了参与叛乱的皇族和贵族的庄园。幕府权力在这个时候非常强大，连天皇的废立都可以干预。

1232年，北条氏公布了第一部武士政权成文法《贞永式目》，后来此法逐渐演变成为日本全国性的法律。

镰仓幕府后期，社会贫富差距加大，社会矛盾变得非常尖锐，导致中小武士对幕府统治不满。1324年，后醍醐天皇举兵倒幕，豪族足利尊氏立刻响应号召，摇摇欲坠的镰仓幕府被推翻。

镰仓幕府灭亡以后，响应号召的足利尊氏觉得自己没有获得原来所期望的利益，因此起兵反叛，并攻占了京都，他同样立光明天皇为傀儡，然后效仿镰仓幕府在京都开设幕府。后醍醐天皇逃出京都后，也组建了自己的朝廷，形成南北两个朝廷。

后来第三代将军足利义满在京都室町建成幕府新址，并且合并南北朝，再一次架空了天皇。这便是日本的室町幕府。室町幕府是以将军为中心，但核心权力实际掌握在强大的大名手里，相对来说，将军的领地和军事力量已经不如镰仓幕府初期的将军。室町幕府发展到第八代将军足利义政的时候，国内矛盾更加突出，爆发了大规模的内乱。地方领主与武士趁机壮大了势力，室町幕府进入了战国时代。

后来织田信长力量逐渐增强，击败了其他地方领主和武士，如武田信玄等人，灭掉了室町幕府。织田信长死后，他的部将丰臣秀吉于1590年统一了日本。

丰臣秀吉统一日本后并没有开设幕府，他病死之后，德川家康趁机掌握了权力。1603年，德川家康被任命为征夷大将军，在江户设幕府。这就是江户幕府。

江户幕府的核心是大名，也被称为藩国。德川将军的权力要比镰仓、室町幕府时代都强大很多。但大名实际上是各藩国的实际统治者，掌握独立的行政权、司法权，因此具有很强的独立性。

日本幕府统治的终结源自于民族危机，为了抵抗外侵、处理内部矛盾，第十五代将军德川庆喜被迫将权力交还给天皇，明治天皇经过数次战争，彻底打败了幕府，结束了日本的幕府政治，进行明治维新，日本从此进入近代社会。

"第六天魔王"织田信长

织田信长自称"第六天魔王",他蔑视传统的佛法礼教,立志以武力统一天下,创建中央集权的封建王朝。在即将成功之时,因部下谋反而于本能寺自杀。

织田家本是尾张守护斯波家的家臣,到了织田信长的父亲织田信秀时,已经压倒斯波家成为拥有尾张下4郡的大名。尽管织田信长是家族的长子,但是由于他举止奇怪,例如喜欢扮成女孩去参加村庄的聚会,去沼泽抓蛇,半裸着身体到处跑,因此被称为"尾张大傻瓜"。家臣们对他很没有好感,主张让其弟织田信行即位。

织田信秀死后,织田信长仍然胡作非为。为此,他的老师平手政秀以死相谏,织田信长大受打击,这才有所收敛,开始确立自己的统治地位,并开始四处征伐。1562年,织田信长与德川家康在清州会盟,携手夺取天下。

攻克美浓后,织田信长势力大增,他将美浓的稻叶山城改名为"岐阜",取"周文王起于岐山"之意,准备统一天下,并开始使用"布武天下"的印鉴。

1568年,织田信长在美浓政德寺拜见了足利义昭,决定拥立足利义昭为幕府将军。经过了一系列的征战,确立了足利义昭的地位。

可惜,织田信长和足利义昭的蜜月并没有持续多久。足利义昭对织田信长处处限制自己的权力很是不满,秘密联合各地大名抵抗织田。很快,织田军陷于浅井与朝仓的夹击中,被迫撤退。织田信长对浅井长政的背叛非常恼火,联合德川家康首先讨伐浅井,在姊川会战中击败浅井、朝仓联军。

虽然取得了姊川会战的胜利，但是织田信长的困境却越来越严重：本愿寺和延历寺先后和织田信长对立，各地的大名们也纷纷响应足利义昭的号召，形成了一张巨大的包围网，围攻织田信长。

为了打破这个包围网，织田信长首先对延历寺下手，于1571年9月焚毁延历寺。 次月，武田信玄在三方原大败织田和德川的联军。得知这一消息，足利义昭正式起兵。 可是足利义昭实在是没运气，两个月后，武田信玄病死，武田军退了回去。 足利义昭很快兵败，室町幕府灭亡。

武田军的退缩使得织田信长包围网开始崩溃。 在流放足利义昭后，织田信长成功地攻下了朝仓和浅井的居城，然后击败了武田军，包围网彻底被打破。

织田信长这时可谓春风得意，于1575年底让位给长子织田信忠，并送给他美浓、尾张两国，自己做了"太上皇"。

这一时期，因为部下不断有人反叛，织田信长总是在平叛的战争中忙碌着。 1582年，羽柴秀吉（后来的丰臣秀吉）水淹高松，与毛利家大军对峙。 织田信长让明智光秀增援羽柴秀吉，自己入住京都本能寺，准备随时支援。

不料明智光秀却掉转了矛头，突然下令说："我们的敌人在本能寺"，然后出兵包围了本能寺。 面对明智光秀的大军，织田信长身边只有数百卫兵，眼看脱逃无望，织田信长放火焚毁了本能寺，自己也死在了本能寺中，时年49岁。 同时，在京都的织田信忠得知父亲死于本能寺后，率军死守二条城，城破战死。 这就是日本历史上有名的"本能寺之变"。

一代枭雄丰臣秀吉

一代枭雄丰臣秀吉的一生，从出生时就充满了神奇色彩。1536年是丙申猴年，据说1月1日元旦这天，农民木下弥右卫门的家中诞生了一个男孩。弥右卫门的妻子说，她曾梦见太阳进入她身体，随后就发现怀孕了，孩子直到13个月后才降生，是日吉权现（太阳神）所赐之子，因此命名为日吉丸。但因为这个孩子长得像猴子一样，所以大家便都叫他猴子。至于丰臣秀吉，是后来改的名字。

根据比较可靠的史料《太阁素生记》记载，丰臣秀吉确实长得像只猴子，因此绰号就叫猴子，这一点倒并不是谣传。丰臣秀吉8岁时父亲死了，继父很讨厌这个长得像猴子的孩子，因此就叫他出去当帮佣。可丰臣秀吉不管到哪里帮佣，都不受欢迎，最后，16岁的丰臣秀吉只得离家出走，来到了松下嘉兵卫家中帮佣，他得到的第一件工作就是帮主人拿拖鞋。

由于到武士家庭工作是他的最大愿望，因此丰臣秀吉工作得很勤奋，受到嘉兵卫的重视，将他提拔为出纳员。然而好景不长，丰臣秀吉的能干与勤奋受到同事的嫉妒，一大群人经常在嘉兵卫的面前中伤秀吉，尽管嘉兵卫再三保护他，但阻止不了众人的诽谤，只好解雇他。

丰臣秀吉于是想尽种种办法接近织田信长，终于得到替织田信长拿拖鞋的工作。虽然是同样的工作，但丰臣秀吉比从前更用心。在寒冬的清晨，他会将织田信长的拖鞋放进怀里暖热，在后来担任采购官一职时更是恪尽职守。织田信长对于这种用心当然会有所回报，他把手下的养女许配给了丰臣秀吉。

1566年，当织田信长攻打斋藤氏时，丰臣秀吉借用当地土豪的野武士力量，夜袭敌阵，获得大胜。这次大捷，让丰臣秀吉成为信长麾下的一员大将。

1582年，明智光秀举兵叛变，织田信长在本能寺自杀身亡，丰臣秀吉平定了叛乱，声望扶摇直上。在以后一系列的征伐中，丰臣秀吉的军队都势如破竹，确立了自己的继承人地位。此后经过四国征伐、九州征伐、小田原之战，逐步统一了日本，被天皇赐姓"丰臣"。

丰臣秀吉死后，丰臣家分裂为近江（西军）和尾张（东军）两派。身为丰臣政权五大老之一的德川家康发动关原合战，大败西军，建立了德川政权，结束了日本的战国时代。

朝鲜"三国时代"的确立

随着封建制度的确立，劳动人民的负担日益加重，地主阶级与农民阶级之间的矛盾逐渐尖锐化。这时的朝鲜贵族、官僚、寺院不仅通过食邑以各种方式剥削农民，而且土地兼并严重，建立和扩大私人田庄之风盛行，致使大量贫民无立锥之地。丧失土地的农民纷纷破产逃亡，他们或者沦为贵族官僚的私人依附农民，或者变为奴婢或家兵，其处境明显恶化。封建土地私有制的发展，不仅引起了社会经济的萧条，而且削弱了中央集权统治的基础，贵族官僚的族党势力得以扩大。自8世纪中叶起，新罗朝政日趋腐败，统治阶级内部因王位争夺不断流血斗争，因此动摇了稳定的政局。由于农民的逃亡，各州郡输往中央政府的贡赋日趋减少，新罗政府为充实国库，加紧搜刮农民。889年，新罗政府派人到各州郡催征贡赋，激起反抗，从而爆发了全国性的农民大起义。 元宗、哀奴率领起义农民占据沙伐州(今庆尚北道尚州)，诛杀官吏地主。 竹州(今京畿道竹山)、北原(今江原道原州)、完山州(今全罗北道全州)等地农民也纷纷起义，其中以梁吉领导的北原起义声势尤为浩大，占据近十几个郡县。 896年西南地区发生赤裤军起义，到处打击州县封建势力，起义军更向东进攻，直至首都庆州附近的牟梁里。 农民大起义打击了新罗封建统治阶级，使其对全国的统治出现裂痕。 897年，真圣女王被迫退位，与此同时，一些贵族、官僚、武将利用农民起义图谋政变，全国各地出现了割据地方的大小群雄，到10世纪初年，朝鲜形成高丽、后百济与新罗三国鼎立的局面。

李成桂建立李朝

1356年，高丽趁元朝衰弱之机，分别从西北、东北两面遣军夹击元朝，占领了元朝开元路双城总管府管辖下的旧铁岭以北、咸州以南的八州五镇。 明朝建立以后，着手进行了收复被高丽夺取的旧铁岭以北之地的战争，遂于1388年派兵到铁岭东北部，并在那里设三万卫于斡朵里，在铁岭西部设铁岭卫于江界。 高丽国王辛隅和宰相崔莹派大将曹敏修、李成桂率军抵抗，进攻明朝辽东之地。 明朝政府为了集中兵力防守辽东，不得不将三万卫后撤到今辽宁开原，将铁岭卫后撤到今辽宁铁岭，于是鸭绿江和图们江成了中朝两国之间的界江。 由于李成桂早有归附明朝的决心，因而在高丽国王派都统使李成桂进攻辽东之时，他于同年从鸭绿江边回兵占领首都开城并发动了政变：1392年，李成桂废黜高丽国王，自立为王，向明朝遣使称臣，并遵照明太祖朱元璋的旨意，改国号为朝鲜，定都汉阳。

李氏朝鲜大力推崇儒学、排斥佛教。 1591年，日本的丰臣秀吉派兵20万侵入朝鲜，一度占领平壤，明政府派军援朝；1598年，中朝联军击溃日军，在战争中朝鲜将领李舜臣和中国将领邓子龙互相支援，最后都壮烈牺牲。 此事在朝鲜史称"壬辰倭乱"，中国称"万历援朝战争"。

1618年，明朝和后金作战，朝鲜又派军援助明朝；1636年，清军攻占朝鲜，朝鲜国王投降，改向清朝纳贡，至此朝鲜又成为清朝的册封国。

莫卧儿王朝的衰落

突厥人曾经在历史上活跃了数个世纪，他们在强大起来后，便开始了向外扩张之旅，其中的一支在中亚定居下来。 之后，这支突厥部落开始了对印度的入侵，并且在印度建立了伊斯兰教政权，对当地居民进行统治。 这个政权就是莫卧儿王朝。 在此后的两个世纪里，印度的经济在莫卧儿王朝的统治下得到了飞速发展，出现了一批手工业和商业中心，对外贸易也不断扩大。

然而，看似强盛的莫卧儿王朝却存在着重重矛盾。 大部分封建主都各自为政，占据一方，采取了很多手段搜刮民脂民膏，引起了农民的不满，起义接连不断。 此外，宗教信仰之间的矛盾也促成了不同势力的形成，印度教和伊斯兰教都发动了改革，并且日趋强大起来，这对莫卧儿王朝的统治造成了极大的威胁。 莫卧儿王朝的第二代君主阿克巴登上王位后，为了平定这种动荡的局面，用了几十年的时间进行征战和改革。 在王位传到沙杰罕后，社会的激荡风云再次席卷了莫卧儿王朝的统治区域。

沙杰罕的4个儿子都是当时的总督，手里各自掌握着大片的土地和财富，雄踞一方。但这样的生活并没有满足他们的欲望，他们个个觊觎王位，互相猜忌。终于在不久后，他们发动了一场历时4年的王位争夺战，最后以三儿子奥兰则布成功夺权而结束。

奥兰则布生性多疑、暴虐无道。因为他反对印度教，便下令拆毁所有的庙宇，禁止印度教徒的节日，甚至鼓励他们信奉伊斯兰教。后来，为了填充国库，奥兰则布还恢复了阿克巴时期废除的人头税……种种与人心背道而驰的政策引起了其他部族的反对和不满，反对伊斯兰教的呼声日渐高涨，战争爆发后，一发不可收拾。在这样的社会大背景下，经济出现了停滞。再加上连年的大旱和瘟疫，莫卧儿王朝的居民人数急剧减少，死亡人数甚至超过了200万。加上战争愈演愈烈，奥兰则布更是如履薄冰。为了筹措军饷，奥兰则布被迫接受了英国东印度公司的款项，与他们在西海岸和东海岸一带进行贸易。也正是因为这一举措，为英国殖民者统治印度成功地打开了突破口。奥兰则布去世后，夺位之战在他的孙子们中间再度展开，从而给英国长驱直入提供了机会。从此，莫卧儿王朝开始沦为英国的附属国，并成为一个名存实亡的国家。

第五章　新航路开辟、文艺复兴和西欧资本主义兴起

新航路的开辟

繁荣的商贸让中世纪的人更加热爱经商和游历，马可·波罗的《马可·波罗游记》一度非常流行，每一个读过它的人，都对富庶、神秘的东方充满了向往，很多人都想到东方亲眼见见那个美丽的大都，然后再带回一大堆的金银财宝。

迪亚士对好望角的发现使越来越多的葡萄牙人相信，从海路是可以到达印度的，只是还有一些困难。当时的天文地理知识也有了很大发展，古希腊地理学家的地圆学说日益流行，西方人相信地球是圆的，不是一个大饼状，只是没有亲自验证过。有的人想从好望角向东搜寻，另一部分人则认为往西走才能到达中国。

在这些争论者中，哥伦布最坚信地圆说，即只要从欧洲海岸一直向西航行，就可以到达印度，得到大量的黄金和香料。

为了实现自己的愿望，哥伦布四处寻求资助者。最后，西班牙国王决定给予赞助，并事先封哥伦布为将要发现的土地的宗主和统治者，有权把新土地上总收入的 1/20 留给自己，但这些土地的主权将属于西班牙国王。

经过一番准备，哥伦布在 1492 年 8 月 3 日从西班牙出发了。他的船队由 3 艘大帆船和 87 名水手组成，一直向西航行。10 月 12 日凌

晨，在经过两个多月艰苦又枯燥的航行后，船头上的一名水手突然一声惊叫："啊！陆地！"在即将隐去的月光下，他隐隐约约看到前方有一块陆地。

哥伦布非常兴奋，命令船队全速前进。天亮后，他们在这个长满繁盛草木的地方登陆了，哥伦布宣布，这里是西班牙的土地，并将其命名为圣萨尔瓦多岛。圣萨尔瓦多意为救世主，这个岛就是现在巴哈马群岛中的华特林岛。

不过，当时哥伦布以为自己已经到了印度，所以把当地人称为印第安人（即印度人）。当时的印第安人还处于极其原始的生活状态，他们第一次见到与自己不同的白种人，看到这些人是从茫茫大海上来的，以为他们是神仙派来的贵客，对他们非常热情。这些白人还非常"慷慨"，他们不是白要金银财宝的，而是用一些神奇的宝贝来交换。

那些"神奇的宝贝"就是玻璃和用过的扑克牌等东西，水手们用这些废品换取了大量印第安人的贵重物品。令哥伦布感到疑惑的是，这里不像他想象中的样子——遍地是黄金和香料。于是，哥伦布决定不再向西行进，而是由此向南航行，结果到达了附近的古巴和海地，发现了那里许许多多的大小岛屿。

带着掠夺来的财富和10个印第安人，哥伦布返航了。他在1493年3月15日回到西班牙，向欧洲人宣布，他已经找到了通往印度的航路。这在欧洲引起了轰动，哥伦布得到了国王的礼遇，成为西班牙的贵族。

不久后，哥伦布又两次到达美洲，由于这里黄金不多，因此西班牙国库并没多出多少财富，哥伦布自己也没能成为巨富。1506年，哥伦布病逝于西班牙，而且直到死，他都认为自己所到的地方就是印度。后来，一个叫亚美利加的意大利冒险家到了美洲大陆的另一边，看到了太平洋，从而证实了哥伦布发现的并不是印度，而是欧洲人过去不知道的一个新大陆，人们这才把那里称为亚美利加洲，即美洲。

哥伦布成功的背后

因发现新大陆而名垂青史的哥伦布称得上家喻户晓，然而很少有人知道，在哥伦布成功的背后，敢于为他那遭人非议的西航计划承担风险，并鼎力支持他的，是西班牙的伊莎贝拉女王。这位女王的身世、爱情和婚姻，都与西班牙的统一和发现新大陆有着密切的联系。

8世纪末，法兰克人开始征服西班牙，经过长期的战争兼并，12世纪后，除了卡斯提尔和阿拉贡两个大国外，还残存一个阿拉伯国家。如果卡斯提尔和阿拉贡能联合起来，就能击败阿拉伯人，西班牙也就能完成统一大业。

1451年，伊莎贝拉的父亲，卡斯提尔王国的国王去世，王室陷入混乱，伊莎贝拉被哥哥赶出皇宫，一度流落在乡下。反叛的贵族集团着手拥立伊莎贝拉公主为女王，想把她作为傀儡，但他们都低估了这个17岁少女的政治才能。

伊莎贝拉小的时候，她的母亲曾谈起想把女儿嫁给阿拉贡王子斐迪南，倾向于西班牙统一的一派贵族便旧事重提，但伊莎贝拉的哥哥却不同意。伊莎贝拉偷偷让亲信教士去探访，了解到阿拉贡王子斐迪南确实是一个出类拔萃的年轻人，便毫不犹豫地选择了他。

伊莎贝拉的哥哥气急败坏，下令拘捕公主。在一名大主教的帮助下，伊莎贝拉得以逃脱。王子得讯后化装成一个挑夫，混在一个商队里潜至伊莎贝拉的藏身地，马上宣布结婚。

8年后，伊莎贝拉的哥哥去世，伊莎贝拉马上回国，宣布自己继承卡斯提尔王国的王位。这时斐迪南的父亲也故去了，斐迪南成为了阿拉贡的国王。

伊莎贝拉和斐迪南这一对国王伉俪早就盼望的两国合并，便自然而然地宣告实现了，在他们两人的联合治理下，西班牙的国力逐渐增强。1491年年底，他们率军打败了阿拉伯人，结束了阿拉伯人在西欧的统治，完成了历代君主梦寐以求的西班牙统一大业，奠定了当今西班牙的疆域。

在击败阿拉伯人后，女王做的第一件事就是说服丈夫，与哥伦布签订了著名的"圣大菲协定"，女王从几近空虚的国库中抽出巨额资金，支持哥伦布的计划，还带头变卖了自己的首饰为远航筹款。

哥伦布没有辜负女王的期望，虽然他到达的是美洲而非印度，但这个成果足以名震天下了。如果没有伊莎贝拉和斐迪南两位国王的鼎力支持，当时已四处碰壁的哥伦布西航计划很可能搁浅甚至夭折，那么"发现"新大陆的时间，也许会延后数十年，甚或一二百年，世界或许就不是今天这个样子了。

达·伽马到印度

几乎与哥伦布同时，葡萄牙人达·伽马于1497年从里斯本出发到达好望角，并从那里向北航行，来到了莫桑比克。

一上岸，达·伽马便被这里的繁荣富庶与异国风光惊呆了。达·伽马在这里买到了大批香料、丝绸、宝石和其他东方特产，他把这些货物带回葡萄牙贩卖，纯利润是全部航行费用的60倍。除了做生意，达·伽马还不忘竖起一根显示葡萄牙权力的标柱，宣布这里成为葡萄牙的领土。当地人和长期垄断这里贸易的阿拉伯商人立时愤怒起来，很快就把达·伽马一行赶了出去。

尽管如此，这次航行还是成功了，这更加激起了欧洲商人们追求财富的疯狂热情。1502年，达·伽马奉命向印度洋做第二次航行。达·伽马率领10艘船组成的庞大船队，一路上不管经过的岛屿是大是小，都宣布其归属于葡萄牙。到达印度后，达·伽马攻占了那里的重镇科泽科德和权钦，使它们沦为葡萄牙的殖民地。

达·伽马回到葡萄牙后，受到国王的嘉奖，成了全国最富有的贵族。1524年，达·伽马被任命为葡萄牙在印度的总督，第三次到达印度。然而，此时他已年老体衰，到任不足3个月便病逝了。

麦哲伦：地球是圆的

真正通过探险，证实可以从海路到达印度和中国，并且能环绕世界航行的，是麦哲伦。西班牙人虽然发现了美洲大陆，但在那里所获得的利益远远不如葡萄牙人在印度所获得的多，所以西班牙决意要继续向西航行，以求到达印度。1519年，葡萄牙人麦哲伦在西班牙国王的资助下，率领一支由5条大帆船和200多名水手组成的探险船队出航了。

麦哲伦的船队先是沿着已经知道的道路向西航行，然后转向南，沿着美洲大陆摸索着南下，发现了美洲南部的海峡，后来人们把这里称为麦哲伦海峡。在横渡太平洋时，麦哲伦的船队经历了严重的缺少食物和淡水的困难，他们吃光了船上的老鼠。一些丧失希望的水手发动叛乱，结果被麦哲伦镇压，两个叛乱首领还被抛在了途中的荒岛上。

1521年，麦哲伦终于到达了陆地，得到了食物和淡水的补充。

这是一群岛屿，麦哲伦命名它为菲律宾。此时的麦哲伦异常激动，他环球航行的梦想终于要实现了，他从西方向西航行，终于到达了东方，他以不可辩驳的事实证明：地球的的确确是圆形的。

当地的土著起先和印第安人一样，对麦哲伦一行人非常友好。可是，麦哲伦希望岛上的居民放弃原先的信仰，改信基督教。在遭到拒绝后，麦哲伦举起了枪炮，强迫当地人就范。这一来惹怒了土著，他们毫不留情地杀死了麦哲伦和一些水手。

幸存的人急忙开船离开，沿着已经熟悉的航路进入印度洋，再沿着葡萄牙人发现的航路返回西班牙。

新航路的开辟，让西方人大举进入东方市场，不仅经济贸易空前高涨，文化艺术之风也兴盛起来。他们每到一个地方，就立一面旗子，宣布自己是这块土地的主人。亚洲、非洲和美洲，从此一步步走进了被殖民的行列。

哥白尼与"日心说"

哥白尼(1473~1543年)创立"日心说"，日心说也被称之为地动说，是哥白尼所撰写的关于天体运动的学说，该学说打破了托勒密(约90~168年)的"地心说"(继承于亚里士多德)。地心说认为地球是静止不动的，其他的星体都围着地球这一宇宙中心作匀速圆周运动。哥白尼的日心说提出了三大观点：第一，地球是球形；第二，地球在运动；第三，太阳是不动的。虽然哥白尼的学说并不完全正确，但其挑战神学的宇宙观是一种历史性的飞跃，铺平了近代天文学的道路，开创了天文学的新时代，就此来看，哥白尼可谓是近代自然科学的奠基人。

人类自诞生以来，从未停止对万事万物乃至宇宙真理的追求。远古时代，当人们无法解释事物真相时，各种神话故事的诞生反映了人类对于未知了解的渴求。神话说，天是由擎天神扛在肩上的，于是有"盖天说"。不过因为盖天说不能解释日出日落星辰变动，所以在对地球认知的过程中又产生了多个学说观点。比如"浑天说"（在盖天说基础上发展来，认为地球是两个半球壳组成），到了公元前4世纪后，亚里士多德创立了"地心说"。他认为，宇宙是一个分为天地两层的球体，这个球体位于宇宙的中心，日月星辰均围绕地球运转，所以物体总是落向地面。地球之外还有9个等距离的天层，上帝推动了恒星天层后，带动了所有天层的运动。人类所居住的地球，则作为宇宙的中心不会移动。

古代因为缺乏天文观测设备，所以很多天文现象乃至神话故事都会迷惑人们的眼睛，亚里士多德地心说面世后，因其学说的理论完整性获得了世人的认可，当时古希腊的最后一位大天文学家托勒密则全面继承乃至发扬了地心说。托勒密认为，每个行星都在围绕地球做圆周运动，而行星本身自己又以围绕地球圆周上的某点为圆心做小圆周运动，他把绕地球的圆叫作"均轮"，把行星自己圆周运动的小圆叫"本轮"。他假设地球并不恰好在均轮的中心，而是偏开一定的距离，所以"均轮"都是一些偏心圆，而日、月、行星除了作上述轨道运行外，还与众恒星一起，每天绕地球转动一周，从而使这种计算结果达到了与实测的一致，取得了航海上的实用价值。

实际上地心说能获得认可，不仅在于有一定的实用价值，更在于恰好迎合了基督教义，且被基督教用来维护宗教学说。在古希腊，政权和神权是密不可分的，宗教为世俗权利的合法性作出论证，是统治者维持权威和统治的主要手段。所以地心说符合基督教义，就成为基督教维护其神权手段的最好理由。《圣经》宣扬，宇宙和地球都是上帝耶和华创造的，地球不动位居宇宙中心，圣地耶路撒冷位居大地中央，人类是神的骄子，宇宙间的万物都是神为了满足人的需要创造出来的……于是，托勒密的"地心说"成了《圣经》的一部分，天文学则沦为了宗教的附属产物，这种现象一直到哥白尼时代的来临才被打破。

哥白尼，1473年出生在波兰托伦小城的一个商人家庭里，自小与舅父务卡施生活在一起。后来18岁的哥白尼被舅父送进了克拉科夫大学，在那里，思想敏锐活跃的哥白尼开始对天文和数学产生了浓厚的兴趣。他广泛涉猎各类书籍，潜心研究地心说，并开始长时间利用仪器来观测天文现象，此时的哥白尼已开始逐步走进自己的理想。后来，哥白尼留学意大利帕多瓦大学，在该校天文学教授的熏陶下，哥白尼开始对地心说有所怀疑，并逐步形成自己的天文学理论见解。

回到波兰后的哥白尼，为了证明自己对地球自转和行星围绕太阳公转的理解，开始长期观测和研究，并冲破重重阻力，克服困难，终于创立了宇宙以太阳为中心的"日心说"，进一步认定太阳才是宇宙的中心。哥白尼认为行星针对于地球的顺行和逆行，只是地球和其他行星在围绕太阳公转时周期的不等造成了视觉上的假象。实际上这是一种相对速度的不同而产生的现象。比如当人坐在船上，船在行走时，人感觉到的却可能是岸在后移。遗憾的是，即使哥白尼的日心说观点已经引起了欧洲各国的重视，他也不敢公开发表，害怕招致教会的迫害。

不过，一个真正的科学家是不会把真相掩盖于内心的，在探索真理的强烈冲动下，哥白尼在踌躇中开始了《天体运行论》一书的写作。这部书一共分为6卷，当这本科学巨著终于艰难面世时，哥白尼的生命也走到了尽头。

哥白尼的《天体运行论》一书，犹如自然科学的独立宣言，系统而清晰地批判了地球中心说，且从物理的角度对日心说理论基础做了各种阐述。他总共花费了约36年的时间来测算、校对和修订自己的著作，并最终得偿所愿。后来因为该书威胁到宗教的思想统治地位，而被教会列为禁书，但经过开普勒、伽利略、牛顿等科学家的努力，地球围绕太阳旋转获得了令人信服的证明。

哥白尼日心说的创立是人类认识世界进而改造世界的必然过程，他不但改变了人类对宇宙的认识，而且从根本上动摇了欧洲中世纪宗教神学的理论基础。从此，自然科学便开始从神学中解放出来，科学的发展也得以大踏步地前进。

文艺复兴：让希腊再现

中世纪的欧洲，国家多且分裂，战争频繁，人们大多信耶稣，基督教于是成为人们的精神支柱。久而久之，基督教教会的势力越来越大，大到皇帝的任命，小到贫民的琐事，基督教会都有权过问。如果有人胆敢违背基督教的教义，那他将受到最严厉的制裁。

《圣经》里说，人类的祖先亚当和夏娃，就是因为违背了上帝的禁令，偷吃了禁果，因而犯下大罪，作为他们后代的人类，就要世世代代赎罪，以求来世进入天堂。

在教会的管制下，以前古希腊、古罗马时期的民主风潮不复存在，一切文化、建筑、雕塑都是一个主题：歌颂耶稣，赞美天国。

当欧洲被基督教压抑得快窒息的时候，信奉伊斯兰教的阿拉伯帝国大举侵入。穆斯林们对天文和数学非常精通，他们开设的医院能让人摆脱病魔的侵扰，这些都让西欧人感到惊讶。还有他们常常朗诵的诗歌，虽然听上去韵律单调，但它具有一种令人陶醉的力量，似乎也很容易接近人的心灵。

此时，一些欧洲学者开始重新审视自身，他们突然间发现，古希腊留下的诗歌、雕塑，一切都是那样美好，丝毫不逊色于穆斯林的文化。而且很多用阿拉伯文撰写的巨著，原来就是古希腊时期的欧洲作品，在欧洲人已将它们遗忘的时候，阿拉伯人却如获至宝，争相翻译宣讲。再看看身边的教会，所有的事物都变得丑陋不堪起来。于是，许多西欧学者要求恢复古希腊和罗马的文化艺术，他们的要求就像春风一样，慢慢吹遍整个西欧，掀起了一股汹涌澎湃的"希腊热"，这就是历史上所称的"文艺复兴"。

文艺复兴首先发生在意大利，原因不难理解，罗马人的文化在某种意义上来说，就是意大利的文化，拉丁语也是意大利祖先的语言。

和许多人的理解不同，文艺复兴并不是反对基督教，因为信仰是不容易改变的。人们依然相信基督教，顺从教会，对待教皇像对待自己的父亲一样。只是，人们的生活变得不同了，大家开始讲述历史，努力学习古希腊文化，试着发表自己的观点。人们发现，那些古老的希腊文化让他们的生活丰富起来，创造这些文明的人类真是伟大，它带来的艺术享受让生活变得多姿多彩起来。人生的确有许多快乐，享受自己的个性自由就是一种快乐，不必把所有精力和思想都放在等待永生幸福的期待中。

就这样，人们的思想渐渐从教会的精神枷锁中解放出来，开始充分自由地发挥了！在学习古希腊文化的基础上，人们注入自己的思想感情，创造出许多辉煌的艺术精品。

但丁与《神曲》

但丁是欧洲由中世纪过渡到近代资本主义时期的文学巨匠、意大利文艺复兴的先驱。《神曲》是他的代表作,也是世界文学史上最为重要的文学作品之一。恩格斯曾这样来评价他:"封建的中世纪的终结和现代资本主义纪元的开端,是以一位大人物为标志的。这位人物就是意大利诗人但丁。他是中世纪的最后一位诗人,同时又是新时代最初的一位诗人。"

1265年6月,但丁诞生在佛罗伦萨的一个没落贵族家庭。当时,佛罗伦萨是意大利最繁荣的手工业中心和文化中心。但丁在少年时代就勤奋好学,善于思考,对当时的各个学术领域无不涉猎,这使他在青年时就成为一个多才多艺、学识渊博的人。

13世纪的意大利,在政治上处于分裂状态。24岁时,但丁参加了当时的政治斗争。后来,他所支持的党派被打败,但丁因拒不认罪,被判没收全部家产,终身流放。在此后的近20年里,但丁虽然也多次作过努力想重返故里,但都没有成功,最后终于客死他乡。但丁在流亡过程中,周游了许多城市,广泛接触到意大利动乱的现实和平民阶层的困苦生活,加深了对意大利的认识,坚定了自己的政治理想。他的重要作品几乎全部是在流亡中写成的,其中以《神曲》最为著名。

《神曲》是一部比较特殊的史诗,因为诗中叙述的是诗人自己想象中的经历。全诗分《地狱》《炼狱》《天堂》三部,每部由33首"歌"组成,加上全书的序曲,总共有100首歌之多,计一万四千多行。后人为了表示对诗人的崇敬,称这部作品为《神圣的喜剧》。这部长诗采用的是中古时期所特有的梦幻文学形式,通过但丁的自叙,描述了他在1300年复活节前那个星期五的凌晨,在一座黑暗的森林里迷了路。黎明时分,他来到一座洒满阳光的小山脚下。他正要登山,却被三只张牙舞爪的野兽(豹、狮、狼,象征淫欲、强暴、贪婪)拦住了去路,情势十分危急。这时,古罗马时代的伟大诗人维吉尔出现了。他受但丁青年时期所爱恋的对象贝阿德丽采的嘱托前来搭救但丁，然后又作为他的向导带他游历了地狱和炼狱。

地狱分成三部分：第一部分在狄斯城内，分成五层，分别收容一些异教徒、好色之徒、犯饕餮罪者、贪婪挥霍者、生前动辄发怒者的灵魂，这些人在这里受尽了各种煎熬；第二部分在狄斯城内，也分成三层，收容的都是罪孽深重的灵魂；第三部分是一个分成四层的巨大深井，其底部是个冰湖，凡生前有残杀亲人或各种背叛罪行的灵魂都被冻在湖里。

能够进入炼狱的，是那些生前的罪恶能够通过受罚而得到宽恕的灵魂。这里的刑罚不像地狱里那般残酷，并且带有一种赎罪的性质，因此灵魂们比较乐于接受。炼狱山共分七级，分别洗净傲慢、嫉妒、愤怒、怠慢、贪财、贪食、贪色七种人类大罪。灵魂在洗去一种罪过的同时，也就上升了一级，如此可逐步升向山顶。山顶上是一座地上乐园。维吉尔把但丁带到这里后就离开了，之后但丁就由贝阿德丽采前来引导了。他们经过了构成天堂的九重天之后，终于来到了上帝的面前。这时但丁大彻大悟，他的思想已与上帝的意念融洽无间。整篇史诗至此就戛然而止。

《神曲》深刻地反映出从封建的中世纪向近代资本主义过渡的历史变革，透出新时代的人文主义思想的曙光，同时又广泛地描绘了当时社会政治和文化生活各个领域的状况，因而又是一部百科全书式的巨著。但丁谴责教会干涉世俗政治、破坏意大利统一的罪恶，批判僧侣阶级的贪婪、骄横和腐败。他摒弃中世纪一切归于神的观念，强调人富有理性和自由意志，应该奋发向上去创造自己的命运。《神曲》批判中世纪蒙昧主义，提倡学习文化，追求美德和知识，赞美人的才能和智慧。诗人对鱼肉人民的封建领主、横行不法的贪官污吏、重利盘剥的高利贷者、追逐金钱的市民阶级，也进行了严厉的批判。不仅如此，他对新兴市民阶级的自私以及正在形成的资本主义关系的弊端也进行了指责。诗中也反映出但丁没有彻底摆脱中世纪思想和神学观念的羁绊。

《神曲》中既写了人世的黑暗现实，也写了对来世的美好憧憬。这种既非纯粹的现实主义，又非纯粹浪漫主义的写法，是这部作品的一大特点。但丁观察细致，想象丰富，描写准确鲜明，比喻贴切生动。因此，尽管《神曲》中人物众多，场面千变万化，但诗人往往寥寥数笔就把人物刻画得栩栩如生，把场景交代得清清楚楚，而所描绘的那些来世景象读来也颇具真实之感。但丁就是靠许许多多这样生动的细节，把自己的爱国热情、宗教感情、内心经验以及古往今来的各种事物组织成一个和谐的整体。

旷世奇才达·芬奇

达·芬奇是意大利文艺复兴时期出现的第一位画家，也是整个欧洲文艺复兴时期最杰出的代表人物。他不仅是画家，还精通文艺、哲学、诗歌、音乐、建筑，甚至在发明上也颇有建树。

达·芬奇出生于当时佛罗伦萨有名的望族家庭，从小他就对绘画有极大的天赋，他的父亲皮埃罗为了让儿子的绘画天赋得到发展，极力对他进行培养，还将他送往佛罗伦萨，师从著名的艺术家韦罗基奥，开始系统学习。

14岁的达·芬奇拜韦罗基奥为师后，开始练习基本功。可老师每天拿来叫他画的都是鸡蛋，这让达·芬奇十分厌烦："哪怕换个橄榄也行啊，天天画鸡蛋真是令人不耐烦！"韦罗基奥看出了达·芬奇的心思，对他说："你以为画鸡蛋很容易吗？我每天给你一个鸡蛋，是因为这世上没有两个完全相同的蛋，即使是同一个蛋，由于观察角度不同，光线不同，它的形状也不一样。你认真观察过吗？"

达·芬奇恍然大悟，原来老师是为了培养他观察事物和把握形象的能力。从此以后，他开始十二分努力地画鸡蛋，打下了坚实的绘画基础。

在当时，绘画的选题和表现手法都受到教会的限制，韦罗基奥虽然是大师，但他的画也必须遵守教会的规定。在制作《基督受洗》这幅画时，达·芬奇担当了韦罗基奥的助手。在这幅墨守成规的宗教画中，达·芬奇仅在画面一角画了一个侧面的天使，然而却非常显眼，这个天使顿时使老师所绘的人物相形见绌。倔犟的韦罗基奥一方面为学生的才华惊叹，一方面自愧不如，竟然从此放下画笔，只从事雕刻了。达·芬奇由此开始正式作画，其中最著名的要数《最后的晚餐》和《蒙娜丽莎》。

《最后的晚餐》是达·芬奇为米兰圣玛利亚修道院食堂而作的壁画，取材于《圣经》中耶稣被门徒犹大出卖的故事。

在这幅作品中，达·芬奇精彩地刻画了当耶稣在晚餐上说出"你们中间有一个人出卖了我"这句话后，他的12个门徒瞬间的表情。透过每个人不同的神态表情，让人们能够洞察到他们的性格和复杂心态，而且马上就能将叛徒找到。犹大处于画面的最阴暗处，而且只有他神色惊慌。

《蒙娜丽莎》是一幅肖像画，原型是达·芬奇一个朋友的妻子。据说，达·芬奇为了保持她欢愉的心情，特别请来竖琴师和歌手为她表演，并且极其准确地捕捉到了蒙娜丽莎那一瞬间的迷人微笑，细致入微地描画这个微笑所蕴涵的摄人心魄的力量。至今，人们还在为蒙娜丽莎的微笑为什么如此迷人而争论不休。

除了画画，达·芬奇的时间还花在了科学研究上。他模仿鸟的翅膀，设计了一个类似飞机的飞行机械，还有先进的纺车、高效率的机床等，都出自他灵巧的双手。达·芬奇还研究过心脏，他发现心脏有四个腔，并画出了心脏瓣膜。

可惜的是，达·芬奇的大多数著作和研究手稿都没有发表，直到他逝世后多年才被世人所发现。

人人都爱莎士比亚

"放弃时间的人，时间也放弃他。"这句名言出自莎士比亚之口，也是他能在艺术天地里自由飞翔，成为一代艺术大师的秘密。

莎士比亚出生在英国中部埃文河畔的斯特拉福镇，由于小镇经常有剧团来巡回演出，从小莎士比亚就有接触到戏剧的机会。14岁时，由于父亲经商失败，莎士比亚被迫离开学校，给父亲当助手，并早早结了婚。为了养家糊口，莎士比亚做过药剂师、染色工、士兵、公共书记员、印刷工等许多工作，这对他以后的戏剧创作有很大帮助。后来，莎士比亚在剧院找到一份工作——为骑马来的观众照看马匹。除了看马，莎士比亚更喜欢看舞台上的演出，并悄悄坚持学习文学、历史、哲学等课程，还自修了希腊文和拉丁文。当剧团需要临时演员时，他"近水楼台先得月"，开始出演一些配角。那时候，剧团对剧本的需要非常迫切，一部戏要是不受观众喜欢，马上就要停演，再上新戏。莎士比亚决心自己写剧本，把童年的梦想变为现实。

27岁那年，莎士比亚创作了历史剧《亨利六世》三部曲，一炮打响。紧跟着，《罗密欧与朱丽叶》上演，莎士比亚名霸伦敦，观众像潮水一般涌向剧场，每个人都被感动得泪如雨下。

这个经典的爱情故事不仅感动了伦敦人，还让全世界的人为之泪下，以至于后世所有为爱情而遭受磨难的恋人，不管他们最后是离是和，是生是死，男的都被称为罗密欧，女的都被叫作朱丽叶。这个剧本给莎士比亚带来了巨大转机，使他不仅声名鹊起，还由此摆脱了穷困。他组建了自己的剧团，还在家乡买了住房和土地。

不久，莎士比亚的两个好友为了改革政治发动叛乱，结果一个被送上绞刑架，另一个被投入监狱。莎士比亚悲愤不已，倾注全力写成剧本《哈姆雷特》，并亲自扮演其中的幽灵。

当时正处在资产阶级革命前夜，伊丽莎白女王统治末年。圈地运动仍在农村进行，城市平民生活愈来愈艰难，资产阶级、新贵族与王室间的联盟渐趋瓦解，英国社会的各种矛盾冲突日益尖锐。12世纪末莎克索·格拉马提卡斯编的《丹麦史》最早记载了哈姆雷特的故事。16世纪末，英国作家以复仇为主题将它编为戏剧，一时极为流行。

莎士比亚把它重新改编，把一段中世纪的复仇故事，改写成一部深刻反映时代潮流、饱含强烈的反封建思想、具有鲜明热烈的人文主义精神的悲剧故事。

《哈姆雷特》的基本剧情如下。

丹麦王子哈姆雷特在德国威登堡大学接受教育，因父王突然死去，他返回丹麦。他的叔父克劳狄斯继承了王位，不久，母后同新王结了婚。老王的鬼魂告诉哈姆雷特，他是被克劳狄斯毒死的，哈姆雷特决定复仇——这不仅是他个人的问题，而是整个社会、国家的问题。为了掩饰自己，他开始装疯卖傻。克劳狄斯中途怀疑他已知悉内情，利用他的两个老同学和他的情人去试探他。哈姆雷特则通过改编一出谋杀兄长的戏剧《贡札古之死》在宫中演出，试探他的叔父，克劳狄斯中途仓皇退席。宫内大臣波洛涅斯即哈姆雷特的情人奥菲利娅的父亲向新王献计，去帷幕后偷听母后同王子的谈话，哈姆雷特以为是新王，一剑将他刺死。克劳狄斯派哈姆雷特和他的两个同学去英国索讨贡赋，想请英王杀死哈姆雷特。哈姆雷特发现阴谋，调换密信，脱险归来。归来后才知道奥菲利娅因为父亲被他杀死、他又远走他国而发疯，已落水而死。克劳狄斯挑拨波洛涅斯之子雷欧提斯同哈姆雷特比剑，并置下毒剑、毒酒两道杀机。结果，哈姆雷特、雷欧提斯都中了毒剑，王后饮了毒酒，克劳狄斯亦被刺死。哈姆雷特临死前嘱托他的好友霍拉旭传达他的心愿。

哈姆雷特对"人"抱有美好的看法，对友谊、对爱情、对政权、对国家都有一整套人文主义的观点，然而他的理想遭到残酷现实的嘲讽：叔父克劳狄斯弑兄自立，还娶了他的母后，他的同学和情人则成了克劳狄斯的帮凶，他最后也中毒剑而死。这是人文主义者的悲剧。哈姆雷特的死，向观众呈现了人文主义者奋斗的悲壮历程。

剧本中的其他人物也都是很有个性的，莎士比亚在刻画他们时注意描绘其心理的复杂活动。克劳狄斯是个凶残狠毒的专制统治者，然而他的"脸上堆着笑"，对人很是和气；波洛涅斯昏庸老朽，自以为是；奥菲利娅天真柔弱，她既真心爱恋哈姆雷特，又甘愿做父亲的工具去试探心上人，她的死是宫廷阴谋斗争的结果。

莎士比亚戏剧的语言极富个性化。在这部剧作中，不同人物在不同处境下使用的语言都不相同，文雅与粗俗、哲理与抒情、嘲讽与深挚，都各适其人、恰如其分。

这个悲剧一经上演，立即引起众人的感叹。在以后的几年里，莎士比亚又写出了《奥赛罗》《李尔王》和《麦克白》，它们和《哈姆雷特》一起，被称为莎士比亚的四大悲剧，至今仍在演出，让人百看不厌。

在这之后，莎士比亚悄悄退出了戏剧舞台，对于他的晚年生活，人们知之甚少。可还需要知道什么呢？我们已经拥有了这位天才留下的如此丰厚的遗产。

欧洲资本主义工商业的出现

14～15世纪，欧洲农业生产有了新的进步。英国、尼德兰等农业比较发达的地区，已开始采用耕地的轮种制。一般是二圃轮作制和三圃轮作制。二圃制是将耕地分为两部分，一部分种作物，一部分休耕，逐年替换；三圃制是将耕地分为三部分：一部分播种冬季作物，一部分播种夏季作物，一部分休耕，每年轮换。这种轮作法是保持耕地肥力的一种有效方法，与原始农业耕作相比是一大进步。铁犁耕作和施肥日益推广，土地得到充分利用。许多国家还大量垦荒，不断扩大耕地面积。农产品的产量也增加了。

随着欧洲农业生产力的提高和农产品剩余的增多，对手工业产品的需求也增加了，手工业获得迅速发展。与手工业密切相关的动力技术的进步极为显著。14世纪，以上击式水车为代表的新的动力设施的发明和改进，使水力的使用更为普遍。14世纪的德意志、意大利等逐渐在采矿业中利用水力鼓风、排水和提升矿石，不仅提高了产量，而且增加了采掘深度。在冶金工业中，由于出现了由水力带动的鼓风机，使风量加大，炉温升高，如此一来就能在大熔炉中直接炼出熟铁和钢，并能熔化铁水，进行浇铸。在纺织业中，已广泛使用水力漂洗。水力也日益普遍地应用于鞣皮、造纸、玻璃制造等行业。动力技术的进步，大大提高了劳动生产率。

在纺织业中，生产工具也有改进和发明。十四五世纪，手摇纺车普遍推广；15世纪末，又开始使用自动纺车。这种纺车把纺线和缠线过程合二为一。漂洗呢绒的技术也有了改进，以前用人力搓洗，这时改为用水轮牵动大木槌，打净漂洗中的呢绒。

生产力的增长，扩大了社会分工。欧洲一些大城市中的手工业行业迅速增加。14世纪末，巴黎的手工业行业已达350种；德意志法兰克福的手工业行业从1387年的92种增至15世纪的190多种，其中专门从事制铁的手工业行业就有18种。每种行业里具有专门技术的工序也在增多。15世纪，呢绒制造已由不少于20种具有专门技术的手工业者分工完成。分工的发展有利于生产技术的进一步提高。生产的专业化和社会分工的扩大，还使越来越多的家庭手工业脱离农业，成为独立的工业部门，如与农业联系密切的手工缝纫、酿酒、烤面包和农具制造等。手工业和农业分离后，生产就不仅为了满足地方的需要，而且更要适应国内外广大市场的需要。

手工业分工的扩大和地区生产的专门化，使商品交换更加频繁，区域性的市场扩大，国际贸易进一步发展。除了原已存在的地中海地区和北海、波罗的海地区国际贸易保持繁荣外，从14世纪起，由地中海穿越直布罗陀、直抵英国和尼德兰的航道，也日益成为重要商路。这使得意大利城市相继在巴黎、伦敦、安特卫普、布鲁日等大西洋沿岸城市设立了许多贸易办事处，大西洋地区的国际贸易也日趋兴盛。1435年，在布鲁日每天有100艘船进入港口。同时，安特卫普、鹿特丹和阿姆斯特丹等的商业地位也日益重要。15世纪，英格兰建立了第一支商船队，开始同外国商人争夺对外贸易特权。

随着国际贸易的发展，意大利、德意志和西班牙的大集市繁荣起来，特别是佛罗伦萨。

佛罗伦萨是意大利最大的银行业和手工业中心。14世纪，佛罗伦萨的手工业生产就开始与欧洲其他地方的手工业生产不同。当时欧洲其他地方的手工业还受到行会制度的桎梏，而在佛罗伦萨已经开始出现资本主义生产。有钱的企业家设立了工场。在工场做工的工人有几十到几百人，他们按各自的专长，分别担任不同的工作，进行规模比较大的生产，还有些工作由工人在自己家里完成。这样就产生了规模比较大的企业。这种企业的所有者只能是有钱人，他们掌握着原料、工场和工具等生产资料，取得了工人用劳动制成的全部产品，得到了出卖产品所获得的全部利润。在工场里做工的是被剥夺了生产资料、依靠出卖劳动力为生的工人。在手工工场里，生产仍然是以手工技术进行的，这点同传统的手工业生产接近；但是这种生产是以剥削雇佣劳动为基础的规模相对较大的生产，这点又同资本主义工厂接近。工场手工业是从手工业的小生产转向大机器工业生产的过渡形式。

随着佛罗伦萨和其他城市资本主义生产的萌芽，在意大利开始产生资产阶级。佛罗伦萨的政权掌握在工场主、银行家等资产阶级手里，小手工业者和工人不但没有政治权利，而且生活困苦。境遇最坏的是雇工，他们遭受工场主的残酷剥削，工资微薄，弹毛工人和梳毛工人尤其困苦。

尼德兰革命

尼德兰革命，世界历史上第一次成功的资产阶级革命（1566～1609年）。"尼德兰"意为低地，指中世纪欧洲西北部的历史地区（今比利时、荷兰、卢森堡和法国的东北部），由17个省组成，其中北部各省有：荷兰、泽兰、弗里斯兰等，南部各省有：佛兰德、卢森堡、阿图瓦等。该地区于1556年为西班牙哈布斯堡王朝所统治。自16世纪以来，尼德兰城乡资本主义有相当发展。北方以荷兰、泽兰两省的工商业最为发达，毛织业、麻织业、造船业极负盛名，航海业和渔业的水平相当高。阿姆斯特丹等城市出现大规模的、集中的手工工场。

农村中的大部土地掌握在大富商手中。北方诸省在经济上与西班牙联系很少。南方诸省的手工工场也有广泛发展。在农村，资本主义农场的经营形式也出现了。安特卫普成为当时世界上最重要的商业中心之一。但南方诸省在经济上与西班牙及其殖民地有密切联系。经济的发展引起阶级关系的变化。北方的贵族阶级逐渐与资产阶级接近，变为新贵族。市民阶级也在急剧分化。西班牙统治者查理一世和腓力二世及其控制的天主教会推行专制主义，任意破坏尼德兰各省区和城市的特权，勒索大量捐税；设立宗教裁判所，残酷迫害新教徒。这一政策严重地束缚了尼德兰资本主义的发展，加剧了阶级矛盾和民族矛盾。

16世纪60年代初，加尔文宗新教徒多次举行反对天主教会的武装暴动。1565年荷兰省督威廉一世组织"贵族同盟"，次年4月向西班牙驻尼德兰总督玛格丽特呈递请愿书，提出停止宗教裁判所的活动等项要求。这说明新贵族和资产阶级再也无法忍受西班牙的统治。

1566年8月爆发反对天主教会的圣像破坏运动。同年10月参加起义者达数万人。后由于资产阶级和贵族同盟的动摇、妥协，1657年春运动遭镇压。同年8月，西班牙国王腓力二世派阿尔法为尼德兰总督。阿尔法设"调查骚乱委员会"，血腥镇压尼德兰革命者，并推行新的税制。尼德兰人民在南方密林中，组成"森林乞丐"游击队；在北方沿海，组成"海上乞丐"游击队，英勇反抗西班牙的暴政。

1572年北方各省举行大起义，解放了荷兰、泽兰两省的大部。同年8月威廉一世被推为北方各省执政。南方革命形势也日趋高涨。1576年9月4日布鲁塞尔爆发起义，推翻了西班牙在尼德兰的统治机构。1576年11月8日，南北各省代表缔结《根特协定》，恢复南北统一，共同反对西班牙的统治。慑于革命的不断深入，在西班牙增兵的情况下，西南几省贵族于1579年1月23日结成阿拉斯同盟，宣布承认腓力二世对尼德兰的主权，天主教神圣不可侵犯。北方7省和南方部分城市为对抗西南几省贵族的背叛，于同年1月6日结成乌得勒支同盟，规定建立统一的军队，采取统一的税率、币制和度量衡制，制定共同的军事、外交政策。同盟促使北方7省完全摆脱西班牙的统治，为联省共和国的成立奠定了基础。

1581年由北方各省代表组成的三级会议宣布废黜腓力二世，正式成立联省共和国。由于荷兰省在联省中的经济和政治地位最重要，因此亦称荷兰共和国，简称荷兰。随后，荷兰在军事和外交上取得反西班牙斗争的胜利。1609年1月9日，西班牙国王腓力三世被迫与荷兰签订《十二年停战协定》，在事实上承认了荷兰的独立。尼德兰革命在北方获得完全胜利。

这场革命以加尔文教为旗帜，以城市平民为斗争的主力，推翻了西班牙在尼德兰的专制统治，在欧洲建立第一个资产阶级共和国，为资本主义在尼德兰北部的发展开辟了道路。

第四篇

世界近代史

第一章　近代英国

英国圈地运动

自从海外殖民兴起之后,西欧的贵族们在海外建立了很多殖民农场,发展海外贸易,从而带动了国外的资本主义发展。很多地主和领主发现把土地租出去的租金远远不如用来发展养殖业。因此,从18世纪末开始一直到19世纪中叶,英、德、法、荷、丹等国的资产阶级和新封贵族把农民从土地上赶走,从而引发了一场悲惨的"圈地运动"。其中,又以英国的圈地运动最为著名。

英国的圈地运动之所以著名,主要是因为英国本来便是养殖业大户,新航路发现之前,英国就是欧洲毛纺织业的原料提供者。随着国际之间贸易的不断扩大,毛纺织业也变得更加繁荣,羊毛等原料供不应求,而且市场的需求量还在逐渐增大,羊毛价格更是一路飙升。

养羊既然是一个如此有利可图的产业,必然会引来更多的投资。一些贵族开始只是利用森林、草地、沼泽和荒地这些无主的公共用地,后来觉得土地不够用,便把主意打到领主们出租的土地上。因为西欧中世纪以来盛行农奴制,租赁土地的农民早已经习惯了世代务农,但现在为了取得更高的利润,贵族们纷纷把租户们赶走,然后将土地圈起来养羊。失去土地又被赶出家园的农民,只能到处流浪。

封建领主们不再履行领主义务,被赶出家园的农民纷纷到法庭告状，有的甚至直接找到国王。曾经有一个叫约翰·波米尔的领主就遭到了租户们起诉，农民们对国王哭诉。为了把农民们赶走，约翰·波米尔带领打手把农民的家烧毁，将一些反抗的人投入监狱、毒打、致残，甚至杀害。

让我们来看下英国国王是如何处理这个问题的。

英国在这个问题上态度比较暧昧。因为农业是社会之本，圈占土地引起的社会问题非常严重。1536 和 1537 年，因为反圈地，英国的林肯郡和约克郡先后爆发了农民起义。农民起义虽然遭到了镇压，但农民一直都是英国军队最大的兵源。因此无论是都铎王朝还是早期的斯图亚特王朝在综合考虑之后，都采取了反圈地政策。比如亨利七世曾经下令禁止圈占土地规模在 20 英亩以上的农庄，希望将圈地运动控制在一定的规模之内。亨利八世甚至还限令让一年之内圈占的牧场复原为耕地。

但这些法令大多只是流于形式，很快便被大领主们钻了空子。英国政府一直在圈地运动问题上执行不力，但在限制流浪农民的问题上，态度却非常坚决。英国政府颁布了"血腥立法"，禁止农民流浪，为了强迫农民充当雇佣劳动者，甚至不惜动用死刑。

到了 1593 年的时候，英国彻底撕下反圈地的幌子，废除了反圈地法令。这样一来，在全国马上便引起了圈地狂潮。尤其是在 16 世纪末到 17 世纪初叶，英国城市化发展到了一定程度，城市人口日益增多，工厂手工业迅速发展，市场对谷物、肉类的需求量大大增加。圈地运动在全国开始疯狂地发展起来。

后来这种政策因为反圈地起义风起云涌而时有反复，但资产阶级革命爆发之后，便再也没有人提反对圈地这个问题了。从此，英国圈地运动宣告完成。圈地运动之后，彻底瓦解了英国的农奴制。最为重要的是，资本主义获得了大踏步的发展，英国也成为十七八世纪欧洲商业的领头羊。

正如英国的一位作家所说，圈地运动是一场明显的"羊吃人"运动。无数农民在这场运动中颠沛流离，虽然圈地运动牺牲了农民，但是英国获得了资本的原始积累，为资本主义提供了廉价的雇佣劳动力和国内市场，这为英国的发展，尤其是海上霸权的确立，打下了最坚实的物质基础。

英国资产阶级革命

英国资产阶级革命是世界近代史上一个重大的事件。它的成功，开辟了人类历史从封建社会向资本主义社会过渡的新时代。

新航路开辟以后，世界贸易中心由地中海沿岸转到了大西洋沿岸。英国正处于大西洋航运的中心，这就便利了它的海外活动。英国积极开拓海外贸易，它的传统工业制呢业得到了迅速发展，手工工场建立起来。随后，手工工场扩展到采煤、炼铁、造船等领域，资本主义兴起和发展起来。由于制呢业的发展，羊毛的需求剧增。贵族地主把土地圈占起来养羊，迫使农民成为出卖劳动力的雇佣劳动者，为资本主义提供了充足的劳动力，资本主义性质的农场也建立起来。

16世纪以来，英国新兴的资产阶级主要包括金融家、银行家、大商人和手工工场主；在农村的牧场主和农场主，有的还兼营工业或商业。这些人被称为新贵族，同资产阶级有共同的利益。随着资产阶级、新贵族的势力不断壮大，他们要求政治上掌握政权，经济上发展资本主义。

15世纪末到17世纪初，英国处于都铎王朝的统治下。它一方面削弱旧贵族的势力，加强专制统治，包括：反对罗马天主教会，进行宗教改革，建立"英国国教会"；另一方面，鼓励工商业和海外掠夺，加强了英国实力。16世纪末，英国打败殖民帝国西班牙，成为海上强国。

17世纪初，斯图亚特王朝开始统治英国。国王詹姆士一世及其继任者查理一世都相信"君权神授"，实行封建专制统治，严重阻碍了资本主义的发展。他们还实行宗教专制，严厉对待"非国教徒"，特别迫害其中的"清教徒"。这就造成了政治上的紧张局面，激化了社会矛盾。

资产阶级和新贵族对此深为不满，人民群众也怨声载道。首先起来反抗查理一世统治的，是苏格兰人民起义，这成为英国资产阶级革命的导火线。1640年查理一世为筹集军费对付苏格兰人民起义，被迫恢复长期关闭的议会。英国资产阶级革命由此开始。

内战开始后，英国国内的两大敌对阵营是王党势力和议会势力。在资产阶级和新贵族的代表人物克伦威尔的率领下，经过反复斗争，以农民、手工业者与城市贫民为主力的议会军最终战胜了王军。1649年初，查理一世以"暴君、叛徒、杀人犯和人民公敌"的罪名被送上了断头台。同年，英国宣布成立共和国，克伦威尔实行独裁统治，自任"护国公"，把立法、行政、军事和外交大权都控制在自己手中，成为军事独裁者。克伦威尔死后，英国政局动荡不安。在这种情况下，1660年，斯图亚特王朝复辟。国王查理二世、詹姆士二世推行的一系列政策，特别是在宗教上，恢复英国国教，迫害非国教徒的法令，严重侵犯了资产阶级和新贵族的利益，招致他们的反对。为了阻止封建制度的进一步复辟，防止人民革命运动再次兴起，1688年，议会中的辉格党和托利党人共同发动了一场不流血的宫廷政变"光荣革命"，废黜詹姆士二世，推翻了斯图亚特王朝的封建统治，邀请其女婿、荷兰执政者威廉三世及其妻子继承英国王位，由此确立了资产阶级、新贵族的联合统治。 1689年，英国议会颁布了《权利法案》，规定：禁止天主教徒担任英国国王；国王无权中止法律，也无权征收赋税；和平时期不得维持常备军；议会有选举的自由，议员的活动不受国王的干涉；王位继承问题由议会讨论决定等。 以《权利法案》的颁布为标志，英国逐渐确立了资产阶级君主立宪制度。

英国资产阶级革命，是人类历史上资本主义制度对封建制度的一次重大胜利。 它推翻了英国的封建专制君主制度，为资本主义的发展扫清了道路。 此后，英国的资本主义得到了迅速发展。 18世纪后半期，英国首先进行了工业革命。 到19世纪中叶，英国成为世界上最发达的国家，号称"世界工厂"。

英国资产阶级革命对欧洲和世界其他地区都产生了重要的影响。 它宣告欧洲新的政治制度的诞生，揭开了欧洲和北美资产阶级革命运动的序幕，推动了世界历史发展的进程，在更大程度上反映了当时整个世界的要求。

被公开处死的国王查理一世

1649年1月，在英国威斯敏斯特大厅里，高级法庭正在进行审判，受审者是一个瘦弱的、和蔼可亲的人，他便是当时的英国国王查理一世。

查理一世态度傲慢，从头到尾，他都没有为自己辩护一句。 因为在他眼里，这个法庭本身就是不合法的。 在这样的法庭配合辩护，那便是对法律的亵渎。 最后，这个特别法庭的135个成员，有59人签署了死刑的命令，罪名是国王背叛了他的国家和子民。

1649年1月30日凌晨，在白金汉宫宴会厅前搭起了断头台。 面对死亡的查理一世依然面带微笑，看不出一点惊慌。受刑之前，他冷静地说道："死亡对我来说，并不可怕，感谢上苍，我已准备好了。"然后他朗诵了一首自己写的诗，又说自己是人民的殉道者。然后，主动走到断头台前。就这样，这位49岁和蔼的国王，结束了生命。

实际上查理一世在欧洲的名声并不坏，尽管总是一本正经，显得缺乏幽默感，但他非常随和。另外他还是一个忠诚的丈夫，是一个虔诚的基督徒，他也很重视思想家和艺术家，他经常邀请优秀的艺术家、文学家到宫廷做客，并且赞助他们。

但是英国人依旧义无反顾地公开处死了自己的国王。

这也是英国资产阶级革命的实质。这是制度的斗争，并非是针对查理一世个人。实际上，查理一世是一个非常为国事操心的人。刚刚上台之前，他便开始了对西班牙和法国的作战，但因为得不到议会的认可，没有军费。结果，查理一世为此将王后的嫁妆都变卖了，但即使这样，查理一世还是遭到了议会的谴责，责怪他贸然与西班牙开战。而查理一世也在抱怨自己为国家付出这么多，却得不到支持和理解。

一心为国的查理一世犯下的最大错误便是忽视了国内的宗教问题。之前欧洲三十年战争爆发的起因，便是新教徒和天主教之间的对抗。英国主要是新教徒，但也有天主教。而国王偏偏任用了两位天主教的大主教，这便在英国引起了巨大的纠纷。

因为议会不满查理一世频繁性的征税，查理一世把议会关闭了多年，两者之间矛盾重重。1641年夏天，查理一世希望加税，不得已重新召开了议会，没想到议会更想限制国王的权力。恼怒之余，查理一世准备向议会动手，但力量悬殊，被打败。

1642年查理一世逃出伦敦，带领支持自己的军队与议会军作战。

尽管在战争前期查理一世打了很多的胜仗，但后来议会军在克伦威尔领导之后，战斗力剧增。最后，查理一世在1647年被克伦威尔等人俘虏。

被捕之后，议会曾想与国王言和，并且让国王承认宪法。因为议会中和平派人士颇多，另外很多英格兰人也不愿承担囚禁国王的罪名。但一直相信君权神授的查理一世却拒绝了言和，甚至一面假装和谈，一面又与苏格兰勤王军勾结。这就直接导致了英国内战的爆发。

1648年，克伦威尔打败了苏格兰勤王军，费尔法克斯又打败了王党派。查理一世的王后逃亡到了法国，而查理一世也因为一而再再而三地撒谎，而难以获得议会的谅解。

于是，查理一世就被自己的人民审判并且推上了断头台。

英国资产阶级革命的领导者：克伦威尔

处死查理一世的命令是由克伦威尔签发的，查理一世被处死之后，克伦威尔凭借自己在战争中建立的威望，宣布成立共和国。1653年，克伦威尔建立军事独裁统治，自任"护国主"。实际上，克伦威尔之所以可以出头，还多亏了查理一世。如果不是查理一世倒行逆施，一个中等绅士地位的人，很难做到护国主的位置。

1599年，克伦威尔出生于英国亨廷顿的一个中等家庭，是典型的清教徒。克伦威尔曾经进入剑桥大学学习，但因为父亲病逝，只好中断学业回到家乡料理农庄。慢慢地，克伦威尔将农庄经营得越来越大。

1636年的时候，克伦威尔已经是家乡最大的乡绅之一，并且成为剑桥以及邻郡最受欢迎的人。尤其在反抗国王专制统治这一点上，克伦威尔深得人心。后来，查理一世再次召集议会，克伦威尔便被选为议员进入下院。

1642年英国内战爆发之后，克伦威尔肃清了剑桥的王党，成为议会中的坚强派领袖。为了与王党斗争，他统率了一支只有60名志愿者成立的骑兵团，以这些人为班底，克伦威尔打造起一支赫赫有名的"铁骑"。

不到两年的时间里，克伦威尔便从上尉升任到骑兵团首脑。战争开始前期，议会军一败涂地，议会中的主和派不得不重用克伦威尔。在议会的支持下，克伦威尔在马斯顿荒原战役中大败王军，树立了自己的军威。不久之后，克伦威尔成立了"新模范军"，自己担任统帅。1645年6月14日，克伦威尔率"新模范军"再一次打败王军，结束了英国第一次内战。

因为议会军内部也是矛盾重重，查理一世又勾结苏格兰勤王军打回英格兰。这时克伦威尔再一次被选上高位，担任北方军首脑，并一举击溃了苏格兰军队，结束了英国第二次内战，并且力主处死了查理一世。

查理一世被推上断头台以后，封建君主制度被推翻了，共和国宣布成立。为了稳定共和国统治，克伦威尔先是远征爱尔兰，然后又出兵苏格兰，并且顺利征服苏格兰，大大提高了自己的威信。

1653年，克伦威尔从议会手里得到了很大的权力，制定了新的宪法，牢牢掌控了民政权和军事权。1654年，他正式成为英格兰、苏格兰、爱尔兰的护国主。

克伦威尔一共做了4年的护国主。在这4年之中，他表现出了杰出的治国才干。对外，他寻求合适的伙伴，于1654年同荷兰签订了《航海条例》，此后同瑞典、丹麦又缔结了有利的商约，维护了英国的利益。对内，他宽赦王党分子，缓和了内部矛盾，因此得到了各方面的支持。

1657年，议会做出很大让步后，决定加冕克伦威尔为国王。1657年6月26日，克伦威尔正式登基，时年58岁。

克伦威尔在做了国王以后，身体每况愈下，一年多之后便去世了。克伦威尔虽然死了，但是民主制在英国却得到了巩固。

东印度公司

在美国人打开日本大门的200年前，英国就以东印度公司的名义，将侵略的触角伸进了印度。英国之所以被称为"日不落帝国"，很大的原因就是它的殖民地遍及世界各地，也就是说，在英国统治的地区，一天24小时都可以见到太阳。

东印度公司始建于1600年。最初，英国人主要是利用东印度公司做生意，慢慢地，东印度公司就成了英国殖民者侵略印度的工具。

1698年，东印度公司向印度莫卧儿政府买下了位于孟加拉湾恒河口岸的加尔各答。加尔各答村庄虽小，作用却非常大，周围盛产大米、黄麻，河流纵横交错，平原一望无际。东印度公司在这里设立贸易总部，把印度的粮食和工业原料源源不断地运回英国，从中获得了丰厚的利润。

因为东印度公司的实力越来越强，逐渐占领了马德拉斯、加尔各答和孟买。为了更顺利地入侵其他地区，英国还在加尔各答修筑了一个巨大的堡垒，里面是荷枪实弹、全副武装的英国军人，这些英军还积极训练印度人帮助他们打仗。

本来是做生意的东印度公司，光是经济掠夺就已经让印度人非常不满了，这时又建立了军队，孟加拉的纳瓦布（职位相当于总督）非常气愤，向东印度公司提出抗议，但英国人根本不理睬。纳瓦布非常气愤，发兵赶走了英国人，收回了加尔各答。

此时的东印度公司被英国赋予了各种各样的权力，如垄断贸易权、训练军队权、宣战媾和权等等，东印度公司的总司令官克莱武当然不会对印度人的反抗视而不见，他马上召集官员到马德拉斯商讨对策。

1757年，克莱武率军在恒河口登陆，经过短时间激战便重新占领了加尔各答。纳瓦布很快调遣7万大军，与克莱武的900名英军在普拉赛地区作战。英国士兵面对强大的印度军队，早已吓破了胆，于是他们用大量金银珠宝收买了印度的军官，使印度军队向后撤退，这时英军迅速追击，将纳瓦布杀死。

英国军队乘势向孟加拉国库进军，当他们打开国库大门时，看到了满库的金银珠宝。"抢啊！"不知是谁喊了一声，英军顿时像开了闸的洪水一样冲向国库的各个角落，将国库洗劫一空。几年后，克莱武曾向议会陈述这次抢劫，他非常遗憾地说："当时我真傻，周围满是金银珠宝，整箱整箱的金条，整袋整袋的宝石，可我却只拿走了20万镑！"

1767年，英国议会通过"东印度公司管理法"，开始由英国政府直接统治印度。这以后，英国一步步蚕食印度的领土，20余年后，印度全国都沦为了英国的殖民地。

英荷战争

17世纪50～70年代，英国为了打败日益发展的商业竞争对手荷兰，并力求保住开始建立的海上优势和争夺殖民地，曾三次挑起对荷兰的战争，并最终获胜，夺取了海上霸主地位，建立了海权－贸易－殖民地的帝国主义模式。

一、第一次战争

第一次英荷战争，1652～1654年，1652年5月，两国舰队在多佛海峡发生冲突，7月8日正式宣战。英国海军封锁了多佛海峡和北海，拦截荷兰商船，荷兰则组织舰队护航，双方海战逐渐由封锁反封锁的贸易战发展为主力舰队间争夺制海权的决战，1653年8月，荷兰集中海军力量与英国决战被击败，英国控制了制海权，使依赖贸易生存的荷兰经济瘫痪。1654年4月，两国签订《威斯敏斯特和约》，荷兰承认英国的海上霸主地位。

二、第二次战争

第二次英荷战争，1664～1667年，英国与荷兰争夺海外殖民地，1664年英军攻占北美的新阿姆斯特丹，改名纽约。荷兰立即进行反击。同年8月攻占被英军占领的西非据点。1665年6月22日两国再次开战，英国舰队随后在洛斯托夫特海战中重创荷兰舰队，法国、丹麦与荷兰结成反英同盟。1666年5月，经过修整恢复的荷兰舰队击败了英国舰队，8月荷兰舰队进入泰晤士河攻打伦敦，遭到英国岸炮和海军的联合打击，遭到重创，英国重获制海权。同年9月10日伦敦发生大火，城市大部遭焚毁，无力继续战争，试图与荷兰和谈。荷兰舰队趁机于次年6月19日进入泰晤士河偷袭了伦敦，歼灭了驻泊泰晤士河的英国舰队，破坏了船厂，并封锁了泰晤士河口。1667年7月，英国被迫签订《布雷达和约》，在贸易权上作出了让步，并重新划定了海外殖民地。

三、第三次战争

第三次英荷战争，1672~1674年，1672年5月，英法联合对荷兰宣战，分别从陆地和海上发动进攻，荷兰无法抵挡法军进攻，被迫掘开海堤淹没国土，才使法军撤退。1673年3月荷兰海军击退英国舰队。6月英法联合舰队与荷兰进行了两次斯库内维尔德海战，8月法国退出战争，英荷都无力继续战争，于1674年2月签订《威斯敏斯特和约》，战争结束。

前后达20多年的英荷海上争霸战争，尽管荷兰在军事上没有完全输给英国，但从整体上说，荷兰海上实力大为削弱了。荷兰在经济、贸易、海运方面的实力大为下降，从此"海上马车夫"把海上霸权让给了英国，沦为欧洲二流国家，英国成为海上霸主。

英国宪章运动

英国是现代民主制度的发源地，长期以来，英国的文化传统就注重自由权利，再加上英国的资本主义迅速发展，培养了大量的产业工人，产业工人的政治觉悟远远高过传统的农民，因此，英国在19世纪三十四年代爆发了人民宪章运动。

19世纪初，英国已经完成了工业革命，而且凭借强大的生产力成为当时的"世界工厂"，工商业也取得了很大的发展。资产阶级凭借强大起来的力量谋得了一定的政治地位。但在资产阶级革命以及议会改革中出过力的工人阶级却一无所获，政治上依然处于无权的地位。于是，英国工人便开始要求取得普选权，以参与国家管理，从而维护自己的利益。为了达到这个目的，英国爆发了三次宪章运动。

1837年，第一次宪章运动爆发，工人协会向国会提交了一份请愿书，在请愿书中明确提出凡是年满21周岁的男子都应该拥有选举权。选举投票应当秘密进行，废除议会候选人的财产资格限制，国会每年举行一次改选，平均分配选区。这份请愿书被公布后，被称为《人民宪章》，到1839年的时候，已经有125万人在请愿书上签了名。1840年7月，各地的宪章派代表召开了大会，宣告成立全国宪章派协会。

英国的宪章运动，从一开始产生就比较温和。宪章协会特别强调，在请愿过程中，必须"采取和平和合法的手段"，这种和平、合法的手段削弱了宪章运动的影响力。但好处在于，宪章协会在英国各地都设置了分会，入会者须交纳会费，这是近代第一个工人政党的萌芽。

1842年5月2日，第二次宪章运动爆发。参加请愿的工人聚集在伦敦街头，然后组成队伍来到国会下院，由负责人向下院递交全国宪章派第二次请愿书。在请愿书中，指责现有的国会下院"既不是由人民选出来的，也不是由人民做主的。它只为少数人的利益服务，而对多数人的贫困、苦难和愿望置之不理"。宪章协会之所以会这样说，和国会下院的人员组成有关，那里面基本没有下层人民。另外，请愿书还谴责了英国社会的贫富分化过于严重，维多利亚女皇每天的收入是千百万工人收入的数万倍。

指出这些现实之后，请愿书指出解决办法便是根除垄断，包括统治阶级对选举权、货币的垄断，以及对资本和土地的垄断，另外还要开放新闻自由和宗教自由。

第二次宪章运动声势比第一次更加浩大，有300多万人在请愿书上签了名。

1848年，随着欧洲大陆革命风暴的发展，英国宪章运动再度高涨。不久后，便爆发了第三次全国请愿。

第三次宪章运动，人们不再选择沉默请愿，在伦敦、曼彻斯特、伯明翰、利物浦、格拉斯哥等城市，工人们举行了声势浩大的示威游行，这些活动在社会上产生了巨大的影响，统治者感到恐惧了。

因此，当全国宪章派第三次代表大会的代表将请愿书装在四套华丽的马车上，去国会的途中，便遭到了宪兵的阻挠，国会也拒绝接受请愿书。资产阶级政府还下令解散全国宪章派协会。宪章运动失败了。

宪章运动虽然失败了，但资产阶级政府为了避免出现社会动乱，也做出了一定的让步，满足了工人部分的愿望。宪章运动的参与者，有人离开英国到了美国、澳大利亚或新西兰，他们也把宪章运动的思想带到了这些地方，为民主运动的发展做出了巨大的贡献。

第二章　近代法国

波旁王朝

多年的宗教战争一直让法国人苦不堪言，直到亨利四世成为了法国国王。

亨利四世虽然是瓦卢瓦王室的远亲，但他只是法国南部一个又小又穷的纳瓦拉王国的国王，很不起眼。

当时，马丁·路德新教教义早已传入法国，加尔文在法国倡导宗教改革运动，法国的信徒们都自称胡格诺派，教徒多达百万人。1562年，由于天主教派的吉斯公爵在瓦西镇屠杀新教徒，胡格诺宗教战争爆发了，亨利四世加入其中，逐渐成为了胡格诺派的领袖，拥有了很高的声望。

1572年，天主教派在巴黎制造了圣巴托罗缪惨案，屠杀新教徒2000多人，战争立时激化。胡格诺派在法国南部建立联邦，北方的天主教徒也建立了天主教同盟，内战日趋激烈。后来两大派发现，自己都没有力量打败对方，这才寻求妥协。

恰在此时，法国国王和王储相继死亡，亨利四世成了法国王位的合法继承人，波旁王朝从此开始。考虑到法国是一个以天主教徒为多数的国家，亨利四世上台后便宣布改宗天主教，不久后颁布了"南特敕令"，宣布天主教为国教，但同时给予新教徒充分的信仰自由，敕令保证不追究胡格诺战争中的一切行为，胡格诺派不但获得信仰自由，还有权建造教堂和召集教务会议。在政治上也与天主教徒一样，有权担任各种官职和向国王进谏。在军事上，允许胡格诺教徒保留100多座城堡，拥有军队和武器。这是欧洲历史上第一个保证宗教宽容的文献。但天主教会和高等法院立即提出抗议，因此这份敕令并未得到认真执行，尤其是在亨利四世死后。但是，长达30多年的胡格诺战争总算结束了。

亨利四世之所以能继位，和他的婚姻是分不开的。他娶了瓦卢瓦——昂古莱姆王室的小女儿玛格里特为后，即著名的美女"玛戈皇后"。不过，他们钟情的对象都不是对方，婚姻也因为没有子嗣更显苍白。最后，两人友好分手，亨利四世娶了来自佛罗伦萨王族的玛丽·德·梅迪奇，后者为他生了一个孩子，就是路易十三。

自从成为法国国王后，亨利四世倒是励精图治，他的名言是"要使每个法国农民的锅里都有一只鸡"，当然，他也确实在经济恢复上取得了不错的政绩。1610年，亨利四世被一个据说有弑君狂的人弗朗索瓦·拉瓦莱克刺杀。路易十三继承王位，当时他年纪尚幼。人近中年的玛丽王后带着王子在圣丹尼尔大教堂加冕。在玛丽和红衣主教黎塞留的斗争中，法国开始了称霸欧洲的步伐。

"太阳王"路易十四

路易十四于1638年9月5日诞生于圣日耳曼的王室城堡。他是法王路易十三与王后奥地利安娜（尽管她的称号是"奥地利"，但其实她是一位西班牙公主，西班牙国王腓力三世的女儿）的长子。1643年，年幼的路易继任法兰西国王，一直统治法国到1715年其生日前

4天去世为止，享年77岁。

路易十四的出生被看成一个奇迹，因为他的父母结婚前23年始终没有子女。他4岁时（1643年）就登基做国王了，他的母亲奥地利安娜代他执政，但实际掌权的是马扎然，1661年茹尔·马扎然去世后，他才开始执政。然而，他的执政是欧洲君主专制的榜样。

路易十四22岁时开始对统治国家感兴趣，而且他非常擅长此道。路易十四统治法国长达72年之久，是世界上执政时间最长的君主之一。因为他曾在话剧中出演过太阳神阿波罗，所以他也被称为"太阳王"。

路易十四执政的54年中（1661～1715年），他将国王的权力发展到了顶峰。在政治上，他崇尚王权至上，"朕即国家"，并且用"君权神授"作为王权至上的理论依据。路易十四对贵族实行高压政策，取消巴黎高等法院对国王敕令的指摘权，拒绝召开王国三级会议，无情镇压反叛的外省贵族；同时，建造凡尔赛宫，将各地大贵族宣召进宫，侍奉王室。路易十四还向各省派驻"司法、警察和财政监督官"，引进新式武器和先进技术，整顿军备扩充兵源，并把各省军队的调度权控制在中央。在思想上，他要求臣民全都信奉天主教。在经济上，路易十四把经济问题交给了科尔伯，推行重商主义。

在马扎然和红衣主教阿尔芒·让·德·普莱西·黎塞留的支持下，路易十四在法国建立了一个以他为中心的、巴洛克式的专制王国。他发动战争、资助艺术和科学的发展，并且在凡尔赛宫举行豪华的庆祝活动。在大臣如让·巴普蒂斯特·柯尔贝的帮助下，他将整个法国的官僚机构集中于他的周围，以此增强了法王的军事、财政和机构的力量。然而，他与教皇之间的不和，曾对胡格诺派教徒的迫害，还干涉西班牙王位继承战争，这些都对他的执政不利。他执政期的后期，法国国库空虚，濒临破产。

1660年路易与西班牙公主玛丽-泰蕾兹结婚，1683年玛丽-泰蕾兹去世后，他又与地位较低的曼特农女侯爵弗朗索瓦丝·德·奥比尼结婚。 路易比他的儿子和最大的孙子都活得长，他的曾孙十五岁了才继承王位。

路易年轻时法国发生了一次大规模的暴乱（投石党，1648～1653年），主要针对马萨林主教的政策。 这次暴乱对路易影响很大，他决定永不允许再次出现这种暴乱，这也造就了他的极其专制的统治政策。 在他的统治期内，法国参加了四次大规模的战争：1667至1668年与西班牙争夺荷兰，1672至1688年与荷兰的战争，1688至1697年与神圣罗马帝国皇帝之间的九年战争以及1702年至1713年的西班牙王位继承战争。 这些战争耗尽了法国的国库，使国家债台高筑。

攻陷巴士底狱与法国大革命

1789年7月13日，法国巴黎教堂的钟声突然响起，这钟声号召着巴黎市民走上街头，与国王的雇佣军展开了战斗。

巴黎东部的巴士底狱广场有一座巴士底监狱，巴士底狱原本是一个防御英国人的军事城堡，后来巴黎扩建，巴士底狱成为市区内的建筑，也就失去了防御外敌的作用，到18世纪时成为关押重大政治犯和其他人士的监狱。 因此在巴黎人眼里，巴士底狱就是法国专制王朝的象征。

7月13日，经过一晚的激战，巴黎人民逐渐控制了大部分地区，只有巴士底狱没有被攻破。 因此很多人高喊着"到巴士底狱去"，这句话鼓励着奋战了一晚上的人们。 很快，巴士底狱前便聚集了很多起义者。

但是巴士底狱的城堡围墙非常高,里面还装有大炮,守卫的士兵可以从房顶上和窗户里开火,起义者根本无法接近巴士底狱。

开始,起义者搜寻了一些陈旧的火炮,那些百年前的古炮在巴黎市民的捣鼓下,虽然也打出了炮弹,但是射程和杀伤力对巴士底狱根本无法造成威胁,最多在巴士底狱的墙上留下一些印痕,反而造成了起义者伤亡。

后来人们终于找到了一架真正的火炮,又找来了炮手。很快,猛烈的炮火让守卫们感到胆战心惊,一部分守军动摇了,举起白旗投降。起义群众冒着另一部分拒降守军的弹雨,冲入了巴士底狱。人们在巴士底狱里发现了七个囚犯,将他们全部释放。尽管后来发现这些人都是来自贵族家庭的精神病患者,但这一切丝毫不能浇灭巴黎人革命的热情。

这个颇具喜剧色彩的故事结局,却不能掩盖攻陷巴士底狱的意义。这是一场针对封建国王的战争。攻占巴士底狱已经成为全国革命的信号,各个城市纷纷效仿巴黎人民,自发地起来夺取政权,全国各地都在建立国民自卫军。

无论城乡,法国人民一起动手,攻打领主庄园,烧毁地契。轰轰烈烈的法国大革命在全国燃烧了起来。

巴黎人民这样疯狂,和当时的局势有非常大的关系。

18世纪后期,法国的资本主义已经获得了进一步发展,同时以法国为核心的欧洲启蒙主义运动也方兴未艾,全欧洲都弥漫着启蒙主义思潮。法国的伏尔泰、卢梭等思想家、文学家发表了大量的文章来推动启蒙运动。在这种大环境影响之下,各国的封建君主也以谈论新思想为荣。

但是在法国,封建贵族仍然掌控着特权。国王、僧侣以及贵族是法国的特权阶级,其中僧侣是第一等级,贵族是第二等级,其他人都被归入第三等级。前两个等级人数不过占全国总人口的2%至3%，却掌握了大量的财富。即使如此，路易十六为了更奢侈的生活，依然继续增加赋税。

1789年，路易十六召集已经停止了175年的"三级会议"，在全国启蒙思想高潮的时刻，重新召开三级会议，全国人民都以为国王会进行改革，对这次会议充满了期待，同时第三等级的代表们纷纷准备提案。

但是国王路易十六却提出，会议中只讨论增税的问题，同时还要限制新闻出版，加强政府刑罚的权力。而且下令，会议上不能讨论其他议题。

路易十六的言论一下子就惹怒了第三等级的代表们，他们不同意增税，宣布增税非法。激进的法国第三等级代表宣布：成立国民议会，国王无权否决国民议会的决议。

但路易十六却针锋相对，宣布关闭国民议会，并说国民议会是非法的。

国王的表现彻底激怒了第三等级的代表，他们成立的国民议会宣布改称制宪议会，明确提出制定宪法，限制王权。这让原本只想征税的路易十六感到非常恼怒，他偷偷调集了军队，准备逮捕不听话的代表。这样的举动，如导火索一般，引爆了巴黎人民压抑许久的激愤。于是，法国大革命爆发。

后来在路易十六的妥协下，8月26日制宪会议通过了《人权与公民权宣言》（即《人权宣言》），此宣言正式确立了人权、法制、公民自由和私有财产权等资本主义的基本原则，并宣布人始终自由、权利平等、财产权利神圣不可侵犯。另外，议会还颁布废除贵族等级制度，取消行会制度，没收拍卖教会财产。法国大革命至此已经完全点燃了作为革命主力的农民和城市平民的激情，在大资产阶级与第一和第二阶层取得妥协，维护君主立宪制的情况下，人民矛盾并没有被充分缓和，反而导致大革命的怒火继续发酵。1792年8月10日，巴黎人民再度起义，他们推翻了君主立宪派的统治，逮捕了路易十六。9月21日再度召开国民公会，次日法兰西共和国宣布成立。

此时的法国吉伦特派取得了政权，他们打击贵族和教会，并于1793年1月21日以叛国罪处死路易十六。但在他们执政的过程中，吉伦特派拒绝打击投机商人和限制物价，最终在国内外矛盾再度爆发的情况下，巴黎人民在5月31日到6月2日爆发了第三次起义，吉伦特派的统治被推翻。随之上台的雅各宾派异常激进，他们颁布《雅各宾宪法》，废除封建所有制，但依然没有给予农民和城市平民诉求的权利，实际上是以民主之名实行专政恐怖统治，最终1794年7月27日，反对派发动了"热月政变"，致使雅各宾派倒台，而雅各宾派的领袖罗伯斯庇尔也于7月28日下午被送上断头台。至此，雅各宾派专政覆亡，法国大革命结束。热月党人成立了督政府，建立了资产阶级统治秩序，维护了资产阶级革命的成果。

法国大革命是一次广泛、深刻而又激进的政治和社会革命，也是世界近代史上规模最大的资产阶级革命，它推翻了封建专制制度，促进了资本主义的发展，颁布了代表资本主义自由民主思想的《人权宣言》，在世界历史上影响深远，意义重大。

雄狮拿破仑

拿破仑，一个被法国人民铭记于心的民族英雄、一个被誉为足以媲美恺撒大帝的传奇人物。是的，正如他名字内所隐藏的含义一样——荒野雄狮，他的确如雄狮一般，怒吼声震动了整个欧洲。人如其名，拿破仑在近代法国、欧洲，乃至世界的历史上都是叱咤风云的人物，写下了经久不衰的精彩传奇。

1769年，拿破仑出生于科西嘉岛阿雅克修城中的一个小贵族世家。当时的科西嘉岛刚刚被卖给了法国。在父亲的安排下，9岁的拿破仑到法国布里埃纳军校接受教育，并在16岁时被授予少尉头衔。

1789年，法国大革命爆发后，拿破仑选择回到科西嘉岛，希望借此来推动科西嘉独立。但他的举动遭到了排挤，在保利集团的迫害下，拿破仑举家逃到了法国。在法国大革命进行到高潮时，他的军事才能得到了雅各宾派的赏识。可惜好景不长，在1794年的"热月政变"中，拿破仑被免去了旅长头衔。直到1795年，他因受巴黎督政府之托，成功平定了保王党武装叛乱，并在一夜之间荣升到了陆军中将兼巴黎卫戍司令。这时，拿破仑才开始在军界和政界中崭露头角。

我们不得不承认拿破仑是一位出色的军事家，因为他在军事上的造诣已经达到了常人所无法企及的高度。他善于将各种军事策略运用于实战之中，并总能取得很好的收获。1796年3月，年仅26岁的拿破仑被任命为法国意大利方面军总司令。在意大利的时候，拿破仑的军事才能得到了充分的体现，他统帅的军队多次击退由奥地利与萨丁组成的第一次反法同盟，并迫使对方签订了有利于法国的停战条约。

另一方面，因为他在军事上取得的一系列胜利，他的威望也越来越高，成为法国人心目中的英雄。但他的种种突出表现却引起了督政府的不安，不久被督政府任命为埃及军司令，以钳制英国在该地区扩张为由，把他派往东方，目的就是要让他远离法国，不再威胁自己的权势。拿破仑在远征途中，除携带了2000门大炮外，还带了175名不同行业的学者以及上百箱的书籍和研究设备，并下了一条著名的指令："让驴子和学者走在队伍中间。"

但拿破仑却没有想到，这次远征埃及最后以失败告终。拿破仑的军队被英国的海军上将纳尔逊完全摧毁，而他自身也被围困在了埃及。到1799年，拿破仑带去的400艘军舰只剩下两只小舰，人员损失惨重，导致最初制定的侵略印度计划无法实现。与此同时，欧洲反法联盟再次形成，法国国内保皇派势力也逐步变强。面对这种内忧外患的情况，政局变得动荡不安，甚至连国民政府内部也矛盾重重。感觉到迎面而来的危机，拿破仑立时意识到接下来要发生的事情。于是，他在1799年10月率少数随行撇开了远征军，悄悄地离开埃及，迅速返回了巴黎。拿破仑一进入巴黎，整个巴黎就沸腾了。支持他的人奔走相告，立即一传十、十传百，整个城市都充满了激情，他们高呼着拿破仑的名字。拿破仑看到这么多人支持自己，非常激动，觉得充满了希望。他立刻把周围的人召集起来，陈述了他的想法。经过一番缜密的筹划，人们认为应该立即采取行动。于是巴黎人民夺取了督政府的执政大权，成立新的执政府，把大革命彻底地进行下去！

11月9日，拿破仑开始新的行动，他先是派军队控制了督政府，进而又接管了革命政府的所有事务。这就是历史上著名的"雾月政变"。第二天，拿破仑又解散了元老院和五百人院，彻底取得了议会大权，并成立了执政府。拿破仑自任第一执政，独揽大权，从此开始了他为期15年的独裁统治。经过"雾月政变"，拿破仑成功地掌控了法国的军政大权。之后，他便采取了一系列军事行动，击退了欧洲封建势力的几次反扑，并于1800年打败奥地利军队，挥兵直指奥地利南部地区，迫使对方签订了和约。1802年，以沙俄为首的反法联盟再次被拿破仑击溃，俄国的威胁也解除了。

此外，拿破仑还采取了一系列维护其资产阶级统治的措施。在国内，他一方面用武力征讨和分化瓦解的手段，来镇压保王党的复辟活动；另一方面又采取其他统治措施，用来巩固自身的统治基础。同年12月2日，拿破仑在巴黎圣母院大教堂加冕为王，自称皇帝，并将法兰西共和国改为"法兰西第一帝国"。

之后，拿破仑又多次进行改革，并颁布了一项至今仍发挥着重要影响的著名法典——《拿破仑法典》。这是一项足以与《汉谟拉比法典》相提并论的完美存在。因为它在一个世纪以后，依然作为法国的现行法律，并对德国、西班牙、瑞典等国的立法产生了深远的影响。政变结束后第三周，拿破仑自豪地向人民宣布："公民们，大革命已经回到它当初借以发端的原则，大革命已经结束。"

拿破仑建立的第一帝国，给欧洲的封建势力带来了沉重的打击，促进了资本主义的发展，这使他在欧洲的威望空前提高，从此，法国进入了拿破仑的时代。但这也使他成为欧洲各国封建君主的头号公敌，反法同盟接连不断。之后，拿破仑与欧洲其他封建王朝进行了几次大战，其中"三皇之战"使拿破仑成功称霸欧洲，五次反法联盟之战更是直接将拿破仑推到了与恺撒大帝、亚历山大大帝齐名的高度。至此，拿破仑达到人生的顶点。可是，胜利的光环并没有一直笼罩着拿破仑，他将要面对更加艰难的挑战。

百日王朝

"战无不胜"的军事功绩让拿破仑进入了人生的巅峰，也标志着人生衰败的来临。1812年5月，拿破仑错误地估计了大陆的形式，决定发动对俄罗斯的进攻。正是这次远征，让拿破仑的功绩止步于此。不可否认，在远征俄罗斯的过程中，拿破仑一样展现出了他无与伦比的军事才华，接连告捷。但这也同样使他付出了惨重的代价。1812年9月16日，拿破仑大军攻占了莫斯科，但俄国人孤注一掷，一把火烧了莫斯科。无奈之下，拿破仑只能选择退兵，最后被俄国打败，只身逃回巴黎。

远征俄国的失利，使得法国元气大伤。1814年，在反法联盟的胁迫下，拿破仑被迫签署退位诏书，不久后被流放到厄尔巴岛。路易十八成为法国国王，波旁王朝复辟。

然而，荒野终究阻挡不了雄狮征伐的怒号。1815年初，就在反法同盟的欧洲各国君主在维也纳举行会议时，一个消息传来：拿破仑这头被困的荒野雄狮从厄尔巴岛的牢笼里逃了出来，并一路杀回了巴黎。紧接着，一个又一个的信使报来了消息："拿破仑已经占领了里昂"；"拿破仑已经赶走了国王"；"军队又都狂热地倒向了他那一边"；"他住进了杜伊勒里王宫"……

1815年2月26日夜，拿破仑率领1000多名官兵，分别乘坐6艘小船，躲过了波旁王朝皇家军舰的监视，然后又经过3天3夜的航行，终于抵达了法国南岸的儒昂湾。刚刚上岸，拿破仑感慨万分，再也控制不住内心的激动，在岸上发表了热情洋溢的演说："士兵们，我们并未失败！我时刻在倾听着你们的声音。为了我们的今天，我历经重重艰辛！此时此刻，我终于又回到了你们中间。来吧，让我们并肩战斗！胜利属于你们，荣誉属于你们！让我们高举起大鹰旗帜，去推翻波旁王朝，争取我们自己的自由和幸福吧！"

拿破仑以他充满激情的演说鼓舞了所有的士兵，他们群情激昂、热血沸腾。部队浩浩荡荡地进入巴黎，所到之处传来阵阵欢呼之声。此外，由于波旁王朝的阻击部队曾经都是拿破仑的旧部，他们见到拿破仑归来纷纷归附。到3月12日，拿破仑未损一枪一弹，顺利进入巴黎。此时他的队伍也由最先的1000多人扩展到了15000人。路易十八见大势已去，便携家眷和亲信逃出了巴黎。3月19日，拿破仑在万民的欢呼声中再次登上了王位，开始了他的"百日王朝"。

反法联盟的各国首脑顿时惊恐万分，赶忙放下各自的利益纠纷，将矛头指向了统一的敌人——拿破仑；同时他们迅速集结兵力，并于3月25日组成了第七次反法联盟。

6月20日左右，反法盟军约定开始行动，而拿破仑一方也做好了充足的准备。到六月上旬，拿破仑的军队已发展到十八万人。而这并没有让拿破仑感到满足，他希望能在六月底之前集结五十万大军，这样才能为胜利做好保障。然而，令拿破仑感到遗憾的是，那些富有作战经验的老将已经不愿再为他效力。这样的结局对法军来说，是非常不利的。

6月16日下午2时，反法盟军如暴风雨般席卷而来，拿破仑带领将士慌忙应战。经过一番苦战，法军占领了林尼村，切断了普军的防线。但拿破仑却错误地认为普军败局已定，便下令让法军休息一日。殊不知，这样正错失了歼灭普军的最好机会。逃散的普军在瓦弗方面重新集结，再次对法军构成了威胁。而另一面，英军首领威灵顿听到布吕歇耳战败后，担心孤军作战，便迅速撤退到滑铁卢方向，拿破仑的军队也尾随英军而去。

之后，被拿破仑击溃的普军也重新集结，他们兵分两路，一面增援滑铁卢附近的英军，一面直接围攻法军右翼。而英军也做好了充足的准备，在首领威灵顿率领下，6万多战士和156门大炮，在滑铁卢村南摆好了阵势，等待着拿破仑的到来。

滑铁卢之战是双方的一次决战。拿破仑只率领了7万士兵和270门大炮，再加上天下大雨，这些大炮仅有一小部分进入了阵地。拿破仑正确分析出英军的弱点就在中段，于是他决定佯攻英军右翼而重点攻击中部。

6月18日上午11时，法军向英军展开了炮轰。下午1时，正当拿破仑按照计划向英军中部进攻时，异端突生——布吕歇耳率一部分普军及时赶到。面对这种情况，拿破仑不得不从预备队中抽出两个骑兵师迎战布吕歇耳。 而英军方面也顽强抵抗，双方的损失都很大。到了下午6时，被称为"勇士中的勇士"的内伊元帅接受了拿破仑"不惜一切代价攻克英军中部"的指令，突破重重包围，终于占领了圣拉埃村。 此时，英军已经疲惫不堪，法军也无力再战。 他们现在能做的就是等待，等待援军的到来。 哪方的援军能够最先到达，哪方就能够取得最后的胜利。

到了黄昏时分，终于有一大队人马从远处飞驰过来，赶来的队伍正是普鲁士大军! 最终，拿破仑和他的军队全军溃败。 拿破仑逃出战场，从此一蹶不振。

1815年6月21日，拿破仑带着残兵败将回到了巴黎，紧接着百万反法联军汹涌而来。 7月7日，联军进入巴黎，拿破仑再次被迫退位，结束了"百日执政"。 不久，他被流放到了大西洋南部的圣赫勒拿岛。 1821年5月，这位叱咤风云的荒野雄狮在孤独抑郁中死去。

神圣同盟

拿破仑帝国瓦解后，1815年由俄国沙皇亚历山大一世发起，得到奥地利皇帝弗兰茨一世和普鲁士国王腓特烈·威廉三世的赞同，于同年9月26日在巴黎签署《神圣同盟宣言》，标榜根据基督教教义处理相互关系，宣布：三国属于上帝统治下的"同一家庭的三个分支"，三国君主以"手足之情""互相救援"。 引导臣民和士兵"保卫宗教、和平与正义"，要求人民遵守教义，恪尽职守。 并邀请承认盟约原则的国家参加同盟，同年11月19日，法国国王路易十八加入。 最后除英国摄政王、奥斯曼帝国苏丹及教皇外，欧洲各国君主也纷纷加盟。

19世纪20年代，神圣同盟先后镇压了意大利革命和西班牙革命，还曾企图干涉拉丁美洲的独立运动，招致美国的反对，抛出"门罗主义"。后因欧洲革命蓬勃发展，列强间矛盾加剧，1822年希腊爆发独立运动后名存实亡。在1830年法国七月革命和欧洲1848年革命的冲击下，同盟瓦解。神圣同盟实际上是维护维也纳体系、维护君主专制政治秩序的君主互助同盟。

神圣同盟的倒行逆施，遭到了各国人民的强烈反抗。1848年欧洲革命风暴，扫除了欧洲各国的一大堆政治垃圾，梅特涅本人也在维也纳革命中男扮女装出逃，后来连国王也逃离维也纳。神圣同盟到此彻底瓦解。

1848年法国二月革命和六月起义

在"七月王朝"统治下，法国政权掌握在金融贵族手里。根据规定，只有交纳直接税200法郎以上的人才有选举权，交纳500法郎的人才有被选举权。当时法国的3600万人口中，有选举权的只有20万人。很多工业资本家也没有选举权。金融贵族的统治严重阻碍了法国工业革命的进一步发展。

基佐掌握法国政府时期（1840～1848年），法国政治更加黑暗。基佐顽固反对任何改革，对内镇压革命运动，维护金融贵族的利益；对外讨好英国，积极对外扩张。法国国内矛盾日益尖锐。1847年以后，对政局不满的资产阶级到处以举办"宴会"为名，进行政治宣传，要求改革。1848年2月22日，当人们准备在巴黎举行一个大型"宴会"时，群众与军警发生冲突。23日，更多的巴黎人走上街头，不少国民自卫军也加入进来。法国国王路易·菲力浦慌忙解除基佐的职务，答应实行改革。资产阶级准备妥协，但广大群众却把革命推向深入，决心推翻王朝，建立共和国，发动了起义。24日，菲力浦逃往英国。资产阶级成立了由11人组成的临时政府，为了麻痹群众，吸收了两名工人代表。25日，法国成立共和国，即历史上的法兰西第二共和国。

当时，工人手里掌握了大量武器，资产阶级为了避免过早同工人发生冲突，不得不实行了一些有利于工人的改革，如设立国家工场，收容失业工人、职员和破产的手工业者。然后，又增加税收，说是为了维持国家工场，引起农民和小资产阶级对工人的不满。同时，组织了一支二万多人的别动队，准备对付工人武装。5月，临时政府解散，组织新政府，工人被完全排除在外。新政府调集大量军队进入巴黎，准备镇压。6月22日，政府公布了关闭国家工场的决定。工人们立即走上街头，表示反对。当晚，决定起义。起义工人以4.5万人对抗25万以上的政府军队，经历了23～26日四天的战斗，最后被镇压下去。起义工人1.1万多人被杀，2.5万人遭到监禁或流放。二月革命要求推翻君主政体，六月起义则要求推翻资本主义社会。马克思说，六月起义"是现代社会中两大对立阶级间第一次大交锋。这是保存或消灭资产阶级制度而进行的战斗。"而以此为开端，在此之后在欧洲迅速掀起了资产阶级民主民族革命的高潮，即欧洲1848年革命。

路易·波拿巴与第二帝国

路易·波拿巴（1808～1873年）是拿破仑一世的侄子，拿破仑帝国覆灭后，寄居在瑞士。他才能平庸，但野心很大。1832年，拿破仑一世的儿子病逝，他成为拿破仑一世的法定继承人。他处处模仿拿破仑，朝思暮想恢复帝业，多次组织暴动，但都失败了，只好逃往英国。二月革命后他秘密回国。为了赢得人民的支持，他伪装同情劳动人民，反对资本主义。当时，法国农民深受压迫，他们怀念拿破仑时代的"好时光"，把波拿巴看成是拿破仑一世的再现；资产阶级也希望有一个强有力的人物来维持统治。这样，靠着他的到处许诺和拿破仑一世的威望，波拿巴在1842年12月的选举中以绝对优势当选为总统。此后，他通过玩弄政治手段，逐渐巩固了自己的地位，把国家的军政大权揽到自己手里。然后，他要求修改宪法，使总统可以连任；当这一要求遭到议会否决后，他在1851年12月2日，即奥斯特利茨战役和拿破仑加冕称帝的纪念日，发动政变。他调军队进入巴黎，解散议会，逮捕反对派议员，坚决镇压反抗。1852年1月，他公布新宪法，改总统任期为10年。12月2日，路易·波拿巴正式宣布自己为皇帝，称拿破仑三世，建立法兰西第二帝国。波拿巴建立了庞大的军队，解散工会，封闭进步报刊等；同时，积极对外扩张，进行了一系列侵略战争，如参加克里米亚战争、远征墨西哥。第二帝国时期，法国的工业发展迅速，完成了工业革命，城市建设得到重视，修筑了很多林荫道。普法战争爆发后，拿破仑三世随军上阵；在9月2日的色当战役中，法军大败，拿破仑三世投降被俘。1871年3月19日，拿破仑三世获释，到英国隐居。但不甘心退出政治舞台，仍积极活动，企图重新复辟帝制。1873年1月病逝。

巴黎公社起义

1870年7月，拿破仑三世挑起了法国同普鲁士的战争，结果法军惨败。 8月底，普鲁士军队长驱直入，已经占领了法国1/3以上的领土，法国人民惨遭野蛮屠杀。 而在9月2日，被围困多日的拿破仑三世被迫宣布投降，这也标志着第二帝国的灭亡。

拿破仑三世投降之后，法国人民对此非常不满，自发组织起了自卫军，同普鲁士抗争，而政府方面则由资产阶级共和派和奥尔良派组成了"国防政府"。 普鲁士军队对法国皇帝的投降并不感到满足，他们仍然向法国发起了进攻，在9月19日包围了巴黎。

在被围困了4个月之后，当时执政的国防政府在1871年1月28日向德军(普鲁士这时已经是德意志帝国)公开投降，签订了停战协定，解除了部队的武器。 紧接着，资产阶级反动政客梯也尔(1797～1877年)被捧上了政府首脑的位置，他上台之后，很快便和德国订立了屈辱的和约草案，将法国的一个省割让给德国，还要向德国赔款50亿法郎，并且将枪口对准了巴黎的武装工人。

巴黎的民众对此非常愤怒，这些工人武装选出了自己的领导机关，即国民自卫军中央委员会，瓦尔兰(1839～1871年)任中央委员会委员，同梯也尔政府抗争。

1871年3月18日凌晨3时，梯也尔派他的反动军队趁着黑夜去夺取蒙马特尔高地和那里的大炮，结果被民众发现。 在工人和居民的质问声中，士兵们没有执行向民众开枪的命令，反而将领头的军官逮捕起来，最后把他枪决了。

梯也尔的阴谋破产了，同时也激怒了巴黎的工人阶级，他们决定用武装起义予以回击。 在战斗过程中，人民武装迅速占领了许多军事要地和政府机关，并很快向巴黎市中心推进。 而梯也尔手下的部队却溃不成军，节节败退。

梯也尔和巴黎市中的一些资本家看到巴黎马上就要守不住了，于是便纷纷逃向了凡尔赛宫。 很快，国民自卫军便占领了市政厅，自卫军中央委员会在3月18日当天就发表宣言，称应尽快通过选举成立公社，让公社来行使政权。

3月26日，在巴黎举行了公社选举。巴黎的劳动人民踊跃地投票，最后选出了代表人民利益的无产阶级政权。公社是由巴黎各区所选出来的城市代表组成，共有86名公社委员。后来其中的21名资产阶级代表退出了公社，还有一位老革命家被梯也尔反动政府关押在凡尔赛的狱中。所以，最初的公社委员共有64名。这些委员又分为"多数派"和"少数派"。

3月28日，在市政厅大楼前举行了隆重的巴黎公社成立大会，几十万巴黎市民聚集到这里，欢呼革命的胜利。

公社成立之后，便进行了一系列的改革，废除了许多资产阶级性质的法令。首先一条就是让国民自卫军取代了原有的军队，原来的警察队伍也被解散，关闭资产阶级法庭，将教会与国家分离开。同时巴黎公社还组织工人和革命知识分子，成立了新的国家机构，以管理各项事务。

在经济方面，公社没收了逃离资本家的工厂，将它们交给工人合作社来管理，同时还成立了一个委员会，专门负责监督铁路运输和军需物品生产。这两项经济举措其实已经触及到了资本主义私有制，带有明显的无产阶级性质。公社还对公社职员和工人的工资做了许多方面的改革和规定，设立了救济贫民的专门机构等。

在文化教育方面，将教士赶出了学校，提高教师工资，女教师得到了公平的待遇，开办了职业学校，使劳动人民的孩子也有了受教育的机会等。所有的这一系列政策，均表明了公社代表的是无产阶级的利益，也是将劳动人民的利益放在第一位的。

与此同时，资产阶级并不甘心自己的政权就这样被夺走，他们也采取了行动。1871年4月2日，梯也尔反动政府的军队从巴黎的西南面向公社发起攻击，巴黎人民团结一致，坚决斗争，保卫自己刚刚取得的政权。

4月6日，梯也尔任命麦克马洪元帅为总司令，同时他也向德国乞求释放第二帝国的俘虏，并由这些俘虏组成了一支13万人的反动政府军队，继续向巴黎进攻。虽然巴黎公社社员进行了英勇的抵抗，可是由于指挥不利，军事上显现出了劣势。再加上5月10日政府军和德意志签订了屈辱的和约，政府军又获得了10万名法军战俘，而且德军也为政府军提供了暗中的支持，反动政府的军事实力大增。

5月21日，反动政府的军队在公社内部奸细的指引下，从圣克鲁门进入了巴黎城，开始了对公社社员的血腥屠杀，历史上称这一事件为"五月流血周"。

巴黎人民同反动政府军在城中进行了英勇的战斗，就连妇女和儿童都加入了进来。可是5月23日，一支反动政府军在德意志军队的默许下，通过德军防线，突然从城北进攻蒙马特尔高地，使得巴黎人民腹背受敌。当天中午，蒙马特尔高地被攻下，第二天反动政府军便占领了市政厅，包括瓦尔兰在内的多位公社的领导人都在战斗中牺牲。5月27日，最后一批公社战士在贝尔—拉雪兹公墓全部壮烈牺牲。就这样，仅仅存在了72天的巴黎公社，被梯也尔的反动政府给残忍地扼杀了。

巴黎公社起义虽然失败了，但是它仍然是一次划时代的伟大变革，因为通过起义，无产阶级建立起了属于自己的第一个政权，为后来的世界无产阶级革命提供了宝贵的经验。

第三章　近代俄国

俄罗斯帝国的成立

11 世纪，莫斯科被苏兹达尔王公尤利占领，这只北部巨熊的历史从此拉开了序幕。

虽然当时莫斯科的国土只是涅格林纳河与莫斯科河之间的一个高地，却掩盖不了这只巨熊的光芒。

13 世纪中叶，莫斯科公国已经在北部开始崛起。到 14 世纪初的时候，其领土已经扩张到原来的一倍。但不幸的是，在以后很长的一段时间，莫斯科都一直沦为蒙古人的属地。直到 1325 年，伊凡·达尼洛维奇继承了莫斯科公国的王位，这一切才宣布结束。伊凡·达尼洛维奇善于利用各种外交手段，他将大汗的权力窃取到手后，又制服其他竞争者，扩张了莫斯科大公国的领土。到他去世的时候，莫斯科的领土面积已经是原来的数倍。到底米特里·伊凡诺维奇统治之后，俄罗斯东北部也趋于统一。此时的莫斯科公国已经完全具备了独立建国的能力。

1380 年，底米特里·伊凡诺维奇打败了蒙古人，保住了莫斯科大公国的名号，并且利用这次战争稳定了他的统治地位。底米特里·伊凡诺维奇去世后，其子瓦西里一世掌控莫斯科公国的政权。到 15 世纪中叶，也就是瓦西里二世统治时期，莫斯科公国已经在政治上控制了很多大大小小的公国。同时，莫斯科公国还击败了鞑靼人的进犯和分裂。

当然，莫斯科公国的统一之路也是非常艰难的，其中诺夫哥罗德的波雅尔就是一个最为困难的阻挠力量。但莫斯科公国是幸运的，由于对方的内部阶级矛盾日益尖锐，才使得莫斯科公国在战争中取得优势。到1478年，在内部战争与莫斯科公国的双重压力之下，诺夫哥罗德终于同莫斯科公国讲和，接受莫斯科公国要求取消诺夫哥罗德的独立、并将政权移交给莫斯科公国的大公等条件。至此，俄罗斯国家的大一统局面已经出现雏形，再加上此时的蒙古已经开始分裂，俄罗斯公国摆脱蒙古的统治也指日可待。

在莫斯科公国脱离蒙古统治后，便开始了大步扩张的步伐。仅仅不到半个世纪，莫斯科公国的领土就扩张了数倍，由之前的43万平方千米猛然增加到280万平方千米。一个幅员辽阔的大国自此形成。

莫斯科实现大一统之后，随之开始实行中央集权的政治制度。到16世纪初期，一些新的国家机构开始出现。此外，由于实现了政权和行政组织的统一，大公掌握国家政权，军队的体制、税收、铸币和邮政也都随之趋向统一。

1497年，俄罗斯颁布了全国统一的法典，确立了国家大事由国家杜马和大公商讨决定的制度。自此，俄罗斯正式成为一个统一的中央集权国家。这不仅为俄罗斯抵御外来侵略做好了安全保证，也为俄罗斯争取民族独立提供了足够的资本。此外，这种局面的形成还为国内经济和文化发展创造了有利的条件。

第一位沙皇：伊凡雷帝

伊凡四世从小多灾多难，3岁时，他的父王便因病去世，8岁时，代他执政的母亲又被人毒死，剩下他孤单单一人。那些宫廷大贵族从来不把年幼的伊凡四世放在眼里，成天在他面前争权夺利，大吵大闹，甚至威胁他、侮辱他，把他当作克里姆林宫的"囚徒"。这使得伊凡四世从小对那些贵族老爷充满仇恨，并且变得特别残忍。少年时的伊凡四世经常残忍地将小鸟拔掉羽毛、挖掉眼睛，看着它们慢慢死去；或者把小猫、小狗从塔楼上扔下，从中寻找乐趣。好在他的启蒙老师、大主教马卡林教他读书、写作，使他成为一位有文化知识的俄罗斯统治者。马卡林还向他灌输树立君王的权威、建立东正教大帝国的思想。

1547年，伊凡17岁了，到了登基的年龄。克里姆林宫大教堂举行了隆重的加冕仪式，大主教马卡林把一顶从东罗马帝国传下来的皇冠戴在他头上。为表明自己已拥有无限的权力，他采用了"沙皇"的称号。沙皇一词并非伊凡的创造，它来源于古罗马皇帝的称号"恺撒"（俄语"沙"是从拉丁文"恺撒"一词转音而来），伊凡四世成了俄国第一位沙皇。

年轻的伊凡虽然加冕称帝，但宫中掌握实权的是大贵族格林斯基家族。格林斯基是伊凡的舅舅，一直在各地横征暴敛，独断专行，莫斯科人民为此怨声载道。

伊凡加冕后的第五个月，一场可怕的大火降临在莫斯科。时值盛夏，久旱未雨，火势凶猛，城市大部分被焚，1700人被烧死，大批居民流离失所。这时流言四起，人们传说是格林斯基家族的人放的火。于是暴怒的群众将仇恨都集中到格林斯基身上，他们冲进克里姆林宫，找到格林斯基家族中的一人，当场用石块将其砸死。市民又将格林斯基家的住宅洗劫一空，并杀死了所有能找到的格林斯基的家族成员。面对怒不可遏的群众，沙皇伊凡四世发誓将惩处格林斯基家族。群众这才散去。

伊凡四世被这次人民造反吓得胆战心惊，他得出一个教训：应该自己行使权力来治理国家，再也不能让大贵族为所欲为。于是，伊凡四世开始进行政治改革。他大力加强皇权，削弱和打击大贵族势力，提高中小贵族、城市商人的地位。他统一了全国的法律，起用中小贵族担任法官；还颁布《兵役条例》，规定凡拥有150俄亩土地的人出一名骑兵服兵役，增加了沙皇军队的力量。

伊凡四世稍稍稳固了自己的统治后，便开始向周边地区扩张，以扩大沙皇俄国的版图。

伊凡的侵略矛头首先指向伏尔加河中游的喀山汗国。喀山汗国是蒙古人建立的封建国家，由于地处交通要道，商业繁荣、土地肥沃、物产丰富，俄罗斯历代统治者都对它垂涎三尺。伊凡四世曾三次派兵入侵喀山，但都以失败告终。但他野心不死，在对军队进行改革后，又开始第四次入侵。

1552年，伊凡四世亲自率领15万大军、150门火炮，还运来了移动攻城塔，于8月下旬直逼喀山城下。喀山守军不过3万，只有火绳枪，但喀山军民不畏强暴，奋起抵抗。经过一个月的攻城战，俄军仍然不能破城。

这时，伊凡想出一计，他命人从城外抓来340人作为人质，押到城下要挟喀山守军投降。可喀山守军拒绝投降。恼羞成怒的伊凡下令在城下处死全部人质。随后，俄军又发动了更为猛烈的进攻。喀山军民英勇不屈，誓死抗敌。俄军每前进一步，都要付出很大的代价。

最后，俄军破坏了地下水道，切断了喀山水源，并花了10天时间，挖开一条直到城墙底下的200米的秘密通道。俄军在炸毁一段城墙后，冲进城内。10月2日，喀山城终于被攻陷。喀山守军大部分被杀，妇女、儿童被俘，财物被劫，房屋被焚。喀山汗国被纳入俄国的版图，伊凡四世随即自称"喀山沙皇"。

以后，伊凡又占领了伏尔加河下游的阿斯特拉罕汗国。为了取得波罗的海的出海口，伊凡又与波兰、瑞典打了一场长达25年的战争，结果以失败而告结束。

伊凡四世在对外扩张的同时，在国内则致力于打击世袭大贵族的权力，为此他精心设计了"特辖制"。

1564年12月3日，沙皇及其家属突然乘马车从克里姆林宫出走。沙皇这次出走不同寻常，行动严守秘密，气氛格外阴沉，预示着一场严酷的争斗即将到来。

一个月后，当大贵族和主教的代表找到沙皇，恳请他复位时，伊凡痛斥大贵族对他不忠。他表示同意复位，但必须给他非常权力，以处置不听话的大贵族。第二年2月中旬，沙皇回到首都，宣布实行"特辖制"。

他先把全国领土划为普通区和特辖区。特辖区主要在俄国中部，约占全国一半土地。这些地方富饶、繁荣，具有重要军事意义。特辖区内土地一律变成王室的财产，由沙皇分封给对他忠诚的中小贵族。而特辖区内大贵族一律移居到边远地区。

然后，伊凡四世建立特辖军，以清除不忠于沙皇的大贵族。特辖军骑兵由1000人组成，其成员都经过严格挑选。特辖军身穿黑色服装，在马鞍边上挂着一个狗头和一把大刷子，表示扫除一切叛逆分子。在沙皇的直接指挥下，特辖军镇压和屠杀了许多大贵族集团。

伊凡四世生性多疑，反复无常，又极端残忍。他依靠特辖军，前后共杀死四千名大贵族，杀害的平民百姓更无法计算。但在长期的国内斗争和对外战争中，他变得精神失常。一次，他在暴怒之下失手打死了自己的儿子，随后又悔恨不已，刚过五十岁就已显著衰老，神情呆滞。1584年3月19日，伊凡四世在下棋时突然倒地而亡，死因不明，至今仍是个历史悬案。

彼得大帝改革

1698年，俄罗斯沙皇彼得大帝突然下发了一道命令，规定全国城乡的男人都不能留胡子。这个命令震惊了俄罗斯人，要知道俄罗斯人的观念，虽然没有中国"身体发肤受之父母"的教诲，但长期以来，胡子被认为是仪表威严、品德端庄的象征。但在彼得大帝的眼里，留胡子却成了陋习。

这道命令激怒了俄罗斯人，各地开始反抗。不过彼得大帝也不肯退让，最后双方各自妥协，想留胡子的人，必须出钱购买留须权。每年需要支付100卢布，还要把"留须权钱收讫"的牌子挂在脖上，时刻准备接受检查。

整治完胡子之后，彼得大帝又开始盯上了衣服。在一次宴会的时候，客人刚刚坐定，彼得大帝便拿出一把剪刀，亲自动手将客人的大袖袍剪掉。一边剪还一边讲道理，说大袖子非常碍事，不方便，剪下来还可以节省很多布料。

此后，彼得大帝又开始在礼仪上改革，甚至还专门出版了一本生活教科书《青春宝典》。这部书的主要内容是讲如何做客、工作和居家，以欧洲礼仪为标准，把俄罗斯人的旧习惯彻底改造了一番。

彼得大帝如此热衷这些事情，其实，这只不过是他改革中的一部分。而且这一切，都与他的人生经历以及当时俄罗斯的现实有关。

17世纪之前，欧洲便已经开始了资本主义运动，而俄国依然停留在中世纪，直到沙皇彼得一世改革之后才有所发展。

1672年，彼得出生在莫斯科，不到4岁的时候父亲便去世。他的姐姐索菲娅·阿列克谢耶夫娜做了摄政王。为了顺利继承王位，彼得一世受尽了磨难。

1689年，彼得一世正式继位，那时候沙俄还是一个落后的国家，甚至落后于同时代的中国清政府，国内主要是农奴制。欧洲的文艺复兴和宗教改革都没有与俄罗斯发生一点关系，俄罗斯的改变都源自于彼得一世的一次旅行。

1697至1698年间，彼得化名为彼得·米哈伊洛夫，以下士的身份带领了一个大约由250人组成的"庞大的使团"，到西欧做了一次长途旅行。

在这次长途旅行中，彼得大帝到处体验生活，曾在荷兰的东印度公司做过一段时间船长，在英国造船厂实习了一段时间，还跑到普鲁士学习射击。总之，他亲身体会了欧洲社会的方方面面，考察了许多工厂、学校、博物馆，甚至还参加了英国议会的一届会议。这些体验让他最大程度地学习了西方的文化、科学、工业及行政管理方法。

在这一年多的旅行中，让彼得大帝最受刺激的，并不是西方的科学技术，而是在拜访两位欧洲贵妇的时候，年轻的彼得大帝不懂欧洲生活礼仪，虽然言谈十分睿智，表现不俗，但是他吃饭的时候，嘴巴因为吧唧的声音很大，着实被贵妇嘲讽了一番。这种刺激让彼得大帝非常愤怒，同时他也知道这其实是欧洲文明的一部分，对改造观念非常有用。因此，才有了彼得大帝回国后改革的这一段故事。

1698年，彼得大帝旅行归国的改革实行的是一系列举措，并非只是生活习惯。值得一提的是，同时代的清朝皇帝康熙，通过传教士学习到了西方的数学、火枪等技术；但他学习之后，便将这些东西束之高阁，并且严禁他人学习。这两种不同的思维方法也让两个国家走上了不同的道路。

彼得大帝改革可以概括为西化。他用欧洲的方式建立起一支强大的海军，大力鼓励工商业，为了解决工人问题，允许企业主买进整村的农奴到工厂做工，还引进外资，在俄国开办工厂，聘请欧洲技术人员到俄国，同时还派遣俄国人到东欧去学习。

总之，彼得大帝用尽一切方法学习欧洲的先进经验，改组了俄罗斯原先的政治体制，剥夺了贵族领主杜马会议的职能，学习欧洲建立了参政院，还建立了完整的中央集权统治。

在改革的同时，彼得大帝还积极向外扩张。在他的领导之下，俄国与土耳其以及瑞典交战，全部获得了胜利，并且夺取了波罗的海上的一个出口。在这个地方，彼得一世兴建了新的城市圣彼得堡，这让他可以瞭望到欧洲。为了更靠近欧洲，1721年，彼得一世甚至将首都从莫斯科迁到圣彼得堡。

彼得一世的改革非常激进，在当时也引起了很多反抗。这就加剧了统治矛盾，连续出现了数次叛乱事件，但这些叛乱都被彼得大帝无情地镇压了。

经过彼得大帝的改革，俄罗斯在政治、经济、军事、文化教育和宗教等各个方面都发生了翻天覆地的变化。俄罗斯拥有了正规的陆军和海军，一跃而成为欧洲的军事强国，并且出现了初步的工业。从此之后，俄罗斯开始抛开了愚昧的历史，以全新的面目走上世界的舞台。

女皇叶卡捷琳娜二世

1762年6月28日清晨，彼得堡军营驶来了一辆华贵的马车。马车上是一位尊贵的德国女人，在她的身后，是一名近卫军军官。马车停到军营门口，数百名士兵蜂拥而至，跪伏在地上，高喊"女皇"，并宣誓效忠。看到这个情况，女人的脸上露出了得意的笑容。她就是即将执政俄国的女沙皇叶卡捷琳娜。

叶卡捷琳娜之所以能够当上女沙皇，还要从彼得三世的错误决定说起。由于彼得三世执行亲普鲁士方针，极大地损害了俄国的利益，引起了俄国贵族的不满。于是叶卡捷琳娜便心生夺权之意。6月28日，叶卡捷琳娜发动了宫廷政变，废黜了自己的丈夫彼得三世，并于7月6日将彼得三世处死。至此，叶卡捷琳娜如愿以偿地登上了沙皇的宝座。

其实，彼得三世和叶卡捷琳娜都是德国人，至于他们为何能够来到俄国，这里还有一段历史渊源。当年彼得大帝为了夺取波罗的海的制海权，便将自己的大女儿嫁给德国的一个亲王。但他死后，由于继承权的问题，宫廷内发生了5次政变，直到他的小女儿成功做上沙皇。可他的小女儿一生未婚，最后只好将14岁的彼得从德国接过来，并立他为皇位继承人。而小彼得的未婚妻叶卡捷琳娜也跟着到了俄国。

叶卡捷琳娜的父亲是德国的公爵，因此叶卡捷琳娜从小就受到了很好的教育。她性格很开朗，活泼好动，更为重要的是她还懂得很多知识。自幼受到良好熏陶的她，也深深地体会到了统治阶级内部的明争暗斗。再加上嫁给彼得三世并没有得到宠幸，这让她更加坚定了自己的想法，一定要当上女皇。于是她开始废寝忘食地学习俄语和俄国的风俗习惯，并在暗地里拉拢俄国的贵族和军官，这为她以后对俄国的统治打下了良好的基础。

1761年12月，叶丽萨维塔女皇病逝，彼得成功登上了皇位，称彼得三世。但彼得却始终对普鲁士有着极深的感情，一上台就实行了一系列亲近普鲁士的政策，但这些政策同时也损害到了俄国贵族阶级的利益，很快便引起了贵族们的强烈不满。叶卡捷琳娜见到这种情况，觉得时机已经成熟，便利用贵族阶级与彼得之间的矛盾，成功地发动了宫廷政变，窃取了沙皇之位。

上位后的叶卡捷琳娜深知俄国当时的状况，为了巩固自己的统治，她采取了一系列维护贵族特权和利益的措施，并加强了贵族的专政，巩固了农奴制度。

然而，叶卡捷琳娜采取的这些措施，更加加重了农民的负担。沉重的盘剥和压迫终于激起了民众的反抗，尤其是农奴们的反抗情绪更为强烈。普加乔夫率领农奴揭竿起义，发动了俄国历史上规模最大的一次农民起义。这次战争严重震撼了沙俄的农奴制和叶卡捷琳娜的政权统治。叶卡捷琳娜气急败坏地制订了镇压计划。很快，起义就被镇压了下去，而起义的首领普加乔夫则被女皇残暴地处以绞刑。

叶卡捷琳娜在位期间，对外共发动了6次大的战争，妄图称霸整个欧洲。沙皇俄国也跨进了世界列强的行列，并因积极干预欧洲事务而被称为"欧洲宪兵"。

克里米亚战争

克里米亚战争的导火线是俄罗斯与奥斯曼帝国之间的宗教问题。俄罗斯向奥斯曼帝国提出在其"圣地"建立俄罗斯的保护地，以便保护奥斯曼帝国境内的东正教徒，但是这个要求被君士坦丁堡的奥斯曼帝国苏丹直接回绝了。这时法国的天主教徒和英国的新教徒也倾向支持奥斯曼。于是俄罗斯在苏丹拒绝后决定以此作为采取军事行动的理由，1853年俄罗斯与奥斯曼帝国断交，并开始占领多瑙河流域的土耳其附属国。

俄奥间之所以爆发克里米亚战争，其真正原因是奥斯曼帝国内部出现分裂，俄罗斯认为这是它在欧洲扩大势力的大好时机，尤其是它觉得可以趁此机会打通去地中海的航路并实现其占领巴尔干半岛的夙愿。由于奥斯曼帝国在巴尔干半岛上的统治此时已经摇摇欲坠，而俄罗斯可以极力争取获得对恰纳卡莱海峡和伊斯坦布尔海峡的控制。为了实现各国的均势，英国和法国反对俄罗斯的扩张，所以在俄有所行动后，1854年底英国和法国对俄罗斯宣战，1855年撒丁也加入此同盟。奥地利虽然力图迫使俄罗斯从多瑙河撤军，但它并未帮助英法围攻克里米亚半岛上塞瓦斯托波尔要塞的舰队。尽管它并未主动参战，但奥地利在这场战争中仍是一个重要角色。不久在英法围攻下，俄军退出克里米亚半岛。

克里米亚战争是世界史上第一次现代化的战争。无论从军事上还是从政治上，对于改变了欧洲列强之间的地位和关系，这场战争都具有重要意义。它与巴黎和约同为19世纪继1815年的维也纳会议后的第二次重大事件。

亚历山大改革

19世纪，随着资本主义经济的迅猛发展，自由主义思想得到广泛传播，俄国的农奴制度也开始动摇起来，一些中小贵族中的先进分子纷纷组织和参与了推翻农奴制和沙皇专制的活动。1855年，亚历山大二世即位后，面对着克里米亚战争的败局和农民运动持续高涨的双重压力，为了防止革命爆发，挽救岌岌可危的政权统治，他终于狠心进行了一系列改革。

1861年2月19日，亚历山大二世正式签署和颁布了《废除农奴制的特别宣言》。宣言声称：农奴在法律上是"自由人"，地主无权再买卖农奴和干涉他们的生活；农奴在获得"解放"时还将得到一份土地，但这份土地必须出钱赎买。赎金的1/5到1/4，由农奴以现金形式交付地主，剩余部分由政府以有息债券垫付，农民在规定的年限（49年）内逐年计息还清。

随后又颁布了《关于农民脱离农奴依附关系的法令》，这也是俄国废除农奴制改革的主要法律文件之一。但这次改革并未从根本上解决农奴们面临的问题，从此次改革的结果我们就可以看出该《法令》的实质：

(1)改革虽然让2250万农奴得以解放，但是地主土地占有制却未被动摇。因此，被保存下来的封建土地所有制仍然是在维护地主阶级的利益。

(2)在改革的过程中，农民的土地成了地主的财产。而农民要想拿到土地，就必须支付一定数量的赎金。虽然政府会以债务方式付给地主，但农民也必须在49年内偿还给政府。由此，农奴所谓的解放也只是表面上的解放。

(3)虽然改革改变了陈旧的徭役制经济，但却未能使农民真正地摆脱地主的剥削和奴役。在没有签订购买契约之前，农民对地主还负有"暂时义务"。即农民为自己使用份地而对地主负有暂时的义务，像交纳代役租或者是为地主服徭役。但农民为了赎买份地而交纳的赎金则大大超过地价，更远远超出了他们自身的支付能力。这就造成了农民经济的破产，从而使大多数农民继续遭受地主的剥削和奴役。

此外，农奴在分到土地之后，除了要交纳土地税、赎金和国家垫付赎金的利息外，还要负担国家及地方行政机关新设立的各种苛捐杂税。为此，农民只能被迫接受高利贷者的苛刻要求。一些商人则趁机低价收购粮食或者高价出租土地，以此来榨取农民的血汗钱。

然而，这种情况并没有持续太久。随着现代工业的出现，商品经济在很大程度上冲击了农村公社自然经济的基础地位，从而使俄国公社农业和手工业迅速破产。再加上农村公社土地制度对经济发展的阻碍作用，新土地制度的出现已经势在必行。

这次农奴制改革的实质是一场资产阶级性质的改革，这为俄国资本主义经济的发展提供了良好的基础，也创造了有利条件。而且其结果在一定程度上为俄国资本主义的发展开辟了道路。从此，资本主义逐渐占据了俄国经济中的统治地位。而农奴制的废除，也为俄国资本主义的发展提供了大量的劳动力、资金和市场，使俄国走上了资本主义大国的道路。

第四章 近代德国与意大利

哈布斯堡家族的发迹

祖籍在瑞士阿尔高的哈布斯堡伯爵家族，经过数百年的经营，成功地使自己成为欧洲最强大的家族。这个家族最初的发迹是在1273年，当鲁道夫·冯·哈布斯堡就任德意志帝国"临时皇帝"的时候，还没有哪个大公爵愿意戴上这顶皇冠，因为此时的德意志，贫穷且纷乱。

一直被认为是软弱无能的鲁道夫，很快就展现了他作为政治家的非凡智慧，他巧妙地把自己的9个子女嫁娶出去，使得越来越多的家庭成员占据帝国的重要岗位，这为家族的非凡兴旺发展奠定了基石。

1496年，奥地利国王、神圣罗马帝国皇帝之子英俊王菲利浦，在他第一次见到胡安娜的时候就被她的美貌折服了，要求婚礼立即举行。胡安娜是西班牙国王斐迪南和王后伊莎贝拉的女儿。于是，这次联姻造就了历史上最庞大的帝国之一。

1504年，伊莎贝拉女王撒手人寰，胡安娜和菲利浦成为卡斯提尔王国新一代君主。然而，28岁的菲利浦刚即位就蹊跷地暴亡。有人怀疑是他的岳父斐迪南一手策划毒死了他，因为他从来就没喜欢过这个女婿，更不想和他分享统治权。

丈夫虽然死了，但心如死灰的胡安娜一步也不离其左右，强烈的嫉妒心使她禁止任何女性接近菲利浦的尸体。她时常命人打开棺材，这样她就能够拥抱菲利浦逐渐腐烂的尸身。最后她终于决定安葬丈夫，但仍然不让任何女性靠近灵柩，连修女也不行。她下令把灵柩抬出修道院，放在空地上，自己整晚都睡在旁边。

于是，斐迪南将胡安娜关进了城堡，由胡安娜的儿子查理五世继承了帝国，包括从母亲这边继承的西班牙、意大利、北非和美洲殖民地，从父亲那里继承的奥地利、尼德兰、卢森堡等地，领地横跨四大洲。1519年，查理五世当选神圣罗马帝国皇帝，西班牙人一跃成为世界上最大帝国的统治者。

查理五世在位时(1519~1556年)，哈布斯堡家族的统治范围已经东起匈牙利，西到西班牙，而且到达了美洲。那个曾经不受重视的皇帝，现在已经变成了永不落山的太阳。但查理五世在壮年时决定退隐，此后帝国又分裂成了哈布斯堡家族、西班牙和奥地利。

马丁·路德宗教改革

马丁·路德(1483~1546)的宗教改革是在16世纪初期德国爆发的一次反封建革命运动。此次运动的锋芒首先指向封建制度的强有力支柱——教会，这次改革是反封建革命斗争的开始，而马丁·路德便是这次宗教改革的倡导者。

在中世纪的西欧，天主教拥有着天主教世界1/3的地产，这里是封建主义制度的国际政治中心，并且垄断着文化教育和意识形态。早在13世纪，西欧就产生了新教的萌芽，有人提出改革教会并且建立廉价教会的主张。

自15世纪到16世纪初以来，德国的封建经济占统治地位，它的工农业都进步较快，但是在政治上，德国却保持着从中古以来形成的政治割据局面。当时的德国，由7大选帝侯（德国历史上的一种特殊现象，指那些拥有选举罗马人的国王和神圣罗马帝国皇帝的权力的诸侯）、十几个大诸侯以及200多个小诸侯和上千的骑士统治着。这里没有统一的货币、军队和法庭，甚至也没有明确的疆界，这里的诸侯对皇帝实行分权，皇权微弱，无法施行集权统治。

政治上的分裂妨碍了经济的发展，随着资本主义经济因素的增长，德国社会的各个阶级之间矛盾尖锐而复杂。在复杂的阶级矛盾中，罗马天主教会拥有着最大的势力。教士中的特权阶层拥有大片的土地，他们利用宗教权力贩卖赎罪券、制造圣像和圣徒遗物，每年从德国搜刮走大量的财富，德国被称为"教皇的乳牛"。就连皇帝马克西米连一世也感叹，教皇的收入比皇帝多100倍。

面对这种矛盾激烈的局面，德国宗教改革的最先发难者是一位大学教授马丁·路德。马丁·路德认为，宗教信仰是个人的事情，教士不应该监督和干预，他以《圣经》为根据，说明人得救不是依靠教皇，而是要依靠自己的信仰，圣礼是没有必要的。

1517年，教皇立奥十世以修缮罗马大教堂为借口，派教廷人员到德国各地兜售赎罪券聚敛钱财。他们声称只要购买赎罪券的钱敲响了钱柜，罪人的灵魂就会从炼狱跳上天堂。他们的行为激起了德国人民的公愤，路德也趁机发表了《关于赎罪券效能的辩论》，即《九十五条论纲》，他要求公开论辩赎罪券的问题。

路德指出，当钱投入钱箱的时候，增加的只是对钱财贪婪的欲望，而不是灵魂升天。论纲认为，信徒得救第一不靠教皇，因为教皇无权赦罪，只有上帝才能对罪赦免；第二，不靠圣礼，只有靠终生忏悔，才能和上帝直接交往，这才是基督教的正道。这种说法和天主教的传统说法截然相反，是对教皇和天主教会的沉重打击。论纲使得赎罪券在德国各地销量大减，有些地方甚至没有人去购买赎罪券。路德发表的《九十五条论纲》在两星期传遍了全国，一个月便传遍了基督教世界，路德也因此触怒了教廷。

1518年8月，他被命令到罗马受审，由于选帝侯弗里德里希和其他德意志诸侯的干预，此举未能奏效。1519年7月，神学家约翰·艾克迫使路德在保守势力较强的莱比锡展开辩论，辩论后艾克宣称他从路德的言论中取得了谴责路德为异端的依据。此时，拥护路德的人却越来越多，依靠一些诸侯的支持和众多人的拥护，路德在1521年1月于沃姆斯召开的帝国会议上仍然坚持自己的观点。面对皇帝给予的巨大压力，他丝毫没有让步。会后，皇帝下令逮捕路德，萨克森选帝侯就把路德藏在瓦德堡中。在瓦德保的这段时间内，路德把《圣经》从希伯来文和希腊文译成了德文，1522年9月，德文版《新约》正式出版了。

沃姆斯会议之后，革命运动一步步深入，德国宗教改革的激进派领袖托马斯·闵采尔（1490～1525年）站在下层人民的立场批判路德，并且提出了自己的革命主张。1522年至1523年爆发了骑士暴动，本来路德的宗教改革从一开始就得到了骑士的支持。但是，随着运动的深入，一些贵族害怕运动的发展会危机其既得利益，就开始动摇了，路德也深有同感。自从沃姆斯会议之后，路德投入到了诸侯的怀抱，骑士暴动由于没有得到市民和农民的支持也以失败告终。

革命继续进行，然而路德却一再撰文攻击闵采尔和起义的群众，并且在1512年12月发表了《劝基督徒毋从事叛乱书》，说上帝是禁止暴动的，但他未曾指名攻击闵采尔。1522年，他在8次讲道时都指出，起义群众"太不理智""太过火了"。1523年，他在《论世俗的权力》中公开维护当时的政治制度，号召人们要服从政府领导、尊敬长官，并且声称假如有暴动，世界将会毁灭。

1524年，路德向缪尔豪森市政告密，攻击闵采尔指导了暴动和流血事件，此时路德已经沦为叛徒。 1525年大规模的农民起义爆发了，路德在《反对杀人越货的农民暴徒》一文中号召大家要像打疯狗一样将起义的农民刺杀、扼死。

由于路德的叛变，他所从事的宗教改革也就半途而废了。 尽管他没有抛弃只有靠信仰才能得救的主张，但他却再也不提"信仰自由""思想自由"的字眼了，甚至还攻击自由意志。 他在言辞间污蔑农民，美化诸侯，甚至努力地和天主教重归于好。

1530年6月15日，路德将他亲自审定的《奥格斯堡告白》提交议会宣读，他在文中阐述了路德宗教的理论，并号召基督教各派要宽容而温和地协商。 至此，路德的宗教改革已经变成了"官方"的宗教改革。

路德教简化宗教仪式，规定牧师可以结婚，并用地方语言做礼拜，施行廉价的教会。 1555年路德教取得了合法地位。 至今，路德教仍是新教中的最大一派，在北欧各国以及美国、德国有着很大的势力。

弗里德里希大帝

弗里德里希二世，史称弗里德里希大帝，是欧洲历史上颇有影响的普鲁士国王(1740～1786年在位)。 在他的统治下，普鲁士对内改革国政，对外征战伐杀，一跃而为欧洲强国之一。 伏尔泰称他为启蒙主义思想家心目中理想的"开明专制君主"的典型。

1712年1月24日，这位日后称雄于欧洲的普鲁士君主呱呱降生。他的父亲是普鲁士国王弗里德里希·威廉一世，他的母亲是汉诺威选侯、即两年后登上英王宝座的乔治一世的女儿。普鲁士是从原来易北河东岸一个叫作勃兰登堡的军事采邑发展起来的。1417年，霍亨索伦家族统治了这块采邑，同1618年获得的东普鲁士公爵领地合称勃兰登堡—普鲁士王国，并取得选帝侯的资格。在弗里德里希·威廉大选侯统治时期(1640～1688年)，普鲁士建立了近代常备军和中央集权制政府。他的儿子，弗里德里希一世(1688～1713年在位)，吞并东波美拉尼亚，始有普鲁士国王之称。在弗里德里希·威廉一世(1713～1740年在位)统治下，普鲁士变成了"拥有国家的军队，而不是拥有军队的国家"，奠定了军事专制统治的基础。他认为，普鲁士未来的命运将决定于是否拥有强大的陆军，因此对弗里德里希寄以重望，一心想把他培养成能够继承霍亨索伦家族军国主义传统的君主。老国王从小对他实施斯巴达式的训练，向他灌输军事和国家管理知识，带领他参加阅兵、操练、演习和狩猎。

可是，弗里德里希自幼聪慧颖悟、机敏好学、爱好音乐、文学、艺术和哲学，擅长吹奏横笛，尤其向往法国文学和启蒙主义思想。他不时地对宗教信条提出各种反诘，用种种方式反抗父王的威严和专制。国王对此恼怒不已，经常从肉体上折磨他，试图逼其就范。

1730年，年轻的弗里德里希对父亲的虐待和淫威再也忍受不了了，地狱般禁锢的宫廷和军事生活令他窒息，父子思想感情的对立终于爆发。他决意逃出宫廷，潜往国外。但是谋事不密，计划败露，被父亲囚入图圄并下令处死，因为按照普鲁士的军国主义信条来看，作为年轻军官的弗里德里希企图出逃便犯下了弥天的叛国罪。幸好神圣罗马帝国皇帝卡尔六世亲笔写信为他求饶，才免于一死。不过，他的童年好友，帮助他出逃的基特上尉被处死于他的囚窗前，以儆效尤。

弗里德里希的未来成了老国王的一块心病。他心生一计，决定要他同不伦瑞克—贝韦恩侯国公主伊丽莎白·克利斯廷纳结婚,企图先用婚姻将儿子拴住,再从长计议。 弗里德里希这一回没有拒绝,倒不是因为他爱自己的妻子,而是因为他从此可以获得幽静而美丽的雷因斯堡,避免了宫廷的繁文缛节、枯燥刻板的军训和专横肆虐的父亲,更可以随着自己的爱好邀请学士文人和思想家自由自在地往来,彻夜交谈、讨论文学和哲学问题。 他在雷阂斯堡的4年时间里结交了当时欧洲的许多先进思想家,并且开始与他狂热崇拜的伏尔泰通信。 从此,他们两人结下了终身的友谊,时常以诗文酬答,辩论哲学问题。 弗里德里希在后来回忆录中说:"我在雷因斯堡度过了一生中最美好的日子。"

这是一点也不夸张的。 正是在雷因斯堡,他阅读了大量的著作,如饥似渴地学习哲学、历史、文学,写出了许多政论文。 启蒙思想对他的毕生道路产生了深刻影响,形成了他的开明君主思想。 他认为,人世间的战争、瘟疫、灾难是必然的,不可避免的,因为人类是可诅咒的物种,他们不是由理性支配的。 人的迷信、自私、复仇的欲望和背信弃义,必定导致流血和人间悲剧。 他说:"启蒙思想是来自上天的光芒,只照在站得比较高的人们身上。 对于群氓而言,启蒙思想只不过是毁灭之火。"因此,拯救人类的历史使命不可避免地落在开明专制君主身上。 他的理想就是充当这样的开明君主,用"启蒙主义精神"建设强大的国家。 这个国家的基础是贵族的统治,因为贵族最富有荣誉感、责任心和献身精神。 然而,贵族的骄奢和傲慢又必定导致分裂和混乱,因此必须有一个拥有绝对权力的国王来驾驭他们。 国家是高于一切的,国王只是国家的第一仆从,为了国家的利益,国王应当牺牲一切,包括自己的利益。 他在雷因斯堡写的《对欧洲现状和政治集团的思考》一书充分表达了他以救世主自居的思想和称霸欧洲的野心。 他提出,欧洲正处在法、奥称霸的两极政治中,因此需要第三强国来抵消和平衡。这个强国不是别的，正是普鲁士。

1740年，弗里德里希结束了雷因斯堡的生活。这一年，他的父亲弗里德里希·威廉一世去世，弗里德里希登上普鲁士王位，称弗里德里希二世。他一上台就迫不及待地要实现自己的野心。就在这年10月发生的奥地利王位继承的问题为他提供了良机。

神圣罗马帝国皇帝、奥地利国王卡尔六世去世后，无男嗣，按他生前颁布的《国事诏书》，由他女儿玛丽娅·特莱西娅继承。这项《国事诏书》曾得到欧洲各国，包括英、法、西班牙、普鲁士、荷兰、瑞典、波兰等国的保证。但是，巴伐利亚公爵提出了继承帝位的要求，引起争执。觊觎皇位继承权又垂涎奥地利所属的富饶而肥沃的西里西亚的普鲁士新国王立即燃起战火。他趁西班牙和英国正忙于"詹金斯耳朵之战"无暇东顾的时机，向立足未稳的特莱西娅发动战争。他以普鲁士对西里西亚享有传统主权为由，于12月4日发动突然袭击。他在《回忆录》中承认："由于当年的野心、利益以及希望人们谈论我的欲望，我决定发动那场战争。"

弗里德里希二世亲率精锐之师使奥军不战而溃。普军连下数城，初战告捷，轻而易举地占领了西里西亚。第二年(1741年)开春，特莱西娅派出大军，企图收复西里西亚。4月10日，双方对垒于莫尔维茨。这是弗里德里希二世指挥和参加的第一次大战斗，他缺乏经验和勇气，完全靠训练有素和勇敢善战的普军，才击溃奥军。莫尔维茨战役的胜利成了一个进攻信号。法国、西班牙、巴伐利亚、萨克森与普鲁士结成反奥同盟。弗里德里希二世乘胜挥军南下，进犯莫拉维亚。法军和巴伐利亚军侵入波希米亚，与萨克森军会合后，一举攻占布拉格，企图瓜分奥地利。1742年4月，巴伐利亚选侯卡尔·阿尔伯特当选神圣罗马帝国皇帝，称卡尔七世。

面对法国势力的扩张，弗里德里希二世立即改变政策，向奥地利提议和谈,因为他打击奥地利的目的不是为了让法国坐取渔翁之利。和谈建议遭特莱西娅拒绝后,他率领普军在霍图西茨战役中(5月17日)重创奥军,迫使奥地利签订布雷斯劳条约,接着又签订柏林条约,结束了第一次西里西亚战争。根据以上条约,普鲁士占有西里西亚,但允诺退出反奥同盟。由于这两次战役的胜利,他开始被称为弗里德里希大帝。

布雷斯劳条约签订后,特莱西娅果然集中全部力量抗击法国,将法军赶出波希米亚。与此同时,巴伐利亚也在奥军打击下失去了自己的世袭领地。弗里德里希二世鉴于法军已削弱,而奥地利的强大对其不利的形势,于1744年秋背信弃义地撕毁布雷斯劳条约,进军波希米亚,发动突然袭击,挑起第二次西里西亚战争。弗里德里希二世进军神速,一举而下布拉格,率师直捣奥地利首都维也纳。但是他的进攻遭到波希米亚爱国人民的有力反击,他们组织游击队,四出伏击和骚扰普军。与此同时,奥军切断了来自西里西亚的补给线,萨克森军队也在普军后方虎视眈眈,伺机而动。弗里德里希二世只好下令撤军,同意谈判。1745年,卡尔七世去世,特莱西娅的丈夫当选和加冕为皇帝。圣诞节,普、奥签订德累斯顿条约。普鲁士经过两次西里西亚战争占领了这块领地,初步确立了欧洲强国的地位。

弗里德里希二世心中明白,奥地利王位继承战争的结局并没有稳定欧洲局势,新的战争在所难免。他充分利用德累斯顿条约后的10年和平时期厉行国内改革。在维护贵族特权的前提下,他改革司法制度,取消酷刑,实行出版自由和宗教宽容,推行重商主义政策,开凿运河,疏通河道,设立银行,创立科学院,保护工商业活动,推动农业技术改良,目的在于改善财政状况,增加国库收入,提高国家的战争能力。他通过厉行节约,把政府的大部分开支用于改编和整顿军队,把陆军人数从10万人增加到15万人。他的军事改革以讲究效率著称。他经常身先士卒，对军队施以严格的训练，以严厉的军法约束，培养崇尚武功的军国主义精神，提倡绝对服从的臣仆精神。他要求军人以服从命令为天职，哪怕前进一步便是死亡也决不后退半步，从而把这支军队铸造成普鲁士雄踞欧洲所系的柱石和后盾。

就在他锐意国内改革的几年里，欧洲的国际局势发生了新的分化和组合。奥地利女王特莱西娅为了收复西里西亚，针对普鲁士展开一系列外交攻势，修好各国，尤其是利用英、普同俄、法的矛盾，于1756年春拼凑了奥、法、俄反普同盟。弗里德里希二世对此抱有极高的警惕。他派出间谍，四处刺探情报。从截获的秘密外交文件中，他得悉奥地利和萨克森已制订完成进攻和肢解普鲁士的军事计划，而且法国也参与了这项阴谋。他还得悉，萨克森将在冬季扩军3万人，计划一开春便配合奥、法从三面同时进攻普鲁士。

弗里德里希二世决定先发制人，提前在冬季发动进攻，以便在反普军事同盟完成之前分兵各个击破敌方。他早在1740年的《驳马基雅弗利》一书中就阐明了主动进攻、御敌于国门之外、各个击破的战略思想。为了寻找战争借口，他派出特使要特莱西娅作出不侵犯普鲁士的保证。但是，答复尚未到达柏林，弗里德里希二世已经开始动作。1756年8月29日，他率军入侵萨克森，七年战争开始。

萨克森军队无力抵挡来势凶猛的普军，退守皮尔纳。特莱西娅下令奥军驰援，但在洛沃洛兹战败。普军回师攻下皮尔纳，公布缴获的外交文件，披露奥地利肢解普鲁士的阴谋计划。特莱西娅一边指责这些文件纯属捏造，一边向法、俄求援，与法、俄分别签订了凡尔赛条约和圣彼得堡条约，共同反普。德意志各诸侯也唯恐重蹈萨克森覆辙，联合组成帝国军，加入反普阵营。只有英国和汉诺威站在普鲁士一边。

弗里德里希二世计划先击溃奥地利，然后回师还击法国，因此兵分两路，齐向波希米亚进军，直插布拉格。1757年5月6日，普、奥会战于布拉格城下。 弗里德里希二世亲自率领骑兵冲锋,以 400 名军官和最杰出的将领施威林元帅阵亡的极大代价,转败为胜。 他接着率军东去,在科林迎战奥地利宿将多恩。 由于寡不敌众,普军受挫,撤回萨克森。 这时,形势对普鲁士大为不利。 法军侵入德意志后夺取了埃尔富特,与帝国军合击汉诺威,令其停止军事行动。 瑞典军登陆于波美拉尼亚。 俄军进入东普鲁士重创普军,与奥军一道形成对弗里德里希的夹击。 特莱西娅眼看柏林指日可下,扬言分割普鲁士。 处于不利境地的弗里德里希二世冷静分析战局后,决定在运动中集中优势兵力打击最危险同时也是最薄弱的一股敌军,瓦解对方攻势。 被他选中的目标是盘踞在萨克森的法军和帝国军。 1757 年 11 月 5 日,他率领 2.1 万疲惫之师奔袭莱比锡以东的罗斯巴赫。 虽然敌方拥兵 4 万,但弗里德里希二世巧妙地运用战术,只用两个小时就歼敌 7000 余,以少胜多,获得重大胜利。

罗斯巴赫战役的胜利鼓舞了普军的士气,但未能改变整个不利于普鲁士的形势,西里西亚已经落入敌手。 弗里德里希二世急忙赶往洛滕,决定同奥军决一雌雄以收复西里西亚。 洛滕战役充分显示了他的军事才能和无畏的勇气。 他首先占据制高点安置火炮,在步兵发起进攻同时轰击对方阵地。 他还借用了古代底比斯名将埃帕米隆达斯发明的步兵战术,命令步兵纵队呈 45°方向以较大遮幅压向敌阵。 战斗一开始,普军向敌右翼阵地发起猛烈的佯攻,迫使敌帅调动左翼兵力援助。 当左翼防线一削弱,他立即挥动精锐之师向左翼发动冲锋,突破防线,接着立即压向右翼。 这时,隐蔽在山后的骑兵也向右翼发动总攻。 洛滕战役俘敌 2 万,缴获大炮 116 门,取得军事史上空前的大胜利。 拿破仑后来评价洛滕战役时曾说过:"这是他的光辉杰作,就凭这场战役,他便不愧于第一流将领的称号。"

弗里德里希二世企图以收复西里西亚来结束战争。 在洛滕战役的第二天，他开始布雷斯劳围城战。年底，奥军基本上被赶出了西里西亚。他又挥师南下，避开敌军主力，攻占奥尔姆茨，直捣维也纳。这时，俄军横扫东普鲁士，兵临柏林城下。弗里德里希二世慌忙回师救援首都，虽然在佐思多夫重创俄军，但整个军事部署已被打乱。帝国军趁机围攻德累斯顿，瑞典和俄国联军重振旗鼓从波美拉尼亚直逼柏林，奥军再度进入西里西亚并在萨克森成功地偷袭了弗里德里希二世。普军只剩下4万人，弗里德里希二世陷于绝望，企图自杀。幸好严冬的来临，给他以喘息之机。

1760年春，普鲁士的处境更加恶化，法军重新加入战争。普军处处失利。弗里德里希二世困兽犹斗，企图在运动战中挽回败局。8月，他在列尼茨以惨重的损失取胜，但柏林被俄军攻陷，洗劫一空。待他回援，俄军已遁去。他于是转向萨克森，在托尔高再次用灵活战术以少胜多，赢得胜利，摆脱困境。1761年，西班牙加入反普同盟，英国也因已经夺得法国海外殖民地，无需普鲁士牵制法国了，背信弃义地停止军援，迫其妥协。弗里德里希二世已陷于彻底孤立，似乎败局已定。就在这时，俄国女皇去世，继任沙皇彼得三世改行亲普政策，与瑞典一道联合普鲁士反击奥地利。法国由于海外殖民地丧失，停止援助奥地利，加之奥斯曼帝国从背后进攻奥地利，战争形势顿时改观。弗里德里希二世立即抓住时机，在伯克斯多夫击溃奥军，解除威胁，接着又在弗雷堡重创奥军，赢得七年战争中最后一次重大胜利。

被战争消耗殆尽的欧洲各国这时已无力再战了。1763年2月，英、法签订巴黎条约，法国保证在普、奥冲突中严守中立，从德意志撤出全部军队。2月5日，普、奥签订赫伯兹堡条约，普鲁士保留对西里西亚的统治，撤出萨克森，并保证支持特莱西娅的儿子约瑟夫为皇位继承人。通过七年战争，普鲁士确立了在中欧的霸权地位。

7年战争以后的20余年中，弗里德里希二世致力于普鲁士的经济复兴。他以过人的精力躬身朝政，每天只睡4小时左右，事无巨细，都要亲自过问。他建立了一整套严格的管理制度，禁止宫廷的豪华排场。他自己平时只穿士兵服，毕生只有一件礼宾服，却建立了欧洲最有效率的政府。弗里德里希二世内政改革的前提是维护农奴制度和封建制度，但在这个前提之下，进行了司法、军事、教育、行政和经济等各方面的改革。他早在七年战争以前就任命佐切齐主持制订法典，战后又任命卡梅尔和斯瓦雷兹继续制定了1791年颁布的《普鲁士国家公法》，取消多余的法庭，提高法官任命资格的要求，简化诉讼程序，允许上诉，只有国王有权批准死刑。1763年，他颁布《学校法规》，强制5～14岁儿童上学，任命老兵当校长，进行准军事训练。

在经济方面，他特别重视农业的发展。1763年，他颁布法令取消波美拉尼亚农奴的依附关系，准许西里西亚农民免税6个月，三年内在西里西亚建房7000所，以优惠的条件向农民贷款。他还拨出大量款项用以恢复战争的创伤，重建市镇和乡村，从军队中抽出8万匹战马分配给农民，免费发放新种子，排干奥得河下游一带沼泽地，使5万农民获得耕地。普鲁士经济得到迅速恢复，人口从100万增加到500万。与此同时，他大力扶植工商业的发展，给予企业家优惠贷款，颁发暂时性垄断权，创立技术学校，从国外招募30万移民充当劳动力，取消国内关卡，开凿运河，增设码头，修建新公路达4.8万千米长。

然而，弗里德里希二世的一切努力都是为他的扩张野心服务的。七年战争后，他立即实行征募制，把军队人数增加到20万人。1772年，他伙同俄、奥君主瓜分波兰，夺得西普鲁士(除但泽和托恩以外)的3.8万平方千米土地和80万居民，从而把普鲁士的领土连成了一片。在1777年的巴伐利亚王位继承战争中，这位65岁的"老弗里德里希"再次跃马扬鞭，统帅军队与奥地利作战，并通过1779年的特申条约夺取奥地利的拜罗伊特和安斯巴赫。

弗里德里希二世还着意提倡科学和艺术。他曾聘请达朗贝尔等启蒙思想家和学者在科学院中任职。他留下了30卷著作，其中包括7卷历史、6卷诗歌和3卷军事专著。他在1751年写的《勃兰登堡史》中叙述了普鲁士的发展史。从第一次西里西亚战争后，他用一生的精力撰写了《当代史》，叙述了科学、哲学、文学和艺术的发展，高度赞扬从霍布斯到伏尔泰的许多思想家。他的《七年战争史》像恺撒的历史著作《高卢战记》一样，用第三人称记述了战争的经过。他的两部《遗书》是为了向后继者提供经验和教训，告诫他们要注重研究各国的状况，要保有一支训练有素和纪律严明的军队，要量入为出，不得消费过度，而且特别要注意，国家收入的增长不能靠勒索税收而要靠发展经济。

弗里德里希二世一生推行开明君主制度，对于普鲁士的发展和进步无疑起了重要的推动作用，但他一生为普鲁士贵族效忠。他鼓吹军国主义思想，崇尚武力，扩张征服，致使战祸迭起，给国内外人民带来了灾难，而且对普鲁士以及德国后来的政治和经济发展产生了不健康的影响。

1778年8月，他在布雷斯劳检阅军队，连夜骑马冒雨行军6小时，染上肺炎，从此卧床不起。1786年8月17日，弗里德里希二世逝世，终年74岁，葬于波茨坦。20年以后，拿破仑在耶拿战役中大败普鲁士军，来到了他的墓前，用马鞭指着他的墓碑对属下的将领们说："要是他还活着，我们就不可能站在这里了。"

德国1848年革命

19世纪上半期，德意志的资本主义已经有了较显著的发展，但是，四分五裂的局面严重阻碍了资本主义的发展进程，封建势力仍然很大。资产阶级对现状非常不满，希望进一步消除封建势力，实现国家统一。在法国二月革命的影响下，德意志许多地区都出现了要求改革的游行示威和武装起义，其中，最有影响的是普鲁士首都柏林的三月革命。三月初，柏林人民开始行动起来，举行集会，提出政治自由，实行大赦，在法律面前人人平等等要求。群众运动愈演愈烈，18日，群众包围王宫，要求军队撤出柏林，遭到拒绝。群众立即发动起义，士兵们也同情起义，国王不得不妥协，宣布军队撤出柏林，召开议会，制订宪法，改组政府和释放政治犯。在这期间的战斗中，死伤一千多人，国王被迫向死难者致哀。此后，国王任命大资产阶级组织了政府。德意志各邦相继都组织了资产阶级自由派政府。5月中旬，在法兰克福召开了全德国民议会，并成立了帝国政府，第二年3月，还通过了一部宪法，但这个议会、政府和宪法都有名无实，对各邦没有任何约束力。1848年秋，反动势力进行反扑，11月，强行解散国民议会，柏林三月革命失败。

除德、法两国之外，意大利、奥地利、匈牙利等国亦相继爆发了资产阶级民主民族革命。

1848年1月13日，意大利西西里首府巴勒摩人民首先发动起义，赶走了政府军，建立了资产阶级自由派的临时政府。意大利各地纷纷行动起来，组织资产阶级政府或进行资产阶级性质的改革，驱逐奥地利统治者。3月，以撒丁王国为首的意大利各邦对奥地利宣战。各邦统治者各怀私心，第二年，反奥战争失败，奥地利重新确立了在意大利许多邦国的统治。意大利革命最后失败。

1848年3月，奥地利首都维也纳人民也行动起来，要求出版自由、信仰自由和建立责任内阁制等。群众和军警发生冲突，起义爆发。显赫一时的奥地利首相、维也纳体系的风云人物梅特涅被迫辞职，次日乔装逃往英国。但是，人民仍不满足，他们要求制定宪法，实行宪政，但遭到政府拒绝。起义群众包围了王宫，国王不得不宣布同意颁布宪法，改组政府，但实际上换汤不换药。不过资产阶级靠人民的力量取得了部分政权。

在维也纳三月革命的影响下，捷克、匈牙利等地也爆发了革命。3月，布拉格人民举行集会，向奥皇提出请愿书。奥皇不得不同意捷克语与德语平等，允许捷克成立责任内阁。不久，布拉格的资产阶级民主派要求撤出军队，遭到拒绝，6月发动起义。战斗持续了5天，最后被镇压下去。3月，匈牙利也发生革命，组织了独立政府，取得了在奥地利帝国内自治的权利。奥地利企图镇压匈牙利革命。10月，维也纳人民发动起义，占领了维也纳。奥皇出逃，调集军队反攻，起义群众寡不敌众，11月1日，维也纳失陷，革命失败。然后，奥地利政府调大军镇压匈牙利革命。匈牙利人民进行了英勇抵抗，最后于次年8月被镇压下去。匈牙利革命的失败标志着欧洲1848年革命告终。

1848年欧洲革命打击了欧洲各国的封建专制制度，摧毁了反动的神圣同盟和维也纳体系，为资本主义的发展扫清了道路；它锻炼了法、德等国的无产阶级以及革命群众，丰富了科学社会主义的理论，对于马克思主义和后来欧洲工人运动以及社会主义运动的发展有着深远的影响。

虽然这场革命在很多地方均告失败，但却动摇了中欧的保守势力基础，奥地利的首相、保守主义者梅特涅被迫下台，新皇帝弗朗茨·约瑟夫一世通过一些较自由的政策，如扩大地方自治及保证各族平等，维持帝国统治。面对奥地利本土的不满，皇帝于1849年3月4日颁布宪法，承诺组织一个保障帝国统一、民族平等及代议制的国会，亦会废除封建制度、建立市政组织及改革司法制度。

在捷克问题上，为舒缓捷克的独立情绪，奥地利政府便作出退让，如和所谓的老捷克派（即士绅及中产阶级）合作，允许捷克人组成波希米亚议会，捷克语取得与德语对等的地位，捷克人有自己的大学及中学，且可在政府中担任公职，匈牙利王国、克罗地亚－斯洛文尼亚成为了帝国直辖区，享有一定程度的政治自由。

在1850年，普鲁士国王也制定了宪法，回应失败了的民间革命并决心要成立一个团结北方德意志邦国的联盟，以回应民族主义的诉求。 创立复兴报的加富尔也在1852年成为萨丁尼亚－皮埃蒙特王国的首相，采行自由主义政策，并有着扩张以一统北意大利的雄心。 故此，1848年革命虽然失败，却为1860年代奥地利帝国日益自由化、意大利及德意志两国统一奠下了重要基石。

德意志统一

在神圣罗马帝国时期，帝国版图由超过300个大大小小的独立邦国组成，帝国整体事务则由邦中最强大的奥地利掌控，奥地利国王弗朗茨兼任帝国皇帝，称弗朗茨二世。 1805年8月9日，奥地利、英国、沙俄、那不勒斯和瑞典结成第三次反法同盟，向拿破仑宣战，最后反法同盟大败收场。 战败使奥地利在帝国中威望扫地，伴随着弗朗茨二世于1806年8月6日退位，各邦宣布解散，神圣罗马帝国灭亡。

帝国覆灭一度造成各邦之间在法律、行政和政治外交方面摩擦不断，但之后爆发的法国大革命战争和拿破仑战争刺激了原帝国中的德语民众，各邦对于同一语言、同一文化、同一法理根基的追求空前高涨。 同时，自由主义思想的出现，对欧洲社会政治生态中的王朝和专制体制发起了挑战，这一思想很好地为统一德意志提供了学术基础，统一的推动者借此着重强调了区域内统一传统、教育和语言的重要性。而在经贸方面，1818年普鲁士发起的德意志关税同盟，逐步扩展至德意志邦联中的其他各邦国，消除了邦间贸易的繁琐、矛盾和恶性竞争。再加上交通的不断改善，邦内和邦间的商贸和往来旅行变得愈加便捷，进一步加速了中欧说德语的民众之间的沟通和交流，尽管有时也会带来一些摩擦。

1815年6月18日，拿破仑率法军在滑铁卢战役中惨败，宣布退位。路易十八再次复位后，遂于11月20日与第六次反法同盟各方重订和平条约——1815年之巴黎和约，加上之前维也纳会议达成的结果，奥地利巩固了自己在中欧的势力范围，并确定成为德意志邦联的主席。然而，无论是和约缔结者还是会议多方都没能考虑到普鲁士势力的发展壮大，更没有预见到不久之后普鲁士会挑战奥地利的领导地位。普奥两强都有着统一德意志的雄心，但却提出了两种不同的方案：普鲁士要单独实现统一，必须将奥地利排斥出去，这是统一能否实现的关键。

为达到此目的，1864年普鲁士拉拢奥地利联合对丹麦战争，夺取了荷尔施泰因和石勒苏益格。后因两地分属普奥，引起两国摩擦，终于在1866年又爆发了普奥战争。为保证战争的胜利，俾斯麦命参谋部做了精心准备，他又施展外交手段，排除了俄、法、意帮助奥地利的可能。最后，普鲁士集中优势兵力与奥地利在萨多瓦村展开决战，击败了奥地利，确立了它在德意志统一过程中的领导地位。战后，奥地利退出了德意志联邦。普鲁士获胜后并没有进军维也纳。在这里，俾斯麦表现了他高明的外交手段和战略眼光，这样做既避免了因普鲁士的强大而引来法国的干涉，又使奥地利因为没被过分削弱而在未来的普法战争中保持中立。1867年，以普鲁士为领导的北德意志同盟成立，它包括除南德4邦在外的21个邦和3个自由市。北德意志同盟的成立，意味着德意志统一已完成了大部分。 下一步就是将南德4邦并入同盟，实现统一。 但是，法兰西第二帝国皇帝拿破仑三世害怕德意志统一会妨碍自己称霸欧洲，因而竭力支持南德4邦割据，反对德意志统一，而俾斯麦也想利用统一南德之际，对法国作战，从而收到既统一南德4邦，又趁机削弱法国的效果。 于是他施交外交手段，借西班牙王位之争，孤立法国，后利用"埃姆斯之电"激怒拿破仑三世，终于引发了普法战争。 1870年9月2日，双方在色当决战，法国战败。 拿破仑三世也做了俘虏。 随后俾斯麦命普军进军巴黎，迫使法国政府签订割地赔款的屈辱条约，夺取了阿尔萨斯和洛林，得到50亿法郎的赔款。 不久，南方诸邦同北德意志同盟合并。 1871年初，普鲁士国王威廉一世在法国的凡尔赛宫正式即位为德意志帝国皇帝，德国统一终于完成。

铁血宰相俾斯麦

1815年4月1日，俾斯麦出生于普鲁士的一个名为兴奥森的小镇。 他的家族是传统容克，拥有很多庄园及土地。 他的父亲费迪南德·冯·俾斯麦是一位地主和退休军官，经常与友人一块打猎，35岁时娶了年仅17岁的妻子，即俾斯麦的母亲。 俾斯麦的母亲因为出生于中产阶级家庭，并且长居市区，所以有着较为开放的思想，而不像其父那般守旧。 俾斯麦有一个比他年长5岁的哥哥和一个妹妹。 俾斯麦的父亲希望俾斯麦能成为杰出的军人，为国尽忠。 但是他的母亲则希望他成为政治家，在政界大显身手，尽管其双亲的期望大为不同，但俾斯麦最终同时实现了。

俾斯麦8岁时，被送进柏林小学读书。 因为同学大多生长在资产阶级家庭，所以大多数都排挤他这样一个容克之子，这令他的童年承受着极大的压力与痛苦。

12岁时，他进入了中学，但仍然受到同学们的排挤。不过，他并不灰心，反而勤奋向上，学会了英语、俄语、法语、波兰语、荷兰语，成为了一个精通多种语言的天才，并为其将来的外交官生涯奠定了坚实的基础。

俾斯麦未满17岁时，就考入了哥廷根大学。但是，俾斯麦并不满意大学的生活。就读大学期间，他无心向学，经常腰间佩剑，并牵着一只大狼狗，同时，还染上很多恶习，曾与同学进行过27次决斗。后来，虽转到柏林大学入读法律系，但他仍然不满意。尽管毕业后成为了律师，但他并不甘于此，而是投考政府的官职，当上了一个小书记员。

此时，他结识了一位贵族女子，并订下婚约，可他因为没钱，所以想以赌博赚钱，不料，却反而输掉所有的钱，并欠下很多债务。因此，这次婚约取消了。后来，他结识了一位牧师的女儿，再订婚约，遗憾的是，那位女子也跟一位富有的军人走了。最终，俾斯麦负债累累，返回家乡。

回到家乡后，他与哥哥分家，当上了庄园主人，粗野的个性、强壮的体格、对待农民的残忍、追求目标的毅力和不择手段以及其现实主义的思想，构成了俾斯麦鲜明的性格特点。然而，他并不满意这种生活，因此不久就再次进入政坛。

这次步入政坛，是俾斯麦一生的转折点。他首先当上了河堤监督官，这份差事非常适合俾斯麦好胜的性格，所以他当得很称职，不久就树立了正面的形象。他借此机会参加议会选举。尽管只当选为候补议员，但他却成功地施以手段逼迫一位议员以患病为理由退出，从而顺利当选为柏林州的正式议员。此时是1847年5月，俾斯麦刚刚33岁。

同年，他与一位名叫乔安娜的女子订下婚约，并于该年完婚。次年，著名的1848年革命爆发，普鲁士国王被俘。俾斯麦决定亲赴柏林，以打探虚实。途中，他遇上了威廉亲王的妻子，要求他协助其夫称王，但俾斯麦拒绝了这个请求。后来，腓特烈·威廉四世成功地镇压了这场革命。

1851年，俾斯麦出任驻法兰克福邦联会议之普鲁士代表，并很快就升为大使，而这份差事他整整干了8年。1857年，腓特烈·威廉四世精神失常，由其弟威廉亲王摄政。威廉亲王摄政后，实时召见俾斯麦，并任命他为驻俄大使。

1861年，威廉亲王登基，称为威廉一世，但他马上在扩充军备方面与议会发生冲突。迫于无奈，不得不任命俾斯麦为内相，但俾斯麦并不甘于只当内相，所以并未履行。在1862年春，俾斯麦回到柏林，普鲁士国王由于内部的压力，无法升他为首相。结果，俾斯麦请辞，并被改派为驻法大使。同年，在普鲁士议会新一轮选举中，自由派获得了绝对胜利，并立即否决了普鲁士政府对军事改革的全部拨款，政府和议会陷入了僵局。在重大矛盾之下，俾斯麦成为首相的唯一可能人选。1862年9月23日，威廉一世召回俾斯麦，并任命其为首相兼外交大臣。

同年9月，在普鲁士议会的首次演说中，俾斯麦大声宣称："德国（注：这里指德意志）所注意的不是普鲁士的自由主义，而是权力。普鲁士必须积聚力量以待有利时机，这样的时机我们已经错过好几次了。当代的重大问题不是多数人投票和议论能够解决的，有时候不可避免地，必须通过一场斗争才能解决，一场铁与血的斗争。"俾斯麦的"铁与血"，是他统一德国的信条和纲领，他也由此而得名"铁血宰相"。俾斯麦正是凭借这种暴力，狡猾而又大胆地利用国际纠纷和有利时机，决定性地通过"自上而下"的道路统一了德国。

紧接着，国王对俾斯麦说："我十分清楚结局，他们会先在歌剧广场我的窗前砍下你的头，过些时候，再砍下我的头。"而俾斯麦则回应道："既然早晚要死，为什么不死得体面一些？……不管是死在绞架上，还是死在战场上，这之间是没有区别的……必须抗争到底！"从此，国王和他之间形成了非常牢固的关系。

俾斯麦任首相后，并没有解决与议会的冲突，为此，他想以统一德国的大业转移议员的视线，并争取工人阶级的支持以与资产阶级自由派相抗衡。不久，他开始筹划三场统一战争。

第一步是于1864年初挑起对丹麦的战争，把属于丹麦的石勒苏益格·荷尔施泰因（德意志人为主要居民）并入德国。作为德意志的北邻，丹麦经常插手德意志的事务，所以俾斯麦第一个就要解决丹麦。1861年，丹麦国王欲接管普丹边境石勒苏益格和荷尔斯泰因，俾斯麦马上以此制造争端。他首先确保如果普丹开战，其他列强不会干涉，并与奥地利结盟一起攻打丹麦，最终逼使丹麦放弃这两个州。在1864年10月30日所签订的《维也纳条约》中，规定丹麦放弃两地。而于1865年8月14日普、奥两国达成《加斯坦因专约》，把石勒苏益格划归普鲁士统治，荷尔斯泰因则归属奥地利。

实际上，这是俾斯麦处心积虑的阴谋，因为奥地利所得的荷尔斯泰因不仅面积狭小，而且被普鲁士团团包围。这样一来，奥地利就容易与普鲁士发生冲突，由此可见，这是一条将奥地利推向与普鲁士发生战争的导火线。

第二步是1866年挑起对奥地利的普奥战争。1866年7月3日在萨多瓦战役中，普鲁士取得了决定性的胜利。根据1866年8月签署的布拉格和约，奥地利退出德意志联邦，普鲁士兼并荷尔施泰因和战争中与奥方站在一边的几个德意志联邦诸侯国，统一了德意志的中部和北部，建立起在普鲁士领导下的北德意志联邦。

在普丹战争后，俾斯麦决定将奥地利赶出德意志联邦，以利于将来统一德国。所以，他开始孤立奥地利，首先俾斯麦应允协助俄国取消《黑海中立条款》，并与法皇拿破仑三世会晤，表示普鲁士不反对将莱茵河区和卢森堡让给法国，以此确保法国在普奥战争中保持中立。而英国由于当时继续实行光荣孤立的政策，所以在普奥发生冲突时肯定会保持中立。最后，他于1866年4月8日与意大利签订攻守同盟条约，规定如果普鲁士在3个月内与奥开战，意大利必须同时对奥宣战，只有在奥地利将威尼斯还给意大利的情况下，才可以与奥讲和。

后来，奥皇由于不满意《加斯坦因专约》的条款，要求用普鲁士最富庶的工业区西里西亚交换荷尔斯泰因，因此俾斯麦以此借口，指责奥地利毁约。最终在1866年5月，威廉一世下令动员全国于同年6月对奥宣战。根据攻守同盟条约，意大利也同时对奥宣战。

很快，普鲁士就征服北德的亲奥小邦，并于1866年7月3日以29.1万军力与23.8万奥军在萨多瓦发生大战，即萨多瓦会战，奥军战败。此时，俾斯麦决定与奥讲和，而不是乘胜追击，因为他清楚消灭奥地利并不是其首要目标，最重要的是统一德国。所以，他在1866年8月23日签订的《布拉格条约》中给予奥地利极为宽容的讲和条件，以保持与奥地利之间的良好关系。

普奥战争结束后，阻碍德国统一的只剩下在背后控制着南德诸邦的法国了。

第三步是1870年的普法战争。1870年7月19日，在俾斯麦的挑动下，法国向德国宣战。拿破仑三世吹嘘说，这不过是一次"到柏林的军事散步"。但他碰到的已不再是以往的普鲁士，而是一个强大的、坚决反对分裂的德意志民族。1870年9月2日，德军在色当战役中取得了决定性的胜利，生擒了拿破仑三世。至此，俾斯麦彻底清除了统一南德的障碍，完成了德国的民族战争的任务。俾斯麦驱兵直入巴黎。1871年1月18日，普鲁士国王威廉一世在凡尔赛宫宣告了德国的统一，成立了德意志帝国。与此同时，俾斯麦出任德意志帝国的宰相。

俾斯麦统一德国后，执行为贵族地主利益和大资产阶级服务的政策，推动了德国经济的发展。但他的"铁和血"却没有因此而停止。1871年他参与镇压了巴黎公社。在国内，为了镇压德国工人运动，他于1878年颁布了所谓的《镇压社会民主党企图危害社会治安的法令》。他对外组织军事集团，极力巩固德国在欧洲大陆的霸权地位。与此同时，他还在非洲、亚洲和太平洋地区掠夺殖民地，与英国争夺世界霸权。

1888年3月9日，威廉一世逝世，其子腓特烈·威廉继位，称为腓特烈三世。不过，腓特烈三世刚刚即位99日就病故了。其子威廉二世继位，时年29岁。这位年少气盛的少年皇帝不甘心受制于俾斯麦，所以与俾斯麦在很多问题上产生了分歧。当时，俾斯麦已达73岁高龄，执政长达26年之久。在一系列权力斗争中，俾斯麦渐渐明白兔死狗烹的道理，心灰意冷，在1890年3月18日向威廉二世提出辞呈，正式下野。

俾斯麦下野之后，长居于汉堡一带的弗里德里希斯鲁庄园，并著有回忆录《思考与回忆》。1898年7月30日，这位名震天下的铁血宰相悄然离世，享年83岁。

"红衫军"远征和意大利统一

意大利的政途发展向来都不是那么顺利，即使是近代的意大利依然还是个分崩离析的政治实体，没有像英、法那样形成一个民族统一的国家。到19世纪上半期，意大利共存在8个邦国和地区。但这8个邦国和地区中，只有西北部的撒丁王国处于意大利人萨伏伊王朝的统治下。东北部的伦巴底和威尼斯是奥地利帝国的一个总督辖区。中部的帕尔马、摩地纳和托斯坎那三个小公国也在奥地利人的统治之下，更是以依附性条约的形式同奥地利联系在一起。南部的两西西里王国则处于西班牙波旁王室的专制统治下。最后一个，便是一直由罗马教皇实行世俗统治的教皇国。1848年，在欧洲革命中，罗马曾建立共和国。在共和国的牵制下，教皇庇护九世曾一度逃亡，不敢回国。然而，共和国却因为遭到法国的武装干涉而最终走向了失败，教皇也因此重新建立政权。与此同时，法军开始长久进驻罗马。

19世纪30年代至40年代，意大利的工业资本主义取得了很大的发展，资本主义经济也迅速高涨起来。北部地区使用机器生产的工厂企业越来越多，其中纺织业的发展最为显著。在工业的带动下，意大利的农业资本主义也取得了发展。一些开明的地主阶级开始改变经营方式，使用雇佣工人，建立起资本主义农场。

尽管如此，意大利的资本主义发展依然受到了极大的阻碍。其中最重要的原因，就是在外国统治与压迫下所造成的政治分裂局面。这种分裂的政治局面严重妨碍了统一资本主义市场的形成。因此，一场革命的爆发在所难免。此时，奥地利控制着意大利的大部分领土，所以想要实现意大利的统一，就必须摆脱奥地利的奴役和控制。只有这样才能建立一个独立、统一的意大利民族国家，才能彻底消除政治分裂的局面，才能消除阻碍资本主义发展的屏障，使资本主义得到真正意义上的发展。

在资本主义发展的带动下，意大利的民族意识开始逐渐苏醒。拿破仑的入侵更是给意大利民族带来了巨大的浩劫和灾难，这使得意大利民族意识逐渐增强。不同邦国和地区的居民都开始把自己看作是真正的意大利人。再加上拿破仑的残暴统治，意大利人的仇恨心理日益严重，他们想要驱逐外国势力，拥有自主管理国家的权利。

1852年，加富尔出任撒丁王国首相，并进行了一系列行之有效的改革，撒丁王国的实力也随之得到了增强。因此，一场以自由派领导的、撒丁王国为核心的自上而下的王朝战争就此开始。

意大利统一过程中，首先要面对的就是欧洲强国奥地利。由于实力差距较大，加富尔想要依靠法国的帮助，把奥地利从意大利的土地上驱逐出去。1858年7月21日，加富尔和法国皇帝拿破仑三世在法国南部小镇普隆比埃尔举行了会晤，双方约定：法国出兵帮助撒丁王国将奥地利逐出伦巴底和威尼斯后，撒丁王国要将威尼斯和萨伏伊地区作为报酬，交由法国管理。

1859年5月，战争爆发。法撒联军在与奥地利的战争中，接连取得了马詹塔和索尔菲里诺战役的胜利。最初，拿破仑三世之所以肯出兵帮助撒丁王国，并不是想要帮助意大利实现统一，而是希望借助意大利来打击世仇奥地利，并将法国势力进一步渗透到意大利。但当他看到意大利革命推向了高潮，而奥地利的实力依然非常强大时，便决定不再出战。1859年7月，拿破仑三世背着撒丁王国秘密同奥地利签订了《维拉弗兰卡协定》。规定奥地利将伦巴底割让给法国，然后由法国转交给撒丁王国，但奥地利仍保有对威尼斯的统治权。在法国的胁迫下，撒丁王国只能接受这项协定，并把威尼斯和萨伏伊割让给法国。就这样，意大利的利益被拿破仑三世出卖了。

虽然这次战争没能彻底将奥地利赶出去，但撒丁王国毕竟收回了伦巴底，这对撒丁王国来说这意味着意大利统一已经走出了关键性的第一步。1860年3月，意大利中部各邦——托斯坎那、帕尔马和摩地纳进行了全民投票，与撒丁王国正式合并。这使得意大利统一得到了突破性的进展。

1860年，在北方形势的影响下，两西西里人民也发动了起义，意大利的统一运动再次涌现出高潮。就在此时，富有传奇色彩的加里波第也迅速组织了一支由资产阶级民主派支持的"千人志愿军",历史上称其为"红衫军"。这支队伍在加里波第的率领下,于同年5月南下远征两西西里,一路上所向披靡,很快占领了两西西里王国首都那不勒斯。11月7日,撒丁王国国王维克多·埃曼努埃尔二世在加里波第的陪同下进入了那不勒斯,并于1861年3月17日成立了意大利王国。维克多·埃曼努埃尔二世成为意大利国王。

虽然已经顺利成立了意大利王国,但包括罗马在内的大部分教皇国依然处于意大利王国统治之外,再加上奥地利还把控着威尼斯地区,所以,意大利的统一运动尚未真正完成。

1866年,普奥战争爆发,意大利协同普鲁士共同对奥作战,奥地利战败。不久,奥地利根据《维也纳条约》的内容,将威尼斯归还给意大利。

1870年,普法战争爆发。在种种形式的压力下,拿破仑三世不得不调回罗马的法国驻军。9月,意大利军队进入了教皇辖地之内。在公民投票的决议下,意大利合并了罗马,教皇的世俗权力被剥夺,并避居至梵蒂冈。至此,意大利终于实现了民族的统一。

同德国一样,意大利的统一也是以"自上而下"的道路来完成的。同时,这样的统一也留下了很多的后遗症。如世代永佃制的封建土地制度被保留下来,这对经济上的发展起到了极大的阻碍作用。在政治上,君主立宪政体的建立,国王世袭保留下来了很大的权力,而众议院的选举也要有一定的财产才能具有资格。也就是说,政权实际上是操纵在大资产阶级和大地主手中。但无论如何,意大利的统一的确推动了历史的进步,为资本主义的发展扫清了障碍。此外,统一后的意大利各邦间的关税壁垒宣布消除,并且开始实行统一的度量衡制度和货币制度,再加上之后铁路和公路建设的蓬勃开展,逐渐促使意大利形成了统一的民族市场,使意大利的资本主义经济得到长久的发展。

第五章　近代美洲

美国独立战争

1775年4月19日，莱克星顿打响了美国独立战争的第一枪。这场战争从1775年至1783年，持续了8年之久。战争最终以英国在北美殖民统治的破产和北美殖民地的独立而宣告结束。

北美大陆本来是土著居民印第安人世代生息繁衍之地。但是从1607年第一批移民踏上弗吉尼亚至1733年最后一个殖民地佐治亚的建立，英国移民先后在北美东海岸建立了13个殖民地，这就是后来美国最初的13个州。

随着农业、工商业的蓬勃发展，北美13个殖民地的居民联系加强，日益融合，逐渐形成了一个新的民族，即美利坚民族。随着资本主义的发展，美利坚民族提出要摆脱对宗主国的依附关系，独立地发展资本主义的要求。

然而这种愿望遭到了英国当局高压政策的阻挠。1773年发生了驻北美英军枪杀波士顿居民的惨案。1774年，英政府又接连颁布5项"不可容忍的法令"。北美殖民地人民忍无可忍了。各个殖民地纷纷储集军火，制造武器，组建名为"一分钟人"的民兵队伍。1774年9月5日，12个殖民地选派的55名代表在费城召开了第一届大陆会议，革命形势日益成熟。

1775年4月18日，马萨诸塞总督托马斯·盖奇根据密报，派遣800名驻波士顿英军前往康科德，搜缴当地民兵的秘密军火。"一分钟人"知道这一消息后，迅速集结。翌日清晨，当英军行进至莱克星顿和康科德一带时，遭到了早已严阵以待的民兵的袭击。康科德、莱克星顿的战斗揭开了美国独立战争的序幕。1775年6月15日，第二届大陆会议决定组建正规的大陆军，华盛顿被任命为大陆军总司令。

美国独立战争大体经过了三个阶段：

第一阶段，从1775年4月到1777年10月，这是战略防御阶段。主战场在北部地区，战略主动权掌握在英军手中。1776年7月4日，大陆会议正式宣布脱离英国而独立。1776年12月，经过激烈争夺后，华盛顿放弃纽约。纽约失陷标志着独立战争进入困难时期。1776年12月25日，华盛顿率部成功突袭特伦顿的黑森雇佣军的兵营，接着又在普林斯顿重创英军。1777年10月17日，华盛顿在萨拉托加又重创英军。萨拉托加大捷是美国独立战争的重要转折点。

第二阶段，从1777年10月到1781年3月，以萨拉托加大捷为标志，进入战略相持阶段，主战场逐步转向南部地区。在这一阶段，国际环境日益向着有利于美国的方向发展。萨拉托加大捷后，法国、西班牙、荷兰等改变了动摇不定的观望态度。1778年2月，法国正式承认美国独立。1778年6月，法、英开战，西班牙也于1779年6月对英作战。俄国于1780年联合普鲁士、荷兰、丹麦、瑞典等国组成"武装中立同盟"，打破了英国的海上封锁。北美独立战争扩大为遍及欧、亚、美三大洲的国际性反英战争，英国陷入空前孤立的境地。1781年4月，英军实行战略收缩，向北退往弗吉尼亚。

第三阶段，从1781年4月到1783年9月，为战略反攻阶段。此时在整个北美战场，英军势力主要集中于纽约和约克镇两点上。1781年8月，法、美联军秘密南下弗吉尼亚。与此同时，法国舰队也完全控制了战区制海权。9月28日，1.7万名法、美联军从陆海两面完成了对约克敦的包围。在联军炮火的猛烈轰击之下，1781年10月19日，8000名英军投降，北美大陆战事基本结束。1782年11月30日，英美签署《巴黎和约》草案。1783年9月3日，英国正式承认美国独立。

美国独立战争的胜利，打碎了英国殖民统治的枷锁，实现了北美殖民地的独立，为美国资本主义和现代文明的迅速发展铺平了道路。美国独立战争首次将欧洲启蒙运动的自由哲学思想大规模地付诸实践。战争中诞生的《独立宣言》在人类历史上第一次以正式文件庄严宣布了人民主权的原则。美国独立战争所体现的资产阶级的进步的政治精神给欧洲乃至全世界都带来了深刻的影响。

1787年宪法

独立是艰难的，和平需要付出血的代价，而自由平等的生活，更不可能是一蹴而就的。

美国独立战争后，幸福生活并没有如期而至。农民依然贫穷，工人的工资也还是少得可怜，各种捐税多如牛毛。人们意识到，本地的资产阶级和种植园主并不比英国人慈善。

严酷的生活环境让许多人又拿起了枪，各州暴乱频发。在康科德，谢司发动的起义声势最为浩大，他们到处攻打法院，烧毁债务诉讼档案。谢司在独立战争中立过军功，还因此被晋升为上尉。可当战争后回到家乡，谢司才发现，自己原来身无分文，比战争之前还要贫穷。谢司的反抗引起了联邦政府的恐惧，急忙派出政府军镇压，一直将谢司的队伍赶到荒凉的西部，才得以平息了这场叛乱。

新兴的资产阶级意识到，虽然他们有一个统一的联邦政府，但各州都有自己独立的军事、财政和外贸权力，一旦爆发大规模的起义，联邦政府根本无力镇压。

就这样，各州纷纷派出代表来到费城，召开了制宪会议。经过长达4个月的讨论，1787年，体现三权分立原则的宪法终于出台。宪法规定美国由总统掌握行政权，而总统由选举产生，任期4年。总统既是政府的行政首脑，也是武装部队的总司令。国会由参议院和众议院组成，众议院议员由各州选民直接选出，参议院议员由各州立法会议选出。国会拥有立法权，法律由国会两院通过，总统批准后生效。如果国会的决议被总统否决，经国会两院再以2／3的多数票通过，也可直接生效。司法权属于最高法院，法官由总统任命，参议院批准，终身任职。

美国的缔造者：华盛顿

美国的第一任总统华盛顿，出生于1732年的弗吉尼亚。11岁时，父亲死了，只留给他少量田产和10个黑奴。

16岁时，华盛顿去西部做了土地测量员。这时英法两国为了争夺在北美的领地和利益发生了冲突，双方都开始积极备战。命运为华盛顿提供了一个走入军界的机会，他由此成为英属弗吉尼亚地区的一个少校副官，时年19岁。人们都说，华盛顿身材高大健壮，外貌庄严，沉默寡言，充满了个人魅力，是一个天生的军人。

在接下来的战争中，华盛顿不仅出色地完成了任务，而且多次出生入死，被称为"最勇敢的人"。

当历时7年的英法战争以英国的胜利宣告结束时，华盛顿并未感到自豪和喜悦。战争中，英国人给予本土士兵和北美士兵的不同待遇，让华盛顿感到受了歧视。 而战争后英国为了充实国库，对其在北美的属地课以重税，更让华盛顿感到不满。

列克星顿的枪声响起后，大陆会议召开，华盛顿是唯一身着戎装的代表，最终当选为大陆军总司令，时年43岁。 随着战争的一步步胜利，独立迫在眉睫。 但当时的中央政府无权向各州征税，中央政府还是靠各州摊派所得来运转。 随着战争的胜利，各州政府对大陆会议的要求反应冷淡，军队的薪饷也被拖欠。 军人们开始担心，一旦和平来到，自己的生活会不会没有保障。 此刻，人们希望有一个独揽大权的人物来接管政府。 在人们眼里，华盛顿就是这样一个人。 军队中的这种呼声更是高涨，甚至有军官上书要求华盛顿做皇帝。

但是华盛顿并不想当皇帝，他追求的只是尊敬和荣誉。 当和平终于来临之时，51岁的华盛顿辞去军职，解甲归田。

1787年，制宪会议在费城召开，华盛顿被邀请作为这次会议的主席。 在会议上，华盛顿竭尽全力，用自己的威望和影响力，为代表们之间的相互沟通创造气氛，起到了平衡和协调的作用。 最终，所有代表都同意将行政权力赋予一人——美利坚合众国的总统。

联邦宪法通过，各州代表在同一时间进行投票，选举美国的第一位总统。 结果是，华盛顿获得全票。 此时的华盛顿已无法再拒绝了，他手按《圣经》，在大法官的主持下，进行了庄严的宣誓。

门罗主义

1816年，民主共和党总统候选人詹姆斯·门罗（1758~1831年）以压倒优势战胜联邦党人对手，当选为美国第5任总统。 4年后，门罗又几乎以全票连选连任。 美国政治上出现了一个相对稳定的时期，民主共和党几乎是独步政坛。稳定的政治局面为美国政府大力推进工业革命、发展民族经济、建设公共基础设施、改进交通运输和拓展国内市场创造了良好的机遇。

与美国的稳定相反，这一时期的拉丁美洲却爆发了蓬勃而又广泛的民族解放运动。1816年7月，阿根廷宣告独立。1817年1月，阿根廷起义军越过安第斯山，会合当地革命军解放了圣地亚哥。1818年4月，智利宣告独立。1819年12月，包括委内瑞拉、哥伦比亚和厄瓜多尔等地在内的大哥伦比亚共和国宣告成立。1820年初，西班牙和葡萄牙先后发生了资产阶级革命，为拉丁美洲的独立运动提供了更加有利的条件。1821年，墨西哥和秘鲁也相继独立。1822年，巴西也独立了。轰轰烈烈的拉丁美洲革命运动使西班牙和葡萄牙的殖民版图分崩离析，改变了当时的世界格局，英、法、俄等欧洲强国蠢蠢欲动，争相摆出染指拉丁美洲地区的架势。在此情势下，美国国务卿约翰·昆西·亚当斯等人推动和炮制出一整套美国的拉丁美洲政策，由门罗总统在1823年12月2日向国会发表年度报告时公诸于世，后世称之为"门罗主义"。

门罗主义宣布了美国在拉丁美洲问题上的立场，阐述了三个原则。一是"美洲体系原则"，所谓美洲是美洲人的美洲，自成一体，与欧洲相互隔绝；二是"互不干涉原则"，美国不介入欧洲事务，欧洲也不得干涉美洲事务；三是"不许殖民原则"，不许欧洲在美洲建立新的殖民地。

门罗主义标志着美国在对外扩张和登上世界舞台的道路上迈出了意味深长的一步。然而，当年的美国在军事和经济等实力上还远不是欧洲各个强国的对手。门罗主义在发表之后的20多年里实际上犹如微风过耳、无足轻重，及至门罗主义成为美国外交政策的基石、在排斥欧洲势力、独霸美洲中发挥作用则要等到1840年代了。

美国内战

美国独立后，建立了资本家和种植园奴隶主的联合政权，经济迅猛发展。18世纪90年代，美国开始工业革命，北部的资本主义工业迅速发展。1860年，美国工业生产总值跃居世界第四位。同时资本主义农业在北方和西北部也发展起来。在美国南部，随着英国棉纺织业的发展和美国北部工业革命的兴起，国内外对棉花的需求量激增，南方的棉花生产以惊人的速度发展起来，在残酷剥削黑人奴隶劳动的基础上，种植园经济空前繁荣。为了满足资本家和种植园奴隶主的共同需求，美国走上了大规模的领土扩张的道路。

1803年，拿破仑因镇压海地运动失败，将路易斯安那以1500万美元的低廉价格卖给美国，使美国领土面积扩大了一倍。之后，美国依靠武力和战争，取得西属佛罗里达的全部领土，吞并了原属墨西哥的得克萨斯、新墨西哥和加利福尼亚等地。1853年，美国与英国签订协议，规定北纬49度以南的俄勒冈地区归属美国。60年代，美国向沙俄购买了阿拉斯加，后又吞并了夏威夷群岛。这样，经过半个世纪的扩张，美国成为一个东临大西洋，西到太平洋的大国。

美国的领土扩张，进一步推动了南北经济的发展。同时双方在社会经济制度和经济发展上的差异日益明显，矛盾日渐加深。如北部的工业资产阶级为了获得工业生产所需的大量廉价的"自由"雇佣劳动力，主张废除奴隶制；为了维护北部工业的发展，主张实行保护性关税政策，并主张由联邦政府出资修筑铁路，津贴造船业和设立国家银行。南部种植园主则视奴隶为他们的私有财产，要求保存并扩大黑人奴隶制以巩固南部种植园经济；在对外贸易上，要求发展自由贸易以便从国外进口廉价的工业品，反对北方的财政税收政策，并极力要求把奴隶制扩展到西部新增加的土地上。到19世纪中期，黑人奴隶制的存废问题成为南北矛盾的焦点。

奴隶制的存在，严重阻碍了正在发展的资本主义。自19世纪30年代起，废奴运动广泛开展。废奴运动中的激进派创建反奴隶制团体，在各地开展宣传鼓动活动。废奴派还组织了帮助南方黑奴逃亡的"地下铁道"，北方的"乘务员"带着南方的奴隶"乘客"，按照固定的路线，经过一个个"车站"（废奴派的家），秘密转送到北方自由州。著名的黑人妇女塔布曼就是"地下铁道"的"乘务员"。从1830年到1860年，至少有6万名奴隶通过"地下铁道"获得自由。

1832年，释奴协会正式成立。到1840年，全国释奴协会有2000个分会，约20万人，此后，北部有的州在人民反奴隶制革命运动的压力下，通过了《人身自由法》。1852年，女作家斯托夫人根据自己亲身了解到的奴隶生活情况，写出《汤姆叔叔的小屋》（即《黑奴呼天录》）一书。这本书有力地抨击了奴隶制的罪恶，使南部奴隶制受到国内外舆论广泛的谴责。

1854年，北部在废奴运动发展的基础上，创立了主张反对奴隶制的共和党，以对抗代表种植园主利益的民主党(1828年成立)。1856年，北部民主力量与南方种植园主在堪萨斯发生武装冲突。1859年，约翰·布朗领导了反对奴隶制的武装起义。1860年，共和党候选人林肯在大选中获胜，成为美国第16任总统。美国内战的帷幕徐徐拉开。

亚伯拉罕·林肯，出生于肯塔基州一个鞋匠家庭，早年当过伐木工人、船工、店员、邮务员等。他虽未受过高等教育，但刻苦自学，曾担任过律师、伊利诺伊州地方议会的议员，1847年当选为国会议员。他为人善良、坦诚、谦虚，做事谨慎而坚定，演讲语言凝练、朴实、有力。林肯是一位民主主义者，相信一切人生来平等。他反对奴隶制，同情黑人，主张限制奴隶制的扩张，主张把西部土地无偿地分给农民。1860年总统大选时，共和党的竞选纲领和林肯的出身、品德赢得了广大工人、农民、废奴派和资产阶级的支持，1860年11月，林肯当选为美国总统。

林肯当选总统后，南部种植园主认为对他们不利，开始制造分裂、发动叛乱。1861年2月4日，南方7个蓄奴州宣布脱离联邦，成立"南部同盟"（后来"南部同盟"扩充为11个州）。4月12日，南部同盟炮击联邦政府军控制的萨姆特要塞，内战爆发。

战争开始后，占据人力、物力和政治方面优势的北方，由于在解放黑奴问题上态度暧昧，对战争的艰巨性估计不足，再加上军事指挥的失误，遭受了重大挫折。为扭转败局，林肯政府于1862年5月和9月分别颁布了《宅地法》和《解放黑人奴隶宣言》。

《宅地法》规定：凡美国公民只要交付10美元的手续费就可以在西部得到一块64公顷的土地，连续耕种5年以上，这块土地即成为个人的私有财产。《解放黑人奴隶宣言》规定：废除叛乱各州的黑奴制，凡曾参加过叛乱的各州种植园奴隶主，其奴隶自1863年1月1日起成为自由人，并可应召参加联邦军队。两项法案虽有一定的局限性，但却是林肯政府的一大进步，它调动了广大劳动人民包括黑人在内参加战争的积极性，对于北部的胜利起了重要的作用。

1863年7月初，联邦军队与南方军队分别激战于华盛顿以北的葛底斯堡和密西西比河下游的维克斯堡，联邦军队获得胜利。这两次战役成为内战的转折点。此后，格兰特将军指挥联邦军队全面反攻，于1865年4月3日攻陷南部同盟的首都里士满。4月9日，南部李将军在弗吉尼亚境内向格兰特将军投降，内战结束。

美国内战是美国历史上第二次资产阶级革命。它粉碎了南方的奴隶制度，维护了联邦的统一，巩固了资产阶级的统治地位，为美国资本主义的发展扫清了道路。 南北战争结束后，美国以大国的身份加入到世界资本主义体系中，推进了世界一体化的进程。

南北战争后，美国开始了战后的恢复和重建工作。 但是，南部种植园奴隶主并不甘心失败，战后恢复和重建工作步履维艰。 1865年4月14日夜，林肯在华盛顿福特剧院观剧时，被一个同情南方奴隶主的暴徒布斯暗杀。 林肯的逝世引起了美国千百万人的深切悼念。 各国进步人士和劳动人民也为失去这位伟大的"奴隶的解放者"而感到痛惜。

内战中，有一部分黑人获得解放。 1865年美国正式废除黑人奴隶制度。 1866年6月和1870年3月，美国国会又分别通过了第十四、十五条宪法修正案，规定凡在美国出生或归化的人，无论肤色，均应享有平等的公民权利；规定在公民选举权上，不得因种族、肤色或以往的奴隶身份而加以否认和限制。 但是，在南部的重建过程中黑人并没有得到真正的自由和平等的地位。 美国国内的种族歧视至今仍然存在。

从小木屋到白宫：林肯

林肯于1809年2月12日出生在肯塔基州哈丁县的一个清贫的鞋匠家庭，用他自己的话说，他的成长历程是"一部贫穷的简明编年史"。 由于家境贫困，他从小就帮助家里劈柴、打水、做农活。 他的父母是英国移民的后裔，以打猎和种田为生。 1816年，林肯全家迁至印第安纳州西南部，以开荒种地为生。 林肯9岁的时候，母亲去世了。

一年后，父亲与一位寡妇结婚。继母勤劳慈祥，视他如同己出。林肯也很敬爱继母，一家人生活得和睦幸福。因为贫穷，林肯受教育的程度不高。为了维持生活，少年时的林肯当过种植园的工人、俄亥俄河上的摆渡工、店员和木工。

在25岁以前，林肯四处谋生，没有固定的职业。成年后，他成为当地的一名土地测绘员，由于精通测量和计算，常被人们请去解决地界纠纷。林肯非常热爱读书，在艰苦的劳作之余，他夜读的灯火总要闪烁到很晚。在青年时代，林肯通读了莎士比亚的所有著作，还阅读了《美国历史》等大量历史和文学书籍。他通过自学使自己成为一个博学而充满智慧的人。在一场政治集会上，他第一次发表了政治演说。因为抨击黑奴制，提出了一些有利于公众事业的建议，从此，林肯在公众中的影响日益增强，于1834年被选为州议员。

1834年8月，25岁的林肯当选为州议员，开始了自己的政治生涯，同时管理乡间邮政所、从事土地测量，并在友人的帮助下刻苦钻研法律。几年后，他成为一名律师。积累了州议员的经验之后，1846年，他当选为美国众议员。1847年，林肯参加了国会议员的竞选，获得了成功，第一次来到首都华盛顿。在此前后，关于奴隶制度的争论成了美国政治生活中的大事。在这场争论中，林肯逐渐成为反对蓄奴主义者。他认为应该消灭奴隶制度，并且应该首先在首都华盛顿取消奴隶制。为此，代表南方种植园主利益的蓄奴主义者疯狂地反对林肯。1850年，美国的奴隶主势力大增，林肯退出国会，继续当律师。

1860年，林肯成为共和党的总统候选人。同年11月，选举揭晓，林肯以200万票当选为美国第16任总统。不过，在奴隶主控制的南部10个州，他没有得到1张选票。

1861年4月12日，南方联盟不宣而战，迅速攻占了联邦政府军驻守的萨姆特要塞。林肯只得宣布对南方作战。林肯并不主张用过激的方式废除奴隶制，他认为可以用和平的方式，先限制奴隶制，然后逐步加以废除，而关键在于维护联邦的统一。在这种思想的支配下，北方政府根本没有进行战争的准备，只是仓促应战，而南方则是蓄谋已久，有训练有素的军队和优良的装备，因此，虽然北方在多方面都占有优势，但是却被南方打得节节败退，甚至连首都华盛顿也险些被叛军攻破。

北方在战场上的失利引起了广大人民的强烈不满，很多城市爆发了示威游行，要求政府采取措施扭转战局。此时，林肯意识到，要想打赢这场战争，就必须调动农民的积极性，废除奴隶制，解放黑奴。

1862年5月，林肯签署了《宅地法》，这一措施从根本上消除了南方奴隶主夺取西部土地的可能性，并且满足了广大农民的迫切需要，激发了农民奋勇参战的积极性。1862年9月，林肯亲自起草了《解放黑人奴隶宣言》草案。1863年1月1日，林肯正式颁布《解放黑人奴隶宣言》，从根本上瓦解了叛军的战斗力，使北军得到雄厚的兵源。内战期间，直接参战的黑人高达18.6万人，他们作战勇敢，平均每三个黑人中就有一人为解放事业献出生命。1863年，林肯提出"民有、民治、民享"的纲领性口号，从而使战争成为群众性的革命斗争。

这两个法令的颁布是南北战争的转折点，自此，战场上的形势变得对北方越来越有利了。

1865年4月9日，历时四年的南北战争以北方的胜利而告终。

"南北战争"被称为继独立战争之后的美国第二次资产阶级革命。在这次战争中，林肯成了黑人解放的象征，但奴隶主却万分仇恨他。1865年4月14日晚上，林肯在华盛顿的福特剧院中看戏时，被南方奴隶主收买的一个暴徒刺杀。林肯的不幸逝世在国际上引起了巨大轰动，美国人民深切哀悼他，700多万人停立在道路两旁向出殡的队伍致哀，150万人瞻仰了林肯的遗容。 林肯是一位伟大的政治家，为推动美国社会向前发展做出了巨大的贡献，深受美国人民的尊敬和爱戴，在美国人的心目中，他的威望甚至超过了华盛顿，被人们称赞为"新时代国家统治者的楷模。"

美国领土扩张

1776年7月4日，美国刚脱离英国时，它的领土只限于大西洋沿岸的13个州，面积仅94万平方千米，1783年独立战争结束后，英国承认美国独立，宣布放弃密西西比河以东的其他领土使其并入美国版图，美国领土达到230万平方公里，约占现在美国本土面积的30%，1790年美国第一次人口普查仅400万人。 1789年，美国联邦政府成立。 刚刚成立的美国很快就走上了领土扩张的道路,乘欧洲殖民者们混战无力兼顾美洲之机，继续向西向南进行扩张，除了用战争，金钱成了获得领土最常用的方式。

一、拿破仑的盘算便宜美国

1800年，法国刚刚上台执政的拿破仑凭借自己强大的军事实力，从西班牙手中夺得北美路易斯安那地区。 路易斯安那地区在密西西比河和落基山脉之间，北起加拿大，南到墨西哥湾，相当于现在美国中西部的13个州。 强大法国的存在使刚刚独立不久的美国感到非常不安，因为拿破仑极有可能会盘算北边的加拿大，然后还会让美洲印第安土著人骚扰美国边境。 1802年，当时的美国总统杰斐逊与法国谈判，希望以高价买到这一大片土地。 美国也作了最坏打算，如果谈判失败，就伙同英国孤立法国。

结果，谈判出乎意料的顺利和迅速，拿破仑竟以8000万法郎（当时约合1500万美元）的价格把如此大片的土地卖给美国，连美国都感到不可思议。其实，拿破仑有难言的苦衷。当时，拿破仑派2万人入侵海地全军覆没，急需要资金来重整旗鼓。另外，拿破仑盘算过，如果美国和英国结盟，与法国开战，英国必将进攻路易斯安那地区，与其让它们落入宿敌英国之手，不如卖给美国，而且卖了这个地区，法国可解除后顾之忧，全力以赴控制欧洲。1803年4月，美法签订和约，美国轻而易举地获得了260万平方公里左右的土地，每平方公里不到5美元。

低价购买路易斯安那的成功勾起了美国政府扩张领土的欲望。毗邻路易斯安那的佛罗里达便成了下一个目标，因为，那里是发展种植园经济的理想区域。美国一度曾提出路易斯安那的购买也包括佛罗里达，但遭到了佛罗里达的拥有者西班牙的严词拒绝。

美国政府正在考虑是否要对西班牙动武时，1808年，西班牙本土被法国拿破仑占领。趁此机会，大批美国人迁入佛罗里达。1809年，当地效忠于美国的居民已占总人口的90％，西班牙在佛罗里达的统治摇摇欲坠。1814年，美国人大规模进军佛罗里达。终于，西班牙意识到对这一区域的统治已力不从心。1819年2月22日，美西签订条约，美国仅花了500万美元就获得15万多平方公里的佛罗里达。美法、美西这两项交易使美国在不到20年之内，领土面积一下子扩大了1倍多。

二、"买"走墨西哥一半的土地

路易斯安那和佛罗里达的扩张使美国尝到了甜头，接着，美国又相继通过策反与威胁的方式从墨西哥和英国手中得到了得克萨斯和俄勒冈地区，美国领土从大西洋沿岸扩展到太平洋沿岸。

此时，加利福尼亚又勾起了美国的兴趣。1542年，西班牙雇用的葡萄牙探险家首先发现加利福尼亚。之后，墨西哥从西班牙殖民者统治下独立时，将其变为一个省。1841年，美国陆续向加利福尼亚移民。这些移民以农为生，成为墨西哥人在经济上的竞争对手，一直不受当地人欢迎。但是，美国人还是源源不断地进入加利福尼亚。为了得到这块土地，美国政要屡屡出高价购买。当时的美国国务卿韦伯斯特甚至在一封信件中说，为了得到加利福尼亚，美国愿意付出高于得克萨斯州20倍的价钱。不过，墨西哥断然拒绝了这一无礼的要求。

于是，美国萌生了以武力满足领土欲望的念头。美国先是舆论造势，一会儿宣传英国企图来争夺这块土地，一会儿又宣传墨西哥正在秘密策划反美运动，目的就是要把美国民众引上战争之路。两国关系骤然紧张。同时，美国又开始了军事挑衅行为。1846年，美国总统波尔克派军队进入两国边境有争议地区。墨方提出强烈抗议，却没有任何效果。4月24日，墨西哥军队与美军发生小规模冲突，打死3名美国人。这一事件正好给美国以开战的借口。5月，美国正式向墨西哥宣战，派出5万军队从陆地和海上侵入墨西哥。墨西哥军队缺乏训练和先进的武器装备，很快就败下阵来，加利福尼亚顺理成章地归并美国。

1848年2月2日，美国与墨西哥签订条约，美国只象征性地支付1500万美元，就得到了包括加利福尼亚、新墨西哥地区在内的近140万平方公里土地。接着，在1853年，美国驻墨西哥公使加兹登又以1000万美元购得美墨边境近10万平方公里土地（后以"加兹登"命名此地）。在这次美墨战争中，墨西哥丧失了大半领土。墨西哥战争之后，美国本土已经比1783年刚刚被承认独立时的领土扩大了两倍。 不过，美国扩张道路并没有停止。

三、国务卿的远见使美国受益无穷

阿拉斯加成为美国领土的过程非常滑稽。19世纪初，世世代代居住在阿拉斯加南部的特林基特印第安人部落同入侵的俄国人接连进行了两次战争，最终被火力强大的俄国人征服。但是，1856年克里米亚战争后，俄国元气大伤，沙皇亚历山大二世决心卖掉这块不挣钱的土地。他把买主锁定在美国人的身上。

由于担心美国对购买阿拉斯加不感兴趣，俄国花了10万美元收买美国一些新闻记者和政客，试图通过他们来游说美国政府。1867年3月，俄国派官员到美国洽谈出售阿拉斯加问题。当时，美国国务卿威廉·西沃德是个狂热的扩张主义者。他在同俄国谈判时，开始出价500万美元，后以720万美元的价格同俄国在一夜之间达成了购买协议，并且急不可待地于第二天凌晨在协议书上正式签字。终于，美国以绝对低廉的价格买到了面积达150多万平方公里的巨大半岛及其周边的阿留申群岛。

当时在美国，只有少数渔民希望得到出入阿拉斯加海港的权利，一部分加利福尼亚商人谋求在那里从事毛皮贸易的特权，而多数人对阿拉斯加一无所知。西沃德签订购买阿拉斯加协议后，立即在国内引起一阵反对声，说阿拉斯加是"西沃德的冰箱"，批评这是"一笔糟糕的交易"，"一个异乎寻常的错误。"西沃德被国内舆论骂得躲在家里许多天。

精明的西沃德还是坚持不懈地争取到了国会的支持。1867年4月和7月，参众两院分别以多数票通过了这项协议。现在看来，美国人的确应该感谢西沃德这位政治家的远见。据估计，阿拉斯加地下埋藏着5.7万亿立方米的天然气和300亿桶原油，现在价值超过2万亿美元！随着国际油价不断升高，它的身价肯定不止这个数字。 俄国人一定为当初这个鲁莽的决定悔断了肠。

19世纪末，美国还通过战争等许多方式获得了太平洋上的一些岛屿，如夏威夷。 这样，美国在100多年中，只用5000多万美元，却夺取了相当于独立初期3倍多的领土。 领土扩张对美国的资本主义发展和今天"超级大国"地位的形成起了重要的作用。

第六章 近代拉丁美洲

独立战争前的拉丁美洲

拉丁美洲包括北美洲的墨西哥、中美洲、西印度群岛和南美洲四个部分，原有居民是印第安人。从16世纪开始，印第安人就长期遭受西班牙、葡萄牙人奴役。17世纪，荷兰、英国、法国先后夺取葡属巴西东北部土地，建立荷属、英属、法属圭亚那；英国从西班牙手中得到牙买加等岛屿；法国占领了原属西班牙的海地。

西班牙是一个封建专制政体和实行重商主义政策的国家，这给它在拉美殖民地的统治打上深刻的烙印。设在西班牙首都的"印度事务院"是控制殖民地的最高权力机关，它只对国王负责。当时流行的俗语说"国王是殖民地的绝对君主，而'印度事务院'是国王的喉舌"。西属拉美殖民地分设四大总督区：新西班牙区、新格拉纳达区、秘鲁区和拉普拉塔区，由各区总督直接管理殖民地事务。

西属殖民地的土地剥削制度分为三种形式：

（1）委托监护制。它是印第安人同殖民者之间土地关系的主要形式。土地所有权归西班牙国王，殖民者只对土地和印第安人有"监护"（管辖）权。印第安人必须为监护主服劳役、交纳代役租。某些地区一年之内劳役长达300天。

（2）大地产制。1720年委托监护制被取消，开始盛行大地产制。 原来的监护主变成大地主和大庄园主，他们强占印第安人公社的公有土地，还采用借债、以工抵债的方法迫使印第安人沦为债务奴隶。

（3）种植园土地制，盛行于中美洲、西印度群岛和巴西，主要使用非洲黑奴劳动，剥削更为残酷。 西班牙、葡萄牙掠夺拉美金银贵金属，实行"米达制"，即印第安人每年送一定数量的成年男子（墨西哥为4%，秘鲁为14%）去金银矿服徭役，其死亡率高达4/5。

西班牙和葡萄牙为维护宗主国贵族和商人的利益，对殖民地经济采取严厉的垄断统治政策，发展能在世界市场牟取暴利的单一经济作物；压制殖民地工业发展，垄断殖民地对外贸易。

总之，拉美殖民地占主导地位的经济形式，是建立在奴隶和农奴劳动基础上的封建大地产制、种植园经济和单一经济作物制。 这种落后的经济结构构成严重束缚拉美经济和社会发展的巨大障碍。

而到18世纪下半期，拉丁美洲殖民地社会经济冲破宗主国的种种限制缓慢发展起来，资本主义性质的手工工场开始出现。 西属殖民地的统治者是来自宗主国的所谓"半岛人"，占据行政、军事和教会高位，拥有大量地产，是革命的对象。 土生白人拥有土地，是殖民地地主集团的核心，政治上受"半岛人"压迫，要求摆脱宗主国统治，掌握了未来革命的领导权。 混血种人多数是自由职业者或自由农民，名义上是"自由人"，但不享有公民权。 印第安人和黑人奴隶处在社会最低层，他们和混血种人是革命的主力。

在拉丁美洲各种社会矛盾中，民族矛盾是最基本的矛盾。 西班牙殖民政府一方面将人口众多的印第安人、黑人和部分混血种人紧紧束缚在封建制生产或奴隶制的生产桎梏下，阻碍直接生产者转化为自由雇佣工人；另一方面把殖民地创造的财富源源输往宗主国。 因此，殖民地经济的发展未能起到为其自身资本主义发展积累资本的作用。 宗主国落后工业造成的供应不足，同殖民地日益增长的经济需求形成愈加尖锐的矛盾。 这样，殖民地的经济发展就成为经济上摆脱宗主国束缚的强烈动因，推动殖民地走上争取民族独立的道路。 总之，拉美民族独立运动的兴起，首先是由于殖民地人民与宗主国统治者之间民族矛盾的激化；其次是欧洲的启蒙思想、美国独立战争和法国大革命的影响，激发了拉美人民的民族独立意识；再次是19世纪初西葡受到拿破仑战争的打击，力量削弱。

海地独立

　　海地位于加勒比海第二大岛圣多明各岛的西部，原是西班牙殖民地，1697年后被法国占领，逐步发展成为法国海外最富庶的殖民地。海地黑人曾多次发动反对法国殖民者民族压迫和种族歧视的起义。

　　在法国大革命的影响下，1791年8月杜桑·卢维杜尔领导黑人奴隶，在"争取自由""宁死不当奴隶"的口号下起义，并很快控制了海地大部分领土。 1793年，西班牙打着"支持解放黑奴"的旗号，派军队从岛的东部侵入。 杜桑识破西班牙妄图霸占海地的阴谋，赶走了干涉军。 英国也借口法国种植园主求助，派军队从岛的西部登陆。而杜桑起义军却毫不退缩，反而越战越勇，最终迫使英国殖民军投降。 1801年杜桑建立了以他为首的政府，声明海地独立；并颁布宪法，宣布废除奴隶制。 拿破仑夺取法国政权后，试图重建法兰西殖民帝国。 1802年3万法国远征军侵入海地，诱捕并杀害杜桑。 海地人民更加顽强地战斗，赢得了最后胜利。 1804年海地正式宣告独立。海地独立树立了小国打败大国、奴隶自己解放自己的光辉榜样，极大地鼓舞了整个拉丁美洲人民争取独立自由的斗争。

葡属巴西独立

葡属巴西是拉美最大的国家。1807年拿破仑侵入葡萄牙,葡萄牙王室流亡巴西,使巴西成为葡萄牙王国的政治中心。1820年葡萄牙国内发生资产阶级革命,新议会要求国王回国,国王留儿子彼得罗继续在巴西执政。此时,巴西各地独立运动风起云涌。为避免革命并维持大地主、大种植园主的统治,彼得罗遵照其父的嘱托,于1822年宣布巴西脱离葡萄牙独立,成立巴西帝国。巴西独立是人民长期斗争的结果。由于资产阶级力量弱,革命阵营不强大,独立运动没有转化成大规模的革命战争。运动后期,葡萄牙王室和大地产主掌握了领导权,致使独立后大地产制和奴隶制没有发生变化。但是,巴西毕竟摆脱了殖民统治,为社会经济的发展提供了有利的条件。

英雄圣马丁

位于南美洲南部的阿根廷,早在16世纪初就遭到了西班牙殖民者的入侵。到16世纪后期,阿根廷的大部分地区都已经沦为西班牙的殖民地。1776年,西班牙殖民者占领了这里的布宜诺斯艾利斯。同年,西班牙人在这里设置了拉普拉塔总统管辖区。

西班牙的殖民统治遭到了印第安人的强烈反抗,而当地的白人也因受到宗主国的歧视与贸易垄断政策的打压,开始不满和反抗起来,这都大大加剧了殖民地与宗主国之间的分离。

19世纪初,西班牙在欧洲战争中元气受到了巨大的损伤。英国殖民者则趁机占领了拉普拉塔地区，之后更是两次攻占了布宜诺斯艾利斯，迫使西班牙总督弃城逃跑。后来，阿根廷人民团结一致，自发地组织起来，历尽艰难险阻，终于将英国入侵者赶了出去。

1810年5月，更加强大的法国在拿破仑的带领下入侵西班牙。消息传出后，布宜诺斯艾利斯市政议会立即举行了公开会议，并于25日举行了大规模的游行。很快，西班牙总督被迫辞职。至此，西班牙的殖民统治被推翻了，之后当地白人便组建了临时政府。这就是阿根廷的"五月革命"。

1811年，巴拉圭和乌拉圭也相继爆发了武装起义，成立了临时政府。

然而，西班牙的殖民者对这样的结果非常不甘心，不愿就此退出西班牙的统治舞台。于是，他们勾结阿根廷的一些保皇派势力，准备进行复辟。就在这时，何赛·德·圣马丁回到了祖国，肩负起拯救民族的神圣使命。

圣马丁从学校毕业后，曾在西班牙的军队中服役22年。长期的军旅生涯把他磨砺成了一个出色的指挥官。1812年3月9日，刚回到布宜诺斯艾里斯的圣马丁，立即投身到了保卫阿根廷的圣战之中，在这次战争中，圣马丁得到委任，组建骑兵团。

1813年2月3日，圣马丁指挥的骑兵团打败了西班牙殖民军的进攻，这是拉丁美洲爱国军在对抗西班牙殖民势力复辟战争中的首次胜利。1814年，圣马丁被委任为北方军司令，但他没有接受这一职务，因为他还要去解放秘鲁。

圣马丁凭借着自己充满激情的爱国热忱，在经过两年多的努力后，终于在1816年组建了一支精干的队伍——安第斯山军。1817年2月12日，圣马丁率领军队与西班牙的殖民军在圣地亚哥展开了一场激战，最终西班牙军队以失败告终，指挥官也被俘虏。然而，这次的战败并没有摧毁西班牙殖民者的野心，他们又从智利南部向圣地亚哥发动反攻，结果全军覆没，而且将在智利的几个据点全部丢失。

1818年2月12日，圣马丁宣布智利独立。后来，圣马丁又通过购买、俘虏和改装渔船等方式，组建了一支舰队。这支舰队由16艘运输船和8艘战舰组成。1821年7月6日，秘鲁首府利马解放，并于7月28日宣布独立。圣马丁也因此被奉为秘鲁的"护国公"。当然，他同时也是阿根廷的民族英雄。

"解放者"玻利瓦尔

玻利瓦尔于1783年7月24日出生于委内瑞拉的加拉加斯城的一个大地主家中。他家除了拥有1000多名奴隶和大片种植园之外，还有糖厂、金矿、房产以及呢绒商店等。和别的地主资本家一样，他的家庭既是压制人者，又是被压制者。对奴隶，他们剥削、奴役、压榨，凭借金钱过着剥削人的生活。而在政治和经济上，他们则受到西班牙殖民者的歧视和压制。因此，这些土生地主资本家迫切希望挣脱殖民枷锁，推翻殖民统治。

1799～1806年，玻利瓦尔先后在西班牙、法国、意大利等国家留学，汲取了进步的革命思想。其中，法国资产阶级革命深刻地影响了他日后的生活道路。1804年12月2日，他在巴黎参加了拿破仑的加冕礼，并成为拿破仑的随从官。1806年，玻利瓦尔回到祖国，马上投身到反抗殖民统治、争取民族独立的斗争中。

1810年，玻利瓦尔参加并领导了委内瑞拉独立战争，于1811年成为共和国重要将领。1810～1812年，委内瑞拉第一共和国成立，玻利瓦尔因积极革命而成为领导人之一。1812年第一共和国失败后，他组织力量，继续斗争，投身于新格兰纳达（即哥伦比亚）解放事业。1813年，他率领革命军解放了加拉加斯等地区，战胜了殖民军，建立了委内瑞拉第二共和国。他号召人民起来战斗，"向可恨的奴役者宣布一场决死战！"就在此时，他被授予"解放者"的称号。1814年，第二共和国再次失败了。玻利瓦尔只得流亡牙买加、海地等国家。当玻利瓦尔来到海地时，海地已经挣脱法国殖民者的统治而独立了，因此他请求海地总统佩蒂翁支持他的革命斗争。他的愿望满足了，佩蒂翁十分支持推翻殖民地、争取民族独立的活动，马上答应送给玻利瓦尔大批武器弹药和7艘船，玻利瓦尔感激不尽，表示要像海地那样，赶走殖民者。

经过两个月的准备，1816年3月，玻利瓦尔率领一支由200多人组成的爱国部队乘风破浪，从海地回到委内瑞拉，在北海岸的奥里诺科省登陆。这次登陆，玻利瓦尔吸取了前两次共和国失败的教训。他要率领战友们彻底赶走殖民者，他对战友说："我们不但要解放委内瑞拉，而且要解放新格兰纳达（如今的哥伦比亚）、秘鲁、厄瓜多尔等被西班牙人奴役了几百年的地区。我相信，只要南美大陆上的人民团结起来，就一定能取得最后的胜利。"经过准备，他们决定先袭击加拉加斯，占领它，再进军内地。然而，加拉加斯是军事重地，有西班牙军队重兵把守，经过激战，玻利瓦尔的部队伤亡惨重，不得不撤退，这次袭击又以失败而告终。此后，玻利瓦尔认真总结经验，宣布了废除奴隶制的法令，号召全体黑人为争取自由而斗争。就这样，他赢得了众多黑人的支持。与此同时，他还决定没收西班牙王宫和反动派的财产，给革命军战士分土地，取消印第安人的人头税并承诺分土地给他们。这些措施得到了社会各个阶层的拥护，加强了革命斗争的实力。在军事上，玻利瓦尔也采取了有效的战略战术，他们不再攻击大城市、与敌人硬拼，而是将部队引入奥里诺科河流域的东部地区，对战斗十分有利。

1818年10月，委内瑞拉第三共和国成立了。此时，玻利瓦尔激动万分，如今的革命爱国军队今非昔比，农民、黑人、手工业者、城市小资产阶级都极力拥护并积极参与了抗击殖民军的斗争，就连草原牧民也组成抗敌队伍，与他们一起战斗，力量大大地加强了。玻利瓦尔斗志更坚、信心更强，他决心率领各阶层人民坚决推翻殖民统治，赢得国家的独立与自主。早在欧洲留学时，他就立下誓言："不打碎西班牙殖民者束缚我的祖国的枷锁，我的心将永不安宁，我的手将不停地打击敌人！"此时此刻，他似乎看到了胜利的曙光。

1819年5月，玻利瓦尔率领2000名革命军经过长途跋涉来到了南美洲西部的安第斯山。他们的目的是突袭新格兰纳达地区的西班牙人，并占领这个地区。安第斯山横卧在委内瑞拉和新格兰纳达之间，由于西班牙军队占领了从委内瑞拉到新格兰纳达的通道，因此玻利瓦尔不得不率军走在荒无人烟的崇山峻岭之中。战士们在极端艰险的条件下顽强地走着，有时他们必须手抓野藤、脚登险石，稍有不慎，就会粉身碎骨，革命军由平原初到山地，因为空气稀薄，呼吸困难，很多人走到悬崖峭壁时，头晕目眩，甚至有人一头栽落万丈深渊。为了人民的富强、社会的独立，他们献出了自己宝贵的生命。终于翻过了安第斯山，战士们无不欢呼雀跃，精神抖擞，准备以更强的力量打击殖民军。在新格兰纳达的一片高原谷地上，他们突然发现了敌人，玻利瓦尔马上组织战士们向敌人发动突袭。这次袭击大获全胜，玻利瓦尔乘胜追击，随即向波哥大进军。波哥大的西班牙守军负隅顽抗，双方展开了殊死的搏斗。最后，玻利瓦尔取得胜利，占领了波哥大，解放了哥伦比亚地区。

随后，玻利瓦尔率军回到委内瑞拉，以强大的攻势横扫委内瑞拉全境，西班牙军不堪一击，溃败而逃。玻利瓦尔将军队开进首都加拉加斯，解放了全国。

委内瑞拉解放后，革命军南下厄瓜多尔，与西班牙军队进行了激战，大败殖民军，占领了首府基多城，宣布解放厄瓜多尔。

至此，南美洲西北部地区都解放了。玻利瓦尔意识到，应该建立更加牢固的革命阵地，组成坚强的抗敌部队，因此，1819年12月，委内瑞拉、新格兰纳达、厄瓜多尔共同成立了"大哥伦比亚共和国"，玻利瓦尔被选为最高统帅和总统。没多久，革命军又多次出兵，清除了厄瓜多尔和委内瑞拉境内的殖民军残余势力，彻底解放了南美洲北部地区。

大哥伦比亚共和国成立以后，玻利瓦尔仍然致力于抗击殖民军的革命事业。为了解放秘鲁，他亲自率军与西班牙军队进行了浴血奋战。1824年，秘鲁解放。秘鲁当时是西班牙的统治势力最为顽固的地区，玻利瓦尔经过艰苦的战斗，以巨大代价取得了胜利。因此，当玻利瓦尔解放了秘鲁东部（也叫上秘鲁）以后，秘鲁改名为玻利维亚（以他的姓氏命名），目的就是为了纪念这位国家的解放者。

1826年，玻利瓦尔召开巴拿马会议，倡议拉丁美洲各国建立联盟未成。1830年，当大哥伦比亚陷入分裂时，玻利瓦尔辞去大共和国总统职务，同年12月17日，玻利瓦尔因肺结核在圣玛尔塔去世。

墨西哥独立

16世纪初，西班牙人征服西印度群岛的圣多明各和古巴岛后，开始征服墨西哥。1521年8月，殖民强盗占领特诺奇蒂特兰，从此，墨西哥便沦为西班牙人的殖民地。1535年成立新西班牙总督区，它包括墨西哥、中美洲、西印度群岛，墨西哥城为其统治中心。

殖民统治后期，新西班牙的经济有了一定的发展，墨西哥城和其他一些省城已有棉织、呢绒、皮革等手工工场，同时还出现了炼铁、酿酒、造船等新兴工业，资本主义初步发展，资产阶级开始形成。

土生白人知识分子不再认为自己是西班牙人，而是美洲人。但从西班牙来的"半岛人"，占据殖民地的各种高级官职，歧视和排斥土生白人，压迫混血种人、印第安人。

在300年的殖民统治时期，墨西哥人民多次起义反抗西班牙的统治。19世纪初，殖民地阶级矛盾和民族矛盾日益激化。

1810年9月16日，伊达尔戈·伊·科斯蒂利亚神甫在多洛雷斯教区发动起义，提出"赶走西班牙人""打倒坏政府""夺回土地归还印第安人""美洲万岁"等口号，这就是墨西哥历史上著名的"多洛雷斯呼声"。

起义部队迅速扩大，达到8万人之多，参加的有印第安农民、矿工、手工业者、土生白人自由派地主和下级军官、教士。伊达尔戈·伊·科斯蒂利亚率领起义军占领瓜纳华托、瓜拉拉哈等城市，并宣布废除奴隶制、取得苛捐杂税、将土地归还给印第安人村社等法令。

1811年起义军失败，7月30日伊达尔戈·伊·科斯蒂利亚牺牲，墨西哥人民为纪念这位伟大战士，称他为"墨西哥独立之父"，并把他首先发难的9月16日定为墨西哥国庆节。

独立战争在莫雷洛斯·伊·帕冯领导下继续进行，起义军攻克瓦哈卡、阿卡普尔科等重要城市。

1813年9月，莫雷洛斯·伊·帕冯在奇尔潘辛戈召开国民议会，通过《独立宣言》。次年颁布宪法，宣布墨西哥独立，建立共和制，分割大庄园主土地归还农民，废除奴隶制和教会特权。

1814年，欧洲和宗主国的形势发生了不利于墨西哥革命的变化。3月，拿破仑一世战败，5月，波旁王朝在西班牙复辟。顿时，反动势力又猖獗起来，墨西哥殖民当局得到宗主国的增援，加强对革命的镇压。1815年，起义队伍被殖民军击败，莫雷洛斯·伊·帕冯被俘遇害，独立运动暂时受挫。

1820年，西班牙国内爆发反封建反教会的资产阶级革命。墨西哥土生白人大地主、高级僧侣不愿受西班牙的控制，也提出独立要求，土生白人军官伊图尔维德投机革命。

伊图尔维德代表着上层土生白人的利益，这个阶层从殖民统治中获得了巨大的财富和较多的特权，虽然不满半岛人的歧视和压制，但更惧怕人民群众的反抗。于是，他们决定出来领导独立运动，使之按照自己的需要发展。这样，伊图尔维德被推为领导。

1821年2月24日，伊图尔维德在伊瓜拉城公布了他的独立纲领——"伊瓜拉计划"。其主要内容是：墨西哥摆脱西班牙和其他一切国家而独立；建立以费尔南多七世或波旁王朝其他代表为首的君主立宪政体；管理制度和行政机构维持现状；天主教为国教，保护教会特权，不侵犯教会财产；一切种族必须团结；全体居民都有参政权。这是一个充满对统治阶级妥协、让步，极力保护旧制度的极不彻底的独立纲领。它和伊达尔戈、莫雷洛斯的独立思想是根本不能相比的。但是，在大规模的人民起义遭到镇压的情况下，这一纲领毕竟反映了广大民众要求独立的愿望，逐渐被广泛接受了。

6月，瓜达拉哈拉公布了伊瓜拉计划，接着其他城市也纷纷仿效，宣布脱离殖民当局、拥护伊瓜拉计划。许多游击队领袖，如盖雷罗、尼科拉斯·布拉沃、瓜达卢佩·维多利亚等，都参加到伊图尔维德的队伍中来。

伊图尔维德声称要保证实现以"宗教、团结、独立"三原则为基础的伊瓜拉计划，建立所谓"三保证军"。不到半年，三保证军扩大到4万余人，攻占了瓜那华托、巴利阿多利德等城市，7月初逼近首都，总督阿波达卡被迫辞职。

7月30日，新总督奥诺多胡抵达韦腊克鲁斯。当时，西班牙军队不足6千人，只控制着首都等几个孤立的大城市，墨西哥殖民制度的废除只是时间问题。奥诺多胡感到，阻挡殖民地的独立已不可能，继续战斗下去只会使宗主国遭到更大的损失。西班牙的革命形势也不允许调集援军到殖民地来。奥诺多胡决定同伊图尔维德谈判。

1821年8月24日，双方在科尔多瓦城达成协议，承认了伊瓜拉计划。9月27日，三保证军进入墨西哥城。28日，临时委员会宣布墨西哥脱离西班牙而独立，组成以伊图尔维德为首的摄政会议。

墨西哥独立了，代表上层土生白人利益的伊图尔维德窃取了革命的果实。1822年5月，曾支持伊图尔维德上台的旧势力又一次策动军队叛乱，公然恢复帝制。

7月25日，伊图尔维德加冕，称为墨西哥皇帝奥古斯丁一世。

这一违背时代潮流的倒行逆施的做法是不得人心的，遭到了人民的唾弃。同年12月，韦腊克鲁斯守军军官圣塔安那发动起义，不久便波及全国。

1823年3月19日，伊图尔维德被迫退位，流亡欧洲。11月7日，制宪大会开幕。

1824年1月31日，墨西哥人民的斗争终于取得了胜利，国家获得独立。

墨西哥资产阶级革命

早在西班牙、葡萄牙统治时期，封建的大地产和大庄园制就是殖民主义者在拉美的殖民统治基础。独立后，靠独立战争起家的将军和新官僚变成了新的大地主。他们不仅霸占了西葡殖民者原来占有的土地，而且利用特权，巧取豪夺，大肆兼并印第安人的土地。因此，大地产制反而更为加强和扩大了。在20世纪初的墨西哥，一般庄园的土地很少在2500英亩以下。占地2.5万英亩以上的庄园有300个，占地6.25万英亩以上的庄园有160个，7.5万英亩以上的庄园有51个，还有11个庄园各占地25万英亩之多。

政治上，考迪罗独裁统治盛行。"考迪罗"是西班牙文Caudillo的音译，意即霸主或军人独裁者。由于大地产制的加强和扩大，严重阻碍了拉美各国资本主义的发展，资产阶级软弱无力。大地主在政治上一直占有优势。他们同封建教会结成同盟，利用独立战争中发展起来的军队作为夺取政权和维护统治的工具。这种军阀独裁统治是拉美各国大地主专政的一种特殊形式。独立后的拉美各国，除巴西外，名义上都建立了资产阶级共和制，成立了议会，大多数国家还实行了两党制，但都形同虚设，实际上是考迪罗的军阀独裁统治。考迪罗主要通过武装政变夺取政权，并利用暴力维持统治。他们搜刮民财，残酷压迫人民，严重破坏了拉美各国经济的发展。又由于考迪罗代表了不同大地主集团的利益，相互之间争权夺利，致使政变频仍、内乱不断。墨西哥在1824～1848年间，发生了250次军事政变，更换了31个总统。

1876年，由美国支持的反动军人迪亚斯（1830～1915年）发动政变，攫取了总统职位。1876～1911年，他一直是掌握全权的独裁统治者。他的反动政策引起了墨西哥中下阶层人士的反对。1910年，代表资产阶级和自由派地主利益的马德罗（1873～1913年）被推为总统候选人。他提出保护民族工业、反对独裁、建立宪政国家等口号，竟被投入监狱。马德罗越狱后，号召人民起义，推翻迪亚斯政权，把土地分给农民。马德罗的号召得到了南北两支农民武装的支持。在北部，维亚（又译为"微拉"）领导的农民武装击败了政府军，并同马德罗会合。 在南部，由萨帕塔（又译为"查巴塔"）领导的农民武装也占领了大片地区，并向首都进军。 1911年5月，在南北两支农民军的夹击和首都人民反对浪潮的压力下，迪亚斯被迫下台，逃往欧洲。

马德罗上台后，并未实现他解决农民土地问题的诺言，还下令解散农民武装。 帝国主义和国内反动势力利用人民的不满情绪，支持反动军官韦尔塔发动政变，韦尔塔捕杀了马德罗，自任为总统。 但这次政变再次激起人民的愤怒，南北两支农民武装又开始同新的反动政权作战。 代表资产阶级和自由派地主利益的卡兰沙（1859～1920年）也组织了护宪军投入战斗。 1913年夏，维亚的农民武装同卡兰沙的军队一起同韦尔塔作战。 1914年4月，美国总统威尔逊借口要"教训拉丁美洲人民选举好人"，派军舰侵犯墨西哥湾。 墨西哥工人武装、农民武装和护宪军结合起来，于这年7月推翻了韦尔塔的反动统治，卡兰沙夺取了政权。 11月，美国干涉军被迫撤走。

为了巩固政权，卡兰沙实行了一些社会改革，于1915年颁布了土地法令，1916年召开了立宪会议，1917年2月完成新宪法的制定。 1917年墨西哥宪法第27条规定土地、森林、河流和矿藏归国家所有，国家有权收回外国人攫取的土地和矿场。 还规定限制教会权力，废除大地产制，发展小土地所有制。 第123条规定工人有结社、罢工权，实行八小时工作制，每周工作6天，禁止使用童工。 从性质上讲，这是一部资产阶级民主主义的宪法。

第七章　近代亚洲和大洋洲

日本明治维新

19世纪后半期，在资产阶级革命席卷整个欧洲的同时，亚洲的日本也发生了重大的变革。这次变革在政治、经济、思想文化等领域都有了全新的变动，这是适应了社会发展潮流，以推行资本主义新政为目的的革新运动。因为其开始于明治年间，因此被称为"明治维新"。

在此之前，日本曾是一个闭关自守、封建落后的国家。一度以"神国"自居，其意就是希望成为"诸神保护的国家"，而天皇则是神的化身。但由于实际权力都掌握在世袭的将军手里，天皇就成了表面上拥有至高无上权力的傀儡。"忠君报国""效忠天皇"的思想也成了当时日本社会的最高道德准则。

1603年，德川家康消灭了其他的割据势力，并赢得"征夷大将军"的称号。随后便在江户设置了幕府，从此德川家族一统天下。当时全国最高的土地权就控制在幕府将军手里，这样，幕府就成为当时最大的封建领主。此外，幕府还掌握了全国的商业和矿山，垄断着对外的贸易，控制着整个国家的经济命脉。另一方面，虽然德川幕府在政治上只是"大将军"，但实际上却是自称"大君"的统治者，根本没有将天皇放在眼里。后来，德川幕府为了加强自己的统治，大肆掠夺土地，扩建自己的军队。除此之外，幕府将军又对等级做出了新的划分，按照"士、农、工、商"四民的次序，把农民划在武士之下。这样一来，在等级身份制度的严格限制下，农民的生活更加悲惨，甚至还出现了30多万被称作"非人"和"秽多"的贱民，他们被排斥在士、农、工、商阶层之外，过着水深火热的生活。

此外，幕府还拼命鼓吹迂腐的儒家思想，推崇程朱理学为国学，以禁锢人民的思想，压制他们的反抗情绪，从而达到巩固自己统治的目的。这还不止，德川幕府还推行闭关自守的"锁国"政策，妄图把整个日本严密地封闭起来。

德川幕府原以为经过这样缜密的安排，就可以一劳永逸、高枕无忧。然而他万万没有想到，日本发展到18世纪后期，居然出现了一批新兴的地主阶级和商业资本家。他们为了摆脱幕府封建统治，在政治上争取有利的地位，便逐渐对幕府的制度产生了强烈不满。再加上广大的人民群众对苦难生活极度不满，反抗情绪也日趋高涨，农民起义和市民暴动此起彼伏，幕府统治已经岌岌可危！

正当幕府统治面对如此困境时，西方殖民主义列强的脚步也纷至沓来。1853年，美国海军将领柏利率领舰队闯进江户湾，日本被迫开港通商。幕府在列强炮火的压力之下，连续与列强签订了一系列的不平等条约和关税协定，使国家主权和民族利益受到了侵害。在这种条件的影响下，大批农民和手工业者因为外货的倾入而纷纷破产，日本人民的处境变得更加痛苦。内外交困的日本，民族矛盾和阶级矛盾极度激化，一场推翻幕府统治、争取民族独立的战争迫在眉睫。

1865年12月，"农民骑兵队"在长州藩倒幕派高杉晋作率领下击败保守派，夺取了藩政权。随后，萨摩藩倒幕派西乡隆盛、大久保利通等人也控制了部分藩权。很快，这两股力量就结成了倒幕联盟，成为全国倒幕运动的核心。为了调动农民、商人及中下级武士的积极性，他们在政治、经济方面进行了全面改革。 同时，为了能够和幕府军队相抗衡，他们还在军事上对自己进行武装，向西方购置大量的先进武器。

没过多久，对倒幕派进行压制的孝明天皇去世了，年幼的睦仁（明治）继承了天皇之位。 而这时的宫廷形势倒向了倒幕派一方。1867年10月，萨摩、长州、安艺三藩倒幕派在京都召开了秘密会议，他们决定用年幼的明治天皇的名义进行武装倒幕。 这样，他们一方面继续扩充兵力，一方面同天皇秘密取得联系，以图通过宫廷政变的方式，将德川将军赶下台去。

此时的明治天皇虽然年纪不大，却很有见地。 他对幕府长期把持朝政的行为感到十分不满。 当他听到倒幕派提出的请求时，当即就答应与倒幕派联手，共同推翻幕府统治。 于是，明治天皇写了一份"讨幕密诏"，交到大久保利通等人的手里。

接到密诏后，大久保利通等人紧急召集了倒幕派的重要人物，并于1867年10月上旬的一天，在京都天皇宫中商讨了具体对策。

而此时的德川庆喜也听到一些风声，他发觉形势已经对自己不利，于是便决定先发制人，主动请辞，以免与改革派发生正面冲突。

1868年1月3日，西南各诸侯率兵包围了皇宫，解除了德川幕府在后宫警卫队的武装。 年少的明治天皇当即召开了御前会议，宣布"王政复古"，将国家大权全部收归到自己手中。 之后，他颁布诏书，宣布建立由他领导的新中央政府，并委派西乡隆盛和大久保利通改革派主管政事。

德川庆喜则连夜逃出了京都，退居到大阪。 但他并没有就此罢休，待他集齐所有兵力后，又杀气腾腾地冲向京都。 以"解救天皇，清除奸臣"为旗号，兵分两路，夹击京都。 明治天皇方面，大久保利通、西乡隆盛和木户孝允寿等人则以萨摩、长州、安艺诸藩的武装力量为主，在京都附近的鸟羽、优见两地迎击了德川军队。此时的政府军队早已今非昔比，他们装备精良、士气高涨，此时他们早已占据了有利地形，并且架起了巨炮，静候着幕府军的到来。

夜半时分，两军在此相遇，随即展开了激烈的厮杀。幕府军虽然人数众多，但军心涣散，士气低落，双方刚刚交战，便四散溃逃，而政府军却士气高涨，越战越勇。

再加上之前改革派提出的"减免租税"、"四民平等"等口号，早已将农民和商人争取到了自己这边。因此，政府军的各种军用物资得到了充足的保证。甚至有许多市民找出土枪、土炮等武器直接参战。德川庆喜眼见幕府军败局已定，便仓皇撤退，逃到了江户。然而，政府军却不给对方任何喘息之机，迅速包围了江户。无奈之下，德川庆喜只能放下武器向天皇投降。至此，统治日本200年之久的幕府彻底垮台。

1868年4月6日，明治政府颁布了《五条誓文》，6月又颁布了《政体书》。这些条令都明确地提出推行资本主义新政的方针。从1868年至1873年，日本又进行了大刀阔斧的维新运动。然而，由于当时日本封建统治和资本主义之间的矛盾尚未被激化到不可调和的程度，再加上资本主义的发展水平不高，资产阶级的力量相对软弱，尚未形成独立的政治力量。国家的领导权便渐渐落入中下级武士手中，虽然他们已经资产阶级化了，但他们的内心依然保留着浓厚的封建意识，这就导致了日本发展为后来的军事封建的帝国主义。

德里反英大起义

英国殖民者占领印度后，收买了大量的印度籍雇佣军为其服务。

这些雇佣军虽然身穿英国军服，但和广大的印度人一样，对英国殖民者占领自己的祖国早已是满腹怨恨。

1857年，印度士兵中开始盛行传说着一件违背民族教规的事情。在印度教中，教徒是不吃牛肉的，而伊斯兰教则不吃猪肉，这是千百年来形成的教规。可是英国人不管这些信仰，士兵们竞相传说，英国新发下来的子弹上，涂了牛油和猪油。因为子弹在使用时，必须用嘴咬开后盖，所以这无疑是让印度兵吃他们忌讳的东西。

这年3月，印度士兵曼加尔·潘迪因与英国兵发生争执，打死了3个英国军官，后来被公开处死。

这两件事情成了德里大起义的导火索。

5月9日，德里附近密拉特城第三骑兵连的85名印度士兵公开拒绝英国殖民者所发的子弹。英国军官一气之下，把他们统统捆绑起来，硬把子弹塞到他们口中，而且嘴里不停地说着侮辱士兵的话："吃吧，吃吧，这是牛油、牛肉、猪油、猪肉，让你们吃个够，你们这群愚蠢的牛和猪！"百般侮辱之后，英军还把这85名军人送往了陆军监狱囚禁。印度士兵们再也忍不住了，决定第二天马上起义。

5月10日是个星期天，英国军官们都在教堂做祈祷。下午5点，印度起义士兵们突然呼喊着冲进教堂，把教堂里的英国军人杀了个干干净净。接着他们冲进英国官署和监狱，救出了被关押的同胞。随后，士兵们冲进兵工厂和弹药库，把武器弹药分发下去，一同向德里前进。

起义军到达德里城外时，英国军官立刻率军应战。突然，起义士兵中的一个人看到对面来打自己的全是印度人，只有军官才是英国人，他马上大声喊道："同胞们，我们是自己人，不要再替英国强盗卖命了，把枪口调过头去！"

"打倒殖民强盗，把英国人赶出去！"起义士兵们的呼喊声一浪高过一浪。 准备攻击起义军的德里士兵随即响应了起义士兵的要求，立刻把枪口朝向了英国军官。

随着几声枪声，英国军官倒地身亡，两支起义队伍汇合到一起，冲向德里城中。 英国派驻印度的总督肯宁十分恐慌，立刻请示英国政府，调集军队向印度起义部队开战。 几路英军从不同方向进军到德里城下，双方展开了激烈战斗。 英军久攻不下，最后竟然动用了50门大炮，猛轰德里。 德里城墙塌陷后，英军侵入，双方展开巷战。 城里的上千名穆斯林，个个手持钢刀与英军搏斗。

德里起义军与强大的英军顽强战斗了6天，最后被迫撤离。 但英军也伤亡惨重，英国女王无力再次拼杀，采用分化政策，颁布了保护贵族利益的文告，于是印度一些贵族投靠了英国殖民者，转过头来镇压起义军，起义彻底失败。

章西女王葩依

章西是印度中部的一个小城，葩依在1835年生于印度的贝拿勒斯，从小精通武艺，7岁就学会了骑马。 17岁时，葩依嫁给了比她大许多的章西王公甘加达尔·拉奥，成了章西王后。

王公死时没有儿子，按照当时英国所定的规矩，王公死后如果没有儿子继承王位，那么就要废除他的领地，收归英国所有。 虽然葩依已经领养了一个儿子，但英国殖民者不管这些，强行兼并了章西。

当印度爆发了反英民族大起义后，章西人也在女王葩依的领导下参加了起义。女王亲自冲锋陷阵，率领章西起义军占领了英军军火库，打死了英国在章西的最高指挥官邓洛普，并重新占领章西，登上王位。

英军攻陷德里后，很快扑向了章西，葩依早已率军等候多时了，他们先把粮食运进城中，并在城墙上构筑了工事，架起了大炮，做好了一切准备。

英军统帅罗斯到达章西后，派军队把章西城围了个水泄不通，还在城南和城东南修筑炮台。女王葩依看准时机，命令部下率先发起攻击。一时间，炮声隆隆、硝烟弥漫。英军急忙发炮还击，虽然英军的大炮比葩依女王的炮威力大，但仍是连续两天僵持不下。第三天，英军猛攻南城门，试图集中火力打开南门。女王见状，急忙调转炮位，对准英军炮台，只听见"轰轰"几声巨响，英军的一座炮台飞上了天。

英军重新集结后，依然对准南门开炮。不久，南门的缺口越来越大，章西马上就要被英军攻破了。女王派人去与附近的起义军领袖托比联系，请他火速增援。托比得到消息后，立刻发兵章西，不料途中中了英军埋伏。女王寡不敌众，率军弃城而走。

女王葩依将军队带出章西，同托比的部队汇合在一起，进驻到瓜辽尔。瓜辽尔是印度中部的一个军事重镇，但由于德里的莫卧儿王朝已投降英军，各地起义军群龙无首，盲目作战。葩依和托比于是推举起义军的一个重要领导人萨希布为领袖，托比担任起义军总司令。

罗斯追踪起义军到了瓜辽尔，女王手拿钢刀，骑着一匹白色的战马，亲自在战场上纵横驰骋，镇守东门。起义军们见女王如此骁勇，信心倍增，多次打退了英军的进攻。

僵持了几天后，英军决定发动总攻，女王与以往一样，率军袭击攻城英军，她本人身着男装，多次迎着敌人的炮火英勇杀敌。英军看到女王所守的东门不易攻克，就派兵袭击其他守军，直到最后才包围了女王。

在英军迅速向城内逼来时，女王却率起义军的骑兵部队径直冲向了敌人的炮兵阵地，英国炮兵本以为自己的队伍已经杀进城里了，没想到起义军会向自己冲来，急忙放下大炮，想去拿步枪。但已经来不及了，葩依的部队横扫敌营，敌军尸体遍地。

杀散了敌人的炮兵，葩依准备回去救援，但这时敌人已经围了上来，葩依陷入重重包围之中。这时，一名英国军官认出了身穿男装的女王，立即喊道："她就是女王葩依，快，把她活捉！"于是，大量英军都向女王移动过来。女王四面受敌，仍英勇奋战，最后英勇牺牲。这时，她才22岁。

朝鲜甲午农民战争

19世纪中叶以前，朝鲜是个封建独立国家。1876年，日本侵入朝鲜，将其变成自己的管辖地。朝鲜国王对外只会一味卖国求荣，对内却横征暴敛。为了赔付日本的各种款项以及他们的贷款利息，满足皇室的穷奢极欲的生活需要，统治者滥发货币，不断增加税种，弄得民不聊生。各种反抗斗争随之出现了。

1885年后，全国各道，特别是那些连年歉收饥荒严重的南部各道，农民和城市贫民起义不断，这些起义不仅反对本国政府的腐朽统治，还普遍提出了"斥倭斥洋"的战斗口号。到了90年代，农民起义开始同东学道运动相结合，东学道逐渐成为起义者们的思想旗帜。

东学道是庆尚北道庆州人崔济愚在1860年6月创立的。他自称得到上天的启示，授与咒文，布教济民。他融合儒、佛、道三家的理论，制成口字咒语，取自东方之学，对抗西方之学的意思，号称东学道。它的教义中具有反对洋人反对侵略的旨意，所以，很快被对日本侵略者早已深恶痛绝的朝鲜百姓所接受。

全罗道古阜郡守赵秉甲是一个臭名昭著的贪官污吏。1893年12月,赵秉甲借口修建新的塘堰,向农民强征高额水税,以肥私囊。当时适逢歉收,农民请求减免水税,赵秉甲不仅蛮横拒绝,反而诬称农民为乱民,对请愿的农民代表横施酷刑,激起全罗道古阜、泰仁等地农民的极大愤恨。1894年(甲午)1月15日,东学道徒全琫准领导古阜、泰仁数千被激怒的农民,毅然发动起义。农民起义者占领古阜郡城,夺取武器库,惩办贪官污吏,烧毁地契、奴婢卖身契,释放狱中无辜百姓,开仓把非法强征来的水税米退还给农民。

3月,起义者攻占古阜战略要地白山。起义者在白山建立根据地,共推全琫准为总大将,编成农民起义军,提出了"辅国安民""逐灭倭夷""尽灭权贵"的斗争纲领。全琫准传檄四方,号召各地人民奋起战斗。成千上万各地东学道徒、农民、城市贫民、逃奴、贱民、没落两班、儒生等,纷纷云集白山,参加起义军。古阜农民起义迅速发展成为声势浩大的全国性的农民战争,起义军完全控制了全罗道、忠清道和庆尚道。汉城政府惊恐万状,仓猝派遣官军讨伐。4月间,全琫准领导的起义军先后在黄土岘和黄龙江一带两次巧妙地伏击官军,给官军以歼灭性的打击,缴获了大批武器弹药,极大地鼓舞了起义军的士气。

4月28日,农民起义军攻占全州城,并准备向汉城进军,国王高宗闻讯,一方面请求清朝政府出兵援救,一方面玩弄阴谋诡计,向起义军求和,争取喘息时间。在政府的欺骗下,全琫准犯了严重错误,竟然同意媾和,5月9日自动撤出全州城。作为交换条件,官方被迫答应起义军提出的十二条改革方案,其中包括严惩贪婪暴虐的官吏、两班和富豪,取消封建等级制度,废除苛捐杂税和公私债务,废除奴婢贱民制度,驱逐外国侵略者,平均分配土地等。农民军在全罗道各郡、县设立了地方政权机构"执纲所",实行上述改革方案和处理地方事务。

6月6日,清军应朝鲜国王请求,在忠清道牙山登陆。日本借口清军登陆,也大举出兵朝鲜。7月23日,日军占领王宫掳朝鲜王,组成以金弘集为首的亲日傀儡政府。7月25日,日本未经宣战突然袭击牙山清军,中日战争爆发。9月,清军撤出朝鲜,日本侵略者独揽朝政。

此时,起义军已经扩充到10万多人,势力更加强大。他们对日本人掳走自己的国王,推行野蛮的侵略政策非常愤慨,将斗争的锋芒直指日本人和他们的走狗,并为此进行了一系列的战斗。

然而,正当起义军准备向北突进,直捣汉城时,东学道教主出面,竭力反对北进和武装斗争,导致起义军内部分裂,严重地削弱了起义军的力量。

坚持北上的全琫准最终率领部分起义军向汉城进发,10月间,打到忠清道首府公州,遇到日军和朝鲜军的阻截。双方激战6天6夜,最后由于力量悬殊,起义军遭到惨败。

到10月末,起义军已经濒于瓦解,逐渐化成小股部队,分散作战。

全琫准率领其中一队向南撤退,准备重新集结力量,继续战斗,不想被叛徒出卖,中途被俘,次年3月遭到杀害。

震撼东亚的甲午农民战争就这样被镇压下去了。

这次起义的失败,关键是没有一个真正的革命纲领。起义军一面提出许多革命要求,一面幻想着有个好皇帝出来主政,结果,在起义过程中一次次为国王所欺骗,蒙受重大损失,伤了元气。

尽管如此,甲午战争仍可算是朝鲜史上绝无仅有的反帝反封建的气势恢宏的光辉战争。

澳大利亚的兴起

英国从1717年开始，一直把本国重罪犯人流放到北美殖民地去。1783年，北美殖民地赢得了独立，英国丧失了北美流放地。这时英国社会因工业革命和圈地运动引起社会局势发生动荡，犯罪率日益升高，这些犯人流放到哪去，成了英国执政者急待解决的问题。

1779年，曾经随同库克发现东澳大利亚的约瑟夫·班克斯向下议院的一个委员会建议，把东澳大利亚的植物湾地区作为流放地。英国政府采纳了班克斯的建议。

1786年8月，内务大臣悉尼勋爵宣布东澳大利亚为刑事犯和政治犯的流放地，并指示海军部做准备，以便把第一批犯人运往澳洲。

1787年5月13日，新殖民地第一任总督兼驻地司令官阿瑟·菲利普上校率领212名海军陆战队员，押送575名流犯离开英国，于1788年1月到达澳洲的植物湾。从此，澳大利亚成为英国的流放地。

在以后的30年中，被放逐到澳洲来的犯人总数达33508人。流放来的犯人除少数确有危害社会的罪行外，大多数是无以为生的贫民、被剥夺土地的农民、乞丐、反抗英国殖民统治的爱尔兰人以及政治犯等。

澳殖民政府利用军队和严刑强迫流放犯在杰克逊港建造住所，修筑道路，开荒种地，办起农场和牧场。澳大利亚出现了第一批城市和乡村。

初期的一切东西，尤其粮食和生活必需品完全依赖母国和船只运输供应，一旦运输船延误日期或失事，就会给殖民地带来严重饥馑。饥馑使菲利普总督深信，只靠流放犯的劳动，不可能使殖民地长期存在下去，因而他制定出发展殖民地的方针：从英国吸引自由移民来澳大利亚，把犯人作为自由移民的劳动力；赐土地予官员；由犯人充作劳动力；赐土地予释放犯。这一方针后经格罗斯等总督修改充实，成了英国殖民当局长期在澳的殖民方针，其结果使澳大利亚社会向与流放犯殖民地相反的方向发展。

农业是澳洲殖民当局的主要经济部门。农业经济体制当时出现了四种类型：殖民当局的农场，强迫犯人劳动；军政官员私人农场，指派犯人无偿劳动或雇佣释放犯；自由移民的个体经济；释放犯的个体经济。

畜牧业、小型作坊和商业也陆续建立起来，其中养羊业的出现和发展，对澳大利亚社会的发展有特殊重要的意义。澳大利亚养羊业的鼻祖是前军官麦卡阿瑟。1802年，他在伦敦说服了国务大臣卡登姆伯爵，允许他在澳发展养羊业。他带着卡登姆给新南威尔士总督金的命令回到悉尼。命令要求金给麦卡阿瑟1万英亩土地来饲养西班牙的美利奴细毛羊，澳大利亚的养羊业从此发展起来。

农牧业经济的发展和人口的增长，客观上要求扩大土地面积，从而加紧了对澳洲内陆的探察，并取得了一些成就。他们在蓝山山垭和利物浦两山山麓以西发现了一片肥沃的大平原，于是开始大规模向这里移民，这就为澳大利亚农牧业，尤其是养羊业的迅速发展提供了必需的前提条件。

在澳洲的各个经济部门中，流放犯和释放犯是社会生产的主要劳动力。在如何对待释放犯方面，澳大利亚出现了相互对立的两派。一派是拥护正确对待释放犯的人称之为"解放论"派；另一派是反对给释放犯以应有的社会地位的人，称之为"排斥论"派。有反对派的人写了一封请愿书让人转呈给英国下议院，控告这一时期的总督麦夸里改变陪审团的决定，鞭打自由人，出卖赦免证和重用释放犯等。

1819年，英国下议院任命了一个"调查监狱委员会"，由殖民大臣约·托·比格负责调查。

比格从1819年10月至1821年2月在新南威尔士和范迪门两殖民区进行了细致的调查，并在1822年和1823年先后向英国政府提交了三个报告，就有关犯人和释放犯提出了如下建议：大力发展牧羊业，用流放犯牧羊；把最顽固的犯人流放到莫尔顿湾、克斯提港和博里港去，对一般犯人也宁严勿宽；废除授土地予释放犯的政策；禁止任命释放犯担任社会任何公职和由释放犯参加陪审团。英国政府接受了比格的建议。

1821年12月，布里斯班取代麦夸里任总督，布里斯班奉命改变了对犯人和释放犯的政策，完全按照比格的建议行事，把犯人从城镇迁到乡村，指派给自由遗民去从事农牧业劳动，把所谓不好好改造的犯人送往麦夸里港和莫尔顿湾，同时废止了授土地予释放犯的政策。

18世纪60年代开始的英国工业革命到19世纪50年代已基本完成，英国本土工业的巨大发展，迫切要求殖民地提供更多的原料和销售更多的商品。

在工业革命中，英国毛纺织工业高速度地发展起来，大幅度地增加了对羊毛的需求量，迫切要求澳大利亚养羊业迅速发展，以适应母国毛纺织品工业高速发展的要求。因此英国改变了对澳大利亚的殖民政策。

英国政府在澳推行了新的土地政策，建立起新的授予、租让和出售土地的制度。1825年，英国颁发给澳大利亚农业公司特许状，在新南威尔士东海岸的纽卡斯尔地区授予该公司100万英亩土地，后又租让大批土地，新南威尔士共出租土地高达7300万英亩。这样，澳大利亚出现了畜牧业大发展的局面。1847年，英国专门颁布了有关土地租借的法令。

英国政府还推行了新的移民政策，对自由移民给予旅费津贴。1830年以后从英国移入的公民几乎全是由政府资助的。到澳大利亚后，殖民当局给予妥善安排，给予种子、土地、工具和牲畜，无偿向他们提供流放犯充作劳动力。这一做法使澳大利亚人口结构发生了显著的变化：自由移民数量超过了流放犯和释放犯人数的总和；出现了阶级差别；人口的总数从1820年的33543人上升到1850年的405363人，人数增长了近11倍。

英国政府还改变了对澳统治方式。1823年，英国议会通过关于改善新南威尔士和范迪门地区的司法条例。根据条例，新南威尔士和范迪门地区分别建立起5～7人的立法会议。此后，英国被迫一次又一次地进行改革，变换统治方式。总督权力日益削弱，而由当地地主资产阶级控制的议会的力量日益膨胀。

澳大利亚人口结构的变化，英国对澳统治方式的变化，以及采取新的土地政策和移民政策，表明澳大利亚已由流放犯殖民地转向公民殖民地。

在新南威尔士和范迪门地区外，英国殖民主义者于1829年建立西澳大利亚殖民区，1836年建立南澳大利亚殖民区。自由移民不仅侵占了蓝山山脉和利物浦山脉以西的大平原，而且向南、向西，向整个澳大利亚扩展，到19世纪50年代整个澳大利亚都沦为英国的殖民地。

这一历史时期，澳大利亚社会经济迅速发展。为适应母国毛纺织业的发展，养羊业已发展成为澳洲的主要经济部门。拥有资本的移民绝大多数成为养羊主，随着日益增多的羊群逐步向内陆推进，距海岸越来越远，规模巨大的养羊公司和牧羊场陆续出现。到1849年，澳大利亚已拥有1600万只绵羊，羊毛成了主要的出口商品。1810年仅167磅，到1849年就达到了3500万磅。1850年，澳大利亚的羊毛几乎全部运往英国，占英国全年羊毛进口总数的一半。

农业经济发展也很快。首先耕地面积逐渐扩大，1850年，新南威尔士、范迪门地区和南澳大利亚三个殖民区的农田已达43万2千英亩，粮食自给率逐年增加。

随着农牧业的发展和人口的增长，澳大利亚内部市场逐步扩大，促进了本地制造业的产生，出现了造船、酿酒、制粉、农具等工业部门，此外，食盐、服装、制革、家具、陶器、铁器等小型作坊也纷纷出现。工业中以造船业最为突出。

澳大利亚各殖民区土生土长的地主资产阶级、中小资产阶级、工人阶级和农民阶级在这一历史时期内逐步成长起来，并开始了激烈的斗争。在1823～1850年间，政治斗争主要是围绕着废除流放制而展开的。

澳大利亚各殖民区的中小资产阶级、工人阶级和农民阶级主张废除流放制，英国政府坚决反对。1837～1838年，英国下议院被迫建立一个由威廉·莫尔斯沃思爵士主持的委员会调查流放制的问题。1839年，英国政府下令废除新南威尔士和范迪门地区的流放犯指派制。1840年，英国殖民大臣约翰·罗素勋爵在下议院发表演说，不得不承认流放制是奴隶制，并宣布废除向新南威尔士流放犯人的制度。此后，澳大利亚本土的各阶级和一些政治集团不断地对英国政府施加压力，迫使它在其他殖民区也废除流放制，这一斗争一直持续到1866年，英国不得不宣布在整个澳大利亚废除流放制。

从此，澳大利亚民族资本主义迅速发展起来，为澳大利亚民族的形成和联邦的建立奠定了牢固的基础。

第八章　近代非洲

悲惨的非洲

从人类有战争开始，奴隶便出现了，他们作为战胜者的财产，离开自己惨遭洗劫的家乡，世代为征服者服务。

罗马人就把所有战俘变成奴隶，让他们在皮鞭下摇着全副武装的战舰渡过茫茫大海，然后战死疆场。那些侥幸活下来的，则回到农田里继续劳动。

就在欧洲的奴隶制逐渐被历史遗弃之时，非洲的贩奴运动又猖獗起来。欧洲殖民者为了获得足够的劳力奔走于全球各地，为了寻找更广阔的商品销售市场和原料产地，他们逐渐把北非各国变成了自己的"保护国"。

欧洲人将非洲人强行带走，用船运过大西洋。这些黑人在拥挤、恶臭的船舱中，被像牲畜一样捆在一起，踏上一条不归路——去新世界中过痛苦的、猪狗不如的生活。他们一天要劳动20个小时，砍甘蔗、制糖、摘棉花、收获烟草并把它们晒干、锄草、播种等。即使他们有幸不被累死，也不会躲过奴隶主随心所欲的鞭打。枪杀男奴或奸污女奴，这些罪行都不会受到处罚。

那些没被卖到美洲去的非洲人，生活也没好多少。由于非洲的金矿和钻石产量非常丰富，许多经济作物也种植成功，让欧洲人感到分外眼红。以英国、法国为主的殖民者，掀起了一场瓜分非洲的狂潮，到20世纪初，除了埃塞俄比亚和利比里亚保持独立外，整个非洲都被瓜分。

非洲人不但丧失了主权和大片土地，还因为奴隶贸易而人口锐减，丰富的资源遭到无情掠夺，许多地区被强制变为单一的经济种植区，造成了经济的畸形发展。

阿散蒂的抗英斗争

非洲人当然不甘心被宰割，从15世纪末西方殖民者在西非的黄金海岸(加纳)登陆开始，反抗就没有停止过。

黄金海岸的内陆民族阿散蒂族，18世纪初形成了强大的阿散蒂国家，首都设在库马西。英国在1807年到1900年间，先后发动了8次侵略阿散蒂的战争。前4次战争中，英国遭到惨败，被迫和阿散蒂签订和约，承认阿散蒂的独立。

1873年，英国向阿散蒂发动了第七次侵略战争。阿散蒂军民在埃尔米纳英勇抗击敌军，后因军队感染痢疾和天花，人员损失巨大而被迫退兵。英国侵略军占领了库马西，但在英军侵占的前一天，阿散蒂军民已带走了所有粮食，只给英军剩下一座空城。英军生怕孤军深入被围歼，慌忙撤出了库马西，但在临走前炸毁了皇宫，并放火烧毁全城。阿散蒂不久被迫和英国签订屈辱的条约，规定阿散蒂赔款5万两黄金，并放弃对沿海地区的领土主权，英国则承认阿散蒂为独立的主权国家。

和约签订后，英国又担心德、法两国的势力渗透到阿散蒂，所以改口要阿散蒂接受英国"保护"，遭到阿散蒂的坚决拒绝。1896

年，英军再次大举进犯阿散蒂，俘虏了国王普列姆佩一世，阿散蒂成为了英国的保护国。

抓住了国王的英军十分嚣张，总督弗雷德里克·霍奇森在库马西召集酋长会议，逼迫他们交出象征权力和尊严的金凳子。这件事激怒了阿散蒂人，女酋长雅·阿散蒂娃宣布起义，开始了阿散蒂的第八次抗英战争。起义军把英军围困在库马西长达数月之久，大量英军饿死、病死。这时，英军提出停战，在起义者停止了军事行动后，英军乘机突围南逃。不久英国援军到达，围攻库马西，经过激烈的战斗，起义军最终战败，雅·阿散蒂娃被俘。

不久，阿散蒂国被肢解为18个小邦国，归英国总督统辖，正式并入英属黄金海岸殖民地。

埃及的抗英斗争

19世纪70年代，埃及仍属于奥斯曼帝国，但享有自治权。由于外国资本的入侵，埃及在政治、经济上日益依附于英法等资本主义国家。1876年，埃及政府因无力偿还外债，被迫宣布财政破产。英法等债权国乘机对埃及实行财政监督。1878年，英法等国又策划成立了所谓"欧洲人内阁"，由英国人担任埃及的财政部长，法国人出任公共工程部长等职务。"欧洲人内阁"所采取的各项政策，激起了埃及人民的强烈反对。在埃及人民的不断斗争中，成立了以爱国军官和知识分子为骨干的祖国党，它的领导人阿拉比（1839～1911年）是资产阶级民主主义者。祖国党提出的口号是"埃及是埃及人的埃及"，主张维护埃及的主权和独立。1882年2月埃及成立了祖国党人政府，阿拉比担任了内阁的陆军部长。新政府废除了外国对埃及的财政监督，解雇了外国人官吏，使英法等势力受到沉重打击。 1882年5月，英法借口保护侨民，将军舰开到埃及的亚历山大港，施加压力。英法还向埃及的封建统治者杜菲克下了最后通牒，要求解散祖国党人内阁，流放阿拉比。 杜菲克解散了内阁，但不久又恢复了阿拉比的陆军部长职务。

在阿拉比的领导下，埃及军民积极进行加强防御的工作。 7月10日，由于法德矛盾加剧，法国舰队撤离。 次日，英国舰队连续炮击亚历山大港，并派大批军队登陆，占领了海港。 阿拉比等爱国军官率领埃及士兵和人民英勇抵抗侵略者。 在开罗保卫战中，阿拉比轻信了苏伊士运河公司"中立"的保证，忽视了开罗东面的防御。 结果英军通过运河的中立区，于8月下旬向开罗发起攻击。 在英军的进攻面前，埃及的封建主动摇叛变，他们破坏保卫开罗的计划，开门揖盗，引英军入城，致使开罗在9月中失陷。 阿拉比被俘，后被流放到锡兰。埃及的抗英斗争终于失败了。 从此，埃及事实上沦为英国的殖民地。

苏丹马赫迪起义

苏丹位于尼罗河的上游，是非洲面积最大的国家。 苏丹名义上也属于奥斯曼帝国版图，但实际上已为埃及所统治（1819～1822年间，埃及总督穆·阿里侵占苏丹）。 19世纪70年代，英国势力侵入苏丹。 英国殖民者和埃及封建主对苏丹实行残暴统治，他们抢占土地，把苏丹农民变成农奴，强征苛捐杂税，进行奴隶贸易等。 从那时起，苏丹人民不断举行起义，反抗外来统治。 随着苏丹人民与英国殖民统治的矛盾不断激化，终于导致了马赫迪起义。 马赫迪起义可分为两个阶段。

第一阶段是马赫迪运动的发展和起义的胜利时期（1881~1885年）。 穆罕默德·艾哈迈德（1844~1885年）是马赫迪运动的发起人，他曾在伊斯兰学校受过教育，从1871年起开始在阿巴岛等地传教，鼓动拒绝纳税和驱逐外国侵略者。 1881年8月，他自称"马赫迪"（意为救世主），声称要在人间建立真正的信仰和正义，号召人民为建立独立国家进行"圣战"，把叛教者（奥斯曼帝国和埃及统治者）和异教徒（英国人和其他欧洲人）赶出苏丹。 在阿巴岛击败政府军后，马赫迪乘胜宣布起义。 1883年初，起义军攻克科尔多凡省省会乌拜伊德。 这年11月，又在乌拜伊德附近全歼英国远征军一万余人。 1885年初，马赫迪又率领4万人攻入英国在苏丹的统治中心喀土穆，打死英国总督戈登。

第二个阶段是完成国家统一和起义失败时期（1885~1899年）。1885年6月，马赫迪病逝。 阿卜杜拉（约1846~1899年）继位，称哈里发（伊斯兰教国家元首），他建立了统一的伊斯兰封建国家——马赫迪王国，首都恩图曼。 然而，马赫迪王国成立后，国内的阶级矛盾、部落矛盾和新的统治集团的内部矛盾都尖锐起来，给了英国侵略者以可乘之机。 1896年，英国为了实现贯穿非洲南北的殖民计划，再次派重兵从北向南大举入侵苏丹。 阿卜杜拉领导苏丹军队抵抗达两年之久，1899年他在战斗中阵亡。 其余部坚持战斗到1900年。

根据1899年1月英埃《关于共管苏丹的协定》，苏丹总督由英国人担任，只在名义上由埃及任命；总督拥有颁布和废除法令的权力；未经英国同意，总督不得撤换；埃及法律不得在苏丹执行；其他国家不得在苏丹派驻领事。 苏丹沦为英国的殖民地。

马赫迪起义是非洲近代史上规模最大、时间最长的反帝民族起义。 这次以宗教为旗帜的群众性反帝运动，坚持近二十年之久，并且建立了独立的马赫迪王国，这在反对帝国主义瓜分非洲的斗争中，是具有重大意义的事件。

埃塞俄比亚反英斗争

曾为英国占领苏丹充当了枪手的埃塞俄比亚，是北非一个古老的国家，1853年才在库阿尔族的卡萨领导下统一全国。卡萨于1855年自立为帝，称提奥多二世。

提奥多二世建立起统一的军队，改革税制，减轻捐税，并限制教会特权，收回了大量教会土地。英国为了占领埃塞俄比亚，借口领事和传教士被扣，悍然出兵。由于许多贵族不满提奥多二世的改革，纷纷叛变投敌，只剩下提奥多二世和16名战士死守马格达拉要塞，最后全部牺牲。

提奥多二世死后，贵族们为争夺皇位进行了长达4年的内战。1872年，提格雷的领主在英国支持下夺取了皇位，称约翰四世。约翰四世一上台便给了英国许多特权，例如免征关税，提供种植棉花、咖啡的租让地，允许英国商人和传教士在埃塞俄比亚境内自由活动等等。

英国在埃塞俄比亚的特权引起了法国和意大利的忌恨，它们也要求分一杯羹。英国与法国是老对手，为了遏制法国的势力，决定联合意大利。英国将马萨瓦港让给意大利，并公开怂恿意大利入侵埃塞俄比亚。但意大利军队在侵入提格雷后大败，不得不退回马萨瓦港。

1889年，约翰四世在进攻苏丹马赫迪起义军时战败身亡，绍阿公国的麦纳利克在意大利的支持下继承皇位，将埃塞俄比亚北部的一部分领土作为报答，割让给了意大利，意大利则公开宣布埃塞俄比亚成为自己的保护国。

麦纳利克没想到事情会变成这样，又提出抗议，宣布收回割让的领土，于是意大利发动了侵略埃塞俄比亚的战争。麦纳利克见战争无法避免，只得迎头出击，他发表《告全国人民书》，号召人们为保卫祖国而战。

很快，麦纳利克建立起一支配备有强大武器的军队，并在安巴·阿拉吉战役中首次告捷，收复了被意军占领的马卡累。这时麦纳利克曾提出议和，但意大利不甘心失败，决定孤注一掷。1896年，双方在阿杜瓦进行决战，意军伤亡过半，损失了全部大炮和辎重。经过这次惨败后，意大利被迫求和，承认埃塞俄比亚的完全独立，并赔款1000万里拉。

埃塞俄比亚的胜利，是殖民者瓜分非洲时期非洲地区取得的唯一一次胜利的卫国战争。

第九章 工业革命时代

瓦特发明蒸汽机

詹姆斯·瓦特(James Watt, 1736~1819年), 英国著名的发明家, 是工业革命时期的重要人物; 英国皇家学会会员和法兰西科学院外籍院士。他对当时已出现的蒸汽机原始雏形作了一系列重大改进, 发明了单缸单动式和单缸双动式蒸汽机, 提高了蒸汽机的热效率和运行稳定性, 对当时社会生产力的发展做出了杰出贡献。

人类对蒸汽的认识和利用, 经历了一个漫长的历史过程。早在公元1世纪前后, 古希腊人就制造过一种利用蒸汽喷射反作用力的发动机; 1690年, 法国人巴比首先发明了第一台活塞式蒸汽机, 但他们都未能制成实用的蒸汽机。1698年, 英国的一位技师塞莱斯发明了实用的无活塞式蒸汽机。这种机器在矿井中得到应用, 被称为"矿山之友", 但受当时材料和技术限制, 无法推广。直到18世纪, 英国的铁匠纽可门才制成第一台能把热能转变为机械能的较原始的蒸汽机。这种机器综合了巴比机和塞莱斯机的优点, 不需高压蒸汽即可排水, 效率也有较大提高。但是, 这种蒸汽机结构不合理, 耗煤多, 活塞只能作往复运动, 不能做旋转运动, 因此热效能低下。

从18世纪60年代起, 英国的工程师斯米顿开始研究改进纽可门蒸汽机, 他测量了一百多种当时蒸汽机的部件和效率, 并对所得资料进行了系统的比较分析。斯米顿本人没有对蒸汽机的结构作任何改进，但他所积累的数据为改进蒸汽机提供了方便。

与此同时，瓦特也开始研究改进蒸汽机。

瓦特在大学修理仪器期间，学校曾经把一台旧式的纽科门蒸汽机交给他修理。他通过大量实验以及根据格拉斯哥大学教授布莱克提出的潜热、比热理论进行分析，对旧式蒸汽机进行深入研究，找出了旧式机器效率低的主要原因：除了漏气、散热等造成热量的浪费外，主要缺陷在于每一冲程都要用冷水将汽缸冷却一次，从而消耗了大量热量，使绝大部分蒸汽没有被有效利用。针对这一缺陷，瓦特提出了两项措施：一、为了使汽缸始终保持蒸汽所必须具有的温度，必须在汽缸外加上绝热外套或通以蒸汽或用其他方法对汽缸加热；二、使做功后的蒸汽尽可能快地冷却，液化成水，并要使这一过程在汽缸外进行，为此必须设置一个独立于汽缸的冷凝器，在机械传动方面也要改进。他决心自己制造一台新的蒸汽机，来改进旧机器的不足。

瓦特自筹资金，租了一间地下室，买了必要的设备，反复试验，经历了无数次挫折和失败，在工人的帮助下，终于发明了与汽缸分离的冷凝器，解决了制造精密汽缸、活塞的工艺问题，同时采用润滑活塞、汽缸外附加绝热层等措施，制成单动作蒸汽机。后经继续试验，又在1782年发明了具有连杆、飞轮和离心调速器的双动作蒸汽机，制成了新的可实用的蒸汽机。这种双动作蒸汽机，可利用蒸汽的压力来推动活塞，既可向前又可向后，并借助连杆和飞轮把活塞的直线运动变成了圆周运动。为了保持蒸汽机的匀速运转，他把一个离心调速器连接在进气活门上，使其自动调节进气量。这种装置是最早在技术上使用的自动控制器。他设计了一个和汽缸分离的冷凝器，将高温蒸汽从汽缸中导出并冷却，使得主要汽缸能保持一定温度。同时他又提高了汽缸的精密度，把活塞和阀门也做得光滑、严密，从而相对于纽可门蒸汽机大大提高了热效率和可靠性。这种高效率的蒸汽机很快取代了旧式蒸汽机，被各工业部门迅速采用。从此，动力机、传动机和工作机组成了机器生产系统，成为近代化产业的核心。

到19世纪30年代，蒸汽机广泛应用到纺织、冶金、采矿、交通运输等部门中，很快引起了一场技术革命。瓦特的蒸汽机成为真正的国际性发明，它有力地促进了欧洲18世纪的产业革命，推动世界工业进入了"蒸汽时代"。

1784年4月，英国政府授予瓦特制造蒸汽机的专利证书。马克思曾经评论说：瓦特的伟大天才表现在，他所获得专利的说明书中，他没有把自己的蒸汽机说成是一种用于特殊目的的发明，而是把它说成是大工业普遍应用的发动机。

工业革命

工业革命开始于18世纪60年代英国棉纺织部门中机器的发明和使用。纺织生产的机器化推动了动力机械的革新。改良蒸汽机的使用，大大推动了机器的普及和发展，引起了冶金、采矿和交通运输业的变革。人类进入"蒸汽时代"。工业革命对人类社会产生了极其深远的影响，它既是一次技术革命，也是一场深刻的社会变革。

资产阶级统治在英国的确立，为资本主义的发展奠定了坚实的基础。不断推行的圈地运动，使大批农民失去土地，成为廉价的雇佣劳动力。对殖民地的疯狂掠夺和奴隶贸易，使英国积累了丰厚的资本。工场手工业的蓬勃发展，积累了丰富的生产技术知识；增加了产量，但仍无法满足不断扩大的市场需求。这一切，促使生产手段发生了革命性的变革。

15世纪晚期开始的圈地运动，在资产阶级革命后加速进行。1709～1720年间，英国议会通过了400多个有关圈地的法案，圈占农民土地600多万英亩。大批农民失去土地后，流入城市，成为廉价的雇佣劳动力。

对殖民地的掠夺使英国大发横财。英国侵略军在占领印度孟加拉省后，洗劫了国库，殖民头子克莱武一人就净得23.4万英镑的巨额财富。1757～1815年，东印度公司从印度搜刮了10亿英镑。

罪恶的奴隶贸易也给英国带来了大量血腥的钱财。在大约两个半世纪时间内，英国向美洲贩卖黑奴500多万人，是其他所有国家贩卖黑奴总数的4倍。仅利物浦一地在1768～1776年间贩奴人数就达33万余人，获利1500万英镑。

17～18世纪，英国工场手工业蓬勃发展。资本家为满足日益扩大的海内外市场的需要，改进生产技术，扩大生产规模，提高生产效率，从而奠定了大工业生产劳动组织的基础。工场内劳动分工较细，随着工人在技术操作上的日益熟练，劳动趋于简单化，生产工具也越来越专业化，这为手工生产向机器生产转变提供了可能。

18世纪60年代起，英国棉纺织业开始发明和使用机器。

棉纺织业投资少，利润高，资金周转快。棉纺织业是新兴的生产部门，受旧传统旧习惯的束缚比较少，行业中没有行会组织，不受行规的限制，比较容易采用新技术。所以，机器的发明和使用最先从棉纺织部门开始。

1733年，机械师凯伊发明飞梭，使织布速度大大提高。后来，纺织工人哈格里夫斯又创制了手摇"珍妮纺纱机"，同时可纺16～18根纱，但纺出的纱细而易断。珍妮机是棉纺纱业中一项有深远影响的发明，成为工业革命开始的标志。1769年，钟表匠阿克莱特制成水力纺纱机，纺出的纱结实，但是较粗。1779年，工人克隆普顿发明了"骡机",它可同时转动三四百个纱锭,纺出的纱细而结实。 1785年,卡特莱特发明了水力织布机,提高织布效率40倍。 随后,英国出现了大规模的织布厂。 机器的发动需要便宜、有效的动力,水力动力有很大的局限性,已满足不了生产的需要,动力革新成为急需解决的问题。 机械师瓦特经过长期钻研,吸取前人成果,制成了改良蒸汽机。 1785年,这种蒸汽机开始用于棉纺织业,并很快推广到其他工业部门。 工业革命向纵深发展,人类开始迈入"蒸汽时代"。

机器的发明、使用和推广,对冶金、采矿等工业部门和交通运输业提出了新的要求。 从前英国用木炭炼铁,铁的产量很低。 制造机器增加了铁需要量,于是用煤炼铁的方法得到了改进和推广,铁的产量增加。 冶金工业的发展和蒸汽机的广泛使用,又推进了采煤业的发展。 为了运送数量迅速增长的煤、铁和其他生产物资,交通工具的革新势在必行。 在这方面,最突出的成就是1807年美国人富尔敦制成的汽船和1814年英国人史蒂芬逊发明的火车机车。

1807年,美国人富尔敦制成一艘名为"克莱蒙号"的汽船。 他亲自驾驶这艘汽船在哈得逊河试航,用32小时航行了248公里。 早期汽船以船两侧的轮子转动破浪前进,故又称为"轮船"。 1814年,史蒂芬逊发明了火车机车。 1825年,他驾驶拖有34节小车厢的火车试车成功。 1830年,世界上第一条客运铁路——从利物浦到曼彻斯特的铁路正式开通。 从此,铁路运输迅速发展。 到1870年,全世界铁路总长已达至421万公里。

1840年前后,英国的大机器生产已基本取代了工场手工业,用机器制造机器的机器制造业已建立起来,工业革命基本完成。 英国成为世界上第一个工业国家。

18世纪末,工业革命逐渐从英国向欧洲大陆和北美扩展。

法国是最早受到工业革命影响的国家之一。 工业革命首先发生在法国的纺织业，接着又扩大到其他工业部门。19世纪60年代末，法国的机器生产取代手工操作，成为工业生产的主要形式，工业革命基本完成。

德国政治上四分五裂，严重影响了工业革命的开展。但从19世纪早期起，德国一些地区的工业发展起来，其中普鲁士的莱茵地区尤为突出。30年代以后，德国工业发展进程加快，纺织、冶金、采煤、农业化学和铁路运输等部门得到迅速发展，其中的农业化学占有突出的地位。

美国工业革命的条件得天独厚，发展很快。1790年，美国人仿照英国人的式样建立了第一座纺纱厂。1814年，波士顿建立起了第一座织布厂，随后轧棉机、缝纫机、轮船和拖拉机等许多新发明相继涌现出来，特别是采用和推广了机器零部件的标准化生产方法，促进了机器制造业的发展，推动了机器的普及。19世纪中期，美国完成了工业革命。

工业革命在西欧和北美轰轰烈烈进行的同时，也在向其他地区扩展。19世纪中期以后，俄国、日本等国也相继开始了工业革命。

工业革命是一场空前规模的技术革命，它极大地提高了社会生产力，巩固了资本主义各国的统治基础。

以英国为例，1770~1840年的70年间，英国工人的日生产率提高了20倍。各生产部门的产量成倍增长。生铁产量1720年为2.5万吨，1840年增至近14万吨；煤产量1770年为260万吨，1836年增至3000万吨。

工业革命是一场深刻的社会变革，它引起了社会结构的重大变化，使社会日益分裂为两大直接对立的阶级——工业资产阶级和无产阶级。工业资产阶级占有巨大的财富，拥有强大的政治力量，对无产阶级进行残酷的剥削和压榨。无产阶级为了改善自己的处境，同资产阶级进行斗争，工人运动逐渐兴起。

工业革命把劳动力从农村引向城市，开始了城市化进程。在这个过程中，人们的生活方式和价值观也在逐渐发生变化。

工业革命密切了世界各地之间的联系，改变了世界的面貌，最终确立了资产阶级对世界的统治。 英国等工业国家在世界范围内大肆抢占商品市场，强占原料产地，扩展殖民地，造成了当地的贫困落后，使东方从属于西方。

电的发明与利用

在电没有发明之前，人类在黑夜中一直利用油灯、蜡烛照明，直到电磁感应理论提出以及根据电磁感应原理制造出发电机，电才开始作为一种能源走入人们的视野，而随后发明的各种电器，则让人类发展插上了翅膀，开创了人类的电气化时代。

电到近代才被人类利用，但在电被发明之前，人们对它却并不陌生。 人类自从诞生的那一刻起，就开始接触天空中的闪电，但是闪电却不是人类可以控制和利用的。 直到今天，人类的科学技术条件仍然无法对其进行开发和利用。 但是电作为一种可用能源走入人类的生活，却已经有了很长的一段历史，电的发明同样也经历了漫长的岁月。

最初人类发现了摩擦起电的现象，于是便利用一根玻璃棒和毛皮进行摩擦，证明了电是可以被人类创造的，但是人类创造的这种电是一种静电，并不能被开发利用。 1752年美国科学家富兰克林(1706～1790年)利用一只风筝把天空中的闪电引下来，使人们加深了对电的了解。 1799年，意大利科学家伏特(1745～1827年)用含食盐水的湿抹布，夹在银和锌的圆形板中间，堆积成圆柱状，制造出世界上最早的电池，人类首次制造出了可以利用的"电能"，但是这种电能力量非常弱小，依然不能被工业化广泛应用。

1820年，丹麦物理学家奥斯特(1777~1851年)偶然间发现电流可以使磁针转动，他的这个发现很快引起英国物理学家、化学家法拉第(1791~1867年)的注意。他根据奥斯特的发现，于1821年制造出了世界上第一台电动机。1831年，法拉第发现磁铁在一个闭合线路内转动时，会产生电流，由此发明了世界上第一台发电机。人类首次利用动能制造出了电能，这标志着人类即将进入一个新时代。

1861年，德国科学家西门子(1816~1892年)制造出第一台工业发电机，电能开始进入广泛应用的时代，从此各种以电为能源的电器和机械相继诞生，人类的生活才得以改变。19世纪初，在人类没有制造工业发电机之前，就有英国化学家用2000节电池和两根碳棒制造出了弧光灯，但是因为亮度太强而无法走入千家万户。1860年，英国的斯旺(1828~1914年)就已经制成第一个白炽灯，但是因为寿命较短，没有得到应用。

就在工业发电机发明后不久，一位叫爱迪生(1847~1931年)的发明家开始走入人们的视野。1876年爱迪生改进了贝尔的电话，使得电话进一步普及。1877年爱迪生发明留声机，开创了人类媒体储存领域。1879年爱迪生经过多次试验，制成了长久耐用的电灯，电灯开始走入千家万户。1880年，爱迪生对发电机进行了改良，人类制造电能的能力进一步提高。后来，爱迪生又发明了电影摄影机和电影放映机等众多电器，人类的生活从此变得丰富多彩。

爱迪生改良发电机，使得电能得以广泛应用，但是他发明的发电机由于采用直流方式供电，因而传输距离较近，限制了电能的普及。1886年电力发明家威斯汀豪斯(1846~1914年)发明了交流发电机，解决了电力远距离传输的问题。

电力技术的应用还表现在有轨电车、无轨电车的发明，1882年电风扇被发明，1886年电焊机被发明，1889年电动缝纫机被发明，1907

年洗衣机被发明，1929年电视机被发明……众多的电器相继被发明，并走入人们的生活，极大地改变了人们的生活方式。

电力的发明和应用，是第二次科技革命推动的结果。电力技术的应用和推广对于人们经济生活和社会生活的现代化具有革命性的影响，它不仅改变了城市生活的面貌，还加强了城市与农村之间的联系，同时也使世界紧密地联系在一起，缩小了人们之间的距离。此外，它还使工厂脱离地域限制，促进了世界经济的发展。

第二次工业革命

19世纪70年代到20世纪初，科学技术得到了飞速的发展，人类历史上发生了一次新的工业革命，即"第二次工业革命"。

随着第一次工业革命的爆发和资本主义的发展，自然科学也取得了重大的突破，并与生产技术更好地结合在一起，科学原理也被转化为技术直接运用到生产中。在这一时期，世界市场和资本主义世界体系已经初步形成，商品的需求量也越来越大。因此，人们渴望有更好的机器和更强大的动力来实现这一目的。这就使第二次工业革命的发生成为了可能。

第二次工业革命的主要标志就是电力的广泛应用。1866年，德国人西门子制成了发电机。1870年，比利时的格拉姆又发明了电动机。从此，电力就成为了一种带动机器的新能源。与此同时，一些以电为能源的产品也迅速被发明出来，如：电灯、电车、电报、电话等。而这一切的基本条件则是电力的供应。于是，法国人马·德普勒发明了远距离送电的技术；美国发明家爱迪生也建成了世界上第一座火力发电站。至此，制造发电、输电和配电设备的电力工业已经迅速发展起来了。

　　除此之外，内燃机的发明与应用也是第二次工业革命的一个重要表现。19世纪70年代到90年代，德国人奥托、戴姆、狄塞尔先后发明了以煤气为燃料的四冲程内燃机、以汽油为燃料的内燃机和柴油机。交通工具所需的发动机问题也就此解决，并引起了这一领域的革命性变革。80年代，世界上诞生了第一辆汽车；90年代，汽车工业在世界上很多国家得到迅猛发展。此外，汽车工业的发展还带动了内燃机车、远洋轮船、拖拉机和装甲车、飞机等的制造和使用。同时，石油开采与炼制业也在内燃机的发明之后，迅速地发展起来。

　　与此同时，化学工业也在历史舞台上绽放了魅力。随着第二次工业革命的展开，无机化学工业、有机化学工业也相继建立和发展起来。在此基础上，人们又制造和生产出了纯碱、硫酸以及煤焦油等化学物品，并促成了一系列新发明和新产品的出现，如化肥、化学药品、人造染料、人造丝和人造纤维等。此外，作为化学工业重要部门的炸药工业也得到了迅速发展，世界名人诺贝尔便是在这一时期发明了火药和无烟火药。

　　从传统意义上讲，第二次工业革命可以看作是第一次工业革命的延续。但我们能够看出，无论是在规模、深度还是在影响上，第二次工业革命都远远超过了第一次工业革命，甚至还出现了一些新的特点。

　　第一，第二次工业革命和第一次工业革命相比，科学基础更加坚实。可以毫不夸张地说，第二次工业革命的所有成果都是在科学技术运用于生产实践后创造出来的。可想而知，如果没有热力学、电磁学、化学等的突破性成就，就不可能会出现新的工业革命。在这里，科学技术是第一生产力的原理得到了充分体现。

　　第二，这次工业革命的侧重点主要是基础工业、重工业、化学工业和能源工业等，经济改造能力和社会改造能力有了极大的增强。一些主要资本主义国家更是走向了工业化的道路,城市人口开始远远超过农村人口。

第三,此次工业革命几乎是在几个大国间同时进行的,而第一次工业革命则是先发生在英国,继而才在其他国家发生的。同时,这次各国间的工业革命又相互联系,无论是哪一国的重大发明,都会很快被别国所吸收。

这次工业革命后,人类社会进入了电气时代,生产力得到了巨大的发展。同时,这次工业革命还改变了资本主义原始的工业结构,造就了一批新的工业部门,如电力工业、石油开采业、石油化工业、汽车制造业等重工业。并且,重工业在资本主义工业体系中所占的地位也日益增强,并逐渐取代了轻工业。此外,随着生产力的高度发展,生产和资本日趋集中,最终导致生产关系发生了变化,并产生了垄断组织。紧接着,垄断经济便成为了整个国民经济的基础,而世界上的一些主要资本主义国家则开始进入了帝国主义阶段。伴随着这种情况的日益严重,资本主义的经济发展变得越来越不平衡。英国和法国等一些老牌的资本主义国家经济发展变得相对缓慢,而美国和德国等一些新兴的资本主义国家则发展得非常迅速,工业总产值甚至超过了英、法,跻身世界前列。因此,这些逐渐强大起来的帝国主义国家为了自身的需求与发展,开始了世界霸权的争夺和对殖民地的掠夺,这就加深了各国列强之间的矛盾,并最终酿成了第一次世界大战。

垄断组织的形成

在第二次工业革命的推动下,工业生产迅速发展,不仅使企业的规模越来越大,而且使资本与生产越来越集中到少数大资本家手中。

在资本主义社会里，一方面整个社会的生产资料被许许多多的资本家分别占有着，他们互相竞争和排斥；另一方面，生产的发展和扩大，又促使着资本相互吸引，使它们趋于集中和联合。在资本主义制度下，大的资本吞食小的资本，既取决于资本贪婪的本质，也是生产发展的一种内在要求。生产的规模越大，机器的效率越高，要求的资本也越多越大。因此，社会化的大生产，必定要求集中化的大资本。所以，生产越扩大，竞争越激烈，资本的集中也越迅速。伴随着生产发展而来的必然是资本日益集中到少数大企业和大资本家手中。

第二次工业革命在加速生产发展的同时，也加速了生产的集中。19世纪末20世纪初，各主要资本主义国家的生产和资本的集中都达到了很高的程度。生产和资本的高度集中，为少数大资本家垄断市场、抬高价格、攫取高额利润创造了条件。大企业为了避免因竞争带来的损失和破坏，互相妥协，通过联合，保证相互的既得利益，并防止新的竞争对手跻身其中。当少数大企业联合起来，通过订立各种协议来规定价格、划分市场、分配产量的时候，垄断就形成了。垄断指的就是少数大企业对某一经济部门的控制和垄断。垄断的形成，既约束了大企业之间的竞争，也限制了其他企业同垄断企业之间的竞争。资本主义的自由竞争就这样逐步地为垄断所代替，资本主义也就跨入了一个新阶段——垄断资本主义阶段。

垄断组织的产生，并迅速发展成为主要资本主义国家经济领域中的统治形式，不是偶然的，它是这一时期资本主义生产迅速发展的产物。垄断组织的形成，对于调节生产和促进生产力的发展有一定的积极作用。垄断组织是在股份公司的基础上形成的。而股份公司产生的原因，是为了解决个人资本积累不能在短时期内创办规模巨大的企业这个矛盾。进入19世纪70年代以后，大工业迅速增加，新兴工业部门大量出现，这些规模巨大的企业的建立，仅依靠个人资本的积累，不可能在短时期内完成。在这种情况下，垄断组织也就应运而生了。但是应该指出的是，垄断不能消除竞争，更不能解决资本主义的根本矛盾，即生产的社会化和生产资料的私人占有之间的矛盾，而且垄断价格的产生还会在一定程度上妨碍技术的改进和生产力的发展。

1879年美孚石油托拉斯在美国首先成立，此后，托拉斯在美国蜂涌而出。托拉斯是把下属的企业合并为一个统一的企业。1879~1901年，美国工业部门的托拉斯发展到300多个，一共兼并了5000多家企业。而在德国，盛行的是另一种垄断组织的形式——卡特尔，它是由参加卡特尔的各个独立的企业签订实行垄断的协定。德国的卡特尔1879年已经有14个，但到了19世纪末20世纪初才有较大发展。第一次世界大战前，德国已有各种卡特尔近600个。当时德国最重要的垄断组织和企业有电气总公司、西门子公司、克虏伯公司等。

除了卡特尔和托拉斯之外，重要的垄断组织形式还有辛迪加和康采恩。辛迪加和卡特尔一样，也是同一生产部门资本主义企业之间建立的垄断联盟。它与卡特尔不同的是，参加辛迪加的企业签有共同销售产品和采购原料的协定。因此，参加辛迪加的企业虽然在生产上和法律上仍然是独立的，但在商业上却已失去了独立性。它们的产品销售和原料采购都按事先协定规定的份额，由辛迪加建立统一的机构来办理。当时，辛迪加在法国最为流行。康采恩是更为复杂的一种垄断形式。它是以一两个实力雄厚的垄断企业为核心，把许多不同部门的企业联合成一个企业集团。核心企业通过收买股票、人事参与和业务控制等办法，把参加康采恩的其他企业置于自己的统治之下。

芝加哥工人大罢工

19世纪，美国和欧洲的许多强国一样，均通过第二次工业革命实现了从资本主义到帝国主义的过渡。在这期间，为了刺激生产的高速发展，为了获得更多的经济利益，资本家们不断地增加工人的劳动时间，无情地增加他们的劳动强度，以榨取他们的劳动力。

在当时的美国，底层工人每天工作的时间都超过了 14 个小时，有的甚至达到了 18 个小时。在这样长时间的、高强度的劳动之后，工人得到的工资却少得可怜，还经常被克扣。长时间繁重的劳动和贫困的生活，让工人没有足够的休息时间，身体健康状况越来越差。曾有一个鞋厂的监工无耻地说，他能让一个身体健康的 18 岁小伙子，工作 4 年后头发变得灰白。

美国工人对资本家这种残酷的剥削早已不满，并为此举行过多次罢工游行活动，向政府提出缩短工作时间的要求。

1877 年，美国爆发了历史上第一次全国性的工人罢工。工人们集体走上街头，举行示威活动，并明确提出 8 小时工作制的要求。但这一要求当时并没有得到美国国会的认可。

1881 年，美国工人和加拿大的工人联合起来，商议决定成立全国性的工会组织，以代表广大工人阶级同资本家进行斗争。同年 11 月 15 日，美国和加拿大几十个行业工会和地方工会的 107 名代表在美国匹兹堡召开了代表大会。在大会上，他们决定成立美国与加拿大企业工会和劳工联合会，从而向国会和政府施加压力，以争取工人的权益和 8 小时工作制。

在声势浩大的工人运动的强大压力下，美国国会被迫出台了 8 小时工作制的法律。但是，对于这一项法律，傲慢、重利的资本家们根本不予理会，还是自行其是，从而使这项法律变得毫无效力，如同废纸。而工人还是如从前一样，被资本家们无情地欺压着。

忍无可忍的工人，决定采取更大、更激烈的行动以维护自己合法的权益。1884 年 10 月，美国和加拿大的 8 个国际性或全国性的工人组织，在美国芝加哥召开了会议。这次会议通过了一项决议，即从1886年5月1日起，实行法定的8小时工作制。无论资本家们有何种借口，这一时间都不能拖延。同时号召工人们做好罢工的准备，以达到维权的目的。

当工人们向资本家提出这一合理要求后，遭到了资本家的反对。于是，在1885年的劳工联合会上，工人代表们正式作出决定，号召美国全体工人团结起来，在1886年5月1日这天实行全国性的总罢工。

这一天到来时，美国全国有35万多工人同时举行了罢工，其中以美国重工业城市芝加哥的工人罢工尤为典型。当天，芝加哥有45000名各种行业的工人涌上街头，举行了盛大的游行示威活动。这使整座城市处于瘫痪状态，引起了美国当局和资本家们的强烈恐慌。

1886年5月3日，当芝加哥罢工工人正在秣市广场举行群众号召大会时，混到工人中的破坏分子故意制造了事端，而美国政府就以此为借口，派出军警前来镇压。军警到达秣市广场之后，当场开枪打死了6名罢工的工人。

美国政府这一无理的暴行，激起了芝加哥工人的极大愤怒。怀着沉痛的心情，3000多名工人于5月4日晚聚集在了秣市广场，追悼死难的工友，并声讨美国当局的暴行。但就在追悼会快要结束时，突然有2000多名全副武装的警察冲进会场，包围了秣市广场，要求工人解散。

面对早有准备的警察，工人们并没有退缩。他们愤慨地表示，要为惨死于警察枪下的工人默哀，按照美国宪法规定，公民有集会游行的自由。但警察还是举起枪对工人们进行了威胁，并用木棍朝工人们打去，广场顿时大乱。这时，一名被资本家雇佣的破坏者向广场人群聚集的地方投掷了一枚炸弹。随着一声巨响，有7名警察和4名工人当场被炸死，人们都震惊不已。

老谋深算的美国政府以此为借门，当即就派来了大批军警，以搜捕犯罪分子为名趁机要逮捕此次工人运动的领袖。当工人们奋起反抗时,军警们悍然向手无寸铁的工人们开了枪。在这场被称为"秣市惨案"的暴力事件中,最终有200多名工人伤亡,8名工人领袖被捕。

随后,被资本家们控制的报纸大造舆论,无耻地说广场上的炸弹是罢工工人投掷的,8名被逮捕的工人领袖犯有杀人罪,应接受法庭审讯等。

8月20日,芝加哥法院根据陪审团的意见,8名工人领袖中有7名被判处了绞刑,另外一名被判15年徒刑。在这次庭审的陪审团中,绝大多数成员都是大工厂中的工头,而出庭作证的人,则是被警察局买通了的工贼。

当这一结果被公布出来时,芝加哥一片哗然。工人们纷纷向州法院提起上诉,可州法院却在资本家们的操控下维持了原判。不服的工人们又向美国联邦最高法院上诉,可代表美国政府利益的联邦法院,对工人们的上诉根本不予理会。

美国资本家、政府、法院的做法激起了全国各地工人和群众的强烈抗议,他们纷纷联合起来,举行集会或是签名营救,给美国当局施加压力,迫使法院将案件拖了下去。但1887年11月11日,还是有4名工人领袖被执行了死刑。

"秣市惨案"发生后,芝加哥工人大罢工得到了全美及欧洲工人们的同情和支持。在全世界进步舆论的压力下,在全世界工人运动的声讨声中,美国政府被迫于1888年初,对外宣布开始实施8小时工作制。至此,美国工人运动以血和生命为代价,取得了初步的成果。

为了纪念1886年美国工人罢工,特别是芝加哥工人大罢工,1889年7月14日,第二届国际无产阶级运动大会在巴黎召开时,在美、法两国工人代表的提议下,每年的5月1日被定为全世界工人阶级自己的节日,即五一国际劳动节。

英布战争

　　1867年,一个小孩在南非奥兰治河畔玩耍的时候,偶然之间看到一块晶莹的石头,便捡回家去。后来一个荷兰人后裔农场主将这块"石子"带回欧洲,经过鉴定之后证实,这并不是一块"石子",而是钻石。

　　消息传出之后,很快在欧洲引起了轰动,西方人纷纷前往南非。随着涌入人流的增加,不断传来发现金刚石的消息。1869年,又发现一颗当时价值高达62.5万法郎的大钻石,从此,南非便成为了欧洲人眼中金刚石的产地。

　　1884年和1886年,人们又在南非的德兰斯瓦尔境内发现了世界上蕴藏量最丰富的金矿。从此,金刚石加上金矿,南非又开始掀起了"黄金潮"。

　　在南非这块土地上,原本都是荷兰人的后裔,但随着淘金者的增加,英国人多了起来,慢慢地超过了当地的布尔人,也就是荷兰人的后裔。而且英国人还掌握了大部分采矿权,组建了很多大公司。因此,到了19世纪末期的时候,英国人觉得很有必要把这块土地攥在自己手里。

　　而且,英国人已经筹谋了"开普—开罗"计划,要将英属的南北非洲连为一体。为此,1871年,英国吞并金刚石产区西格利加兰,1877年又吞并布尔人的德兰斯瓦尔共和国,1877年到1878年,并吞全部卡弗拉里亚和西北部的瓦尔弗士湾。为了阻止布尔人向东部沿海地区发展,英国又于1878年夺取了祖鲁兰,消灭了祖鲁人的国家。1887年,英国最终吞并了祖鲁兰。

　　到了90年代的时候,在英国人的"开普—开罗"计划面前,唯一的障碍便是布尔人的两个共和国——德兰斯瓦尔和奥仑治。

1899年秋，英国开始在两个布尔族共和国边境集结军队。面对英国毫不掩饰的侵略面目，1899年10月11日，布尔人对英宣战，并展开军事行动。

布尔人口不多，因此军队采用民兵制，两个布尔族共和国建立起一支人数为45000人左右的联军，装备有从德国购买的步枪、挺机枪和速射炮。

而英国在南非只有不到3万人，它采用募兵制补充兵员，武器陈旧，训练很差，纪律松弛，因此在战争初期多次被布尔军队打败。1899年10月，布尔军队攻克了纽卡斯尔和格伦科两个城市，包围了莱迪史密斯、马弗京和金伯利。

但是英国实力毕竟强大，可以不断抽调兵力。至1900年1月底，英军人数已经达到了20万。2月，罗伯茨将军率领英军转入进攻，解除了布尔军队对几个城市的包围，并于3月占领奥仑治共和国首都布隆方丹，5月31日又占领德兰斯瓦尔首都比勒陀利亚。

从此，这两个共和国均沦为英国的殖民地，但战争并没有就此结束。同年10月，包达和狄维难特率领的两万布尔军队，化成小股"突击队"，展开了顽强的游击战争。然而，由于布尔军队本身也是以殖民者的态度对待当地黑人，他们的反英斗争没有取得土著居民的同情和支持，因此在实力上大打折扣。

英军指挥部为了摧毁游击队的抵抗，将军队扩充到了25万人，采取了"焦土"战术，广泛建立了筑垒发射点（碉堡）配系。1902年5月31日，布尔人被迫签订和约，承认德兰斯瓦尔、奥仑治两个共和国并入英国。

美西战争

19世纪末，美国进入了帝国主义时期。美国垄断资本财团迫切需要开辟新的市场、投资场所和原料产地，于是各种宣传机器大造对外扩张的舆论。但是正当美国准备向海外扩张时，整个世界已为老牌殖民大国瓜分完毕。美国想重新瓜分世界殖民地，但因力量有限，还无力同英法等国相抗衡，只有老朽帝国西班牙是个好目标。

这时的西班牙已是日薄西山，昔日的庞大帝国仅剩下古巴、波多黎各和亚洲的菲律宾。美国决定首先拿西班牙开刀，夺取这几个西班牙殖民地，以便控制中美洲和加勒比地区，并取得向远东和亚洲扩张的基地。

这时，西属殖民地人民的斗争也给美国创造了有利环境。菲律宾和古巴先后爆发了反对西班牙殖民统治的武装起义。菲律宾起义军已解放了全国大部分地区，包围了马尼拉。古巴起义军则牵制了西班牙的20万大军。

由于美国军舰缅因号在古巴哈瓦那港爆炸沉没（1898年2月15日）。爆炸的威力巨大，几乎炸掉了前侧三分之一的船体，其余的残骸迅速沉入海面，造成266人死亡，其中绝大多数为士兵，爆炸时全舰军官几乎都在陆上，只有两名军官在舰上。爆炸激起美国报刊强烈反响和国内民众的愤怒。3月27日，美国通过驻西班牙公使提出要求西班牙在古巴停火和取消集中营法等条件。西班牙为了避免对美作战，于4月9日宣布休战。但美国国会发布决议：承认古巴独立，要求西班牙撤出古巴。同时授予总统使用武力的权利，并宣告美国无意兼并古巴。4月22日，美国海军封锁古巴港口。诺希维尔号军舰捕获到一艘西班牙商船。4月24日，西班牙向美国宣战，次日，美国宣战。

美国早就为战争做好了准备。美国已经建立了一支号称世界第三的强大舰队，部署在世界各战略要点上，其中驻香港的亚洲舰队早已升火待发。国会已征兵20万，并拥有速射野战炮、电报、电话等先进装备。反之，西班牙毫无准备，在古巴的20万西军只有1.2万人能打仗，其余多是老弱病残。海军仅有一些旧式木壳军舰。在菲律宾也只有4.2万军队，而且西班牙政局一片混乱，军政界人士普遍认为同美国作战没有获胜希望。

战争主要在古巴、波多黎各和菲律宾同时进行。开战后，美海军部副部长西奥多·罗斯福辞去职位，组建志愿军第一志愿骑兵团前往参战。

在加勒比海地区，西班牙原在古巴等地驻军有20余万。古巴起义军在M.戈麦斯·伊·巴埃斯领导下已解放大片国土，造成有利态势。"缅因"号事件后，西政府派出一支舰队（6艘战舰，由P.塞韦拉指挥）前去防守波多黎各，5月19日进入圣地亚哥港。美北大西洋分舰队（7艘作战舰只，司令为W.T.桑普森）立即对该港实行封锁，并要求陆军配合歼灭港内西舰队。但美陆军第5军（约1.7万人，W.沙夫特指挥）在圣地亚哥以东登陆后，坚持以夺取圣地亚哥城为目标；在攻占城东制高点的战斗中伤亡1700人。7月3日，西舰队奉命撤出圣地亚哥港，在港外被美舰队歼灭，死亡160人，被俘1800人（包括塞韦拉）。美方仅伤亡各1人。16日，圣地亚哥城在古巴起义军和美军围困下断粮，城内外西守军约2.3万人投降。25日，美陆军司令N.A.迈尔斯率领的远征军在波多黎各登陆。西政府求和。8月12日，美西双方同意停止军事行动。在古巴，西奥多·罗斯福率第一志愿骑兵团（即莽骑兵）节节获胜，击败了西班牙在古巴的陆军一部，从而让战争的陆上形势对美国有利。

在菲律宾，4月30日，美分舰队进入马尼拉湾，翌日晨，发现P.蒙托霍指挥的西舰队。美西舰数对比为6∶7，但美舰在总吨位、航速和火炮，特别是在战备训练水平方面，均占优势。经数小时战斗，西舰队被歼，伤亡381人。美方只有7人受伤。与此同时，菲律宾起义军积极行动，控制着马尼拉外围（该地尚有一支西班牙驻军），占领了许多重要岛屿和城镇，并建立以E.阿奎纳尔多为首的民族政府。8月13日新到的美陆军在舰队支援下登陆，同时利用菲律宾起义军，迫使马尼拉的西军投降。 但在废除西班牙殖民统治以后，美政府却背弃支持菲律宾独立的诺言，宣布对菲实行军事占领，引起菲人民的强烈反抗。 此后3年，美国对菲起义人民进行了残酷的军事镇压。

海军上将塞韦拉指挥的西班牙加勒比海舰队在古巴圣地亚哥港被美国彻底摧毁。 圣地亚哥市向谢夫特将军投降。 同时，从香港出发的美国舰队歼灭了驻守在菲律宾马尼拉港的西班牙舰队。 两国于12月10日在法国巴黎签订《巴黎和约》。 根据和约，西班牙全部放弃古巴，将波多黎各和关岛等殖民地割让给美国，并以2000万美元的代价，把菲律宾的主权转让给美国。

1898年的美西战争标志着美国作为一个主要军事力量的崛起。 这场历时仅100余天、致使3000美国人丧生的短暂的海上冲突使美国陷入了远东的复杂问题，也使敢于与美国军事力量抗衡的欧洲列强得到了警告。 对美国人自己来说，这场战争则标志着它要更多地参与世界事务。

日俄战争

明治维新后，日本的实力逐渐增强。 之后，日本便有了称霸太平洋的欲望，他们将爪牙伸向了朝鲜和中国。 甲午战争就是其实现这一计划的第一步。 在这次战争中，日本不仅给中国带来了深重的灾难，同时也损害了俄、法、德在远东的利益。 之后，沙俄便联合法、德两国，共同逼迫日本退还辽东半岛。 因此，日俄之间的矛盾升级，大战一触即发。

1896年，俄国通过《中俄密约》等多个不平等条约强租了旅顺、大连等地区，中国东北全境已经基本沦为俄国的势力范围。 1900

年，在八国联军镇压义和团运动后，俄国独吞东北的野心显而易见，这使得日俄两国之间的矛盾更加尖锐。1902年，英日结成同盟，这就成为日本对俄国发动战争的坚实后盾。1903年8月，日俄两国就针对重新瓜分中国东北和朝鲜的问题进行了谈判。此时的日本已经完成了扩军备战，因为在谈判中态度相当强硬，最终导致谈判破裂。

1904年2月6日，日本与俄国断交，并于2月8日深夜不宣而战。日本海军舰队用鱼雷偷袭了驻扎在旅顺的俄国舰队。等到俄国舰队退到港内后，日军便迅速封锁了旅顺港口。

日本此举彻底激怒了俄国，但俄军想要对其进行报复却也着实容易。在这方面，俄国面临着两个问题：首先，俄军在陆上的支援和补给十分困难，需要经过西伯利亚铁路，再从莫斯科到达旅顺港，路程长达6000英里。另一方面，由于西伯利亚铁路被贝加尔湖所切断，运输过来的物资就需要在湖的一面卸下，然后还要通过船运到对岸后再装上列车。这样下来，把一个营的兵力运到旅顺就需要一个多月的时间，这对战争是极为不利的；其次，俄国在东北只有海参崴港和旅顺港两个港口。而海参崴港口在冬季会结上厚厚的冰，根本就不能使用。这样一来，便只有旅顺一个地方能够作为海军基地。综合这些客观原因，以及一些内部的因素，俄国陆军司令克鲁泡特金建议把俄国军主力撤出辽东半岛，集结在哈尔滨。然后等莫斯科的援兵到来之后再进行反攻，解救死守旅顺的俄军。但由于俄军指挥层意见不统一，后来将主力军的集结点改成了辽阳，之后再把兵力向旅顺推进。

与此同时，日本制作了详细的作战计划。日军认识到，此次作战的关键就在于海军。但如果不能在陆上给俄军沉重性的打击，根本无法将俄国的势力彻底赶出中国东北。对于日本来说，朝鲜半岛既可以作为一条比较安全的补给线，又可以作为一个进退自如的跳板。此外，制海权对日本也是极为重要的。日本为了避免被俄国在旅顺的舰队驻军切断海上的交通，便主动引诱俄舰队出海大战。日本陆军在舰队的保护下从仁川登陆，之后便迅速控制了朝鲜半岛，并在此建立了稳固的基地。 随后，日本用了3个军团的兵力从朝鲜湾的北岸登陆，向辽阳进军。 这样一来，日军就可以阻止俄军南下的支援。 而日本的第四军团则要以最快的速度攻克旅顺，然后北上与前3个军团会合，以图在俄陆军增援未到前击败俄军。

5月初，日本在辽东半岛的大孤山登陆，并于25日攻入金州。第二天，日本便攻下了南山高地，并且占领了大连。 至此，日本已经完全包围了旅顺港。

之后，日本便采用坑道战、地雷战、炮轰战等方式，连续发动了两次总攻，但都被顽强的俄军所抑制。 11月26日，日军向203高地发起了第三次总攻，并在数天内进行了大火力的轰炸，终于在付出11000人的代价后占领了203高地。 两天后，俄舰船全部被击毁。

1905年1月4日，俄军投降，日军占领了旅顺。 之后日军便按照原计划北上与元帅大山会合，投入到对俄国主力的进攻。

2月23日，日军30万大军与俄国31万大军在奉天展开了一场大规模的会战。 双方都挖有堑壕、筑有野战工事，战争进行得相当激烈。 3月10日，日军攻克奉天，俄军被迫后撤至哈尔滨。

5月9日，俄国波罗的海舰队驶进了中国海域，27日被日舰队全部歼灭。 同时，俄国这次对日战争的失败还激怒了俄国的许多民众。大多数城市都相继爆发了革命，沙皇专制制度已经岌岌可危。 9月5日，日俄两国在美国的调停下签订了《朴次茅斯和约》。 合约规定：俄国承认日本在朝鲜的独占利益，同时俄国将辽东半岛的租借权和库页岛南部及附近岛屿让给日本等。

归根结底，日俄战争的本质就是两国为了争夺远东霸权而进行的又一次帝国主义战争。 而俄国的战败，又在另一方面加速了俄国国内革命的到来。 日本取胜则让其渐渐跻身于世界强国之列，并进一步膨胀了它称霸东亚的野心。 此后，美国也走上了争夺亚太霸权的战场。

诺贝尔与诺贝尔奖

1833年10月21日,世界著名化学家诺贝尔出生在瑞典的斯德哥尔摩,这里依山傍水、风景如画,诺贝尔一家就住在那里一条偏僻的小巷中。 诺贝尔的父亲伊曼纽尔·诺贝尔是一位机械师,母亲则是一位勤劳的农妇。 诺贝尔8岁的时候,被父亲送到一所小学里上学,他惊人的接受能力使他成为同龄人当中学习成绩最好的学生。

后来,诺贝尔的家庭发生了一些变故,从来没有接触过化学的父亲为了工程需要,在自我摸索过程中不幸引发了爆炸,使得邻里关系恶化,甚至经常受到邻居的恶性攻击,这让诺贝尔一家有苦难言。 无奈之下,诺贝尔的父亲只好只身前往芬兰找事做。 但他并没有放下自己的研究,不久之后,他发明了一种水雷。 这件事被俄国的公使知道后,伊曼纽尔便被请到了俄国,并在俄国安顿了下来,还把一家人都接到了俄国。

这时,年幼的诺贝尔又面临了一个新的障碍——语言不通。 语言不通对年幼的诺贝尔来说大概是最大的障碍了,甚至他会感觉到生活乏味。 为了改变诺贝尔的这个情况,父亲特地为他请了一位俄国教师。 伊曼纽尔的这一举动,还真是收到了很大的效果。 因为这位老师除了教授俄语之外,还教给了诺贝尔一些关于科学技术的知识,这让年幼的诺贝尔十分感兴趣,甚至是不知疲乏地沉迷在其中。

在诺贝尔17岁的时候,他离开俄国前往欧洲学习造船工程,直到21岁才回到祖国,并利用闲暇时间帮父亲研究炸药。 1847年,意大利人苏伯诺研制出一种名为硝酸甘油的具有强爆炸性的液体,这种具有强烈爆炸性的东西对振动非常敏感,稍不小心就可能会引起爆炸。 诺贝尔从中受到启发,并在这个基础上进行了深入的研究。 终于在耗费 4 年时间后研制出了引爆药雷酸汞。 但是，研究总是要付出代价的。 接下来的研究对诺贝尔而言却是一场灾难。 在一次实验中，药物突然发生了猛烈爆炸。 当众人都认为诺贝尔必死无疑时，他却奇迹般地从破碎的瓦砾堆里爬了出来。

1876 年 9 月 3 日，不幸再次降临，一场意外的大爆炸炸死了正在做实验的诺贝尔的弟弟埃密·诺贝尔，也把他的父亲炸成了半身瘫痪。 但诺贝尔却没有因此而倒下，他承受着失去亲人的痛苦和别人的嘲笑回到了阔别多年的祖国瑞典，开始了新的实验。

经过无数次的失败，诺贝尔终于迎来了成功的曙光。 他在无数次失败的打击之后，终于研制出了硝酸甘油和硅藻土结合的产物，即"黄色炸药"。 这一研究成果成功地解决了炸药经常发生爆炸的问题。 不久之后，诺贝尔又发明了胶质炸药。 这样，炸药的研究在这一时期被推向了巅峰。

诺贝尔曾拥有 Bofors 军工厂和一座钢铁厂，主要生产军火。 虽然为了事业，诺贝尔付出了惨痛的代价，同时也让他拥有了难以估量的财富。 他死后，在遗嘱中写下了想要利用自己的巨大财富创立诺贝尔奖（诺贝尔奖包括金质奖章、证书和奖金支票）的愿望。 他将一大部分遗产作为基金，以其利息分设物理奖、化学奖、生理奖或医学奖、文学奖及和平奖（后添加了经济奖）5 个奖项，各种诺贝尔奖项也都以他的名字命名，并不分国籍地授予世界上任何一个在这些领域对人类做出重大贡献的学者。

第五篇

世界现代史

第一章 第一次世界大战

三国同盟

19世纪中叶以来，第二次工业革命的技术进步带动了各国工业和经济的又一次腾飞，促使了各国垄断资本主义的形成，各资本主义国家纷纷向帝国主义过渡。但同时，国家间政治经济发展也日益不平衡。各国在国家利益的冲突与协调中纷纷寻找新的对策。

1879年，德俄关系日趋紧张，德国担心俄国和德国的宿敌法国结盟对付自己，加紧拉拢奥匈帝国。1879年8月27日，德国宰相俾斯麦与奥匈帝国的外交大臣安德拉西秘密会谈，谋求缔结反俄同盟。经过多方交涉，10月7日，《德奥同盟条约》在维也纳签订。主要内容是如果两国其中一国遭到俄国的进攻，两国应以全部的军事力量实行互助；如果其中一国遭到另一国家进攻，缔约国的另一方应对其盟国采取善意的中立，但是，如果进攻的国家得到俄国的支持，缔约国双方应共同作战直到共同议和为止。

德国的真正目的是为了孤立法国，在同奥匈结盟以后，又开始拉拢意大利。德国先是怂恿意大利同法国在北非竞争，1881年，法国从阿尔尼利亚入侵突尼斯，意大利虽然对突尼斯觊觎已久，但在与法国的争斗中无力反击，非常恼火，决定投靠德、奥。经过多方讨价还价，1882年5月，德、奥、意三国在维也纳签订同盟条约。条约规定如果意大利遭到法国的进攻，德国和奥匈帝国应以全力援助，如果德国遭到法国的进攻，意大利也要担负同样的义务；如果缔约国的一国或两国遭受两个或两个以上的大国（指法、俄）进攻，缔约三国应协同作战。但是，意大利对此有一个保留条件，即如果是英国进攻德国或奥匈，意大利则不予援助，同时，还规定，如果一个大国（指俄国）攻击缔约一国时，另外两国应该保持善意的中立，也就是一旦发生俄、奥战争，意大利将保持中立。这个条约的有效期虽然只有5年，但后来三国4次续订。

这样，三国同盟最终形成。但是，意大利始终是三心二意的，第一次世界大战爆发以后，意大利以中立和参战为手段，向交战双方讨价还价，后来由于协约国方面满足了它的要求，它便参加协约国一方作战。1815年5月向奥匈宣战，三国同盟破裂。

三国协约

19世纪80年代后期，德俄矛盾又趋加深，俄国同法国的关系开始密切起来。1892年8月，法俄两军的总参谋长签订了秘密军事协定，规定：如果德国或意大利在德国支持下进攻法国，俄国应用它的所有军队进攻德国；如果德国或奥地利在德国的支持下进攻俄国，法国应用它的所有军队与德国作战。1893年12月15日和1894年1月4日，法俄两国政府以来往信函的方式正式通知对方军事协定已经获得批准，法俄正式结成同盟。19世纪末20世纪初，随着德国实力的急剧膨胀，英国感到自己的地位受到越来越大的威胁，它决定放弃传统的光荣孤立政策，开始同法俄靠拢。

1904年4月，英国和法国签订了瓜分殖民地的协约。这个协约的主要内容是：法国不干涉英国在埃及的行动，英国承认法国在摩洛哥有维护安宁和协助改革的权力；划定两国在暹罗（即今天的泰国）的势力范围：以湄公河为界，西半部是英国的势力范围，东半部是法国的势力范围；法国放弃在纽芬兰独占的捕鱼权，英国则让给法国西非一些殖民地。同时，秘密条款还规定，双方政府之一如为"情势所迫"，也可变更埃及或摩洛哥的现状。但是自由贸易、自由通行苏伊士运河、直布罗陀海峡南岸禁止设防等原则仍继续维持。一旦摩洛哥的苏丹政权终止，摩洛哥的一部分领土即直布罗陀海峡南岸就要让给西班牙。

通过协约，英法两国的矛盾解决，双方利益趋向一致。此后，英俄为了对付共同的对手德国也开始调整相互之间的关系。1907年8月，英国和俄国在彼得堡签订了分割殖民地的协定。这个协定的主要内容是：划定波斯（即今天的伊朗）东南部为英国的势力范围，北部为俄国的势力范围，两者之间是一个中立地带，对英俄两国平等开放；俄国承认阿富汗在自己势力范围之外，并承允英国代替阿富汗的外交。英国则声明不变更这个国家的政治地位；尊重西藏的领土完整，不得干涉它的内政，只可经过中国政府中介与它进行交涉。因为西藏是中国的领土，这项内容很明显是对中国主权的侵犯。这样，所谓的"三国协约"最终形成。但是，与三国同盟不同的是三国协约没有签订一项共同条约，只有法国俄国是负有军事义务的同盟国，英国却没有承诺承担军事义务。

巴尔干火药桶

摩洛哥位于北部地中海和大西洋沿岸，扼守直布罗陀海峡，历来都是兵家必争之地。20世纪以后，法国对摩洛哥早已垂涎已久，便加紧了对摩洛哥的扩张。1905年1月，法国向摩洛哥提出了一个方案：希望对摩洛哥的行政、军事、财政等方面进行改革。但却没有想到，德国这时也插足到了这个事件中，于是摩洛哥直接拒绝了法国提出的方案。3月，德皇威廉二世发表讲话，指出各国在摩洛哥的地位是绝对平等的。这样就很明确地否认了法国在摩洛哥的特殊利益。也正因如此，法、德两国之间的矛盾变得更加尖锐。第一次摩洛哥危机也就在此时出现了。后来，由于德国的国力未能牵制法国，只好放下了对摩洛哥事务的干涉。至此，第一次摩洛哥危机宣告结束。

1908年，摩洛哥发生了宫廷政变，国内形势一片混乱。法国趁机占领了摩洛哥的卡萨布兰卡，德、法关系再度紧张。随后，德、法之间就摩洛哥问题达成一个暂时协议。即德国承认法国在摩洛哥的特殊政治利益，法国就会保障德国在摩洛哥的平等商业利益。然而，这项协议并没有维持太久。就在1911年春天，摩洛哥首都非斯爆发了人民起义。在此情况下，法国以保护侨民和恢复秩序为由，将炮舰开进了阿加迪尔港，将所有军舰的炮口都对准了阿加迪尔，法国的这一举动导致德法关系再度紧张。随后，第二次摩洛哥危机便爆发了。随着矛盾的升华，巴尔干也逐渐变成了欧洲的火药桶。

1912年3月，保加利亚和塞尔维亚签订了军事同盟条约。两个月后，保加利亚又和希腊签订了同盟条约。没过多久，门的内哥罗加入此同盟。至此，巴尔干同盟正式形成。

在1911年至1912年的意土战争中，土耳其战败，国力衰退。见此现状，巴尔干同盟各国便趁机向土耳其宣战，第一次巴尔干战争全面爆发。

战争爆发后，土耳其军队损伤惨重，而其在巴尔干的领土也几乎丧失殆尽。无奈之下，土耳其只能选择求和，并请求列强进行调停。

1913年5月，土耳其与巴尔干同盟在各国列强的调停下签订了和约。土耳其也因为战争的失利而丧失了主动权，其在欧洲的领土几乎被瓜分干净，除伊斯坦布尔及海峡以北的狭小地区之外，其余的大片领土都归巴尔干同盟四国所有。至此，第一次巴尔干战争结束，而那些饱受土耳其奴役的国家的人民也摆脱了民族压迫。

此外，虽然巴尔干同盟取得了战争的胜利，但却因为分赃不均而导致联盟内部产生了严重的矛盾。1913年6月1日，塞尔维亚和希腊结成同盟共同反对保加利亚。没过多久，罗马尼亚也加入了这一行列，并准备随时向保加利亚作战。6月29日，保加利亚在奥匈帝国的纵容下，决定先发制人，向塞尔维亚和希腊宣战。随后，罗马尼亚、门的内哥罗和土耳其也加入了对保加利亚的战争。至此，第二次巴尔干战争全面爆发。这次战争没有持续太久。一个月后，保加利亚战败求和，第二次巴尔干战争也随之结束。

两次巴尔干战争，一方面使这一地区的人民在很大程度上摆脱了土耳其的民族压迫，一方面也促进了反对奥匈帝国统治的解放战争的爆发。就在这时，波斯尼亚和黑塞哥维那人民要求摆脱奥匈帝国统治，并希望与塞尔维亚合并以建立起一个大塞尔维亚国家。这就使得奥、塞之间的矛盾迅速加剧。奥匈帝国对此更是采取了极端的态度，不仅极力阻止塞尔维亚的扩张，更扬言要出兵消灭塞尔维亚。俄国为了对抗奥匈，竭力支持塞尔维亚。在不同利益的驱使下，德国也加入了战争之中。就这样，巴尔干再次成为各种矛盾的焦点和第一次世界大战前最敏感的地带。

萨拉热窝的枪声

1914年6月28日，这一天是星期天，波斯尼亚首府萨拉热窝风和日丽，奥匈帝国皇储弗兰茨·斐迪南大公携妻索菲亚来这里做特别访问。这块土地是奥地利6年之前吞并的，本地人对他充满了仇恨，并酝酿着刺杀他的阴谋。

塞尔维亚政府事前已经发觉了刺杀斐迪南的苗头，并担心这一事件可能导致可怕的后果，于是塞尔维亚政府试图阻拦"黑手会"的人出境，又通过本国驻奥匈公使提醒奥匈政府注意，如果斐迪南前往波斯尼亚将会有生命危险。但是奥匈政府对这一警告却不屑一顾。

6月28日清晨，"青年波斯尼亚"组织便在斐迪南所要经过的大街上布置了7名刺客。上午10点左右，斐迪南夫妇在城郊检阅军事演习之后，乘坐敞篷汽车悠然自得地进入萨拉热窝城。一列皇室汽车缓缓驶过人群拥挤的街道，只有稀疏的宪兵和警察布置在道路的两旁警戒，斐迪南便坐在第二辆车上。

当车队经过市中心米利亚茨卡河上的楚穆尔亚桥，驶入阿佩尔码头时，埋伏在这里的第一个暗杀者没能动手，因为一个警察恰好走过来站在他面前。相距不远的另一个暗杀者察布里诺维奇突然从人群中冲了出来，向斐迪南夫妇乘坐的汽车投掷了一枚炸弹，但被车篷弹到地上，在第三辆车前发生了爆炸，碎片击伤了波蒂奥克雷将军的副手和索菲亚的女侍。斐迪南故作镇静地走下车，察看了现场，对被警卫捉住的察布里诺维奇瞄了一眼，然后上车挥手说道："先生们，这个人发疯了，我们还是按原计划进行吧。"车队迅速驶进市政厅，斐迪南夫妇参加了市政厅举行的欢迎仪式，然后略作休息，驱车前往医院看望受伤的随从。

斐迪南原本是要去医院，不料司机转错了方向，正好撞上了在街口拐角处守候的普林西波。普林西波拔出手枪对着奥匈皇储夫妇就射，奥匈皇储夫妇当场死亡，而普林西波被捕。

这一次刺杀事件，迅速点燃了第一次世界大战的导火索。

早在19世纪末，资本主义国家在争夺欧洲霸权和分割殖民地的斗争便已经进入了白热化状态。两个互相敌对的军事侵略集团，同盟国和协约国早已经摩拳擦掌，准备为自己抢夺更多的殖民地资源。

刺杀斐迪南的"萨拉热窝事件"被奥匈帝国当作了对塞尔维亚发动战争的口实。1914年7月23日，奥匈帝国获得德国无条件支持，向塞尔维亚发出最后通牒，包括：拘捕凶手、镇压反奥活动和罢免反奥官员等，塞尔维亚除涉及内政项目外悉数同意，奥匈帝国依然将行动升级。

1914年7月28日，奥匈帝国向塞尔维亚宣战。

凡尔登战役

在战争爆发之前几年，德军总参谋长阿尔弗雷德·冯·施里芬已制定了以速战速决为主要特征的施里芬计划：先利用德国发达的铁路网，集中优势兵力在六星期内打败法国，然后将部队调往东线进攻沙俄。与此相对应，法国也制订了以两个集团军齐头并进，一举收复普法战争后被割让给德国的阿尔萨斯和洛林两省的17号计划。但战事的发展却出乎这些军事家意料，使得这两个计划皆不可行。

1914年8月2日，德军出兵中立国卢森堡，以取得卢森堡的铁路网。8月3日，德军对比利时不宣而战。至8月9日，德军成功攻占比利时全境，并且驱逐在比利时境内的法军回法国境内。8月21日，德军分兵五路攻向法国北部，法军失守，被迫后撤。1914年逼近巴黎，法国政府被迫撤退至波尔多。1914年9月5日~9月12日，德军与英法联军在巴黎近郊马恩河至凡尔登一线爆发马恩河战役，结果两败俱伤，德军只得转入战略防御，固守安纳河一线，战斗开始演变开始演变为阵地战。 接着，双方爆发了奔向海边的运动战，结果英法联军被打败。 德军成功夺取法国东北部的广阔领土，但始终不能截断英法两国的运输线。 随后双方再爆发佛兰德会战，但双方均无重大成果，战事进入胶着对峙状态。

1915年春，英法联军趁德军主力集中在东面战线，发动了香巴尼和阿杜瓦两轮攻势。 但因为沿用旧战术，而且欠缺强大火力掩护，结果被德军成功抵挡，己方反而伤亡惨重。 该年4月德军反击，并首次使用毒气，使双方的损失更为惨重。 结果1915年的西面战线，英法联军死伤百万人，德军亦死伤61万人，但战事仍然胶着。

1916年2月，东面战线的压力稍为降低，德军主力再次移师西线，与法军爆发凡尔登会战。

凡尔登是英法军队战线的突出部，它像一颗伸出的利牙，对深入法国北部的德军侧翼形成严重威胁，德、法在这里曾有过多次交手，但德军皆未能夺取要塞。 如果此次德军能一举夺取凡尔登，必将沉重打击法军士气。 同时，占领了凡尔登，也就打通了德军迈向巴黎的通道，占领了巴黎，法国就不攻自灭了，剩下的英、俄两军就不足为惧了。

德军将领法尔根汉为了在军队的数量和力量上压倒对方，下令把俄国、巴尔干半岛前线以及克虏伯兵工厂的大炮全部运来。 在12公里长的战线上，排列了德军近千门大炮，前沿阵地还配有5000多个掷雷器，兵力更是高达27万。

2月21日清晨，德军开始了猛烈进攻，近千门大炮随着一串闪光的信号弹在高空爆炸，一齐怒吼起来，顷刻之间，法军阵地变成一片火海。 紧接着，德军又用13门16.5英寸口径的攻城榴弹炮，把一颗颗重磅炮弹射向要塞。 在一阵阵震耳欲聋的爆炸声中，法军整段整段的堑壕变成了平地。

经过12小时的不间断轰炸后，德军又搬来了小口径高速炮，开始发射霰弹，对惊慌失措、乱跑乱叫的法军进行扫射，并用喷火器进一步制造恐怖。

这样反复轰炸和扫射之后，凡尔登要塞附近的狭窄的三角地带的战壕完全被摧毁，森林全被烧光，连山头都被削平，整个法军阵地完全暴露出来。

德军的6个步兵师开始了冲锋，虽然法军的阵地上是一片火海，但士兵们仍然凭借剩余的工事奋勇抵抗，靠白刃近搏，一次次把敌人压了回去。经过两天激战，法军终因寡不敌众败退了，前沿的野战防御阵地基本上被德军占领。

法军在凡尔登失利的消息很快传到霞飞耳朵里，总司令大吃一惊，委任贝当将军为凡尔登地区司令官，死守阵地。

贝当来到凡尔登后，看着堆满尸体的前沿阵地，感到情况危急，急忙召开前线军事会议，讨论怎样保证后方援军和军火物资的迅速到达。法军负责后勤的指挥官亲自督促修路，2天后，被德军炸毁的巴勒迪克——凡尔登公路修通了，6000辆汽车通过这条路，源源不断地把19万援军和2万多吨军火物资运到凡尔登要塞。这是战争史上首次大规模汽车运输，人们后来把这条路叫作"圣路"。

这下，双方的军事力量逐步趋向平衡。法尔根汉做梦也想不到，短短1周时间，法军竟然派出了这么多援军赶来。但吃惊过后，他却高兴起来，这与他事先估计的一样，法国将全部埋葬在这里！

3月5日，大规模的战斗再次打响。德国步兵在猛烈炮火的掩护下，从30公里的战线上一齐向法军阵地发起进攻。贝当将军命令所有的法国大炮一齐开火，还击德军，剩下的士兵则用各种炮火向德军扫射。

这一次德军死伤惨重，退了回去。法尔根汉命令德军缩短战线，集中兵力突击马斯河左岸,并由急促的冲击改为稳步进攻。经过70个昼夜的苦战,德军只前进了2公里,而且代价极高。

到了7月,双方开始来回拉锯,德军前进的步伐再一次放缓。10月24日,法军转入反攻,迅速收复了丢失的炮台,德军无奈溃退。

在这次空前规模的战役中,伤亡人数多达70万,因此被称为"凡尔登绞肉机"、"屠宰场"和"地狱"。法尔根汉确实让法国人流尽了血,但也使德国把血流尽了,回国后便辞去了参谋总长的职务。

索姆河战役

凡尔登战役惨烈进行之时,法军总司令霞飞正在索姆河战役指挥,这也是一次大规模的残酷战争。

1916年初,根据协约国确定的战略方针,英法联军计划在索姆河及其支流昂克尔河地区发动大规模进攻,彻底击溃盘踞在法国北部的德军。

索姆河地区属丘陵地带,地势起伏不平,森林和村庄星罗棋布,德军在这里构筑了3道阵地,主阵地是阶梯式堑壕和坑道工事,前沿阵地敷设多道铁丝网,贝洛将军指挥的德第二集团军,防御纵深达到8公里。

英法联军经过一番准备,在7月1日率先发起攻击。英国第四集团军在罗林森将军指挥下,从正面实施突击。法国的第六集团军由法约勒将军指挥,实施辅助突击。当日,法军和英军右翼突破了德军的第一道阵地,但英军左翼为德军坑道工事所阻,损失隆重,伤亡了近6万人。

但很快英军右翼和法军就攻占了德军的第二道阵地,一度占领巴尔勒、比阿什等德军防御要地。可因为联军组织协同不力,进展迟缓,使德军得以迅速调集援兵。双方你来我往,从攻击战变成了消耗战。

9月15日,英军使用了坦克,配合步兵进攻。这种新式武器让德军一度大幅度后退,不得不调动在凡尔登的军队前来增援。

索姆河一役,英法联军虽然没有彻底击败德军,但迫使对方收缩了防线,在西线暂时转入战略防御。

日德兰海战

第一次世界大战爆发前,尽管德国加强了海军力量,但在舰只数量和排水吨位上仍然落后于英国,火炮口径和数量也不及英方。因此,在战争开始后的两年半时间里,英国凭借其海军优势对德国实行海上封锁。英国的主力舰队像一条看门狗一样蹲在斯卡帕弗洛港,死死盯住了德国的大洋舰队,使其多半时间困在威廉港和不来梅港,成了名副其实的"存在舰队"。

为打破封锁,1916年5月30日,以"留佐"号为首的战斗巡洋舰,沿着日德兰海岸向北海航行,并不时向德军军港报告自己的航线和位置,企图诱使英国海军编队出海。这些电报信号很快被英军截获,并马上送到海军司令杰立克的手里。

杰立克认为德国此举是公然挑衅,于是,命令贝蒂率4艘战列舰和6艘巡洋舰,迅速驶向日德兰半岛西北部海面,迎击德舰。按照杰立克的命令,贝蒂会先假装败退,引德国舰队来到英国海军的大部队面前。杰立克将亲率由24艘战列舰、3艘战斗巡洋舰和许多辅助舰组成的强大舰队,离开军港,到海上坐镇。

"留佐"号一路频繁发报，就是要引诱英国海军。其后实际上跟着由德国海军总司令舍尔率领的大批德军主力舰队。

一天后，两支舰队都驶到日德兰西北部的海面上，很快英军舰队的前锋船只首先发现了德国舰只，舰长赶快报告贝蒂中将。贝蒂马上命令战舰全速向前。德军舰队也是一样，当他们发现英舰后，也全速向前驶来。

"隆隆"的炮声震荡着日德兰海面。贝蒂本想按照杰立克的布置，稍一接触便回转逃去。可这时德军舰只死死咬住不放，英舰相继中弹，贝蒂怒不可遏，下令舰只向德国人冲去。

德军舰只见状急忙调转航向，全速向舍尔的主力舰队靠近。贝蒂隐约发现大批的德国舰只，急忙下令转向。"留佐"号再次掉头追击。英国人瞄准"留佐"号射了一弹，"留佐"号中弹起火。

这时，英国主力舰队已经赶到，杰立克以为贝蒂已经把德舰诱引过来，兴奋地下令："全部战列舰向左排成舷侧单行，进入战斗状况，准备迎击敌人！"很快，24艘战列舰就排成了一条长长的作战单行。

舍尔只顾猛追，猛然发现英国舰队时，双方已形成"T"字作战阵势。这下德国慌了手脚，因为英国能够使用所有大炮轰击，而德国舰只能用舰首炮，后面的舰队距离太远，不能射击。

英国人抓住时机，炮火齐发，德国的3艘军舰马上遭到重创，沉入了海底。"留佐"号本来就已中弹，这时雪上加霜又挨了一炮，率先沉了下去。

舍尔兴冲冲而来，没想到立脚未稳，劈头盖脸挨了一顿炮弹，急忙下令舰队调转船头，在薄雾中仓皇逃去。舍尔本想撤回本土，但因夜色黑暗，偏离了航线。

深夜时分，德国军舰又与英舰相遇。双方在照明弹、探照灯的照射下，进行了一场混战，直到黎明时分才分开，各自向本土驶去。

这次海战是第一次世界大战期间规模最大的海战，也是世界海战史上最后一次战列舰大编队交战。但是，英国和德国的舰队主力并未发生重大变化，预期的战役目的也都没有实现。

战争结束

第一次世界大战进入1918年，交战双方经过三年多激战，人员伤亡和物资消耗极大。交战双方互有胜负，一时相持不下。

此时，刚建立的苏维埃俄国退出战争，美国远征军尚在大量组建训练之中。德军统帅部力图抓住摆脱两线作战困境和大批增援美军尚未到达欧洲的时机，在西线发动决定性的进攻，试图在1918年夏季之前打败英法联军，夺取战争胜利。

德军在西线共集结194个师，编成4个集团军群，总兵力约400万，拥有火炮约5000门，飞机3000架，坦克近200辆。与之相对抗的西线协约国军队共有186个师，分属于法国和比利时的四个集团军群及英国远征军，总兵力500万人，火炮1.6万门，飞机3800架，坦克800辆。

稍后美国远征军大批抵达欧洲，有14个师55万人参加夏季作战。自1918年3月到9月期间，交战双方进行了第一次世界大战期间规模最大的一系列进攻和反攻战役。

德军从1918年3月21日到7月17日期间，先后发起了五次大规模进攻。这几次战役虽然给了英法联军以沉重打击，攻占大片土地，并再度迫近巴黎，但德军并未实现每次战役的预期目标，在协约国军顽强抵抗下被迫停止进攻。其新占领地区形成三个巨大突出部，使战线拉长，给协约国军队实施反攻提供了条件。

经过这五次进攻，德军折兵百万，兵源枯竭。1918年夏季每月需要补充16万兵员，但实际只能拼凑到6万人，因此它再也无力发动对协约国的新一轮攻势了。而协约国方面增援美军大批到达，双方兵力对比发生了更加有利于协约国的变化。

从1918年7月18日起，协约国军队转入反攻，接连发动三次战役。至9月15日，已消灭三个突出部，将德军逐回其春季攻势出发地，牢牢掌握了战略主动权。1918年9月26日，协约国军队在西线向德军发起总攻。德军全线溃退，败局已定。

与此同时，在巴尔干战场，协约国军队于9月15日向保加利亚军发动进攻。保加利亚在9月29日宣布投降。

在中东、近东战场，英军在10月1日占领大马士革，大败土耳其军。相继占领巴勒斯坦、叙利亚全境和美索不达米亚，迫使土耳其于10月30日在停战协定上签字。

在意大利战场，意军于10月24日向奥军发起进攻。几天后奥军全面崩溃，奥匈政府随即于27日向协约国求和。10月28日，奥匈境内被压迫民族掀起民族革命浪潮。维也纳爆发总罢工和游行示威，要求奥皇退位。11月3日，已经瓦解的奥匈帝国投降，与意大利签署停战协定。

同日，德国也爆发了"十一月革命"。德皇威廉二世于11月9日被迫退位，11月11日，德国投降，德国政府代表与协约国联军总司令福煦在法国东北部贡比涅森林的雷道车站签署停战协定。至此，同盟国战败，一战告终。

日本趁火打劫

日本在第一次世界大战中攫取了很大的利益。日本元老重臣井上馨给元老院、内阁讨论日本是否参战的联席会议写信说："这次欧洲大祸乱,对日本发展国运乃大正时代之天佑良机。"他指出必须抓住时机,"确立日本对东洋之利权"。

日本迫不及待地站在协约国方面参战,其目的很明显,就是要接管德国在中国的"势力范围",独霸中国,进而攫取德国的太平洋属地,向南扩张。

日本在1914年8月对德宣战,9月2日即出兵占领我国山东龙口,随即相继占领潍县、济南,控制胶济铁路,并在11月7日攻占青岛。 日军所到之处,杀人放火,奸淫掳掠,无恶不作。

与此同时,日本海军也乘机南下掠取德国在太平洋的殖民地马绍尔、马里亚纳和加罗林诸群岛。 1915年1月18日,由日本驻华公使向袁世凯秘密提出妄图灭亡中国的"二十一条"。 5月7日,日本政府对袁世凯发出最后通牒,限48小时答复,袁世凯政府除对其中第五条(中国政府须聘用日人为政治、财政、军事顾问;中国警政及兵工厂由中日合办;武昌到南昌,南昌至杭州、潮州间的铁路修筑权让与日本等)声明"容日后协商"外,其他各项均于5月9日予以承认,并与日方签订《关于南满洲及东部内蒙古之条约》《关于山东之条约》等卖国条约及13个换文。 但在中国人民的强烈反对下,在英美关于不得损害他们在华利益的声明之下,实际未能全部生效。

协约国多次要求日本派遣军队到欧洲作战,日本政府均以种种借口拒绝出兵。 直到1917年3月,才以英法承认它对德属太平洋岛屿的占领为交换条件,派遣三艘军舰去印度洋和地中海。

在整个大战期间,日本仅以其军人死亡300人、负伤失踪910人的轻微代价,夺取了德国在远东和太平洋的"势力范围",扩大了对中国的侵略和占领,而且大发战争横财,增强了它在帝国主义列强角逐中的实力。

1914年到1919年,日本企业实缴资本金额从22.18亿日元增加到61.23亿日元,工业生产力增加4倍以上。它的实际工业产量增加1.8倍,出现了以出口工业和造船工业为中心的新建、扩建企业高潮。1914年,日本建造船只79艘,计8.2万吨,1918年激增至443艘,计54.05万吨,从战前世界第六位上升到第三位。同期生铁和钢产量均增加一倍,自给率分别达到48%和73%。当然,与欧美资本主义国家相比,日本的工业水平还是很低的。

日本一战期间在远东的扩张和来自欧洲的军事订货,使它在1914年至1919年间的进出口贸易增加3倍以上,从战前长期入超转而为出超,总额累计13.2亿日元。日本成为主要海运国之一,还取得了18.9亿日元的贸易外收入。1919年,日本也像美国一样,从战前负债17亿日元的债务国成为借出5亿日元的债权国。

日本战时经济的繁荣,其主要因素在于对中国的扩张和掠夺。它扩大了对中国的商品倾销,并加紧掠夺中国的资源。当时它在中国境内设置27家银行,信贷业务遍及各主要经济部门,控制了中国的经济命脉。1917年和1918年,日本向中国段祺瑞政府提供巨额贷款,为数在5亿日元以上,所有贷款都附有各种各样苛刻的政治条件。当时日本总理大臣寺内正毅曾自夸说,日本从这种巨额投资中所得利益,"何止十倍于二十一条"。

美国的介入

1917年2月24日,美国驻英大使佩奇收到齐默曼电报,称如果墨西哥对美国宣战,德国将协助把美国西南部还给墨西哥,于是美国以此为借口,在该年4月6日向德国宣战(只向德国而不是其他同盟国宣战的一个主要原因，是德国的海军潜艇无差别攻击对美国军舰造成威胁）。

1917年4月6日，美国站到协约国一方参加了第一次世界大战，对军事、政治形势和战后进程产生了巨大的影响。1914年至1916年间，美国仍是一个中立的强国，然而它给予协约国大量的物质援助，并从中获得巨额利润。仅美国48家大公司1916年的决算就有9.65亿美元的盈利。中立政策对美国的垄断组织是极其有利的。同时，美国也不反对出售商品给德国。

德国的海上封锁使这一贸易不便进行，有时甚至不可能进行。因此，1917年4月以前，德国仅从美国获得2000万美元的贷款，而协约国则得到20亿美元。

到1917年初，美国与协约各国已有了非常密切的经济关系，成为各国的债主。如果这些国家在战争中失败，美国就会遭受巨大的经济损失。美国不能容忍德国的另一个原因就在于，德国是它在世界市场上的危险竞争者。

此时，各交战国的经济都遭到了破坏，这些国家的人民被战争弄得疲惫不堪。尽管协约各国已经历艰难困苦，但美国统治集团并不怀疑这些国家会取胜，也不想错过分赃机会。美国打算全副武装地去参加分赃，并同协约国平起平坐地摆布战败国。美国的计划还包括削弱它的远东对手——日本。

对美国的垄断集团来说，严重的障碍是那些形形色色的和平主义团体（美国限制军备同盟、美国反帝国主义者联盟、美国和平协会、美国独立同盟、妇女和平党、美国中立同盟等），它们的成员有各阶层和各种不同职业的代表人物，这些团体积极主张美国中立。

这种情势正好使美国垄断资本家可以假手交战国来大捞一把。但是当德国宣布进行"潜水战"，从根本上损害美国利益的时候，威尔逊政府又能利用这一情况来达到自己的目的。 在鲁西塔尼亚号、阿拉伯人号和沙塞克斯号被击沉后，美国政府加紧在国内进行军国主义宣传。 许多报纸杂志鉴于美国舆论的和平主义倾向，遂把美国的参战说成是迫不得已的事情。 4月6日，美国参战，随后，其他一些美洲国家在美国及协约国的政治与经济压力之下也相继对德奥集团宣战。 1917年参加战争的有27个国家，其中协约国方面占23个，中欧强国集团是4个。 诚然，许多参战的国家并未直接参加军事行动，但是，这些国家的人民却在某种程度上深受他们所反对的战争之害。

美国政府作了很大努力，以便尽快把经济纳入战争轨道。 他们将全国划分为21个军事工业区，对充分利用现有生产能力加速生产军工产品采取了措施。 美国开始制造2万架飞机（其中5000架在国外制造），以及3.5万辆大型载重卡车。 1918年的生产计划规定筹建16个大型枪炮工厂，预定1919年生产出1.9万辆坦克。

美国陆军的人数不多。 截至1917年4月6日，美国陆军共计有12.7万名士兵和7239名军官。 国民警卫队独立编制的地方部队为12.36万人。 国内强大的反军国主义运动不允许政府和陆军部在和平时期增加军事开支，同时，也就不能扩大陆军。

这一状况早在战争爆发前就引起美国政府和军界的极大不满。 他们号召美国人结束当前的沉睡状态，集中最大注意力保障"国防"和"普遍的和平"，也就是建立起强大的陆军和海军以便干预世界范围内的政治。

1917年4月，法军于西线开展春季攻势，与德军在兰斯和苏瓦松之间进行会战，历时共一个月。 但法军在伤亡10万人后却仍未有任何进展，不禁引起了法国士兵的骚动。 战事再度胶着，而法军因内部骚动，无力防御，只得由英军负责西线防御。 在该年下半年，美国提供的装备到达欧洲，英军在西线猛攻，但在损失100多万人后，仍无法改变战事的胶着状态。

1917年夏，美国开始将其军队调往欧洲大陆，在圣纳泽尔、拉罗舍尔、罗什福尔、波尔多和马赛等法国南部的一些港口登陆。道路勤务部队和工程技术人员最先到达，其任务是为迎接主要部队作准备。辅助部队铺设大约1600千米的新铁路，架设16万千米的电话线，建成大量临时兵营、医院、仓库。第一批战斗部队于1917年6月底开始在圣纳泽尔登陆。

美国的参战使协约国的状况大为改观，但是美军的援助不能立即就位，因为美军前往欧洲的速度很慢，到1918年初，在法国的美军仅20万人。联军指挥部不准备在战局中使用美军来实施独立行动。

俄国二月革命

一战爆发后，俄国的参战促成了国内革命运动的发展。战争期间，俄国国民经济遭到严重破坏。工业发展大幅度倒退，农业生产也受到严重破坏，而且这时沙皇政府的财政面临全面崩溃，其内部斗争也日趋表面化。在这样的环境下，全国革命运动高涨起来。

1917年1月22日，彼得格勒工人在布尔什维克的号召下举行罢工。以后革命势头不断高涨，3月3日(俄历2月18日)，彼得格勒普提洛夫厂工人罢工，要求提高计件工资并召回被解雇的工人。3月7日(俄历2月22日)，军管当局拒绝工人的要求，工人于是成立罢工委员会，并决定请求其他工人支援，冲突逐渐发展成全市性的斗争。

3月9日，彼得格勒罢工的人数增加到20万。3月10日，彼得格勒罢工转变为总罢工。各种企业、商店、餐厅、咖啡馆都停止工作。沙皇尼古拉二世下令对罢工运动实行恐怖手段。但是，革命烈火并未因此而熄灭。根据布尔什维克党中央局的决定，由维堡委员会代行彼得格勒委员会的职权，继续领导人民进行斗争。在3月11日，彼得格勒举行了星期天起义，在此之后士兵开始转到人民方面。3月12日，成千上万的工人向彼得格勒市中心行进，大批士兵不断转到革命方面。起义士兵和工人冲进营房，击毙教导队长，夺取了武器，武装了工人。越来越多的军队士兵参加起义。3月12日晚，沙皇的大臣们在玛利亚宫开了最后一次会，但很快就被逮捕了。尼古拉二世企图从前线调回军队镇压彼得格勒起义，但是，当地附近的军队已经起义，沙皇的讨伐队被阻拦在半路，起义人民掌握了整个首都。

3月12日晚，布尔什维克党中央委员会发表了《告全体俄国公民书》，宣告沙皇制度垮台，同时指出这时工人阶级和革命军队的主要任务是建立民主共和国，没收地主土地，实行8小时工作制，联合各交战国人民制止帝国主义战争。

彼得格勒起义取得胜利后，革命在各地迅速展开。3月14日，起义人民控制了整个喀琅施塔得。赫尔辛基的水兵、士兵也举行起义，各地的民族解放运动广泛开展起来。这样，俄国第二次资产阶级民主革命，即二月革命取得了胜利。

四月提纲

二月革命后，俄国出现两个政权并立的局面，即工兵代表苏维埃和资产阶级临时政府。正当人民不知何去何从之时，列宁从芬兰回到彼得格勒，对人民作了及时指导。1917年4月17日（俄历4月4日）列宁在塔夫利达宫布尔什维克会议上发表了《论无产阶级在这次革命中的任务》的演讲，因其发表在俄历四月，故又称之为《四月提纲》。

在提纲中，列宁指出俄国资产阶级民主革命已经基本完成，目前应努力过渡到社会主义革命阶段，从而实现无产阶级和贫苦农民的专政；新建立的国家政权形式应该是苏维埃共和国，而不应为议会制共和国；资产阶级临时政府进行的战争是掠夺性的帝国主义战争，要摆脱这场战争，只有推翻他们的统治；同时在演讲中列宁还提出了"不给临时政府以任何支持"和"全部政权归苏维埃"的口号。他认为，因为苏维埃支持它，所以当时不能采取一般的暴力方式去推翻临时政府，如果这样做就会同苏维埃对立，导致脱离群众。他要求苏维埃收回全部政权，然后通过苏维埃内部的斗争，从而使苏维埃真正成为无产阶级专政的政权。同时，列宁也提醒人民警惕资产阶级反革命的暴力镇压；在经济方面他提出，没收地主土地，实行土地、银行国有化，由工兵代表苏维埃对社会生产和分配实行监督。

《四月提纲》指出俄国当时形势的特点是从革命的第一阶段向革命的第二阶段过渡，在第一阶段中由于无产阶级的觉悟和组织程度不够，所以政权落到了资产阶级的手中，在第二阶段应当使政权转到无产阶级和贫苦农民手中。

《四月提纲》成为了布尔什维克党从资产阶级民主革命过渡到社会主义革命的纲领性文件。

俄国十月革命

第一次世界大战爆发的时候，俄国经济依然非常落后，战争让人们的生活变得更加贫困。俄国当时有1000万人被拉去当兵，伤亡者就有数百万。前线很多士兵没有鞋子，甚至几个人共同使用一支枪。

国内土地大片荒芜，工厂倒闭，物价飞涨，食物极度匮乏，甚至在首都彼得格勒，连面包都买不到。俄国经济濒临破产，国内各种社会矛盾空前激化。就在这种情况下，沙皇又做出了一件失去民心的大事。

当时俄国皇后亚历山德拉·费奥多罗芙娜是德国人，战争期间曾向前线发了一封电报要求皇帝宣布停战，加上皇后派中坚人物拉斯普廷极力反对俄国同德国开战，结果俄国参与对德国的战争——失败，使皇后派被国内指控为德国间谍，皇后也被称为淫货。这便导致罗曼诺夫皇室成为众矢之的，彻底摧毁了在俄国百姓心目中保持了几百年的沙皇"小父亲"的形象。

1916年12月29日，拉斯普廷被暗杀，暗杀者包括尤苏波夫亲王、皇族成员德米特里·巴甫洛维奇·罗曼诺夫大公、俄罗斯杜马右翼议员普利什凯维奇、尤苏波夫的密友苏霍金大尉。这场暗杀事件使俄国国内各方矛盾顿时表面化。

1917年初，拉斯普廷死了还不到一个月，社会民主工党首先在首都彼得格勒策划了反帝国主义战争示威运动，并要求停止战争。运动接着扩展到了莫斯科、巴库等大城市，获得了反战者的支持。3月8日，彼得格勒爆发二月革命，沙皇尼古拉二世下台，罗曼诺夫王朝灭亡，沙俄帝国政权瓦解。

1917年11月6日，列宁发动了十月革命。当日，列宁秘密来到起义总指挥部斯莫尔尼宫，亲自领导武装起义。从11月6日夜间到11月7日上午，20多万革命士兵和起义工人迅速占领了彼得格勒的各个战略要地。

革命军事委员会颁布了列宁起草的《告俄国公民书》，宣布临时政府已经被推翻，苏维埃掌管了政权。但临时政府依然负隅顽抗，2000多名军官和士官生继续盘踞在冬宫。11月6日下午，两万多名革命士兵和赤卫队员、9辆军车包围了冬宫。

晚上9时45分，停泊在涅瓦河上的阿芙乐尔号巡洋舰开炮，发出了总攻的信号。赤卫队员和革命士兵在雷鸣般的"乌拉"声中穿越了街垒，迅速冲向冬宫。在冬宫的楼梯间里和楼梯上，革命士兵和工人赤卫队员同士官生展开了激烈的白刃战。到11月8日凌晨时候，临时政府的成员除克伦斯基逃跑外，其他的全部被俘虏。彼得格勒武装起义取得胜利，资产阶级临时政府被推翻。

就在这个时候，全俄罗斯第二次苏维埃代表大会在斯莫尔尼宫开幕，大会首先通过了列宁起草的《告工人、士兵和农民书》，宣告各地全部政权一律转为工人、农民和士兵代表苏维埃。11月8日，大会通过列宁起草的《和平法令》《土地法令》。《和平法令》揭露了帝国主义掠夺性战争，反映了广大劳动人民迫切希望和平的愿望，并且建议所有交战国立即进行谈判，缔结不割地、不赔款的和约。11月9日清晨，大会胜利闭幕，它宣告了世界上第一个无产阶级专权国家的成立。

苏维埃政府成立之后，摧毁了旧的国家机器，着手建立人民委员会各部、人民法院、工农检察院、工人警察，并组建新的工农红军。废除了俄国时期旧的等级制度，宣布国内各民族人民权利平等，男女平等，废除教会一切特权，苏维埃政权掌控了银行、铁路、工厂。后来，将大工业国有化，实行对外贸易的垄断，实行8小时的工作制，由工人监督生产。没收地主、皇室、寺院的土地，分配给农民耕种。1918年初，废除沙皇和资产阶级临时政府所欠的一切外债，这就使苏维埃人不再受外国资本的剥削。为了巩固革命政权，苏维埃政府成立了以捷尔任斯基主持的全俄肃反委员会，以坚决镇压反革命分子的破坏活动。

十月革命是人类历史上第一次胜利的社会主义革命，建立了第一个无产阶级领导的社会主义国家，开创了人类探索社会主义道路的新时代，使马克思列宁主义传遍了全世界。

第二国际

由列宁领导的俄国十月社会主义革命的胜利像初春的甘霖，促进了全世界各国革命运动的蓬勃发展。

阿根廷、芬兰、波兰、匈牙利、奥地利等国在1918年先后成立了共产党。发达的资本主义国家德国也在1918年11月爆发革命。年底，成立了德国共产党。各国共产党的成立为共产国际创建提供了前提条件。

1919年1月，俄共以及波、奥、匈等八个马克思主义政党的代表在莫斯科开会，会议通过了《告各国无产阶级组织书》，要求他们派代表来苏俄，讨论成立共产国际的问题。

社会民主党右翼为了抵制国际共产主义运动的发展，于1919年2月在瑞士伯尔尼召开社会党人代表会议。出席会议的有26个国家的102名代表。会议决定恢复第二国际，即伯尔尼国际。

1919年3月2日，各国共产党和左派社会民主主义组织的代表会议在莫斯科开幕。但由于帝国主义对苏俄的封锁和武装干涉，从国外来参加这次会议的在当时只有德国、奥地利等少数几个国家的共产党代表，多数代表是在苏俄的外国侨民。当时旅俄华工联合会负责人刘泽荣(刘绍周)、张永奎作为中国代表也列席了这次会议。

列宁在代表会议上作了关于资产阶级民主和无产阶级专政的报告。他明确指出，无产阶级为完成自己的历史使命必须建立无产阶级专政。修正主义颂扬一般民主，实际上是维护资产阶级民主，即资产阶级专政。他们斥责一般专政，实际是反对无产阶级专政，即无产阶级民主。列宁的报告具有重大意义，它指明了新的共产国际的根本任务就是实现无产阶级专政。

会议就是否立即成立共产国际问题展开了广泛的讨论。德共希望推迟宣布。列宁做了大量说服工作，最后会议决定将此次会议改为共产国际成立大会。出席成立大会的有35个组织的34名有表决权的代表和18名有发言权的代表。大会通过了《共产国际宣言》《共产国际行动纲领》等文件，号召"全世界的无产者，在工人苏维埃的旗帜下，在夺取政权和实行无产阶级专政的革命斗争旗帜下，在第三国际的旗帜下联合起来"。最后，大会选举了由苏俄、德国、奥地利等国共产党代表组成的执行委员会。执行委员会选举了列宁、季诺维也夫、托洛茨基、拉科夫斯基和普拉廷五人组成共产国际执行局。

共产国际成立后，各国革命运动有了重大发展。苏俄取得粉碎国内反革命叛乱和外国武装干涉的胜利。1919年春，匈牙利和德国的巴伐利亚地区一度建立了苏维埃共和国，意、英、法、日、美等其他资本主义国家也相继爆发了大规模的群众运动。中国、印度等国的民族解放运动也蓬勃发展起来。1919年，荷兰、丹麦、保加利亚、墨西哥、美国等国先后成立了共产党组织。1920年，希腊、西班牙、印度尼西亚等国也成立了共产党组织。

1920年7月到8月，共产国际在莫斯科举行第二次代表大会。出席大会的有41个国家的217名代表。这次大会与上次不同，大多数代表来自国外，是一次名副其实的世界性大会。

共产国际第二次代表大会后，又有一些国家成立了一批新的共产党组织。1920年，英国、法国、土耳其共产党成立。1921年，中国、意大利、罗马尼亚、捷克斯洛伐克等国也成立了共产党组织。

中派分子于1921年2月在维也纳开会，成立了"社会党国际工人联盟"，即第二个半国际。参加会议的有英国独立工党、德国独立社会民主党、奥地利社会民主党等。它们宣称站在第二国际和第三国际中间，但两年后同第二国际合并。

1921年6月到7月，共产国际在莫斯科举行第三次代表大会。这次参加大会的已发展到52个国家的605名代表。中国的张太雷和瞿秋白参加了大会。

此次大会是在欧洲无产阶级革命高潮已过，各国革命斗争受到摧折的情况下召开的。大会认为，当前各国共产党的任务是争取群众，并提出了"到群众中去"的口号。

1921年12月，共产国际执委会通过了关于建立工人统一战线的提纲。提纲指出，共产党可以同社会党签订统一战线协定，但必须保持共产党自身的自主性和独立性。

1922年11月到12月，共产国际在苏俄举行第四次代表大会。此次出席大会的有58个国家的408名代表。陈独秀和刘仁静代表中国共产党出席了本届大会。大会进一步讨论了关于统一战线的问题，肯定了执委会通过的关于建立工人统一战线的提纲，并要求东方各国共产党在争取民族解放斗争中建立反对帝国主义的统一战线。

此后，共产国际在1924年、1928年和1935年先后召开了三次代表大会。到1943年6月10日，共产国际正式宣布结束活动并解散。

凡尔赛—华盛顿体系的建立

1918年11月11日，第一次世界大战结束，各方签订了相关的停战条约。条约中所提出的条件非常苛刻，协约国要求德军在两个星期之内撤出在战争中占领的领土，归还给法国、比利时和卢森堡，并归还之前在普法战争中所占领的阿尔萨斯和洛林。同时，德国还必须在一个月内从莱茵河以西的领土及莱茵河以东30千米的领土上撤离出去，并将这些地区交由联军保管。此外，德国被要求交出234艘包括巡洋舰、战斗舰、驱逐舰和潜水艇在内的海战装备，以及500门大炮和大量枪支弹药。不仅如此，德国还被禁止留有军用飞机，并支付了高达316.8亿美元的战争赔款。

协约签订之后，便是战胜国之间的利益瓜分了。1919年1月18日，一场分赃的闹剧——巴黎和会，正式召开。据史料记载，此次参加巴黎和会的有27个战胜国，代表人数共计1000人。但实际上，这次会议却是由英、美、日、法、意五国实际控制，因而此次会议还有"十巨头"一说。后来，日本由于分赃不均而提前退出，参与决策的10人会议就变成了由英国首相劳合·乔治、美国总统威尔逊、法国总理克里孟梭、意大利总理奥兰多组成的"四巨头"会议。紧接着，意大利也因为国力不强，不足以与英、法等国评头论足，再加上其在战争中没有出太大的力气，很快被英、法冷落一旁。至此，会议又变为了"三人会议"。之后，三人便成为整个会议的主宰者。在针对战败国赔款的问题上，英国首相劳合·乔治和法国总理克里孟梭各不相让，吵得不可开交。此时，78岁高龄的克里孟梭虽然已经满头银发，但却保持着他外号"老虎总理"的风范，仍像野兽般强硬而凶猛。劳合·乔治也因为自身的利益而不肯做出让步。美国总统威尔逊则出于美国利益的考虑，选择了在两国之间周旋。

经过三个多月的激烈争吵，战胜国列强最后拟定了对德和约。4月30日，德国代表团被召至巴黎。德国代表团试图利用战胜国之间的分歧，争取把和约条件向有利于德国的方向修改，但都遭到拒绝。6月28日，战胜国与战败的德国在巴黎近郊凡尔赛宫最终签订《凡尔赛和约》。和约共15部分，440条，主要内容是：

关于领土问题，和约规定：萨尔煤矿由法国开采，国际联盟代管萨尔区15年，期满后举行公民投票决定其归属；协约国占领莱茵河西岸5~15年，其东岸50千米以内为不设防地区；并且比利时、德国、丹麦、波兰、捷克斯洛伐克之间的领土重新划定。总共1/8的领土和1/10的人口不再属于德国。

关于军事问题，和约规定：德国废除普遍义务兵役制；而且德国陆军、海军的人数以及装备都有裁定数目。

关于赔偿问题，由于战胜国列强在这个问题上不能达成一致，所以和约只在原则上要求德国承担战争责任并对战胜国提供赔偿，但会议上并未解决关于赔偿总额及各战胜国应得赔款数的比例等问题，它们留待赔偿委员会在1922年5月1日前予以确定，在此之前德国应偿付的金马克为200亿。

关于德国殖民地和势力范围问题，和约规定：英、法、日、比等国以"委任统治"形式瓜分战前德国的全部海外殖民地。被瓜分的原德属殖民地面积共300万平方公里，人口1300多万。

和会不顾中国是战胜国，竟决定由日本占领德国原在中国山东的一切特权和胶州湾租借地。以陆征祥、顾维钧等5人组成的中国北洋政府代表团在和会上虽曾正式提出收回德国在山东全部权益的要求，并力促修改上述规定，但一无所获。中国人民对和会粗暴践踏中国主权的行为表示强烈的义愤，由此引发了轰轰烈烈的反帝反封建的五四运动。在人民反帝爱国怒潮的推动下，中国代表刻意忽略北洋政府决定妥协的电令，并拒绝在和约上签字。

《凡尔赛和约》确立了英法两国在欧洲的主导地位，维持了英国的海上霸权，日本在远东和太平洋地区的优势得以进一步巩固，而美国攫取世界霸权的计划遭到了失败，因此和约遭到美国参议院的抗拒。1921年8月，美国与德国单独签订了和约。

《凡尔赛和约》签订后，战胜国和德国原来的盟国又相继签订一系列和约。

1919年9月10日，对奥地利的《圣日耳曼和约》签订，地点是巴黎近郊的圣日耳曼宫。和约确认奥匈帝国的解体。根据和约，奥地利被迫承认匈牙利、波兰、捷克斯洛伐克和南斯拉夫的独立与这些国家的疆界，这样，奥地利保留的土地和人口只及原来的1／4。和约还规定：禁止德奥合并；奥地利在欧洲以外地区的一切利益和特权都不再拥有；废除强迫征兵制，交出全部军舰，不得拥有空军，陆军最高限额3万人；支付赔款。

1919年11月27日，对保加利亚的《纳依和约》在巴黎近郊签订。和约规定：保加利亚将其所属马其顿划归南斯拉夫；保加利亚的全部军舰都归其他国家所有，拆毁正在建造中的军舰，取消义务兵役制，陆军最高限额为2万人；支付赔款。

1920年6月4日，对匈牙利的《特里亚农和约》在凡尔赛的特里亚农宫签订。和约其实就是对奥和约的主要条款的重复。匈牙利和奥地利一样，承认了战胜国确定的几个新国家的疆界线；禁止强迫普及征兵制，限制保留陆军3.5万人和3艘巡逻艇，被迫支付赔款。

1920年8月10日，一方为战胜国，另一方为战败的土耳其苏丹政府，在巴黎附近的色佛尔签订《色佛尔和约》。和约规定：美索不达米亚、巴勒斯坦、叙利亚和黎巴嫩作为奥斯曼土耳其帝国在西亚、北非的属地脱离土耳其，在委任统治的名义下成为英法的殖民地。同时，土耳其武装力量不得超过5万人，不准有空军和炮兵；由战胜国列强监督土耳其的财政、关税、工业、交通，并维持各战胜国的领事裁判权制度。这个奴役性的和约遭到以凯末尔为首的大国民议会政府的反对，并在取得民族革命战争胜利后，迫使协约国重订和约。

战胜国对德国及其盟国签订了一系列极其苛刻的和约，它们把亿万人置于奴隶地位，被列宁称为"掠夺性的和约"。

1920年1月10日，《凡尔赛和约》生效，国联成立。

会员国全体代表大会、行政院和常设秘书处是国联的主要机构。代表大会每年召开常会一次，必要时可召开特别会议。每个会员国所派代表不得超过3人，但他们拥有的权力是一票表决权。由美、英、法、意、日5个常任理事国和经大会选出的4个非常任理事国的代表组成行政院，每年至少开会一次，后定为每年开会四次。由代表大会和行政院负责"处理联盟行动范围以内，或关系世界和平之任何事情"。大会和行政院的决议，除程序问题或盟约另有规定者外，必须全体一致通过。

国联宣布"促进国际合作，保证国际的和平与安全"是其成立的宗旨。国联盟约还规定要裁减军备，制裁侵略，但这些规定根本不能实行，其原因是国联自相矛盾且含糊的条款。

"委任统治"制度是由国联盟约首创的。德国和土耳其把所属的前殖民地和属地交给国联，由国联委托受任国进行统治。盟约把委任统治地分成三类：奥斯曼帝国在西亚、北非的属地是第一类，"其发展已达可以暂被承认为独立国之程度"，但还不能"自立"，"仍须由受任统治国予以行政之指导及帮助"，什么程度上可以"自立"却不阐述。中非的德国前殖民地是第二类，由受任统治国"负地方行政之责"，但其他国家"在交换上、商业上之机会均等"。这些地区没有得到任何短期内赋予独立的诺言。德国过去在西南非洲的殖民地和太平洋上的岛屿属地是第三类，这些地区应"直接由受任统治国统治，作为其领土的一部分"。以上三类委任统治地区的面积达125万平方英里，人口达1900万，国联把它们授给几个主要战胜国统治。"委任统治"制度是战胜国帝国主义瓜分战败国殖民地的一种新的较为隐蔽的形式，是变相维护殖民体系的一种手段。

威尔逊首先倡议并极力促成国联建立，但国联成立后，美国因没能达到控制它的目的而拒绝参加。这样，最终由英法操纵国联。

一个新的国际关系体系由《凡尔赛和约》与其他诸和约及国联盟约结为一体构成，即凡尔赛体系。

凡尔赛体系是不牢固的，从它产生的那一天起，各种矛盾频频发生，暴露出各种裂痕。

(1)这一体系建立的基础是掠夺战败国，这就必然加深战败国和战胜国之间的矛盾。《凡尔赛和约》的压制使拥有极大经济潜力的德国难以忍受，随着力量的恢复和增长，必然会拒绝履行和约直至撕毁。

(2)战胜国列强之间的重重矛盾，削弱了凡尔赛体系。凡尔赛体系是战胜国列强妥协分赃的产物，帝国主义争夺世界霸权的矛盾不可能避免。法国对巴黎和会没有完全实现其肢解德国、奴役德国的计划不满，为了使它在欧洲大陆上的霸权得到巩固，继续采取削弱德国的政策成为必然。英国则继续在欧洲大陆推行"均势政策"，在经济上、政治上支持德国，希望以此达到削弱法国的目的。

(3)由于凡尔赛体系的帝国主义性质，遭到殖民地半殖民地人民反对。五四运动在中国爆发，北洋军阀政府的代表没有在和约上签字。土耳其人民通过民族解放战争，使《色佛尔条约》没有达到预期效果，打开了凡尔赛体系的缺口。而凡尔赛体系也被殖民地半殖民地人民的民族解放运动以及战败国人民的革命斗争有力地冲击着。

大战期间，日本利用西方大国忙于在欧洲厮杀而无暇东顾的时机，使它在中国和太平洋地区的势力得以扩展。它强迫袁世凯卖国政府接受会导致亡国的"二十一条"，使其对中国进行独占。大战结束时，日本在中国的投资已接近英国在华的投资，并且中国对外贸易的一半都操纵在日本手里。而当时美国在中国的对外贸易中只占15.7%。巴黎和会又把德国在中国山东的全部权益和太平洋赤道以北的岛屿交到日本手里，更使它在这一地区的优势地位大大加强。日美之间矛盾日益尖锐。 同时，美日在太平洋上的海上争夺也十分激烈，疯狂的海军军备竞赛在两国展开。

当然在更广阔的范围内，美英之间争夺海洋霸权的斗争也在进行着。 劳合·乔治声称："英国将耗费最后一文钱，使它的海军优越于美国或任何一国的海军。"但是英国的经济实力导致它在和美国的军备竞赛中处于劣势，因此它被迫向美国低头。 1921年4月，美国政府收到英国的正式通知，英国"准备放弃拥有舰队应等于世界上其他两个最强海军国家的舰队的政策，并准备就两国拥有相等海军力量的问题同美国商谈"。 同时，英国还对美国在大西洋的安全予以保证，使美国有可能把舰队集中到太平洋。

英美之间在中国问题上也存在着矛盾。 中国的长江流域和华南地区控制在英国资本家的手中，英国在中国的投资居各帝国主义列强的首位，它要竭力使自己的势力范围得到保护。 美国则要求将各国在中国的势力范围取消，实行"门户开放"，力求在整个中国确立自己的优势地位。 美英两国虽然矛盾重重，但在反对日本称霸远东这点上，两国之间的利益又是相同的。

美、英、日之间特别是美日之间虽然在远东和太平洋地区有极其尖锐的矛盾，但是当时大战刚刚结束，各国人民反战情绪高涨，东方兴起轰轰烈烈的民族解放斗争，加上各方又都没有做好战争准备，因此都不敢贸然发动战争来解决冲突，只能采取外交途径，使它们的殖民统治得到维护。 特别是美国，虽然在军备竞赛中拥有远比英国和日本雄厚得多的经济实力，但要成为世界上最大的海军强国，要在太平洋掌握真正的海上优势，还需要时间。 就在这种形势下，华盛顿会议召开了。

1921年7月，美国国务卿休斯向英、法、日、意、中五国提议，应在华盛顿召开国际会议。

《关于太平洋区域岛屿属地和领地的条约》是会议签订的第一个重要条约，即《四国条约》。

拆散英日同盟是美国发起召开华盛顿会议的一个重要目的。早在华盛顿会议召开前，美国就对英国施加了巨大的经济政治压力，英日同盟被其要求必须废除。由于战后财政困难，使英国在远东的竞争能力遭到削弱，不得不改善同美国的关系。同时，英国同日本也有矛盾。日本不仅向华北扩张，也渗入到英国的势力范围，这些都损害了英国的在华利益。面对这种情况，英国决定妥协，英、美、日三国同盟协定来取代《英日同盟条约》并且得到了英国的认可。但休斯坚持法国也应该加入进来。法国当时在同英国争夺欧洲和中东霸权的斗争中存在着尖锐矛盾，同时又欠了美国许多债，易于向美国低头。经过英、美、日三国代表的再三磋商，并取得法国的同意，于1921年12月13日签署《四国条约》。条约规定：缔约各国尊重它们在太平洋区域内岛屿属地和岛屿领地的权利；一旦这种权利遭受任何国家侵略行为的威胁时，缔约国应相互妥协，以便就应采取的最有效措施达成协议。条约还规定在本条约批准生效后，即终止《英日同盟条约》。

《九国公约》是华盛顿会议签订的另一个重要条约。

1922年2月6日，《九国关于中国事件应适用各原则及政策之条约》由出席华盛顿会议的九国签订，即《九国公约》。"尊重中国之独立与主权，及领土与行政权力之完整"只是公约宣布的表象，但对于中国向会议提出的关于取消列强在中国的治外法权、废除外国在华的租借地要求，以及恢复关税自主等关于收回主权的要求，帝国主义列强或者拒绝讨论，或者借故拖延，因此中国的上述要求均未被解决。《九国公约》的签订"又使中国回复到几个帝国主义国家共同支配的局面"。这是美国在华盛顿会议上取得的重大胜利。美国通过条约达到了进一步排挤日本在华势力和进一步对华扩张的目的。

第二章 动荡的世界

经济大危机横扫世界

1929年至1933年横扫整个资本主义世界的经济大危机，是迄今为止资本主义世界发生的一次持续时间最长、波及范围最广、破坏性最为巨大的经济危机。这次大危机，促使世界历史进程发生了改变，资本主义经济经过一段时间的发展，进入了一个新时代。

第一次世界大战后，经历了两次科技革命的资本主义世界，不断地采用新技术，大大提高了生产力。占有生产资料的资产阶级不顾人民大众的购买力和市场供求关系，盲目扩大生产，追求利润，造成严重的生产过剩，导致恶性竞争，为20世纪30年代资本主义世界发生严重的经济危机埋下了伏笔。

经济大危机发生之前的美国呈现着一片歌舞升平的景象，然而就在人们对经济充满信心的时候，股市股票在1924年10月24日遭到大规模抛售，华尔街股市暴跌，所有的上市公司均遭受重创，由此引发一场世界范围内的经济危机，这一天是星期四，因而被称为"黑色星期四"。

随后几日，更为猛烈的抛售风潮横扫华尔街股市，虽然资本主义经济学家和一些大财团领袖积极讨论对策，并且组织大量资金对股市进行救援，然而事与愿违，华尔街股市的形势却进一步恶化，市值严重缩水，华尔街股市几近崩溃。股市的颓势开始向其他行业和其他国家蔓延，造成资本主义世界严重的恐慌，因而这个10月也被称为"黑暗的10月"。

美国股市的暴跌，导致大量的银行破产倒闭。1929年至1933年，美国有1万多家银行破产倒闭，还有大量的银行挣扎在破产倒闭的边缘。股市颓靡，债券市场也不容乐观，1928年美国发行有价证券13亿美元，至1933年却只有160万美元，证券业也遭受了严重的贬值。

经济危机迅速蔓延到其他行业，创造了高达24.9％的失业率，达到有史以来最高水平。人们大量失业，收入急剧减少，导致购买力低下，从而促使经济进一步恶化，大量的生产企业倒闭，更多的工人失业，美国工业生产总值急剧下降。1932年美国的工业生产总值与1929年相比，下降了46.2％，此次危机使得美国的钢铁业、机床制造业、汽车制造业、采矿业产值大幅降低，开工率严重下降，美国企业倒闭总数更是达到13万家以上。

危机没有局限在金融业和制造业，它甚至蔓延到了农业范围内，涉及谷物、畜牧、林业等多个农业生产部门，大量的农产品被倒掉和毁坏，经济形势进一步恶化。

美国的经济遭受了史无前例的重创，经济发展水平退回到20世纪初的水平。美国投资者为了减少损失，撤回对德国的投资。资金链断裂的德国，随即陷入经济困境。数以万计的企业倒闭，大量工人失业，德国的国民生产总值大幅下降，巨额外债更使得德国经济雪上加霜，惶恐的德国人民失去对生活的最后一点信心，以希特勒为首的法西斯主义开始走上历史舞台，积极扩军备战，以降低人们对经济危机的关注程度，达到转移人们视线的目的。

此外，英国、法国等为首的西欧国家也无一幸免，在经济危机狂潮的摧残下，经济总量大幅度下降，企业倒闭和工人失业问题严重困扰着政府。与此同时，西方资本主义世界的经济危机飞越大洋，在岛国日本登陆，产品严重依赖外销的日本，遭遇了前所未有的经济困境。1929年至1931年，日本出口总额下降了76.5%，大批的工商企业和银行倒闭，工业生产总值更是下降了32.9%。面对日益严重的经济危机，日本采取国民经济军事化战略，实行经济垄断，保护大财阀的利益，使得三菱、三井、住友、太仓等大企业摆脱了破产倒闭的危险，却让日本走上了对外侵略的法西斯道路。

经济大危机进一步蔓延，亚洲、非洲以及拉丁美洲的广大殖民地和半殖民地也遭受重创，发达资本主义国家向这些国家和地区倾销过剩的商品，摧毁了当地的民族工业，使当地人民的生活状况日益恶化，对于殖民地、半殖民地本就脆弱的经济来说无异于雪上加霜。

面对20世纪30年代的资本主义经济大危机，各国纷纷采取措施，以求扭转经济颓势。日本、意大利、德国等一些国家走上对外扩张的法西斯道路，为第二次世界大战的爆发埋下了祸根。与此同时，美国却出现了转机。

凯恩斯主义

约翰·梅纳德·凯恩斯（1883~1946年）生于英国剑桥。他于1936年发表的《就业、利息和货币通论》（以下简称《通论》）一书，创立了现代宏观经济学的理论体系，实现了西方经济学演进中的第三次革命，这在西方经济学史上是具有划时代意义的事件。

凯恩斯生活在自由放任的私人企业制度到私人垄断过渡的英国。当历史进入20世纪以后，作为自由放任的私人企业制度典范的英国，开始染上今天人们所说的"英国病"。第一次世界大战，是英国国运的转折点。由于大战中政府开支剧增，英国被迫中止实行多年的金本位制。在摆脱金锁链之后，通货出现迅速的膨胀。大战之后，英国开始从殖民帝国、世界工厂的峰顶一步步衰退了下来。

一个国家在世界文明中的领先地位往往成为阻碍它进一步发展的历史重负。英国在维多利亚时代（1837～1901年）取得的巨大成就，拖拽了它在新世纪中的前进步伐。世界工厂、大殖民帝国的特殊历史地位，通过种种机制使英国在产业结构的调整、工业组织的完善和经营管理方式的改进等方面，逐渐落到后起资本主义国家后面。这一潜移默化的过程最终削弱了英国在国际贸易中的优越地位。

对于英国这样一个国内市场不广阔的岛国来说，一旦在国际贸易的竞争中丧失了在产品构成和劳动生产率方面的优势，必然给国内经济造成不良影响。所以从1920年开始，英国经济就陷入了停滞状态，煤炭、棉纺织品、造船工业等重要部门因国内市场狭窄和出口不顺利而无法恢复元气。

英国经济在二十年代初期的不景气由于统治者的错误决策而更加加深。当时的英国政府并没有意识到英国经济已经开始走下坡路，依然按照维多利亚时代行之有效的原则来制定经济政策。为了提高英国在国际金融界的信誉，巩固伦敦作为世界金融市场的地位，英国政府于1925年恢复了金本位制，使英镑价值固定在黄金上，结果是提高了英镑的汇率，造成进口增加，出口减少，在这种情况下，为了维持国际收支的平衡，只能是通过提高利率以减少资本净输出，来平衡外贸方面的净输出的减少。但提高利率却造成国内投资需求不振，失业人数增加。

庞大的失业大军造成一系列社会问题，如何降低失业率便成为英国朝野共同关心的问题，由于金本位制的恢复，很难用扩张性的货币政策来刺激就业，因此从二十年代起，就不断有人提倡以公共工程来减少失业，也就是靠扩张性的财政政策来刺激就业。但是以新古典学派的理论为基调的"财政部观点"反对用公共工程缓和失业。结果英国经济在20年代的萧条状态一直持续到大危机爆发。

20年代的英国病，虽然不是凯恩斯《通论》的直接社会原因，但它对《通论》的出台起了如下的作用：

（1）使凯恩斯较早便开始考虑失业问题。

（2）20年代英国恢复金本位制的后果使凯恩斯更清楚地看到了通货紧缩与失业增加之间的关系。

（3）公共工程问题的讨论使凯恩斯考虑了财政政策与失业之间的关系，使卡恩提出乘数概念，为凯恩斯日后的乘数理论奠定了基础。

1929～1933年资本主义世界大危机是资本主义有史以来最严重的一次危机，与以往的历次危机相比，它有以下新特点：

首先是持续时间长达5年，实际上造成了长期萧条的局面；而以往的危机，生产下降的持续时间不过几个月、十几个月，如何解释长期萧条的形成，便成为经济学面临的一大课题。

其次，这次危机所造成的生产下降，失业增加，都是以往的危机所难以相比的。1932年，整个资本主义世界的工业生产比1920年下降三分之一以上。在五年时间里，整个资本主义世界总失业人数由一千万增加到三千万，加上半失业共达四千万至五千万人。其中美国失业人数由150万增加到1300多万，失业率接近25%。这次危机使整个资本主义世界的工业生产倒退到1900～1908年的水平，英国甚至倒退到1897年。而以往的经济危机，生产水平通常只倒退一、二年。

第三，这场危机不仅仅是一场生产危机，同时也是一场金融危机。它的开端便是纽约股票市场于1929年10月爆发行情暴跌，嗣后不少国家的股票交易宣告破产。美国的股票价格平均下跌了79%。整个资本主义世界有许多银行由于猛烈而持续地爆发挤提存款、抢购黄金的风潮而破产倒闭。更为严重的是，在以往的危机中时常采用的旨在摆脱危机的金融货币政策完全失灵。

约翰·梅纳德·凯恩斯是对当时感受到占支配地位的假设和理论越来越受到冲击的思想家、作家和艺术家之一。当物理学开始质疑绝对时间的必要性，作家们开始质疑叙事结构，作曲家开始质疑调性的和谐是否必须的时候，凯恩斯开始质疑当时经济学上的两大支柱：首先是货币是否必须要有一个牢固的基础，一般用的是金本位，其次就是萨伊法则（又称市场法则）所认定的，如果需求减少，则供给或者价格也会相应减少，从而重新达到平衡。

凯恩斯自己与伦敦的布卢姆茨伯里区有着紧密的联系，而且陶醉于改变人们思想的氛围。正是这一经历和凡尔赛条约的签订使他最终决定与传统理论决裂。1920年他写出了《和平的经济后果》这篇文章，文中他不光阐述了他认为的凡尔赛条约的整体经济后果，而且确立了他作为一个可以影响国家决策的实际从政经验的经济学家的地位。

20世纪30年代，凯恩斯发表了一系列关于国家权力和整体经济趋势的效果的文章，发展了货币政策不仅仅是一个固定的参照物的理论，他越来越相信经济系统不会自动地沿着一个曲线即经济学叫所谓的最优生产水平前进。可是他既没有找到证据，也没有找到一个形式来表达这些思想。

30年代晚期，全球化的经济系统开始冲击英国——当时居于中心地位的国家。为了利用竞争优势，英国按照自由贸易政策，从其他地方进口食品和其他低价值商品，并用节约出来的劳动制造高价值的商品用于出口。这一李嘉图的比较优势理论的应用使英国达到了帝国的巅峰，并控制了包括印度、埃及和广阔的殖民地以及其经济和军事上不同英国的盟国如加拿大和澳大利亚。

随着德国经济的崩溃和超通货膨胀的来临以及后来被称为大萧条的全球生产衰退的到来，对金本位、经济自动调整的特性以及以生产带动经济的模式的批评开始浮出水面。 数十个不同的学派争奇斗艳。凯恩斯就是在这种情况下传播着一个简单的观点：大萧条之所以产生是因为三十年代的时候在生产和投资领域有一股投机的风潮——当时的工厂和运输网络远远超出了当时个人的支付能力。 对"需求不足"的重视和他创造的允许政府能够调控经济中的关键组成部分的形式使当时的众多年轻经济学家接受他的理论和方法。

也有众多的经济学家反对他的理论，认为导致萧条的根源不是需求的缺乏，而是对商业的信心；所以正确的方法应该是削减政府开支，从而恢复对重返金本位的信心。

凯恩斯认为生产和就业的水平决定于总需求的水平。 总需求是整个经济系统里对商品和服务的需求的总量。 在微观经济理论中，价格、工资和利息率的自动调整会自动地使总需求趋向于充分就业的水平。 凯恩斯指出当时生产和就业情况迅速恶化的现实，指出理论说得再好，事实上这个自动调节机制没有起作用。 问题的关键在于"需求不足"是否存在。 根据古典主义经济理论——《通论》以前实践中常用的说法——需求不足只是衰退和经济混乱的症状而不是原因，因而在一个正常运行的市场中是不会出现的。

古典经济学理论认为在一个经济体系中达到充分就业的关键是两点：一是供给和需求的相互作用决定商品的价格，价格的不断变动反过来导致供给和需求的平衡；二是这个系统创造的新的财富可能会被保存起来用于将来消费或者用于投资将来的生产，同样有一个供求机制决定着这个选择。 存款的利息率遵循同价格一样的机制，即它是货币的价格。

即使是在"大萧条"最严重的年份，这一理论仍然把经济的崩溃解释为缺乏有力的刺激生产的机制。 所以合适的办法是将劳动的价格降低到维持生存的水平，导致价格下降，从而购买力（就业）就会回升。没有作为工资付出的资金将会转化为投资,也许是在其他的产业。关闭工厂和解雇工人也是必须采取的办法。其他关键的政策措施就是平衡国家预算,或者通过增加税率,或者通过削减财政支出。

凯恩斯主义的推演逻辑是从充分就业开始的:

(1)以往假设的充分就业均衡建立在萨伊定律基础之上,其前提是错误的,因为总供给与总需求函数的分析结果显示,通常情况下的均衡是小于充分就业的均衡。

(2)之所以存在非自愿失业和小于充分就业的均衡,其根源在于有效需求不足;因为总供给在短期内不会有大的变化,所以就业量就取决于总需求。

(3)有效需求不足的原因在于"三个基本心理因素,即心理上的消费倾向,心理上的灵活偏好,以及心理上的对资本未来收益之预期"。

(4)政府不加干预就等于听任有效需求不足继续存在,听任失业与危机继续存在;政府须采取财政政策刺激经济而非货币政策,增加投资,弥补私人市场之有效需求不足。

凯恩斯之所以从宏观的视角对大量的宏观概念进行归纳与整合之后,使经济学的发展开始跳出价格分析的限制,从而翻开了20世纪西方经济学的崭新一页,是因为在资本主义发展到垄断阶段迫切需要一种全新的角度和全新的理论对腐朽的自由资本主义的缺陷给予解释和弥补。

《通论》的出版,在西方经济学界和政界引起了巨大反响。一些经济学家把《通论》的出版称为经济理论上的"凯恩斯革命",并把它与亚当·斯密的《国富论》及马克思的《资本论》并列为经济学说史上三本同样伟大的著作。此后,凯思斯理论逐渐取代了传统经济学成为西方经济学的正统理论,资本主义各国政府也纷纷采用凯恩斯的需求管理政策,并将凯恩斯的理论及建议作为制订政府经济政策的指导思想。

罗斯福推动新政

美国自从 1929 年爆发经济危机以来，胡佛总统采取了很多措施来应付，但经济却一直毫无起色，这一切，到了 1932 年富兰克林·罗斯福当选总统之后，才找到了解决方法。

其实罗斯福在成为总统之前，已经是美国的明星人物了。罗斯福是荷兰人的后裔，在美国是富豪家族。罗斯福在哈佛上大学的时候，便热衷于各种活动。后来他娶了当时总统西奥多·罗斯福的侄女，在举办婚礼的时候，他发现宾客几乎都是因为总统的原因而来出席，于是决心从政。

罗斯福从政之后首先担任海军助理部长，成为了一颗政治新星，但一场小儿麻痹症让他变成了残疾人。不过疾病并没有打倒他，在夫人的支持下，他战胜了恶魔，并且参选纽约州长，经济危机爆发后，又竞选美国总统。

在竞选总统的时候，政敌们经常用残疾来打击他，但罗斯福说道："一个州长不一定是一个杂技演员，我们选他并不是因为他能做前滚翻或后滚翻，他干的是脑力劳动，是想方设法为人民造福。"正是因为有了这样的精神，罗斯福以绝对优势击败了胡佛，当选美国第三十二任总统。

为了带领美国走出经济危机，罗斯福网罗了很多具有自由主义色彩的律师、专家与学者组成智囊团，讨论如何实现国家复兴。罗斯福发现，要想振兴国家经济，首先要唤起国民的信心。因此，他采用"炉边谈话"的方式，通过自己的口才，用电波与全国人民一起讨论经济问题。

当时美国最大的问题是民众对银行失去信心，因此人们宁可将钱、黄金放在家里，也不愿意放在银行，罗斯福通过"炉边谈话"，以拉家常的方式，告诉大家如何解决银行的诚信问题。

为了能有让大家放心的银行，罗斯福敦请美国国会召开特别会议，先后以惊人的速度通过了《紧急银行法》《联邦紧急救济法》《农业调整法》《全国工业复兴法》《全国劳工关系法》《田纳西河流域管理法》等，在法律上保证了银行的可靠度。

在罗斯福第一次"炉边谈话"之后，很多民众就纷纷把钱财重新存入银行，美国人的信心已经慢慢被点燃了。

罗斯福克服危机的政策措施，历史上称之为"新政"，新政可以用"三R"来概括，也就是复兴（Recover）、救济（Relief）、改革（Reform）。 在整个内容上包括了金融、农业、工业等各个领域。

由于经济危机是由金融投机引起的，因此罗斯福新政也先从整顿金融开始入手。 当时很多银行因为参与投机而丧失了信誉，因此罗斯福对银行进行了全面整顿，用严格管理和审计来治理银行。 罗斯福委托各联邦储备银行，根据各银行资产发行货币，授权复兴金融，公司用购买银行优先股票的办法给它们提供流动资金。

在大力整顿之后，罗斯福支持了那些有支付能力的大银行，淘汰了不健全的小银行。 为了整顿银行业，罗斯福先后制定了15项重要立法，14771家符合条件的银行领到执照重新开业，与此同时，10797家不符合条件的银行被淘汰。 经过这样的整顿之后，美国的金融业开始步入正轨。

罗斯福新政的这种精神，后来成为了资本主义的典范。 罗斯福新政实施6年之后，美国经济成功地避免了大崩溃，走出了危机。 而美国经济的良性发展，也为第二次世界大战的反法西斯战争创造了有利的环境和条件。

朝鲜"三一"运动

中日甲午战争后，日本侵占了朝鲜，并于1905年强迫朝鲜签订了《乙巳保护条约》，从此以后，朝鲜沦落为日本的"被保护国"，实质上则是日本的殖民地。坚强的朝鲜人民不愿意接受被奴役的命运，他们为争取独立拿起了手中的武器。

朝鲜派代表参加了1907年在荷兰海牙召开的第二届万国和平会议，要求世界各国承认朝鲜是独立的国家，并且拒绝接受日本的"保护"。骄横的日本对朝鲜的所作所为当然不会听之任之，于是，日本再次向朝鲜出兵，挟持了朝鲜国王李熙，并逼迫他退位。

自1910年8月，日本开始了对朝鲜的黑暗殖民统治，大批日本人踏上朝鲜国土，疯狂掠夺朝鲜的物质资源，使得朝鲜的工业和农业停滞不前，先前林立的工厂关闭了，失业的工人一天比一天多，农民们也陷入没有田地可种的悲惨境地，大批的人变成流民，或者藏在深山里以逃避日本人的压榨。但日本人的黑暗统治已深入骨髓，朝鲜人民再也不堪忍受被奴役的非人生活了，于是就不断地进行反抗。日本统治者为此提心吊胆，他们甚至将百姓家里的菜刀全部收缴上去，以免再次发生大的暴动和起义。

1919年1月22日，在日本胁迫下退位的国王李熙，在没有任何病症的情况下"病"死了，这引起了朝鲜人民的怀疑。一直以来，日本人就处心积虑地想除掉李熙，于是在红茶中加入少量砒霜，每天给李熙饮用，等砒霜发挥效力后，李熙自然是在劫难逃了。日本人在李熙死后，竟然假惺惺地发出布告，宣布3月3日为李熙举行国葬。

日本人这样做并没有掩盖住其罪行，朝鲜人民对李熙的死表示出极大的愤慨，孙秉熙等33名朝鲜工商企业界人士组织起来，自称是"朝鲜民族的代表"，草拟了一份要求朝鲜独立的《独立宣言》，在巴黎和会上向美国总统威尔逊和日本帝国政府呼吁，并决定于3月1日在汉城举行大规模的示威游行活动。

3月1日那天，整个汉城都响起了激昂雄壮的《光复歌》，几千名学生带领着30万朝鲜人民涌向汉城塔洞公园，举行反对日本殖民统治的集会，但是在关键时刻，孙秉熙及其"朝鲜民族的代表"组织退缩了，主动向日本驻朝鲜总督衙门的警务总监部透露自己的具体位置，并且声称是"和平请愿"，一会儿，日本警察将他们全部抓走了。

然而，塔洞公园里的游行队伍仍然在不断壮大，人民的愤怒情绪已经上升到了极点，他们举行了声势浩大的游行活动，高喊"朝鲜独立"。高喊的口号点燃了所有朝鲜民众的爱国激情，广大农民也纷纷加入到游行的队伍之中，在不到两个月的时间里，全国就有200多万人组织了3000多次示威和暴动，结果遭到日本警察的血腥镇压，大批的民众和学生倒在了血泊中。在"三一"起义中，8000多人被杀，16000多人受伤。1919年底，遭到日本的疯狂镇压后，"三一"起义失败了。但是，这次起义点燃了朝鲜民众反对日本帝国主义的高涨情绪，为朝鲜的民族解放做出了积极的贡献。

"圣雄"甘地

甘地是印度民族解放运动最著名的领袖，他出生在印度西部卡提阿瓦半岛一个土邦大臣家庭，属于吠舍种姓。甘地自幼便深受印度教和耆那教的"非暴力"思想影响。1883年，甘地就读于伦敦大学，学习法律，回国后在孟买以律师为业。1893年到1914年，甘地在南非担任穆斯林商社法律顾问，目睹了印度人的悲惨生活和遭受的种族歧视。1906年，甘地领导印度侨民开展被称作"萨蒂亚格拉哈（掌握真理）"的非暴力抵抗运动，反对英、荷殖民者的种族歧视政策，渐渐形成了"非暴力抵抗"的政治主张，并取得了一定的成功。

1915年，甘地回到印度，继续开展非暴力斗争。1920年12月，国大党那格普尔年会通过甘地拟定的"非暴力不合作运动方案"。从此，"非暴力不合作"成为国大党的指导思想和纲领性策略，甘地也成为国大党最有权威的精神领袖。国大党，全名为印度国民大会党，是印度民族资产阶级的政党。1885年，由退休的英国印度文官休谟创建。最初成立的二十多年里，国大党只是要求英国统治机构中让印度享有较大的代表权。1906年，提出印度自主、抵制洋货、提倡本国工业和民族教育的斗争目标。甘地加入国大党后，开始领导国大党进行反抗英国殖民主义的非暴力抵抗活动。

在第一次世界大战和十月革命的影响下，印度刮起了民族解放的旋风。为了巩固殖民统治，英国一方面准备宪政改革，安抚印度上层阶级，另一方面颁布罗拉特法，加强对民众的镇压。1919年4月13日，阿姆利则惨案发生，反英斗争变得更加高涨。

1920年9月，甘地提出非暴力不合作计划。甘地宣称，斗争的目的便是达到自治，"如有可能就实行帝国内部的自治，如有必要就实行脱离帝国的自治"。在甘地率领下，印度人民举行罢工、罢课、罢市、集会游行，汇成了一股股反英洪流。

1922年2月5日，联合省（今北方邦）戈勒克布尔县乔里乔拉村农民两千人将二十二名警察连同警察局，全部烧毁。运动超出了非暴力斗争的范围，甘地知道后，马上阻止。2月12日，国大党通过了巴多利决议，谴责民众的行为，决定无限期地停止非暴力不合作运动。3月10日，甘地被捕入狱，运动遭到了残酷的镇压。

20世纪20年代末30年代初，资本主义世界发生经济危机，波及印度。国大党决定开展由甘地倡导的群众性文明不服从运动。

1929年国大党拉合尔年会上，提出印度独立要求，授权甘地领导运动。1930年1月，甘地又提出了11点要求，但是遭到了总督的拒绝，甘地选择以破坏食盐专营法作为运动的开端。3月12日，他率领七十九名信徒，从阿默达巴德出发，前往西海岸，徒步426公里，沿途有成群的农民跟随。

4月5日，甘地到达丹迪海滨，并亲自动手煮盐，一直持续了三周，史称食盐进军。当局闻讯后，便大肆镇压。5月4日，甘地被捕，全国性的抵制斗争发展成为革命。

6月，在吉大港、白沙瓦和绍拉普尔相继发生了反英起义，被捕三万人。1931年3月5日，签订甘地—欧文协定（又称德里协定），双方妥协，国大党同意停止运动。

1948年1月30日，甘地因为反对教派纠纷，被印度教极右分子刺杀。甘地长期为印度民族独立奋斗，曾三次被捕入狱。在反英不合作运动中身体力行，为了抵制洋布亲自手摇纺车织布，为反对英国食盐专卖权，和群众一起自制食盐。甘地提倡印度教和伊斯兰教之间要团结，实行社会改良和妇女、贱民的地位平等，在民众中有很高的地位。他发动的非暴力不合作运动拥有非常大的广泛性、群众性，沉重地打击了英国殖民统治，为印度后来取得独立奠定了基础。鉴于甘地对印度做出的贡献，他被印度人民尊称为"圣雄"和国父。

土耳其凯末尔革命

在第一次世界大战中土耳其成为了战败国，战后面临着亡国的民族危机。由于希腊对伊兹密尔的占领,民族危机日益加深。1919年5月19日来到安纳托利亚的穆斯塔法·凯末尔(又译基马尔,1881~1938年)着手组织全民族的抵抗运动。1919年9月4日~12日在锡瓦斯正式成立了全国性的民族主义组织安纳托利亚和卢梅利亚保护权利协会,凯末尔出任16人代表委员会的主席。同年底代表委员会驻地由锡瓦斯迁往安卡拉。从此民族解放运动便以安卡拉作为中心。

1920年初,奥斯曼帝国召开了最后一届议会,凯末尔及其支持者占议会中的多数。1月28日在议会上通过了《国民公约》,此公约重申了埃尔祖鲁姆大会和锡瓦斯大会号召的领土完整、民族自由等精神,声明土耳其领土的完整性,要求废除特权条约。1920年4月23日在安卡拉召开的大国民议会组成了以凯末尔为首的政府,将"主权在民"确定为基本原则,同时宣布自3月16日以后苏丹政府与外国签订的一切条约法令无效。1922年8月26日,土军在凯末尔的带领下对希军进行全面反攻,9月9日收复伊兹密尔,9月18日在安纳托利亚的希军完全被肃清。1923年7月24日协约国被迫与土耳其签订《洛桑条约》,土耳其的领土完整和国家主权得到承认。

此后,土耳其政府实行在政治、经济、文化、司法等领域一系列资产阶级改革,在封建奥斯曼帝国的废墟上迅速兴起一个新的资产阶级民族国家。

而土耳其共和国开创者、第一任总统兼武装力量总司令凯末尔则被土耳其大国民议会授予阿塔图尔克的姓氏,意为"土耳其之父"。

第三章 第二次世界大战

墨索里尼与法西斯党

第一次世界大战爆发后,墨索里尼利用赞助来的50万里拉在米兰创办了《意大利人民报》,之后便开始疯狂地鼓吹战争。1915年1月24日,墨索里尼又成立了"革命行动法西斯"组织,并凭借自己"强硬的革命派"的名声,打着虚假的"社会主义"旗号,吸引了越来越多的人加入该组织。短短的一个月之内,"革命行动法西斯"就发展到100多个基层委员会,并成功吸纳了9000多名成员。而那些深受沙文主义毒害的人们,更是在墨索里尼的蛊惑下,举行了大规模的集会,甚至是殴打反战派的成员。

墨索里尼及其"革命行动法西斯"组织对战争有着狂热的感情。在他们的引导下,反战派微弱的呼声越来越小,而主张战争的呐喊声则越来越狂烈。终于,意大利在5月24日也加入了战争。然而参战后的意大利情况并不乐观,100多万退役的士兵参加战争的根本原因就是希望得到国王在战前的许诺:会在战后分给他们土地。但当他们走下战场后,政府却忘记了这个诺言,甚至还歧视和虐待这些退伍的士兵。迫于压力,墨索里尼开始在报纸上歌颂军人的功德,提出政府要分给他们土地,并且支持他们去夺取地主的荒地。这样一来,墨索里尼就在士兵们的心目中成为了一个不折不扣的救世主。

1919年3月23日,由于得到了大量的民众支持,墨索里尼便在米兰的圣·塞波尔罗广场上举行了会议,并正式建立法西斯组织——"战斗的意大利法西斯"。 此外,会议还对"妇女要拥有选举权和被选举权""实行8小时工作制""确定最低工资标准"等方面进行了强烈呼吁。 1920年8月,意大利北部发生了60万工人的大暴动。 这些工人赶走了工厂主,占领了工厂,并提出了增加工资、缩短劳动时间的要求。 见到这种情况,墨索里尼知道自己的目的已经达到了。他很好地抓住了这个契机,强烈地指责政府的无能。 同时,他还要求法西斯分子要尽快采取行动。 不久之后,"战斗的意大利法西斯"便开展了两场大规模的暴力行动:他们袭击工人、摧毁工会,并且殴打杀害了大量的革命者和工人。 此外,由于在暴力行动中的法西斯分子个个都手提大棒,他们还被人们"亲切"地称为"棒喝队"。

　　与此同时,很多深受沙文主义毒害的青年学生和一些小资产阶级知识分子,都因为怀着成为英雄的美梦加入了墨索里尼的法西斯组织。 也因此,法西斯力量得到了进一步增强,其基层组织也迅速增加到834个,党员的人数更是增加到了249036人。 不仅如此,法西斯分子的反革命行动还得到了垄断资本家的赏识,这些资本家纷纷慷慨解囊、提供经费。 在1921年11月7日,"战斗的意大利法西斯"在罗马举行了全国性的代表大会,墨索里尼被推选为领袖,并将组织更名为"意大利法西斯党"。 至此,第二次世界大战的帷幕已渐渐拉开。

希特勒发动"啤酒馆政变"

　　1923年11月8日,慕尼黑东南郊外,在一家名叫"贝格勒劳凯勒"的啤酒馆里，巴伐利亚邦长官卡尔和驻巴伐利亚国防军总司令洛索夫，邀请了3000名企业家到场，人员到齐后，卡尔坐在粗木桌子前，以巴伐利亚的风俗大口地喝着啤酒，然后走上讲台进行施政演说。

希特勒一直想利用纳粹党统一德意志，建立高度集中的独裁权力机构。希特勒打算采用恫吓和暴力手段，夺取巴伐利亚邦的政权，然后向柏林进军，推翻中央政府，继而实现掌管全国政权的野心。希特勒虽然采取了几次行动，但都没取得预期效果。这次，希特勒想借卡尔聚众演说之机行动。

啤酒馆的大门骤然洞开，希特勒在士兵的前呼后拥下，快步冲进大厅，走向讲台。一名少校想阻止他，结果希特勒拔出手枪，吓得他噤若寒蝉。讲台上的卡尔也吓得面如土色，从讲台上退下来，希特勒马上占据了卡尔的位置，对着人群大声宣布："此处已经被600名武装人员占领了，谁也不许随便走动，都老老实实地坐着，保持肃静，巴伐利亚政府已经被推翻了，临时政府业已成立，国防军和警察的营房已经被占领了，军队和警察都在纳粹党的旗帜下向市内挺进！"希特勒的虚张声势令所有在场的人呆若木鸡。卡尔、洛索夫和警察局局长赛赛尔来不及分辨事情真相，就被带入后台的一间房子里。接着，希特勒对卡尔等三人软硬兼施、威逼利诱，强迫他们宣布实行革命，同意参加新政府，并且接受他委派的职位。

面对希特勒的长篇大论和威胁，三个人都保持着沉默。希特勒对他们感到无计可施，但外面的三千多人如果反抗，事情就会变得糟糕透顶。于是，他急中生智，大步冲出房门，向乱哄哄的人群喊道："巴伐利亚政府已经不复存在了，新政府即将在慕尼黑成立，鲁登道夫将担任国防军的领导工作。"正在这时，鲁登道夫被希特勒派人接来了，他的到来使人群再次相信了希特勒的谎言，而卡尔等人也被迫同意和希特勒合作。但是，希特勒突然接到报告，军队内部出现了激烈的冲突，急需他出面调停，希特勒就把一切都交给了鲁登道夫处理。

希特勒走后，卡尔等三人纷纷找借口溜掉了。他们回去后，很快就下达了镇压政变的命令，鲁登道夫和希特勒被捕，纳粹党被勒令解散，"啤酒馆政变"失败了。3个月后，希特勒被判处5年监禁，而鲁登道夫被无罪释放。希特勒并没有因为审判断送前程，他在法庭上滔滔不绝地为自己辩护，矢口否认自己有罪，反而为他和他的纳粹党捞取到了政治资本，希特勒因此名震巴伐利亚，成为著名的政治人物，纳粹党也随之复兴了。

德国法西斯上台

德国法西斯从本质上来说，是德国应对世界经济危机的一种"反应"。

1929年10月，华尔街蔓延的世界性经济危机，影响到了德国，很多企业倒闭，产销萧条，失业人数直线上升，最高的时候达到600万人。

经济危机为希特勒提供了一个极好的机会，他在宣传中称经济危机是"政府无能"，是政府接受《凡尔赛和约》和战争赔款及奉行"社会主义"政策的结果，是共和国和历届政府毁灭了德国的一切。

因为法国曾一度严厉制裁德国，德国民众在心理上本来就很不满，希特勒的指责非常符合大众的心理。后来经济危机就发展成为一场国家危机，魏玛共和国的最后一届政府因为国库亏空而宣布垮台。

就在这种背景下，希特勒一方面为国家社会主义展开更强大的宣传，对各阶层人民不断做出符合其愿望的慷慨许诺。一方面又通过纳粹党的宣传机器，宣称该党不是一个阶级政党，而是"大众党"，并重点向中下层的中产阶级发动讨好攻势，以取得他们的支持。

这种宣传打动了身处绝望之中的德国人民，他们相信希特勒的诺言能够兑现，因而纷纷归附到纳粹党的统治之下。

经济危机爆发前，纳粹党只有 10 万多人，到了 1932 年，人数猛增到 100 万人。从 1930 年开始，纳粹党便不断在国会选举中获得胜利，1932 年 4 月 10 日举行总统第二轮选举，希特勒竟然获得了 36.8%的选票。1932 年 7 月 31 日举行国会选举，纳粹党获得了 37.3%的选票，获得 230 个议席，从此成为国会中最大的党派。

1932 年 8 月 13 日，总统兴登堡召见希特勒，试图说服他与佛朗茨·冯·巴本共同组建联合政府，但希特勒严词拒绝了，声言作为最大政党的领袖，要得到"包括一切方面的整个国家权力"，但兴登堡也发表声明加以拒绝。

就在这个时候，巴本和施莱歇尔为了一己私利，互相拆台，宁让第三者上台，也不让对方执政，通过政治上的交易，把希特勒推出来，搞了一个以"保守派和资产阶级民族主义者、总统、国防军和钢盔团"为一方，以希特勒的纳粹集团为另一方的联盟，组成所谓"民族团结"的联合政府。

被推翻的霍亨索伦王室的支持对希特勒的得势起到了巨大的作用。1933 年 1 月 22 日，皇太子就曾致函兴登堡，敦促他立刻授权希特勒组阁，威廉二世还给纳粹党提供了 200 万马克的援助。1933 年 1 月 30 日，希特勒终于通过"后门"交易登上了总理的宝座。从这个时候开始，魏玛共和国也就正式死亡了，第三帝国宣告诞生。

但是希特勒并不满足于成为总理，他还要求更多的权力，那便是独裁统治。

在希特勒上台的第三天,他就发布第一号文告,声称兴登堡总统宣布解散国会,定于3月5日重新举行选举。

不久之后,希特勒又颁布《保护德国人民法》,以便广泛限制反对党,特别是限制德国共和会社民主党在竞选中的宣传活动。

紧接着,希特勒宣布解散了普鲁士邦议会,任命纳粹党的戈林接管了警察局,为纳粹党在普鲁士夺权创造了条件。随后由冲锋队、党卫队和钢盔团成员组成的所谓"辅助警察"又先后接管了各地的警察部门,并在各大区建立了集中营,关押了成千上万的共产党人、社民党人和其他的反法西斯战士。另一方面,希特勒又在暗中拉拢国防军头目和大资本家,以取得他们的支持和赢得选举的胜利。

为了彻底打击反对自己的力量,尤其是共产党,纳粹党徒制造了震惊世界的2月27日的国会大厦纵火案,并将之嫁祸于德国共产党人,在德国掀起了空前规模的反共浪潮。在这一事件中,被捕人员有社民党人和其他著名人士。希特勒还在该事件后颁布被人们称之为"国会纵火法"的《保护人民和国家法》,授权政府接管各邦权力。

从此,德国的法制趋于瓦解,纳粹党统治的基础得以基本建立了。

日本法西斯上台及对中国的侵略

1929年世界经济危机持续打击萧条的日本经济。当时,日本国内生产萎缩,国外竞争激烈。为了摆脱危机,日本统治者强制推行国民经济军事化,又以扩大军事支出和军事订货,来使垄断资产阶级的利润得到保证。

第一次世界大战后,随着重工业与化学工业的突出发展,一批与军事关系密切的新财阀出现了。这些新财阀的资金远远比不上老财阀，更加需要依靠国家政权、专业银行、军事部门的支持，采用新技术，发展与军事和殖民扩张有关的新兴工业，因而更加紧密地勾结军部，形成"军财抱合"。

日本法西斯构筑"总体战"体制的组成部分是军需通货膨胀政策，把日本民间企业加速纳入军事轨道。

倾销政策使军需通货膨胀，禁止黄金出口导致日本国内物价迅速上升，日元对美元的比值则大幅度下降，国际市场上日本商品的价格随之降低。对内保持垄断性高物价以加重对本国人民的剥削，对外不惜接受严重的国际贸易剪刀差廉价输出，推行这种倾销出口政策的典型正是30年代前期的日本。

与此同时，"协调外交"的破产亦加重了危机。

所谓"协调外交"，产生于20年代资本主义世界相对稳定的条件下。当时的日本虽为"五强"之一，但经济上还很脆弱，对美英的依赖很强，军事上也还不能与美英较量。但"协调外交"并不是和平外交，一旦威胁到日本侵略权益时，就要诉诸武力。虽然如此，军部仍然认为"协调外交"是一种软弱的政策。1930年1月21日，在伦敦召开的英、美、法、意、日五国海军裁军会议上，经过相互之间的激烈争吵，最后于3月13日达成协议，日本大型巡洋舰对美国的比率为60.22%，轻巡洋舰为70%，驱逐舰为70.3%，潜水艇与美国相等。这遭到日本海军军令部的强烈反对，并认为滨口内阁未经军令部同意就决定海军编制是"侵犯统帅权"，以致伦敦海军条约虽在当年4月签字，却拖到了当年10月，才经天皇批准。接着，相继发生了"九·一八""一·二八"事件。30年代，随着资本主义世界相对稳定局面的消失，在日本日益激化的内外矛盾之前，"协调外交"终于破产了。

1919年8月，一本初名《国家改造案原理大纲》，后改名《日本改造法案大纲》的小册子被北一辉（1883~1937年）写出来了，后来日本法西斯分子把它奉为经典。

北一辉狂热鼓吹天皇制，一切民主主义被其反对，包括资产阶级民主，说德谟克拉西是"极其幼稚的主张"，选举制是以"投票神权"来反对"帝王神权"，是与低能之辈的"低能哲学"相适应的。他叫嚣侵略有理，认为中国、印度等均应在日本的"保护"之下。他还伪装"反垄断""限制资本"，但限额极宽，对私人企业资本的限额是1000万日元，而当时资本最雄厚的日本银行拥有的资本额也不过6000万日元。

明治以来日本右翼军国主义思想在新形势下的发展形成北一辉的理论。它立即与民间右翼势力结合，并迅速获得军部的支持。各种公开的和秘密的法西斯团体相继成立，形成了强大的法西斯势力。

在形形色色的法西斯组织中，力量最强、影响最大的是军部法西斯势力。20年代，比民间法西斯运动的产生略晚一些时候，法西斯运动也在日本军队中兴起了。

进入30年代，国内外的形势非常恶劣，日本法西斯势力发展猖獗。当时的日本，农村破产，城市工人失业，中小企业生产萎缩。法西斯分子适应群众心理，针对政党腐化，财阀聚敛，官僚堕落等现象，把不满分子和野心家纠集起来，在军部支持下，阴谋策动政变，制造恐怖暴乱。他们公开反共，并在"防止赤化"的口号下摧残一切进步力量，甚至为达到建立法西斯专政的目的不惜杀死统治集团首脑人物。

1929年，全球性的经济危机爆发了，再加上早前关东大地震带来的破坏，日本的经济受到严重打击。国民经济的亏损，不断外流的黄金，工业萎缩，农业告急，使得日本法西斯对觊觎已久的中国更是垂涎三尺。为了迅速摆脱世界经济危机所造成的深重困扰，转移国内的注意力，日本帝国主义急不可耐地走上了侵略道路。

中国东北地区是日本的首选。不仅仅因为它在地理位置上是日本的近邻，还因为这块土地资源丰富，土地肥沃，有充足的原料提供给日本。侵占东北可以巩固对朝鲜的殖民统治，它还是日本进入中国和北上苏联的跳板。这样，东北地区成为日本的战略基地和日本军国主义前进的"生命线"是毫无悬念的。

1931年9月18日，经过了一系列的精心策划和准备之后，日本帝国主义突然袭击中国东北。当晚10点30分，一段路轨随着一声巨响被炸毁了，这是日军事先就策划好的，并立即以此为借口，污蔑是中国士兵的行径，之后北大营遭到了从旅顺运来的大口径榴弹的轰炸。在翌日凌晨北大营被占据，当天，沈阳城失守。

9月21日，日军占领吉林市和吉长、吉敦两段铁路；22日侵占辽源四洮铁路；11月，日寇占领黑龙江省；1932年1月2日，占领锦州，中国军队全部撤至关内。仅仅三个多月的时间，日本帝国主义者便吞噬了美丽富饶的东北三省。

日军挥舞着屠刀，马不停蹄地冲向中国，国民党当局的不抵抗政策，更是纵容了日本侵略者的侵略行为，使他们肆无忌惮。此起彼伏的事端，一场席卷东亚地区的侵略战争已经慢慢地铺展开来。

日本帝国主义为了使中国东北得到更好的控制，不仅大力地对东北地区进行投资，同英、美等帝国主义竞争，还计划勾结当时的号称"东北王"的军阀张作霖。

1922年，华盛顿会议在表面上缓解了美、英、日等帝国主义列强之间的矛盾，但是在中国他们都紧紧扶持各自的军阀，使自身的在华利益得到维持。随着军阀势力发展，1920年爆发了直皖战争，1922年、1924年又相继发生直奉战争，日本帝国主义加大了对张作霖的扶植力度，而日本对张作霖的态度也非常关注。

但是随着张作霖在战争中的节节胜利，以及不断提高的地位，渐渐地，日本政府发现张作霖并不好控制，张作霖也不太理会日本帝国主义的要求。

日本开始加紧对张作霖施加压力，并且使它在东三省的权益合法化。充满野心的张作霖本想借日本的势力来壮大自身的权力，而不是将自己的手脚束缚，所以十分不满于日本的逼迫。

随着张作霖与日本的关系恶化，除掉张作霖是日本唯一的选择。日本人想通过张作霖之死扫除阻碍，引起社会混乱，乘机出兵，使大规模武装冲突被挑起，用武力彻底解决问题。

1928年6月4日5时半，张作霖从北京返回奉天时乘坐的是蓝色铁甲车，当火车刚刚开到皇姑屯铁路交叉点时，早已被日本关东军埋好的炸弹爆炸了，张作霖身负重伤，当天便去世，享年54岁。

此时，日本政府和军部软硬兼施，只为了争取张学良做其在华代理人。于是，他们以参加张作霖的葬礼为名，对张学良做工作，劝说张学良千万不要因此而误会日本，以免使两家的和气被伤害了。

美国，一个新兴的帝国主义国家也极想侵吞中国。而此时的张学良不管是在军事实力上还是在政治影响上，在中国的分量极重，美国为了获取利益，是绝不会放弃他的，因此美国准备抓住张作霖之死这个千载难逢的机会，插手东北的事务。于是蒋介石被美国派去游说张学良。

经过商议，1928年7月6日，张学良最终派特使带着他的亲笔信到达北京，双方就东三省易帜和撤兵等重大问题进行商议。当日，蒋介石、李宗仁、冯玉祥、阎锡山等人正在香山碧云寺祭告孙中山先生之灵。随后召开了会议，来讨论张学良改挂旗帜和军队的编遣问题。蒋介石对张学良易帜的想法十分赞同，之后张学良被一再催促尽快易帜。

张学良在南京政府的催促和东北民众的拥护下，更加坚定易帜的决心，易帜典礼遂于1928年12月29日在奉天省府礼堂举行了。

张学良在12月31日被南京政府正式任命为国府委员、东北边防军司令长官，张作相、万福麟为副司令。

从此，国民党的青天白日旗在东北三省升起了。

自"九·一八"事变后不到一百天，我国东北三省约80万平方公里的土地被日军占领了。1932年3月1日，日本一手炮制的伪"满洲国"登场。1933年1月3日，占领山海关。2月23日起进攻热河，十天之内，热河省被占。新世界大战的远东策源地就此形成了。

日军在东北扩大进攻并阴谋炮制伪"满洲国"之时，"一·二八"事变在上海爆发，并借以压迫蒋介石政府且转移了国际视线。由于中国人民和十九路军爱国官兵的坚决抵抗，日军至2月底被迫三易主将，逐次增加兵力，由6000人增至10万人。日军进退维谷，十分不利，但蒋介石一意妥协，《淞沪停战协定》于5月5日签订。

"华北事变"之后，日本的注意力进而转向华北。1932年6月和8月，石原莞尔在两个有关"满蒙"侵略方针的文件中就一再声称："开发南满"并不仅仅是"占领南满"的唯一目的，而且要开发"支那本部"，并进而解放"东亚诸民族"，最后与盎格鲁撒克逊人进行"世界争霸战"。

政治、军事侵略同时，日本武装走私在华北盛行。据中国海关估计，自1935年3月至1936年5月，15个月走私额达3亿元。鸦片在走私商品中占大宗，其次为人造丝等。大量中国黄金外流，自1934年10月至1935年8月，近3000万两银币因走私而外流，使中国的财政经济遭到严重破坏。

1936年11月25日，《反共产国际协定》签订。协定之所以采用这个名称，是为了利用英法统治集团惧怕共产主义的心理，但反对苏联和各国革命运动则是其真正目的，并同英、法、美争夺势力范围，重新瓜分世界的斗争被重新展开。

广田内阁执政仅仅一年时间便下台。 1937年2月，林铣十郎组阁，但只存在了四个月。 不久，近卫文麿上台，全面侵华战争正式爆发。

第二次世界大战爆发

1939年9月1日，法西斯德国出动了58个师、2800辆坦克、2000架飞机和6000门大炮，向波兰发动了"闪电式进攻"。 英、法两国在德国入侵波兰之后，于9月3日对德宣战。 至此，第二次世界大战全面爆发。

闪电战又称闪击战，其最为突出的特点就是：利用便捷的新式武器，装备快速反应部队，向敌方发动突然袭击，并在短时间内占据优势。 这一军事战术最早由英国军事理论家富勒在第一次世界大战后提出，他认为借助飞机、坦克的快捷优势，可以在战争中速战速决。 但在当时，很多军界将领都认为坦克只能配合步兵作战，所以这种战略思想并不被世人认可，英、法军界内更是无人重视，甚至被认为带有哗众取宠的思想。 但是，战争狂人希特勒却非常欣赏这种战术，并积极采纳加以应用，在第二次世界大战初期，突袭乌克兰，一举获得了成功。

二战期间，德国之所以最先出击波兰，就是因为它有着非常重要的战略地位。 波兰处于欧洲东部，东接苏联，西临德国，南接捷克斯洛伐克，北与波罗的海相邻。 同时，波兰还是当时英、法在欧洲诸盟国中军事力量最为强大的一个国家。 综合这两点，德国攻击波兰的意图就显而易见了。 最为明显的就是德国在占领波兰后，可以获取大量的军事经济资源，以改善自己的战略地位。 同时还可以解除进攻英、法的后顾之忧，为建立袭击苏联的前沿基地提供良好的条件。可以说，占领波兰是希特勒在称霸世界的战争计划中最为重要的组成部分。

1938年10月开始，德国开始接二连三地向波兰提出领土要求，并要求波兰交出"波兰走廊"和但泽地区，甚至提出让其将位于"波兰走廊"上的建筑公路、铁路的权利也转让给德国。当德国的这些条件遭到波兰政府的拒绝后，希特勒立刻决定采用武力来迫使波兰就范。之后，德军制订了侵略波兰的战争计划，并将之命名为"白色方案"。即利用装甲兵团和优势航空兵对波兰进行突然袭击，歼灭其在维斯瓦河以西的军队主力，继而占领其西部和南部工业区，然后再向波兰腹地推进，歼灭其残余部队，力求两周内灭亡波兰。此外，为了能迅速地灭掉波兰，希特勒还在政治、军事、外交等方面采取了一系列的欺骗手法来麻痹对方，通过和平的假象掩盖其紧张的战备活动。同时，希特勒还故意对原来与波兰有边境争议的但泽地区示以妥协，不仅向波兰表示"德国方面，可延至来年或更久"，而且还向英国政府表示"但泽问题乃属地方性问题。"而且就在战争爆发的前几天，希特勒还一方面派出了一艘伪装成训练舰的战舰去访问但泽，另一方面派出"军事友好代表团"前去访问波军参谋部，并对波兰军事当局解释说："德国准备进攻波兰全是谣传，德国确定不动员。"更为滑稽的是，就在临战之前的几个小时，德国外交部长还"十分亲热"地与波兰驻柏林大使进行了会谈。就这样，在"异常和谐"的气氛掩盖下，希特勒在波兰边境集结了大量军队和作战物资。

此外，为了给战争找到一个合理的理由，希特勒导演了一出"德国遭到波兰侵略"的闹剧。1939年8月31日，一支德国党卫军的士兵穿上了波军的衣服，袭击了德国边境的格莱维茨电台，同时还在广播里用波兰语辱骂希特勒和德国，并且丢下了几具"身穿波兰军服"

的德国囚犯的尸体。紧接着，全德国的电视台就广播了"德国遭到了波兰突然袭击"这条消息。9月1日拂晓，德国大举入侵波兰。

德军根据"闪电战"的作战要求，在战争伊始就出动了2000多架轰炸机，对波兰全国主要的机场、电站、桥梁、行政中心、交通枢纽进行了狂轰滥炸。并以坦克和摩托化师为先导，利用飞机空袭的掩护迅速突破波军的防线。深入波兰腹地后，德军更是如入无人之境，以每天近60公里的速度向前推进。

当然，德国所采取的手段绝非只是利用飞机、坦克和大炮等，他们还利用潜伏在各地的奸细不失时机地制造恐慌和混乱。而波兰当局也被希特勒制造的种种假象所迷惑，错误地认为德军的主力已经被英、法所牵制，根本不会东调进攻波兰。直到发现德军大兵压境时，波兰政府才开始发动军事动员。由于时间仓促，波军只调动了40个师和22个旅仓促应战，结果在德军的"闪电式"进攻下迅速瓦解。9月16日，波兰政府被迫逃往国外，德国的两个兵团也在当日胜利会师。9月17日，德军包围了波兰的首都华沙。德波战争爆发后，与波兰订立盟约的英、法两国政府于9月3日对德宣战，以履行其保护波兰独立的诺言。但在实际上，英、法两国的政府却只是宣而不战，开始了奇怪的"静坐战争"。希特勒在占领波兰后，更是针对英、法的这种"静坐战"说道："对于这种结局，波兰人应该感谢他们的英、法朋友。"

德国入侵波兰标志着第二次世界大战正式爆发。从此，人类再次陷入战争的深渊。

轴心国的形成

早在第二次世界大战爆发前，德、日、意三国于1938年初至1939

年夏，在柏林、罗马和东京分别进行多次谈判，酝酿在《反共产国际协定》基础上建立三国军事同盟。1939年5月，德意签订钢铁同盟条约，此乃法西斯轴心国军事同盟形成的开始。

日本和德国当时在侵略目标和步骤上存在分歧，德国首先要进攻英法，因此在谈判中要求不仅把苏联，也要把英、法、美三国列为敌对国，而日本这时还没有正式决定跨出南进的步伐，因此不赞成把英、法、美列为敌对国，于是三国谈判停滞不前。

德国入侵波兰后，凭借经济、军事装备和战术上的优势，不到一个月便以"闪电战"打垮了对手。随后，它又趁英法对德宣而不战之机，调兵北上，征服了丹麦和挪威，然后于1940年5月，在西线向荷兰、比利时、卢森堡和法国发动大规模进攻。

号称欧陆"第一军事强国"的法国，同德国正面交锋仅一个多月就于6月22日投降了。20多万英国远征军在敦刻尔克丢盔弃甲，退到英伦三岛。希特勒德国在军事上取得了暂时的胜利。

希特勒打败法国后，根据其既定的侵略计划，准备挥戈向东，入侵苏联。7月31日，他在高级军事会议上宣布了第二年春天进攻苏联的决定。于是，对德国来说，同日本缔结军事同盟，利用日本的军事力量牵制美、英，夹击苏联的问题又提上了日程。

意大利看到德国在西欧的胜利，在法国败局已定的时刻，于6月10日匆匆向英法宣战，完全站到了德国一边。

法国败降后，日本对于缔结三国军事同盟问题的立场也发生了重大变化。1939年8月，苏德签订互不侵犯条约，使日本外交政策受到猛烈冲击。

德国入侵波兰后，日本政府奉行"避免卷入"的政策，实际上是企图等欧洲局势明朗化以后再作决断。随着法国败降，日本统治集团一方面为德国在欧洲发动"闪电战"的战果所鼓舞，认为南洋一带殖民地已由于法国、荷兰等宗主国的败降而成为"真空地带",因而是实行"南进"、建立"大东亚共荣圈"的天赐良机。

另一方面,侵华战争使数十万日本军队被拖在中国战场上,造成日本战略上的严重失调和经济上的沉重负担,日本侵略者又企图通过"南进",攫取东南亚丰富的战略资源,维持侵华战争,促进"中国事变的解决"。

在这样的背景下,日本统治集团内部的"南进"论甚嚣尘上,与德意缔结军事同盟重新为紧迫的问题。

1940年7月22日,发动侵华战争的罪魁之一的近卫文麿组成第二届近卫内阁。就在受命组阁前三天,近卫同即将上任的外相松冈洋右、陆相东条英机和海相吉田善吾在东京的近卫官邸举行了一次重要决策会议。会议留下了一份题为《组阁中四巨头会议决定》的文件,决定要加强日、德、意轴心关系,实行南进方针。

7月22日,在日本政府与大本营联席会议上,通过了《适应世界局势发展处理时局要纲》,其中规定:"首先要把对德、意、苏三国的政策作为重点,特别要迅速加强同德意两国的政治团结。"

德日之间再次开始关于缔结军事同盟的谈判。7月30日,日本外务省制定了德日合作的新方案:"如德意方面要求军事援助以对付英国,帝国将在原则上表示同意"。

8月1日,日本外相松冈邀请德国驻日大使奥特参加茶会,围绕同德国结盟问题进行了试探。此后,德日双方在东京和柏林通过外交途径进行了一系列会谈。

为了加速谈判的进程,9月7日,德国派遣特命全权代表施塔默尔前往东京。9月9日,施塔默尔和驻日大使奥特代表德国同松冈外相举行会谈。

德方的基本立场是:德日缔结军事同盟后,日本应在东亚牵制美国，阻止其投入欧战，并吸引苏联的几十个师和空军；德国则同意向日本提供武器和军事物资，并承认日本在东亚的"政治领导权"。

日本方面对此大致是可以接受的，因此谈判进展顺利。9月19日，日本天皇裕仁在全体内阁成员和陆海军最高首脑出席的会议上，认可了施塔默尔——松冈会议所产生的三国同盟议定书。

9月19日至22日，德国外长里宾特洛甫访问罗马，同墨索里尼、齐亚诺举行会议，就德意双方在政治上和军事上进一步相互支持达成了协议，并说服意大利接受三国军事同盟条约。

1940年9月27日，德、日、意三国在柏林签订了为期10年的同盟条约。其主要内容为：日本承认并尊重德国和意大利在欧洲建立"新秩序"的领导权；在缔约国一方遭受尚未参与欧战或中日冲突的国家攻击时，三国保证以政治、经济、军事之一切手段互相支援。

谈判期间，德日两国就南洋问题签署了秘密协定，商定一旦日本与英国发生冲突，"德国将尽其可能，以所拥有的一切手段援助日本"。德国同意曾处于日本委任统治下的德国过去在南洋的殖民地，仍由日本管辖，但德国得到一定的补偿。

与此同时，德日意三国还签署了建立三个委员会即：总委员会、军事委员会、经济委员会的协议。总委员会的任务在于协调三国的大政方针；军事委员会和经济委员会的任务则是解决三国间协同作战和相互进行经济援助的问题。

这样，德、日、意三国终于在发动侵略战争的道路上全面勾结起来，结成了比较紧密的军事同盟。此后，又有许多国家纷纷要求加入三国军事同盟。

如：1940年11月23日，罗马尼亚安东尼斯库政府签署了罗马尼亚加入三国条约的协定书；

1940年11月20日，匈牙利霍尔蒂政府签署了加入三国条约的协定书；

1940年11月24日，斯洛伐克傀儡政府宣布加入三国条约；

1941年3月1日，保加利亚正式宣布加入三国条约；

1941年3月25日，南斯拉夫签署了加入这个条约的协定书，两天后又宣布取消。

从此，形成了一个以德、日、意为核心的侵略集团。

张伯伦的绥靖政策

第二次世界大战前夕，英国首相张伯伦因为主导绥靖政策而臭名昭著，这是不可争议的事实。除此之外，张伯伦也是一个颇为具有传奇色彩的领袖。

英国历史上的首相，大部分都是毕业于名牌大学，不是牛津大学就是剑桥大学。而张伯伦所上的是玛松科学学院，也就是现在伯明翰大学的前身，在当时的英国，这并不是什么名校。毕业于普通大学而可以当上首相的，只有张伯伦一个人。从这一点便可以发现张伯伦的不简单。张伯伦在内政上做得非常好，也正是因为如此，他才能在政治斗争中击败丘吉尔。

张伯伦出生于一个政治世家，6岁的时候母亲就病故了，这使他从小性格就很内向，从来不参加任何的社交活动。张伯伦喜欢文学和音乐，在大学期间学习的是冶金专业。毕业之后，他并没有立刻从政，而是选择了在一家会计师事务所工作。1890年，英国殖民统治达到了巅峰，张伯伦和兄长到南美去经营种植园。6年之后，种植园倒闭，张伯伦又返回了英国。

张伯伦回国之后经营金属制造业，渐渐地取得了成功，成为小有名气的经理。这时,他开始步入政界。他先是担任伯明翰市议会议员,后来当选为伯明翰市长。在他的任期内,伯明翰发展得非常快,他一力促成了伯明翰市银行的建立。后来张伯伦参加了议会选举,在几届内阁中,先后担任邮政大臣、卫生大臣和财政大臣,而他担任时间最长的便是财政大臣。

1937年,因为在财政大臣位置上工作出色,张伯伦正式当选为英国首相。然而张伯伦最大的失误就是对外政策,这便是他的所谓绥靖政策。

张伯伦上台之后,法西斯侵略同盟"柏林—罗马—东京"三国轴心已经宣告形成,第二次世界大战的爆发迫在眉睫。英国国内的有识之士,例如丘吉尔,对法西斯的上台非常警惕,一直主张对法西斯实行强硬政策。但张伯伦认为自己"对欧洲整个局势,甚至对整个世界了如指掌"。

实际上,张伯伦的想法是让德国法西斯来遏制苏联,从而维持欧洲的和平。而要利用德国,必然要满足德国的一些要求。因此,当德国暗杀了奥地利总统并吞并了奥地利之后,张伯伦认为既然事情已成定局,不如保持沉默,以换取德国的满意。

后来,张伯伦甚至拉拢法国总理达拉第,与德国在慕尼黑签署协定,要求德国不再发动战争。为了达到这个目的,张伯伦竟然允许德国占领苏台德区。

慕尼黑协定签订以后,张伯伦得意洋洋地宣称:"这是历史上,第二次英国首相从德国带回保持尊严的和平,我相信这就是我们一个时代的和平。"

然而,1939年3月,希特勒悍然发动了对捷克的战争。直到这时,张伯伦才发现上当受骗。他断然放弃了绥靖政策,并且宣称如果纳粹德国敢于进攻波兰,英国将给予波兰一切的武装支援。但是绥靖政策的恶果已经埋下，局势的发展超乎了他的预料。

张伯伦总是想不付出实际的利益，就从欧洲各国获得好处。希特勒进攻波兰之后，张伯伦政府虽然对德宣战，但实际上并没有作战，因此世人称他的宣战是"电话战争"。

后来一直等到德国进攻荷兰，张伯伦这才下令加速英国重整军备计划，并将丘吉尔拉入自己的内阁。英国开始进入战争，但是欧洲的局势显然已经乱成一团。不但德国进攻西欧，苏联也开始入侵波兰和芬兰。张伯伦这个搞内政的首相显然已经难以领导战时的英国了。

张伯伦主动向国王提出辞呈，建议由丘吉尔组建内阁，丘吉尔得以顺利上台。丘吉尔上台之后，本想让张伯伦继续领导财政部门，但当时张伯伦在媒体眼中，已经成为二战的罪魁。因此，丘吉尔只好让他担任了枢密院院长。

第二次世界大战中，担任枢密院院长的张伯伦与丘吉尔一直紧密合作，反对与德国议和。1940年11月，张伯伦因胃癌去世。

纵观张伦伯的政治生涯，在内政上自然有其独到的一面，但他的绥靖政策纵容了战争的爆发，鼓励了法西斯侵略者。

敦刻尔克大撤退

第二次世界大战爆发后，敦刻尔克也从一个名不见经传的城市跃而闻名于世，主要因为这里发生了世界上最大的一次撤退。1940年5月27日至6月4日，近34万英、法联军在短短9天的时间里从这里奇迹般地逃离了德军的西、南、东三面重围，回到了英国本土。这为日后盟军的反攻保存了有生力量。

1940年5月10日，德国法西斯开始对西欧发起进攻。当时的德国已经拥有100多个师、300多万的军队，基本上相当于法国、英国、荷兰、比利时、卢森堡的总和。而当时的法国和英国却没有认清战争的发展形势，除了外交上对德国的谴责之外，再没有其他的动作。尤其是法国，处于虎狼之侧，却盲目地认为马其诺防线固若金汤，国家的安全保证非常好，便在心态上放松下来。这就出现了历史上有名的"奇怪的战争"——"静坐战争"。

当然，选择毕竟是要付出代价的，法国这种消极应战的态度终于导致了不可挽回的后果：这个曾经雄霸欧洲大陆的超级大国，在短短不到半个月时间里就被迫宣告灭亡。作战之初，德军避开了马其诺防线，率先攻击了比利时、荷兰和卢森堡，继而又悄悄地绕过马其诺防线，直捣法国腹地。在这样的情况下，法国猝不及防，整个防线很快就被瓦解，数以百万计的法国军队都沦为德国的俘虏，只有几万人与驻法英军一起从敦刻尔克渡海逃到了英国。

5月20日，德军抵达英吉利海峡，并切断了法国北部以及比利时境内的英、法、比、荷盟军和索姆河南部法军主力之间的联系。尽管英、法联军也多次实施了反突击战争，但却均因兵力不足、行动时间不一、缺乏空中支援和统一指挥等原因而未能取得效果，并最终导致了约40万英、法联军三面被围，而被迫撤退到敦刻尔克地区的局势。此时，敦刻尔克这个仅有万名居民的小港成了他们唯一的生存希望。

而希特勒的一念之差也给了英法联军一次大好的撤退机会。5月24日，希特勒出于保存装甲部队实力的考虑，让截断联军退路的德"A"集团军群停止前进。此时德军最近的坦克离这个港口仅仅只有10英里，只要稍作坚持便可拿下敦刻尔克，但还是在希特勒的命令下停止了前进。之后，围歼联军的任务便交给了空军和从正面进攻的"B"集团军群，但却因为这期间的一段空白，而致使德国失去了最好的战机，并为英、法联军的撤退提供了宝贵的时间。

为了更好地保证联军撤退，英国政府于5月26日下令执行代号为"发电机"的撤退计划，并任命多佛尔港司令拉姆齐海军上将为撤退行动的总指挥。于是，有史以来最为复杂、危险的海上撤退便从这天开始了。之后，英国政府和海军便发动了大批船员和人民营救军队。联军的撤退行动一开始，德军就马上加强了对地面的进攻，并从空中和海上两面夹击联军。经过连续9天的奋战，将近33.8万（其中法军12.3万人）的联军终于从死亡漩涡中挣脱了出来。

　　在这次大撤退中，英国、法国、比利时和荷兰共派出了861艘各式舰船加入了救援行列，其中包括渔船、客轮、游艇和救生艇等小型船只等。然而，就是这些装备一般、缺乏安全护航的运输船只却组成了一支所向披靡的"无敌舰队"。更让人为之慨叹的是，这些船只中大部分都是自发前去接运部队的人民，他们冒着生命危险，用自己的行动证明了大不列颠民族征服海洋的精神以及他们对世界和平的追求。

　　联军从敦刻尔克成功撤退后，反法西斯战争的有生力量得到了极大的补充。而希特勒的这一由空军取代地面装甲部队消灭敦刻尔克盟军的决定，也因此而被视为第二次世界大战初期"德军最大的失误"。6月4日，丘吉尔向议会报告敦刻尔克撤退时说："我们挫败了德国消灭远征军的企图，这次撤退将孕育着胜利！"英国历史学家也对此做出评论："欧洲的光复和德国的灭亡始于敦刻尔克，这绝不是一场奇耻大辱的败退。"总而言之，这次撤退为日后的反攻保存了强有力的有生力量，可以说是二战史上的一个奇迹。

不列颠大空战

　　法国投降后，德国的军事威胁达到顶峰，西欧大陆上德国已经没有对手。 但在丘吉尔的领导下，英国却不肯投降，相反却拼命加强防御力量，广泛开展外交攻势，到处寻找新盟友。

对于德国来讲，彻底解决英国的方法是，登陆英国。 但希特勒却举棋不定，后来勉强同意将海上登陆英国当作一个可能性来考虑。

随着海上登陆英国的计划制定和准备工作的深入进行，海上登陆的困难被德国海陆空三军将领们日益发现了。 因为德国的海军力量弱小，陆海空三军将领认为，只有德国空军首先在英吉利海峡一带和英格兰南部夺取制空权，或者至少取得空中的优势，海上登陆才有可能。 可见，德国要想海上登陆成功，必须先取得英吉利海峡的制空权。

而德国的空军将领们却跟陆军和海军将领们想法不一样，他们认为掩护海上登陆并不是空军的任务。 就像人们日后看到的那样，空军倾向于把自己的任务仅仅局限在对不列颠空战。

在攻打波兰时，波兰空军被德空军很快消灭了。 在攻打法国时，法国空军从一开始就被削弱，德国空军一直享有空中优势，在敌空军被摧毁或者被削弱、地面部队被德空军重创后，敌军空军机场被德陆军占领。 但这套作战方案无法用来进攻海上的英国。

德国结束法国作战到德空军发动不列颠空战前后历时七周。 在这七周的时间里，德国空军忙着扩充地面部队，以便能在日后执行伞兵登陆任务，同时各个空军中队学习了英国的背景情况等。

德国空军司令部对怎样对英国进行有效打击仍无方案。 早在1939年5月23日的时候，希特勒向将领们谈过自己的建议，由于英国完全依赖进口，可以切断供应线迫使其投降，但这必须摧毁英国舰队和切断它的海外补给线才行。 1939年8月，德国的军备仍不充分，远远不能满足一场大战的需要。 陆军需要到1943年才能组建完毕，而海空军则有更遥远的目标。

从进攻波兰开始到不列颠空战爆发这段时期，德国逐渐加强空袭英国的力度。在攻打波兰以前，希特勒极力避免英法卷入波兰战争，因此空军袭击英国被禁止。戈林知道，对伦敦市的任何空袭都完全取决于希特勒。希特勒准许侦察英格兰中部及南部地区。

1939年9月10日，空军空袭进入德国海军基地或者布雷区附近海域的英海军舰队的命令被希特勒正式下达。10月18日，希特勒准许空军对英海军舰队进行空袭。10月1日，空军袭击英国商船。10月底，戈林召开会议，商讨空袭英国的计划，但毫无进展，因为害怕英国空军轰炸德国。12月，德国威廉港被英国空军空袭，希特勒仍不敢空袭英国。

7月初，英国仍不肯投降。7月16日，德国统率部制定的对英登陆作战的计划，即"海狮"计划被批准，若有必要，立即登陆作战。但是希特勒这时仍然希望英国人能认清形势，接受和谈。

与戈林用空降部队入侵英国的计划相比，"海狮"计划的构想过于庞大，而且经过一个月的准备，英国的防御力量大大加强了。

用25万德国陆军在英国南部海岸长达320公里的战线上登陆，大部队由驳船、拖船、汽艇和运输船运送，少量的部队用运输机运送，这就是"海狮"计划。登陆部队将分三批运送，首先夺取滩头阵地，再进攻内陆，将伦敦与各地的联系切断。出动秘密警察抓捕2000名英国的精英人士，从丘吉尔到作家赫胥黎，把所有17岁至45岁的英国男子都绑起来，运到欧洲大陆。

陆军将领们欣赏"海狮"计划，但海军总司令雷德尔元帅却忧心忡忡。"海狮"行动被希特勒和陆军将领们看作是渡河计划，只是渡的河宽点罢了。陆军将领们却不懂得，进入英国本土的登陆部队要乘风破浪地渡过40多公里巨浪滔天的海峡，而德国海军不具备保护"海狮"行动的能力。雷德尔提出缩短战线的要求，陆军将领们反对说，这就是让陆军送死。

希特勒作出裁定，把战线比原定的缩短一些。陆军向希特勒保证，他们全力支持"海狮"计划。他们提出了一个要求，在海路登陆英国以前，空军必须摧毁英国沿岸防御力量，尤其是先消灭英国空军。

这时，希特勒还没有下定决心实施"海狮"计划，还想给英国一段时间考虑，再给丘吉尔采取"理智"态度的机会。

从1940年8月19日至8月22日，气候骤然变坏，能见度极低，德国空军起飞是不可能的。戈林利用这个机会召集空军将领开会，在前几天对英作战情况分析的基础之上，研究下一步的作战任务。最后决定将对英国飞机制造厂和重要军事目标的袭击变为夜袭。

8月24日，天气转好。当晚，大批德国空军飞机出动，飞过海峡，实施"夜袭"。但由于一个轰炸机中队迷航了，遭到防空炮火打击后，把准备投到伦敦城外飞机制造厂和油库的炸弹，投到了伦敦市内。结果炸死8名伦敦市民！

从这一天起，不列颠空战进入第二阶段。

9月15日德军空袭英伦达到了高潮，德国空军继两次猛烈空袭后，伦敦再次遭到昼间空袭。在作战的过程中，德国损失飞机60架，英国只损失了26架。从此，9月15日被英国人定为"不列颠战役日"，每年都进行庆祝活动。这次空战足以说明，德国的空军根本没有空中优势。两天以后，德军不得不再次推迟"海狮"计划。

不列颠空战第三阶段作战一直持续到11月底。德国空军对于失败非常不甘心，继续轰炸伦敦，同时持续的夜间轰炸被扩大至考文垂、伯明翰、利物浦、南安普敦等城市。

但由于希特勒要加紧入侵苏联，德军的航空兵团逐渐调往东线，对英国的空袭已减少到最低限度。

在不列颠之战中，德国空军共出动飞机4.6万多架次，向英国掷下了6万吨炸弹，自己损失飞机约1500架。英国空军损失飞机915架，约8.6万余人居民被炸死炸伤，大约有100多万栋建筑物遭到破坏，许多城市被摧毁。但是英国没有屈服，不列颠军民在保卫祖国的斗争中表现出高昂的士气和大无畏精神，希特勒妄图迫使其退出战争的狂妄企图被英国粉碎了。

不列颠战空战开始后，英国人忽然发现，他们自己能够单独交战于把欧洲大陆各国相继征服的德国，为此，他们感到很骄傲。

英国在二战中能够胜利，另外一个重要的原因就是法西斯国家自取灭亡。

1941年6月22日，德国悍然入侵苏联，这就使英国不再单独作战了。这一天，丘吉尔又走了招妙棋，对外宣布：英国政府已作出决定，英国将援助抗击纳粹德国的任何个人或者任何国家。

1941年12月7日，日本偷袭美国。这一天，许多英国人的想法竟与丘吉尔惊人的相同。

面对德国的一次次侵犯，丘吉尔为了保卫英国，力争与美国结盟，让美国援助英国。早在1940年5月15日，刚上台的丘吉尔就给罗斯福发电报，希望美国提供四五十艘旧驱逐舰以救急需。

1940年6月15日，国防研究委员会设立。罗斯福向丘吉尔表示，他正尽最大努力使英国得到急需的物资。最初，美国国会不批准对英国的援助。

但军火库中几乎所有的库存仍然被罗斯福借给了英国：50万支步枪，8万挺机枪，900门野战炮，大量的炮弹、子弹、炸弹和无烟火药。许多议员在国会吵个不休，称罗斯福的疯狂做法等于自杀。

英国坚决抗击德国法西斯的政策，得到的支持和援助也越来越大。1940年9月2日，美英正式达成"以驱逐舰交换海空军基地"的协议，即美国把50艘第一次世界大战后退役的旧驱逐舰"租给"英国，美国在纽芬兰和西印度群岛的8个地方建立海空军基地，租期为99年。这个协议使美国由中立国变成交战一方。

美国这时虽然已事实上成为交战一方，但希特勒还不敢宣战美国，因为德国法西斯的侵略矛头已转向东方，准备去进攻苏联。

在反法西斯的第二次世界大战中，美国通过租借法拨款五百多亿美元，购买武器、粮食和各种军用物资，以援助英、苏、法、中等38个同盟国家，对打败当时的人类公敌德、意、日法西斯侵略者起了一定的积极作用。

激战巴尔干

1940年6月，英国退守英伦三岛之后，墨索里尼认为，抢夺英国在非洲的殖民地的时机成熟，便积极备战，力图扩大侵略非洲，以实现他的"新罗马帝国"的美梦。他在意大利首相府，与外交大臣齐亚诺、意军总参谋长巴多格利奥、意大利驻阿尔巴尼亚军事顾问帕里阿尼等人讨论针对阿尔巴尼亚的军事行动计划。

他决定：陆海空三军必须在周六前完成准备；并找准时机开进阿尔巴尼亚领海，发出最后通牒，直到屈服；如果他一味拒绝，我们就鼓动部族暴动，发表声明，并且实施登陆；占领地拉那以后，召集阿尔巴尼亚头面人物组成国民议会，阿尔巴尼亚王冠被奉献给意大利国王。

当这些规定以条约的形式送达阿尔巴尼亚王宫后，佐格国王拒绝签署这项无论在形式上还是实质上均有损阿尔巴尼亚领土和主权完整的条约。

4月7日凌晨4点，墨索里尼收到佐格的电报，称国王决心达成军事协议，要求举行谈判。当天下午，远征军司令古佐尼接见谈判代表，拖延了很久才发现此人没有被授予全权！墨索里尼恼羞成怒，意军开始远征。

墨索里尼派大军进入非洲与英军交战。意大利部队攻入英—埃苏丹，占夺法属索马里兰及英属索马里兰，进兵肯尼亚。

在肯尼亚，从1940年11月起，由陆军中将坎宁汉接替戈德温·奥斯汀统率英军，兵力增至3个师7.5万人，分别是第1南非师、第11非洲师和第12非洲师。同时，英国在苏丹境内的兵力也增至2.8万人。英国认为时机成熟，便分南北两路向意军发起进攻。

由普拉特将军指挥北路英军，于1941年1月向厄立特里亚发起进攻。开战后，英军第4和第5印度师即在克伦山地遇到意军的顽强抵抗。英军受阻后，于3月中旬再次发起进攻。3月27日，英国皇家坦克联队的一个重装甲坦克中队终于插入了意军防线，攻占了克伦。

经过长期战斗，最终于4月6日，埃塞俄比亚首都亚的斯亚贝巴被英军解放，随同回国的还有流亡国外的皇帝海尔·塞拉西。奥斯塔公爵率领的意军残部陷于绝境，于5月19日被迫向英军投降，总计有23万人成了英军俘虏。至此，东非战役实际上已经结束，墨索里尼建立"新罗马帝国"的美梦也就此破灭。

莫斯科保卫战

1941年6月22日，苏联遭到德军兵分三路的突袭，由于苏军所调兵团散在各地，加上准备时间仓促，必要的通信器材又很缺乏，所以未能对德军形成突击，德军一路势如破竹。而受到严重损失的苏军反突击部队燃料、弹药消耗殆尽。

截止到7月4日,德军在南路推进了300~350公里。苏军共17万人在南路阵亡,7万余人受伤,平均每天伤亡1.6万人。

截止到7月10日,德军在中路几乎占领了白俄罗斯的全部领土,在西方向前推进了450~600公里。苏联西方面军共阵亡人员34万,7.6万余人受伤,平均每天2.3万人伤亡。

德军在北路向前推进了400~450公里,向苏联的西北重镇列宁格勒逼近。苏军西北方面军阵亡7.4万人,1.3万人受伤,平均每天4845人伤亡。苏联立陶宛、拉脱维亚和俄罗斯联邦的部分领土丧失。

德军在侵苏战争前期达到了希特勒预想的目的,极大地震慑了苏军,闪击战初战告捷。

德军中路在7月底进入了拉锯战阶段的是斯摩棱斯克城周围的战斗。辖于德军中央集团的古德里安指挥的第2装甲集群部队,同苏军展开了自开战以来最激烈的战斗。为了捍卫莫斯科面前的最后一个要塞,反复冲击德军的苏军不惜投入大量兵团。

经过一个多月的连续作战后,古德里安的装甲集团精疲力竭,中央集团各部德军也已是损兵折将,继续进攻的能力已经不存在了,被迫暂停进攻,转入防御。

9月8日,苏军前进至乌斯特罗姆河与斯特丽亚那河一带,并在斯摩棱斯克附近以4个集团军的强大兵力再次转入进攻。

虽然苏军最终没能收复斯摩棱斯克,没能守卫住莫斯科前面的"最后一道大门",但是,德军中央集团在这一地区却被牵制达两个月之久,德军对莫斯科的进攻速度得到极大的延缓,德军装甲兵团的战斗力消耗极大,德军"装甲闪击"的战车在苏军阵地前第一次抛锚。

在德军北路，到9月初，列宁格勒与苏联其他地区的铁路联系中断，德军突入拉多加湖南岸。德军占领什利谢尔堡，对列宁格勒实施了陆上封锁。之后，德军夹住列宁格勒的"巨钳"，用大炮轰击，用飞机轰炸，企图以此将苏联军民的抵抗决心消磨殆尽。

在德军南路，由于德军南方集群的大合围已经形成，有效的补给无法供应给大多数苏军。至9月中旬，基辅附近的形势恶化了，德军南方集群分割包围了很多苏军西南方面军的主力部队。

9月19日，南路乌克兰首府基辅被攻陷。据西方史学家记载，在希特勒称之为当时"世界上史无前例的最大战役"——基辅战役中，围歼了苏军4个集团军，65.5万名指战员被俘虏。

整个苏联陷入危急之中，依旧有德国的战车向莫斯科隆隆地驶来。一场猛烈的"台风"刮来，就要拉开保卫莫斯科战役的帷幕了。

9月30日，进攻莫斯科的军事行动计划由希特勒亲自签发，此计划的代号为"台风"。不顾损失惨重的德军依旧猛烈进攻，每日以俯冲轰炸机为先导，在苏军后方投弹轰炸，把苏军兵力的集结调动和补给运输给破坏掉，将其战场各部分的联系也切断了；再以大炮、迫击炮火力破坏苏军前沿工事，压制苏军火力；然后在摩托化步兵的协助下，以坦克为前锋疯狂推进。

为加强莫斯科前线苏军的指挥能力，斯大林亲自与朱可夫这位正在列宁格勒前线指挥对德作战的常胜将军通话，要他立即飞到莫斯科，对莫斯科保卫战进行指挥。

9月30日，由古德里安统帅的德军坦克集群宛如一张弯弓上的利箭，直指布良斯克和维亚济马。古德里安的部队从乌克兰到莫斯科进展神速，不到3天，古德里安就将布良斯克战线以东200公里的奥廖尔占领了。

古德里安占领奥廖尔后，指挥德军将布良斯克—奥廖尔公路迅速切断，将卡拉切夫一举攻占，紧接着向布良斯克迂回包抄前进。10月6日，布良斯克被古德里安攻占。

与此同时，在杜霍夫希纳和罗斯托夫方向，德军第4和第9集团军分别以第3和第4装甲集群实施猛烈进攻，迅速突破苏军的防御阵地，并从南北两面急速地向维亚济马冲去。

古德里安的南进的德第2集团军与坦克第2集团军一起，于10月7日在布良斯克以南将苏军第13集团军和第3集团军一举包围，在布良斯克以北包围苏军第50集团军的部分兵力。

10月13日，苏联3个集团军被德军包围后经过英勇抵抗，大部被歼，余部退守莫扎伊斯克防线，在敌后有部分人员展开游击战。

至此，希特勒的"台风"计划的第一阶段行动完成，德军铁甲将莫斯科的第一道防线冲开了一道可怕的缺口。

从10月13日起，几乎所有通往莫斯科方向的重要战场都开始了激烈的战斗：13日位于莫斯科西南160公里的卡卢加陷落；德军夺占了离莫斯科150公里的加里宁；离莫斯科100公里的鲍罗季诺遭到了德军的致命一击。

当时，莫斯科有一句很流行的话："强大的苏联已无处可退，因为后面就是莫斯科。"当时的危急情况和莫斯科军民的士气高涨已充分说明了这一点。

但是，由于德军过于强大，无奈之下西方面军开始向后撤退，莫斯科的危险与日俱增。

10月底，希特勒集中51个师，包括13个坦克师和7个摩托化师的兵力，再次对莫斯科进行强攻。

古德里安的第2装甲集团军从南面逼近莫斯科，并向高图拉、卡希拉、科洛姆纳进攻。莫斯科以西宽大的正面，实施攻击的是德军第4集团军。

希特勒对于这个计划极为满意，很快向部队下达了指令：从11月13日起，全线进攻，目标——莫斯科！

德军在最初的几天总算争气，频频得手，向莫斯科逼近的速度不快不慢。随着德军的逼近，苏军也越来越顽强地抵抗，常常是把整营、整团打到不剩一个人。

12月3日，在遭受重大损失后，德军第4坦克集团军攻占红波利亚纳。红波利亚纳就是今天的梅季希，距莫斯科只有27公里，位于莫斯科西北郊。坦克从这里到莫斯科城最多需要一个小时便可抵达。

博克作为德军元帅，手拿望远镜，当他看到克里姆林宫尖顶那颗闪闪的红星的时候，他不禁低声道："看到了，红星……我总算看到了……"

然而，博克无论如何也没有想到，这是他此生此世所能到达的距莫斯科最近的地点，也是德国军队看到莫斯科的第一次和最后一次。

德军越逼近莫斯科城，苏军抵抗越激烈。希特勒隐隐感到，供应线大大拉长，德军连续作战，十分疲劳，必须及时解决这一切。

然而此时，苏联的酷寒降临，冰雪覆盖着莫斯科。希特勒原以为占领莫斯科指日可待，对于在酷寒条件下作战没有丝毫准备，因此德军逐步陷入进退不得的困境。

莫斯科的第一场雪是在10月6日深夜落下的，与平常年份相比，这场初雪提前了一个月。对大雪中的德军来说，天气的突然变冷真是雪上加霜。

大雪把莫斯科周围绵延上千公里的河流、山谷、村镇以及桥梁、道路都覆盖了，也将希特勒军队的营帐、野战机场、坦克、大炮和车辆覆盖了。

大炮上的瞄准镜在寒冷的天气中失去了作用；大雪冻裂了纳粹军队的飞机油箱；坦克因燃油冻结，必须在底盘下烧火烘烤才能发动；

必须装上防滑链后坦克及随行车辆才可行进，否则无法控制，随时会打滑横行，翻落沟底；由于冰冻步兵的步枪、机枪等自动武器也无法使用。

更为悲惨的是德军官兵的处境，由于冰雪封冻，伤员运不走，补给送不来，他们身穿单衣，挨冻受饿，龟缩在战壕里。

严寒同样给苏联军民带来了巨大的困难，即使在寒冷彻骨的天气里，他们也要挖防坦克壕、设置障碍物等。

但是，苏军本来就是在严寒中长大的，况且穿得暖暖的，足以御寒；与德军相比，苏军供给和适应力要强得多；为防止冻坏，苏军的机枪都披着枪套；武器上涂有冬季润滑油，使用起来非常灵活。

这时，国防委员会以斯大林为首作出了在莫斯科近郊歼灭德军的决定，转入反攻，对敌人实施歼灭。

12月4日，在红波利亚纳地区苏军第16集团军发起反击。红波利亚纳镇几次易手，苏军与德军之间的坦克战在镇外展开，镇内则进行着巷战。战斗异常激烈，整整持续了一天，天黑时，德军终于被苏军逐出了红波利亚纳。

12月8日下午，苏军解放了克留科沃及其邻近的几个居民区。德军向西逃窜，丢下了坦克54辆、汽车120辆及很多武器、弹药和军用器材，还有两门300毫米火炮。显然，这武器是德军准备用来轰击莫斯科的。

从12月8日开始，德军无奈之下转入防御。此时，德国军官中悲观情绪越来越浓厚。

希特勒决定将陆军总司令布劳希奇元帅等高级将领的职务解除，自任陆军总司令，命令东线德军坚守待援。但是，苏军的脚步仍然不能被德军挡住。

从12月7日起，苏军不断加快反攻速度，前3天推进了30～50

公里，而且攻势一浪高过一浪，苏军取得了越来越大的战果。

12月8日，苏军第16集团军将克留科沃解放后，开始向伊斯特拉水库发起进攻。 另外，积极向前推进的还有苏联戈沃罗夫将军指挥的第5集团军，从而有力地保证了第16集团军的进攻。

到了12月13日，苏军粉碎了德军在克林和索尔涅奇诺戈尔斯克地区的抵抗，德军丢下了大量的大炮和车辆，仓皇撤退。 一路上，苏军飞行员对撤退的德军进行轰炸，德军损失惨重。

在莫斯科战役胜利的鼓舞下，斯大林作为最高统帅决定乘胜追击，发动全线反攻。 斯大林说："在莫斯科附近的失败使得德军惊慌失措，而且他们没有很好的过冬装备，现在正是我们转入进攻的最好时机。"

1月8日，苏联波罗的海舰队、黑海舰队的舰桅高昂，炮弹由海军战士们填进炮膛，野战机场上的战鹰满载航空炸弹，在莫斯科郊外振翅待飞。

从静静的顿河流淌过的乌克兰平原，到黑海北岸的克里木岛，从列宁格勒城外雪深齐腰的森林，到莫斯科以西冰封的大地，苏军在这条纵贯南北的战线上，9个方面军110多万将士整装待发，即将拉开收复失地大总攻的战幕。

1月10日，苏联以9个集团军和2个骑兵军的西方面军在勒热夫—维亚济马实施进攻。

1月20日，苏联西方面军中线部队第5、第33集团军收复了莫扎伊斯克，并在尤赫诺夫方向第43集团军发起进攻。

为了与围歼维亚济马的德军的正面部队相互配合，苏军从1月中旬至2月中旬先后空降了1万多人在维亚济马东南地区。

接着，苏军又向西推进了100～350公里，将莫斯科州、加里宁州、图拉州等莫斯科以西大部地区收复。 至此，希特勒占领莫斯科的企图完全泡沫化了。

列宁格勒保卫战

列宁格勒，原名为圣彼得堡，始建于1703年，是俄国著名沙皇彼得大帝建立的俄国"欧洲之窗"。此外，这里还是苏联建立之前的俄罗斯帝国的首都，同时也是苏俄十月革命的发源地。1924年，苏联党中央和苏联政府为了纪念伟大的革命导师列宁而把它改名为列宁格勒，便称它为"苏联第二首都"。

二战期间，德军统帅部考虑到列宁格勒在政治、经济和战略意义等方面的重要作用，便将其定为侵略的主要目标。为此，希特勒特意调集了40个师、6000门大炮和1000多架飞机进攻这座城市。

1940年12月18日，希特勒为了能够更好地完成对列宁格勒的围困，实施了第21号训令，即"巴巴罗萨"计划。在这项计划中，北方集团军群的主要任务就是从东普鲁士出发，开赴波罗的海沿岸，并消灭那里的苏联红军。然后再与芬兰军队相配合，争取在1941年7月21日之前攻占列宁格勒。另一方面，希特勒十分看好自己的闪电战术，他宣称，届时他会在列宁格勒的冬宫广场上，亲自对军队进行检阅，并在列宁格勒的阿斯托里亚饭店为军队摆下庆功宴会。

1941年7月1日，德军占领了拉脱维亚的首都里加。7月4日，德军又突破了苏军在拉脱维亚与俄罗斯边界设置的防线，接着又在7月9日占领了苏军弃守的普斯科夫。至此，德军已经真正地打开了通往列宁格勒的大门。而芬兰军队东南、卡累利阿两个集团军也对列宁格勒展开了猛烈的进攻，列宁格勒就此陷入德、芬两军的南北夹击中。

而对方，苏军西北方向总司令伏罗希洛夫元帅紧急动员了群众，数以百万的列宁格勒居民围绕在列宁格勒周围，夜以继日地构筑了三道防线。就这样，在苏军的顽强抵抗下，以及卢加河畔的天然屏障的保护下，北方集团军群想要在7月21日前拿下列宁格勒的计划破产了。另一方面，为协助北方集团军群进攻列宁格勒，希特勒在7月19日还特意发布了第33号训令，命令中央集团军群的霍特带领第3装甲兵团北上切断列宁格勒与莫斯科之间的交通线。8月21日，南路德军占领了楚多沃，成功切断了列宁格勒通往莫斯科的十月铁路。到8月底的时候，德军一路向北推进到了斯卢茨克—科尔平诺地区，该地区距列宁格勒城南仅20千米。9月8日，南路德军到达列宁格勒城东面的拉多加湖南岸，并占领施吕瑟尔堡，至此，列宁格勒与外界联系的最后一条陆路交通线也被切断，并形成了被德国三面包围的形式。从这点看来，列宁格勒已经岌岌可危，形势对苏联一方甚是不利。

之后，德军开始对列宁格勒进行了猛烈的炮击和空中轰炸。9月9日，德军又向列宁格勒发起新的进攻。此时的德军已经突进到了城市的接近地，情况已经非常紧急。苏军方面军的指挥者正是朱可夫大将，他领导的军事委员会在对当前形式进行分析后做出了一个决定是：即使战至最后一人，也要守住列宁格勒。

就这样，在苏联军民团结一致誓死保卫列宁格勒的情况下，德军想要在9月夺取列宁格勒的目标再次破灭。德国再次改变了计划，决定在10月中旬向季赫温实施突击，意图切断列宁格勒与外界联系的最后一条铁路。而当时，被围城市所需的物资全部都需要通过这条铁路运至拉多加湖，再经水路运送到达。德军的这一举措，无疑是令苏军的情况雪上加霜。11月8日，德军一举攻下了季赫温。但在12月9日又被苏军夺了回去，甚至将德军赶到了沃尔霍夫河彼岸。1941年冬季，列宁格勒人历经千辛万苦，在拉多加湖冰面上奇迹般地开辟了一道冰上公路，通过这条唯一能够与外界取得联系的"生命之路"运进粮食、运出伤员，从而战胜了寒冷和饥饿，彻底粉碎了德国想要困死列宁格勒人的阴谋。

1942年1月至10月，列宁格勒方面军与沃尔霍夫方面军突击集团对德军进行了东西夹攻，再加上锡尼亚唯诺方向的顽强战斗，德军的兵力受到了极为严重的损耗。但是，由于兵力、兵器不足和军队指挥上的缺陷等原因，这两次战役都只是重创德军而未能彻底解除城市封锁。

1943年1月12日，列宁格勒方面军所属第67集团军各兵团、沃尔霍夫方面军所属突击第2集团军各兵团和第8集团军部分兵团接到最高统帅部大本营命令，联合着手实施了"火星"战役。1943年夏秋之际，列宁格勒方面军和沃尔霍夫方面军彻底打破了德军想要重新封锁列宁格勒的计划。此间，苏军肃清了德军在沃尔霍夫河岸基里希地区内的兵力，并攻占了德军枢纽部锡尼亚唯诺。至此，苏军在战役中被动形势已经彻底扭转。

之后，苏军在斯大林格勒战役、库尔斯克战役、左岸乌克兰战役、顿巴斯战役及第聂伯河战役中的相继取得了胜利，这为苏军在列宁格勒和诺夫哥罗德两市附近实施战略进攻提供了有利的条件。列宁格勒和诺夫哥罗德战役的结果，给德军的北方集团军带来了沉重打击，列宁格勒州也几乎全境解放。1944年夏，苏德战场北翼德军战略集团被击溃，之后芬兰宣布退出战争，从而德军战略路线的北翼陷入了崩溃的边缘。

1944年8月10日，列宁格勒结束会战。这次会战的胜利对历史的发展有着极为重要的政治和军事战略意义，这是因为这次会战牵制了德军重兵和芬军全部兵力，对苏德战场其他地段的战斗进程有着不可估量的影响。

珍珠港遇袭：美国向日本宣战

日本是一个非常讲究细节的民族，所以十分周密地考虑了偷袭珍珠港的所有细节。为了使兵力编组既避免编队太大被美军发现，又能有强大的突击能力，山本五十六将编队定为：6艘航空母舰、2艘战列舰、2艘重巡洋舰、11艘驱逐舰、1艘轻巡洋舰、3艘潜艇、3艘油船，共33艘舰只，432架舰载机，其中担负突击任务的有354架，负责保护整个编队的安全的是其他69架飞机。

当时一共有三条可以选择的航线：经过阿留申群岛的北航线；途径马绍尔群岛的南航线；途径中途岛的中航线。这三条航线各有利弊。气候方面，南航线更便于航行，但是往来的商船太多，与夏威夷群岛距离很近，容易被美军发现。北航道虽然离美军岸基航空兵飞机巡逻范围较远，但是有恶劣的气候条件，在风大浪急的情形下海上加油十分困难。出于保密方面考虑，山本五十六决定走北航线。

除此之外，经过精心算计的还有突击机群起飞海域的距离。太远了会使飞行员疲劳，影响战斗，太近了容易被美军发现。经过多次研究，山本五十六将起飞的海域确定为瓦胡岛以北200海里的海域。

星期天被定为攻击时间。因为根据美军的活动规律，出海军舰往往是在星期六返回，在珍珠港内停泊军舰最多的时候是星期天，美军休假也最多，防备松懈。

由于参战的第5航空舰队两艘航母上的飞行员夜间飞行训练缺乏，所以突击的时间被山本五十六定为：东京时间12月8日早晨6点起飞，8点发动攻击！

为了与突击美国的军事行动进行万无一失的配合，日本在搜集美国情报上面费了很大的工夫，特别是1941年5月以后，竟有两百多人被派往珍珠港作间谍。他们利用各种方法收集珍珠港的水文、天气、美军基地和地形、舰艇、飞机的部署等情况。

这些"潜伏"在珍珠港的日本间谍中，吉川猛夫是最有影响的。作为日本派往珍珠港情报站的主角，吉川猛夫是偶然成为间谍的。原先吉川猛夫是日本预备役海军少尉，就在事业如日中天时，这名狂热的法西斯分子却患上严重胃病，被迫回家疗养。刚好一个日本海军高官在回家时遇到了他，吉川猛夫对于在军中的日子很是怀念，还穿着旧军装。当他被海军高官随便问及愿不愿意回到海军，吉川猛夫高兴地答应了。

于是，吉川猛夫就被编入了军令部第3部第5科专门搜集美国军事情报。1941年3月，化名森村正的吉川以领事馆书记官的身份来到珍珠港。这名23岁的书记官一到，中情局便对其进行了严密监视，下令"尽快查清背景，注意他的行踪"。但中情局很快发现，他其实是一个花花公子，在珍珠港后面的阿莱瓦山坡上，一家日本人开的"春潮楼"是他常去的地方。在几个被称作"尼赛女郎"的美籍日本艺妓陪伴下，这位"浪荡公子"常酩酊大醉、调情笑闹。一次，美国情报人员窃听他的电话，发现他竟和一个艺妓在电话里调情。中情局人员听烦了，拔掉了窃听插头，就此结束对他的调查。

吉川的情报活动因为美国人的麻痹便利了许多。吉川所去的春潮楼，是一个很特殊的地方。将酒馆二楼的窗户打开，就可以将美军在珍珠港内的各种舰艇、军事人员的活动情况尽收眼底。每次到春潮楼，在喝酒聊天之余，吉川总是秘密注意美国军舰的活动规律，默记在心，回去后再用密码记录下来。他从来不用望远镜和照相机，所以很少引起美国情报部门的怀疑。

夏季，日美间的关系越来越紧张，美国联邦调查局加紧调查住在夏威夷的日本人，反间谍力度越来越大。 吉川也收到加速搜集美国海军情报的密令，为了掌握更准确地情报，吉川不断地变换着身份。

白天，吉川乔装成甘蔗田的佣工，在破衣烂衫的形象掩护下接近珍珠港，以便观察美军军舰的情况。 吉川的水性很好，连海水中障碍物、潮流、海岸坡度等情报都是通过潜水精确掌握的。

深夜归来，吉川阅读夏威夷的报纸，仔细研究哪些军事基地要招工、哪些美军军舰停在港内等消息。 一天，吉川从报纸上看到一条消息：一位小姐将于某月某日与战列舰"弗吉尼亚号"上的一位军官举行婚礼。 到了婚礼的那天，吉川发现果然有一艘军舰停在港内，那就是"弗吉尼亚号"。

通过这些方式，吉川清楚掌握了停在珍珠港的舰船名称、美国太平洋舰队的兵力部署和军事设施的基本情况。

1941年11月1日早晨，海军军官中岛受到日本海军部的派遣前往檀香山，奉命把军部的一份重要命令转交给吉川猛夫，要求吉川搞清楚上级给予的97个问题，包括在珍珠港停泊的舰船总数、不同类型舰船的艘数和舰名、希卡姆和惠勒机场的飞机机种及数量、战列舰和航空母舰的停泊位置等等。 吉川迅速把问题答案转交到了中岛手上。

1941年12月初，吉川按照海军要求，对于珍珠港美国舰队的动向每天都做报告。 日本情报部门根据间谍提供的情报，绘制了一幅详尽的美军军情水文图，并用日语标出珍珠港的军事目标。 日军准备根据这幅地图行动。 偷袭珍珠港的前一天夜晚，即12月7日（日本时间），吉川还给东京发去特急电报，报告珍珠港停泊了战列舰9艘、驱逐舰9艘、轻巡洋舰7艘、航空母舰3艘和巡洋舰出港未归。 日本军部依靠这些情报，更加坚定了袭击珍珠港的决心。

12月8日，当可怕的爆炸声传来的时候，吉川刚吃过早饭。 激动不已的他跑到院子，看到头顶上掠过的飞机机翼上的"太阳"，立即跑去向喜多总领事报喜。 吉川和喜多总领事从收音机中听见"东风，雨"的隐语后，马上将密码和文件烧毁了。 日本使馆冒出的白烟引来了警察，吉川想跳楼逃跑却被捕了。 4个月后吉川等日本外交人员被美国政府驱逐出境。

对于山本五十六攻击珍珠港的决定，南云忠一一直激烈反对，但他还是被任命为这一行动的总指挥。 虽然战略决策者是山本五十六，但是作为一线指挥官的南云忠一的表现对这场战斗的胜败起着决定性作用。

这位传统的海军军人从未亲自指挥过航空母舰舰队，他从战列舰见习军官、炮艇艇长一步一步晋升为战列舰舰长、舰队司令，独钟于大炮巨舰的传统思想。 为了对南云航空专业上的弱点进行弥补，海军部派草鹿龙之介海军少将当他的参谋长。 这个安排是非常巧妙的。 草鹿虽说不是一位飞行员，但他在航空兵中任职的一系列履历是相当好的，其中包括就任小型航空母舰"凤翔"号和大型航空母舰"赤城"号的指挥职务。 在即将到来的作战中，不仅南云在航空专业方面的缺陷受到草鹿知识的弥补，而且草鹿的平衡能力也减轻了困扰南云的许多问题：南云对于事情的阴暗面总是常常过多考虑，而草鹿的乐观主义可以帮助南云摆脱不必要的烦恼。 因此，南云很快让草鹿做了他不可缺少的臂膀。

南云也有其长处——水雷战专家就是航海的专家。 正当大家头疼如何隐秘远航3000海里的时候，南云却表示大家就不要犯愁于航海的事情了。 "只要你们能飞得起来，扔得下去炸弹，炸得掉美国船，南云肯定能将你们带到你们指定的地方。"后来的事实证明南云确实做到了这一点。

1941年11月26日，一支由6艘航空母舰为主力组成的日本海军舰队在海军中将南云忠一的指挥下开往珍珠港。 途中，舰队保持彻底的电波静默。

但日美谈判还在华盛顿装模作样地进行着。日军还派出大量舰机在日本本土活动，并对航空母舰编队模拟，频繁进行无线电联络，以使美国产生"其主力舰队仍在本土活动"的错觉。而珍珠港的美军则疏于防范，周末照常放假，港内一派和平景象。

南云机动部队无线电静默一直保持着，只收不发，沿预定的北航线向东迂回前进，将美国的巡逻飞机和商船避开。航行出人预料的顺利，连日来浓云密布，如一个天然的帷幕将庞大的舰队的行动遮蔽起来，冬季海面上常常掀起的巨浪也没有出现。

12月2日，正当南云机动部队刚刚越过东西经日期变更线，进入中途岛以北的西经海域时，南云收到山本用新密码发出来的密令："攀登新高峰一二〇。"即按原计划12月8日（夏威夷时间12月7日）发起攻击。各舰长收到南云的命令熄灯行驶，并把"Z作战"行动向全体官兵传达，对于战斗随时做好准备。

当地时间1941年12月7日，一列庞大的舰队正在太平洋洋面上秘密行驶，悄悄地接近珍珠港。旗舰"赤诚号"航空母舰的桅杆上高高悬挂着Z字旗，意思是：帝国兴亡在此一战，一定要努力奋斗，即使粉身碎骨也在所不辞。

星期天的珍珠港，依然是安静祥和，风和日丽。6时45分，美国驱逐舰在港外击沉了一艘袖珍潜艇，将早晨的宁静打破了，但警报并没有发出。许多军官正在吃早饭，准备换班。

7时55分，美军"内华达号"战列舰上的水兵们正要奏美国国歌，升国旗。忽然，一大批俯冲轰炸机从东南方闪现，闪电般贴在海面上，来了个急转弯，冲到机场上空。

为了保持精确的轰炸，许多轰炸机投弹时距地面仅几百米。机场上炸弹如雨，一架架美军重型轰炸机被炸碎。趁乱刚刚起飞的几架美军战斗机,就被居高临下的日军"零"式战斗机击落。

最初的几分钟内,太平洋舰队中没有人意识到发生了什么事情,等逐渐清醒后,两条鱼雷已经击中了停在舰队最外侧的"西弗吉尼亚号"和"俄克拉荷马号"。后者又在中了5枚炸弹后,带着400多名官兵倾覆。前者由于及时将注水阀打开,慢慢地沉入了水中。"亚利桑那号"由穿甲弹在舱内爆炸引发了大火,两条鱼雷将"加利福尼亚号"击中后,舰上重油库腾起烈焰,并且逐渐下沉。5分钟后,零星的高炮开始响起,但也只是杯水车薪。

8时10分,美国海军部接到一封明码电报——"珍珠港遭空袭,这不是演习"。海军部长诺克斯惊道:"这一定是指菲律宾,这不是真的。"国务卿赫尔得到这一消息时,衣冠楚楚的野村大使正在接待室中等待着交给赫尔一部分电文。

由于珍珠港里美国太平洋舰队的绝大部分战舰都停泊在此,大多数飞机又都集结在机场上,所以日军一举将驻屯在珍珠港的美国海军、空军基本摧毁,珍珠港军港陷于瘫痪,2300多名海军将士阵亡。日军获得了使美军胆战心寒的大胜利。

日本偷袭珍珠港成功后一个半小时,日本宣布对美英两国进入交战状态,并把最后通牒交给了美国驻日大使格鲁。

当天下午,因行动不便一向深居简出的罗斯福总统,举动异乎寻常,亲自前往美国国会,而且没有坐轮椅,走进大厅时由他的长子扶着,向美国参、众两院发表了为时6分钟的讲演。罗斯福开门见山地说:"昨天,1941年12月7日,有人蓄意猛烈地攻击美国,这个日子将永远是我们的国耻日!——日本帝国海空部队蓄意进攻美利坚合众国……"

罗斯福沉痛地宣布——

"昨天,对马来西亚的进攻日本政府已发动了。"

"昨夜，香港遭到了日本军队进攻。"

"昨夜，关岛同样遭到日本军队进攻。"

"昨夜，菲律宾群岛也遭到了日本军队进攻。"

"今晨，中途岛遭到日本军队进攻。"

"他们说我们国家是胆小的，他们说我们是纨绔子弟的国家，让他们去对他的士兵们和麦克阿瑟说吧，让他们去对坚持抵抗的同盟国家说吧……"

雷鸣般的掌声频频打断罗斯福的讲话。

他最后要求国会宣布："自1941年12月7日星期日日本发动卑鄙的、无端的进攻时起，美国和日本之间已经处于战争状态……"

在如雷的掌声和欢呼声中罗斯福合上了记事本，这是他自担任总统以来第一次代表全体美国人民发表讲话。随即参议院以82票对零票，众议院以388票对1票的压倒性优势对罗斯福的宣战要求做出批准，美国走进了第二次世界大战。

英国首相丘吉尔听到这个消息后高兴得老泪纵横，在得知日本偷袭珍珠港的消息之后"好了！我们总算赢了"是其讲的第一句话。曾几何时，为使战争中有美国的加入，他费了九牛二虎之力，也只搞到一个《租借法》，而日本人的行动却使得美国人投入一场全球战争。当天，英国宣布同日本处于战争状态。

中国重庆，12月9日，在中日战争爆发4年之后，蒋介石向日本正式宣战，他向全国宣布与日本断绝一切外交往来，直到用武力从中国领土上将日本军队完全驱逐出去。蒋介石致电罗斯福说："在我们新的共同战斗中，我们将竭尽全力，与你们站在一起，直到世界和太平洋地区从野蛮势力的祸殃中以及无止境的背叛中解脱出来。"

反法西斯同盟的形成

1941年12月7日，日本偷袭珍珠港，对英、美、荷在东南亚的属地发起了进攻，发动了太平洋战争。太平洋战争爆发后，对美英共同作战协定在德意日三国之间签订。被迫之下英美开始对日宣战，德美也互相宣战。从此，美国正式参加了第二次世界大战。接着，荷兰、加拿大、澳大利亚、新西兰、南非联邦、萨尔瓦多、尼加拉瓜、古巴、巴拿马、哥斯达黎加、"波兰政府和自由法国"民族委员会也相继对日宣战。中国也向德、意、日宣战。战争将世界4/5的人口席卷其中。德、意、日法西斯不断扩大侵略战争，使反法西斯力量得到了进一步壮大和发展，国际反法西斯同盟得到加强。

1941年12月22日，在华盛顿美英两国首脑进行代号为"阿卡迪亚"的集会，意为"世外桃源"，对两国整个作战计划进行商讨。会议期间，美国倡议签署《联合国家宣言》，即由所有对轴心国作战的同盟国家签署的一项共同宣言。英国和苏联政府对美国提出的宣言草案进行磋商并加以修改后，用急电发给各同盟国政府。12月27日，各同盟国驻华盛顿大使分批受到罗斯福和丘吉尔会见，把关于这个宣言的内容告知给他们。

美利坚合众国总统与大不列颠和北爱尔兰联合王国首相于1941年8月14日所作联合宣言称业已赞同为《大西洋宪章》内所载宗旨与原则的共同方案，深信完全战胜它们的敌国对于保卫生命、自由、独立和宗教自由并在保全其本国和其他各国的正义和人权方面非常重要。同时，它们现在正在共同抗争力图征服世界的野蛮和残暴的力量，兹宣告：

（1）每一政府各自保证对与各该政府作战的三国同盟成员国及其

附从者，不论在军事还是经济方面都将使用其全部资源。

（2）每一政府各自对与本宣言签字国合作做出保证，并不与敌人缔结单独停战和约或协定。

其他现在或可能将在战胜希特勒主义的斗争中给予物质上援助和贡献的国家得加入上述宣言。

1942年1月1日于华盛顿签字。

《联合国家宣言》的签订，表明反法西斯同盟发展到了一个新阶段。它标志着该组织的进一步壮大和加强，同时也为联合国组织的建立奠定了初步基础。对于这个宣言的发表，美国国务卿热烈欢呼。他说："在历史上最大的共同作战努力中联合国家的宣言，使六大洲绝大多数居民的26个自由国家的决心和意志被从此联合起来了。这个证据是活生生的，说明遵守法律、爱好和平的国家能够在必要的时候团结起来使用武力去维护自由、正义和人类的基本准则。"

当然，同盟国内部也充满着矛盾和斗争，但这对于它们在反对法西斯侵略的斗争中采取一定程度的联合行动并无任何妨碍。斯大林曾指出："参加英苏美同盟的国家否认在意识形态上和社会制度上的差别那是可笑的。但是，这是否可以对这个同盟中的成员采取共同行动进行排斥，去反对使它们受奴役威胁的共同敌人的合理性和可能性呢？绝对不排斥。"问题在于战争和奴役的威胁被德意日法西斯强加于各国爱好和平的人民，促使反法西斯同盟形成的决定性因素正在于此，而德国进攻苏联和日本发动太平洋战争又使这个同盟进一步壮大和加强。

东京轰炸

1941年12月7日，山本五十六统率的日本海军成功偷袭了珍珠港，二战在太平洋地区的战场正式开辟。对于日本此举，美国举国震惊。愤怒的山姆大叔想要找机会去报复日本，便一直注视着日本的举动，准备伺机予其致命性的打击。终于，在日本海军主力"南进"时，美国人抓住了机会。美国海军太平洋舰队的"大黄蜂"号和"企业"号航空母舰立即西进，有预谋地对东京进行了轰炸，让日本人付出了惨重代价。

1942年4月18日，詹姆斯·杜利特尔中校率领16架B—25型轰炸机，从"大黄蜂"号航空母舰上起飞，经过一段时间的隐蔽飞行，终于在当日正午时分出现在了日本的首都东京上空。紧接着，美国海军航空兵便对日本本土发动了大规模的轰炸，重磅炸弹像密集的雨点一般从空中洒落下来，在既定的目标上轰然爆炸。浓烟很快笼罩了整个东京城，城市的建筑瞬间变成了废墟。

这场突如其来的空中袭击让日本政府难以接受，他们在毫无准备的情况下，政府和军界的首脑只能眼睁睁地看着美国的轰炸机在本土上空横行。当然，美军的这次轰炸也是有预谋的，他们轰炸的重点目标是东京南部的造船厂，因为一旦日本的造船厂被炸毁，日本的海上力量就会受到极大的影响。而且他们也实现了自己的目的，威力强大的炸弹瞬间将造船厂变成一座废墟。除了首都东京以外，日本南部的神户和其他两个城市也遭到了轰炸。同时，美国人还对这次轰炸做了十分充分的准备，仅仅半个小时就完成了空袭任务。当日本人动用防空设施进行还击时，美国的轰炸机早已安全离开了日本。

美国的这次空袭事件，虽然直接破坏力远远不能和日军偷袭珍珠港相比，但却给毫无准备的日本人在心理上造成了深入灵魂的打击。同时，这次袭击还给航空母舰的远程快速作战提供了一次尝试的机会。

4年以后，美国又在日本的长崎和广岛分别投放了两颗原子弹，让日本人吞下了侵略的恶果，也彻底地毁灭了日本的军国主义梦想。

鏖战中途岛

1942年5月，在澳大利亚东北部的珊瑚海上，美国和日本进行了有史以来海战上的第一次航空母舰大战。在这次大战中，双方都有极大的损失：日本除了"祥风"号航空母舰被击沉外，还有一艘遭到了重创；而美国的"列克星顿"号航空母舰被击沉，"约克城"号航空母舰也因遭到重创而被迫退出战场。

1942年5月，联合舰队总司令山本五十六进攻中途岛的计划得到了日本帝国参谋部的批准。山本五十六主张进攻中途岛的目的是想把"珍珠港事件"中残存的美国太平洋舰队引诱到中途岛，然后再给予毁灭性的打击，妄图一举歼灭其残存舰队。至此，美、日之间的角逐战争在中途岛拉开了帷幕。

当时，日本联合舰队共有200多艘舰艇，其中有11艘攻击力极强的战列舰、8艘航空母舰、700多架舰载机，而美国的太平洋舰队却只有3艘航空母舰、7艘重型巡洋舰和17艘驱逐舰。军事力量上的差距对美国一方极为不利。但是，让人意想不到的是，山本五十六竟然将舰队分成了6个小舰队，这样就明显削弱了己方的海上力量。不仅如此，更严重的是美国太平洋舰队的总部作战情报处竟然破解了日本频繁用于联络的密码，并成功破译出日本进攻中途岛的战略部署，这就在很大程度上弥补了军事力量上的差距。

美国太平洋舰队司令尼米兹上将在获取情报后，马上根据这些信息制订了详细的作战计划，采取了避免和日军进行正面对抗的策略，并尽可能地削弱日军在海上的力量，计划利用潜艇和轰炸机袭击日本各个孤立的小舰队。5月24日，美国海军情报处再次破译出日军的作战计划。即日军舰载机将于6月4日大举进攻中途岛。这次密码破译的成功，直接将战争的主动权牢牢地抓在了美国人手里。

6月3日，日本各舰队按照计划进入了既定位置，但让山本五十六意想不到的是，他根本没有在这里看到美国的航空母舰。事实也正是这样，美国在日军到来之前，早就派出了两支特快舰队，在中途岛占据了有利位置。4日清晨，日军海军中将南云忠一命令"赤城"号、"加贺"号、"飞龙"号和"苍龙"号航空母舰上的108架飞机去轰炸中途岛上的119架美军飞机，但这是不可能的，从美国破译密码的那一刻起，日本的一切计划便注定要落空。紧接着，南云忠一又命令第二批飞机升上甲板装鱼雷，做好袭击美军军舰的准备。但却因为前去中途岛执行轰炸任务的第一批飞机的再三要求而放弃了这一计划，并将装好的鱼雷换成炸弹，此举更是导致日军贻误了最佳战机。最终，美国轰炸机成功炸毁了"赤城"号、"飞龙"号、"加贺"号和"苍龙"号航空母舰。面对这种情况，山本五十六也不得不取消了进攻命令。

此次战役，日本共丧失航空母舰4艘、重型巡洋舰1艘、飞机234架，以及几百名海军飞行员和2200多名水兵。自此，日本海军称霸太平洋的局面被打破，美国和日本在太平洋上的力量形成了势均力敌的局势。

斯大林格勒会战

斯大林格勒是二战时期苏联在欧洲部分东南部的政治、经济和文化中心，也是苏联军队重要的军事工业基地。

1942年4月5日，希特勒签发了第41号作战指令，并精心部署了对斯大林格勒的进攻计划。希特勒本意是想要通过对斯大林格勒的占领，切断苏联北部重镇同南部的联系，继而占领高加索石油区、顿河和库班地区，并在此基础上包抄莫斯科，实现最终消灭苏联的目的。

同时，希特勒还根据当时的形势做出了具体的分析，他了解到：如果德军在东西两线同时作战的话，结局必然是失败。因此，为了能够专心对付英、美，并且夺取中东和印度，就必须要尽快歼灭苏军主力，然后将兵力转移到西线，这样才能够达到最终目的。拿定主意后，希特勒便决定孤注一掷，将150多万的兵力全都部署在了六七百公里的苏德战场南线上。

7月17日，德军第6集团军抵达了顿河大弯曲部，并直接威胁到伏尔加河和高加索地区。针对这种局势，苏军最高统帅部组建了斯大林格勒方面军与之对峙，斯大林格勒会战就此开始。

从7月17日起，苏军第62集团军、第64集团军与德军第6集团军展开了激烈的交战，开始了对斯大林格勒外围主要防御地带的争夺。到8月10日，苏军已经逐渐撤退到了顿河东岸，并在斯大林格勒外围防御地带成功阻止了德军的前进。8月19日，德军为了突破苏军的防线又一次发起猛攻，从西、西南方向同时向中心突击，力图一举攻下斯大林格勒。同时，德国还出动了几千架飞机对斯大林格勒进行了狂轰滥炸，甚至将全城夷为了平地。此外，德军一部分兵力还从斯大林格勒北面向伏尔加河畔逼近，企图在此处突击夺取该市。在这种情况下，苏军拼死抵抗，直到9月12日，双方之间的战争才以德军未突破苏军防线而告一段落。

随后，德军开始从西面和西南面向城区逼近，与固守斯大林格勒的苏军第62集团军、第64集团军再次展开了激烈的战斗。9月13日，德军的装甲师攻入了斯大林格勒市区，向市中心的第62集团军发动攻击，并一度切断了苏军第62集团军与第64集团军之间的联系，而且还占领了斯大林格勒第一火车站。27日，德军又发动了第二次强攻，与苏军展开了争夺红十月村的战斗。面对如此严峻的形，斯大林快刀斩乱麻，亲自将精锐部队近卫第13师调去了伏尔加河，同德军展开了殊死搏斗。到9月底，双方的战斗重心转移到了北部工厂区。

到 11 月 11 日，苏军开始进行反攻，尽管德军已经突破了 6 个区，但却在苏军的不断打击下，而不得不放弃对最后一个区的进攻，并被迫转入防御。

1942 年 11 月 19 日，在一番周密的准备之后，集结在斯大林格勒西北面和南面的苏联红军揭开了反攻的序幕。经过两天的战斗，苏军成功地突破了德军的防线。11 月 23 日，南、北两方面的苏军在斯大林格勒城外的卡拉奇成功会师，并将德军的第 6 集团军及坦克第 4 集团军包围在斯大林格勒城下。希特勒在得知这一消息后，一面紧急命令主将鲍罗斯死守阵地等待援军解围，一面又将作战物资空运给被困部队。只是，这一切都已经来不及了。1943 年 1 月 10 日，苏军开始分割并消灭被困的德军。到 31 日，被围的南部德军已经被悉数消灭，以第 6 集团军司令为首的德军残部宣布投降。至 2 月 2 日，北部德军也选择了投降。至此，持续了 6 个月的斯大林格勒大会战终于结束。

在此次战役中，150 万德军被消灭，由德军及仆从军所组成的轴心国最大的集团军彻底宣告覆灭。

经过此次会战，德军再也无力组织大规模的进攻。而苏军则渐渐收复了失地，并攻入了德国本土。因此，此次会战的胜利不仅是苏德战争的转折点，更是第二次世界大战的转折点。

诺曼底登陆

斯大林格勒战役之后，世界反法西斯国家走上了联合作战的道路。1943 年 11 月，在联合作战趋势的影响下，德黑兰会议召开了。在会议上，美国总统罗斯福、英国首相丘吉尔和苏联领导人斯大林经过 4 天的长谈，一致通过了在西欧开辟第二战场的决定。按照计划，美国的艾森豪威尔将军出任盟军总司令，统率包括陆、海、空三军在内的近300万盟军将士，准备于英伦三岛集结。然后横跨英吉利海峡，登上欧洲大陆，和东线的苏联红军配合，对德军进行双面夹击。这就是历史上十分出名的"霸王行动"。

当然，要进行如此大规模的登陆作战，首先要有一个精密的部署，最为重要的就是要选择好登陆点。而最为恰当的登陆点又必须满足这两个条件：

（1）登陆点必须在以英国为基地的盟军空军作战半径范围之内。

（2）登陆点附近必须有良好的港口和平坦开阔的海滩，以便利运卸军事物资和参战部队。

经过一番策划，3000英里的西欧海岸便只剩下两处地点可供选择，其一是位于加来海峡的从敦刻尔克到索姆河口一段；其二是诺曼底地区的康尼到科唐坦半岛一带。盟军统帅部经过反复比较，最终选择了后者。这是因为德军在这里的兵力相对薄弱，可以大大提高登陆的成功性。而且这里地形开阔，距法国北部最大港口瑟堡也仅有80千米，可以为登陆后的袭击活动提供更为便利的条件。因此，盟军将"霸王行动"的登陆场最终选定为诺曼底。

除此之外，登录时间也是盟军面临的一个问题。盟军各军兵种根据自己的需要提出不同要求：陆军要求在高潮时上陆，这样可以大大缩短部队通过海滩的时间。海军则要求在低潮时登陆，这样才可以更好地让登陆艇在障碍区外抢滩，以及为工兵清除障碍提供便利。空军则要求有月光，以便于空降部队识别地面目标。盟军统帅部根据各种兵种提出的要求，对诺曼底地区进行了更加透彻的分析，最终决定在高潮与低潮间登陆。即1944年的6月5日。

面对如此困难和复杂的大规模登陆作战，盟军必须做好全面的准备。经过一番研究，盟军统帅部认为：唯有出其不意，才有可能在欧洲大陆上建立起几个桥头堡。只有这样，盟国庞大的军事工业体系和充足的后备兵员等优势才会在战争中体现出来。因此，隐蔽盟军的主攻方向就显得尤为重要了。

为了确保登陆成功，盟军决定借助情报机构实施战略欺骗手段，诱使希特勒将德军兵力分散在从挪威到地中海的广阔地区。为此，盟军便制订了一项"卫士"欺骗计划。

于是，盟军便开始通过各种虚假的无线电通信使德国人淹没在大量的假登陆消息之中，使其长期处于戒备状态，给对方造成一种"狼来了"的假象。这样，当真正的登录计划开始时，德军就会误以为这次行动和前几次经历一样，只不过是一次演习。为了达到这样的效果，美国甚至虚构了以骁将巴顿为司令的"美国第1集团军"。

就在盟军紧锣密鼓地为登陆做准备时，希特勒也发觉了盟军正在进行一场大规模的登陆的心思。但是他却无法对盟军的登陆时间和地点做出正确的判断。最后他只好借助于情报部门的研究判断，但是，他的愿望终究没能实现。后来，希特勒和龙德施泰特在巡视了整个法国海岸后，臆断盟军的主攻地点便是加来，同时否定了盟军在6月5日登陆的可能性，因为他认为那几天的天气条件非常不适合登陆。但事实却证明，德军正是在这个问题上翻了船。在错误判断的影响下，希特勒和他的最高统帅部错误地以为诺曼底只是一场佯攻，便下达命令停止了从加来调往诺曼底的装甲师和步兵师的前进，甚至把其他地方的许多兵力都调遣到了加来地区去面对"大敌"，听任隆美尔在诺曼底海岸苦苦撑持。因此，未战之前，德军在诺曼底战役中已经彻底失去了取胜的可能。

历史上最漫长的一天开始了。

1944年6月5日凌晨，美英盟军的2395架运输机和847架滑翔机，载着3个空降师从英国的20个机场起飞。飞机群向南快速飞行，伞兵空降着陆于法国诺曼底海岸后边的重要区域。黎明的时候，英国皇家空军的1136架飞机起飞，猛烈轰炸事先在勒阿佛尔和瑟堡之间选定的10个德军海岸炮垒。天亮后，美国第8航空队的轰炸机开始猛烈轰击，1083架飞机在德军海岸防御工事上投下1763吨炸弹，此时离部队登陆还有半小时。之后，盟军各种飞机同时发动攻击，炸弹有如雨注般倾泻到敌人的海岸目标和内陆的炮兵阵地。5时50分，太阳刚刚升起，盟国海军战舰开始以凶猛的阵势对沿海敌军阵地进行攻击。一时间，漫天都是炮火，天地震动，德国士兵像一个个缩头乌龟一样躲在钢筋混凝土的掩体内。

在距岸17千米（美军登陆区）和11千米（英军登陆区）的海面上停靠着利用运输舰送来的进攻部队，之后"换乘"大型登陆艇和小型登陆艇。小艇属于攻击艇，每艇可以乘坐30人。小艇排成一排前进，并在规定时间内抵达攻击滩头。运载重武器、大炮、坦克和工程设备的大型登陆艇紧随其后，登陆艇上还分别安置着大炮、迫击炮和火箭炮，靠岸时就可以对敌人的海岸防御工事进行面对面的射击。此外还有两栖坦克，它们一登陆上岸就能直接投入战斗。最后是登陆船，将径直上岸，卸下人员、装备和供应品。

6日早晨6时30分，美军在奥马哈和犹他滩头开始登陆。

在犹他滩，实际情况是盟军的登陆地点比预定地向东偏移了1.6千米，不过德军在登陆点部署的兵力并不多。攻击行动实施后，盟军部队仅花了3小时就成功跨越了滩头，控制了沿海的公路。当天上午，登陆部队和在5小时前空降于敌人后方的部队会合。到了当天午夜，盟军成功向内陆前进了6.5千米。历数所有登陆作战，犹他滩登陆战是伤亡人数最少的一场，2.3万名官兵中只伤亡了197人。

在奥马哈滩，美军的进攻就不是那么一帆风顺了，实际上它是诺曼底登陆战役中打得最为激烈的海滩。巨浪、晨雾、烟尘和侧面的气流让部队在登陆之前就没了力气，负载沉重的士兵晕晕乎乎地走下船来，随后便遇到猛烈炮火的攻击。一时间，海滩上到处都是阵亡的和负伤的盟军战士。同样的事情还发生在下一批进攻的部队。在这关键时刻，美军两个突击营借用绳梯爬上了海岸的陡峭山壁，攻下了敌人的海岸大炮，摧毁1座炮台。 不过敌军的剩余火力点依然在猛烈射击，美军在海滩上依然寸步难行。 美军第1步兵师师长许布纳立即决定，命令驱逐舰向德军炮群和火力点进行近距离的射击，尽管这有可能会让自己人受伤。 驱逐舰果然有很大的威力，德军士兵从工事里走出来宣布投降。 美第1师官兵经过浴血奋战，最终占领了一条纵深不到3千米的滩头阵地。 截止到6日夜晚，先后有3.4万名美军登岸。

英国军队于7时20分开始登陆。

在金滩，英军第50师一开始就遭遇了一些困难，不过在皇家海军艾杰克斯号强大火力的掩护下，渐渐将德军的抵抗摧毁殆尽。 到傍晚时已有2.5万名盟军顺利登陆，并深入内地大概8千米。

在朱诺滩，加拿大第3师和顽强的敌人相遇了，在将滩头的敌军肃清了之后，他们急速推进，并取得了巨大进展，当晚就抵达卡昂—贝叶公路。

在剑滩上，英国第3师也遭遇了激烈的反抗，不过在傍晚时，他们就与第6空降师成功会合了。

到了6月6日傍晚，盟军在欧洲大陆已建立了巩固的登陆场，伤亡人数比预计中的少。 到6日夜晚，差不多10个师的部队与坦克、大炮和其他武器已经登岸了，后来的部队陆续赶来，盟军对德国守军的优势不断增大。

6月5日的恶劣天气，让西线德军的大多数将领以为盟军此时不会选择进攻，所以防守变得消极。 6日凌晨2点左右，报告送至巴黎的龙德施泰特总司令部，他才得知大规模的英美空降部队已经登陆。不过龙德施泰特却得出结论，空降伞兵只是一种掩盖真实意图的手法，加来附近才是盟军的主要登陆地点。

没过多久，总司令部就收到来自西线德国海军部队的报告，报告说在海岸雷达站的荧光屏上发现大量的黑点，很有可能是一支正驶向诺曼底海岸的庞大舰队。 西线总司令的参谋长却回复："什么，在这种鬼天气里？ 肯定是你们的技术员搞错了。 那些黑点可能是一群海鸥吧？"

最终，当西线德军意识到盟军正在进行大规模登陆时，他们向希特勒请求获准出动2个装甲师和盟军空降部队决一死战。 不过希特勒却下令，他们在白天侦察弄清形势之前，不能派出这支战略预备队，因为希特勒认为这不过是声东击西的佯攻。

这时，一贯认为将在海岸滩头让登陆盟军惨败而归的隆美尔，正在德国为爱妻露茜庆祝生日。 在6日上午10时15分时，参谋长斯派达尔给隆美尔电话，希望他马上赶回指挥部。 隆美尔收到消息之后"十分惊讶，震惊不已"，然后，他面无表情地自言自语道："我太笨了！ 我太愚蠢了！"站在他身边的露茜发现他已和之前判若两人。

6月7日，希特勒任命隆美尔指挥西线装甲集群的5个装甲师，隆美尔下决心利用这支精锐部队进行绝地反攻。 不过由于局势严峻，首先，他不得不锁定阻止盟军将5个登陆滩头连成完整的大登陆场这一目标，其次，再保证卡昂和瑟堡不被摧毁。 可惜在盟军的海、空军的绝对强势火力下，这支装甲部队根本不能成建制投入作战，也不能发动决定性的大规模反攻。

美英增加的后续部队陆续抵达，登陆场逐渐扩大，补给物资也滚滚而来。 在战役打响的6天里，有326547人、54186辆军车和104428吨物资通过海滩被运到岸上。 到6月12日，几个滩头已连成一条完整的阵线。

太平洋战场的反攻

一、美军进攻中太平洋

在中太平洋上，海、空军主体是以珍珠港为基地的尼米兹指挥的部队。由于美国经济和工业潜力比日本强大得多，到1942年底，美国经济完全转入战时轨道以后，蓬勃发展了军工生产。美国海军（包括陆战队）已扩充到200万人以上，到1943年底，其中有130万人在海外。

在1943年5月底，由尼米兹派遣一个特混舰队夺回了阿留申群岛中的阿图岛；8月中旬又收回了基斯卡岛。日军占领以上两岛是在1942年6月初。

因为盟军在阿留申群岛和西南太平洋的进攻，日本统帅部被迫重新规划它在太平洋上的战略行动。

与此相对立，在魁北克会议（1943年8月）上，美国战略计划人员寻求打败日本的途径是从始至终的议题。

美军在中太平洋的指挥系统是：尼米兹是最高指挥，全面负责整个作战任务；斯普鲁恩斯是中太平洋部队司令，负责作战指挥；中国、美国第五舰队是太平洋部队的作战主力。

吉尔伯特群岛中的马金、塔拉瓦是太平洋美军进攻的第一个目标。美国计划人员认为，盟军进军太平洋的这些作战行动是太平洋战争的一个新阶段，主要是海战阶段。

马金和塔拉瓦都是珊瑚小岛，由珊瑚礁和很低的长条陆地组成，仅有800多名日军在马金岛上，因此，防御较差。而塔拉瓦驻有日军5000人，在岛上还安置了海岸炮、高射炮和反坦克炮，所以，防守坚固。

在盟军攻占马金的突击舰队中，有4艘旧式战列舰，4艘重巡洋舰，13艘驱逐舰，3艘护卫航空母舰。此外，还有由3艘战列舰，3艘重巡洋舰，21艘驱逐舰，5艘护卫航空母舰组成的攻打塔拉瓦的特混舰队。

1943年11月13日，美军对马金和塔拉瓦发动了预备性进攻，这次进攻主要是空袭。

11月20日凌晨，2支特混舰队分别到达目的地，开始登陆。步兵第二十七师进攻马金的部队，指挥是拉尔夫·史密斯。经过3天的激战,到11月23日中午,史密斯发出电告给特纳:"马金拿下来了。"

塔拉瓦岛上的5000名日军中,3000人是战斗士兵。该岛防御坚固,海滩障碍物、铁丝网、木桩、水泥建筑等应有尽有。塔拉瓦是太平洋上日军防守最牢的岛屿,只有硫磺岛堪与之比。由美军派出的5个营先后登陆塔拉瓦岛,在海空军的支援下,经过艰苦的努力,付出很大的牺牲,才在激战4天后击溃了日军的抵抗,占领了塔拉瓦岛。这次进攻中美军伤亡和失踪者达3301人,损失巨大。与此同时,美军还轻易地把附近的另一个小岛即阿腊马马岛拿下。

美军夺取塔拉瓦岛的代价是很高的。但从战略上讲,它具有很重要的意义:首先,是空军基地的获得,到1943年年底,美国飞机已能从塔拉瓦和上述2个小岛上起飞。其次,由美军用血的代价换取很多经验教训,为以后在横越太平洋的进军中避免了更大的牺牲。此外,美军攻陷了吉尔伯特群岛,这就迫使日军放弃了攻打埃利斯、斐济和萨摩亚群岛的计划。

二、美军攻下塞班岛

塞班岛四季都是夏天,终年遍地鲜花,是南海的乐园,最优美的旅游、疗养胜地。它的面积为120平方公里,距东京两千多千米,笠原群岛七百多千米,第一次世界大战后,日本委任统治地的政治中枢便在这里。塞班岛的战略位置十分重要,占领了它,就等于把日本的防卫大门攻破。如果从岛上机场出发,美国的超级空中堡垒飞机便可以直接轰炸日本的本土。

司令官小烟英良率领的第31军,在塞班岛上担负防守任务。而小烟英良当时出差,不在岛上,由第43师团长斋藤义次中将指挥。在岛上,参加指挥的也有中部太平洋方面舰队司令长官南云忠一海军中将和第6舰队司令长官高木武雄中。

日本陆、海军首脑在连续惨败之余,已经乱了手脚,意见出现分歧，一会儿把右边的兵力往左调，一会儿又把左边的兵力往右调。再加上战线拉得太长，都在锐减陆军和海军的实力。而且在塞班岛这样重要的战略要地，防卫兵力甚少，构筑的野战阵地也不完整。

塞班岛上日本守军计有陆军27500人，海军1万人，兵力明显不足。为了拼死挣扎，日本守军也征集了岛上的日本冲绳县人、朝鲜人共2.1万余人及岛上原住民4000人来参加战斗。

在1943年7月，新组成了日本陆军第43师团，驻防在名古屋附近。5月9日，主力由名古屋港秘密出发，5月19日到达塞班岛。第二次输送了一个联队共计士兵4000名，途中运输船被击沉，只有约1000名士兵在海上漂浮中获救，6月9日这些获救的士兵才到达塞班岛。这个师团只剩下1.3万能够担当防卫的士兵。

由于塞班岛海岸边都是珊瑚礁，土质疏松，很不牢固。再加上时间仓促，建筑材料不足，粮食和弹药的准备也不充分，因此，防卫能力十分单薄。

在第43师团后续部队到达塞班岛的第4天，6月11日午后，美舰载机200架对塞班岛进行了猛烈的轰炸，又派出140架轰炸提尼安岛，140架轰炸关岛。

第二天早晨，480架美机铺天盖地飞临塞班岛上空，炸弹密如雨下，把塞班岛的中心城镇加拉潘大部分化为灰烬。

6月13日，又有120架次飞机轰炸港湾、飞机场，并且新构筑的阵地马上变成弹坑，美军派出的战舰完全包围了塞班岛。

经过几天激战，6月26日，日军严密防线遭到美装甲部队突破，美军占领了塔波乔山山顶。部分残余日军仍躲在山北麓进行顽抗。

美军三个师由南向北稳步推进，日军的抵抗越来越顽强，并决心死守。美军也有很大的伤亡。美总指挥官特纳少将对进攻速度太慢很不满意，因此，做出了亲临阵前指挥的决定，战况变得十分激烈。

7月7日傍晚，日军仅只剩下3000多人，其中还包括伤病员在内。

到这时，自杀性的总攻击由日军向美军阵地发起，发了疯的日军一面高喊万岁，一面往前冲，直至死亡殆尽。守军指挥官斋藤义次中将自杀，偷袭珍珠港的联合舰队司令官南云忠一中将也用手枪自杀在岛上。

据战后统计，塞班岛上共有约 44000 名日本陆海军，战死 41000 多名。两万多非战斗员中，有日本人、朝鲜人，有些被强迫自杀，有些被日军处死，共死亡 8000 到 10000 人。这次战役中，美军付出的代价也很惨重，战死 2053 人，受伤及失踪约 13000 人。

美军在拿下塞班岛和打垮了日本舰队的空军之后，便取得了马里亚纳地区的制空权。

三、美军重返菲律宾

日本舰队在遭受这次惨败之后，分途逃回各自的锚地。但在莱特岛上，日本陆军却做出了决战的决定，迅速从菲律宾其他岛屿调集 4 个师团的援兵，还把精锐的第一师团从上海调回。

美国克鲁格指挥的第六集团军也迅速增加到 7 个师：在北翼作战的第 10 军拥有 3 个师，在南翼作战的第 24 军增到 4 个师。美军迫使日军在极为艰苦的战斗中逐渐后退。到 1945 年 1 月 1 日，基本结束了莱特战役，但美军还要进行小规模的战斗，以肃清残敌。在莱特战役中，日军地面部队伤亡的人数是 70000，而美军地面部队总共伤亡 15000 多人。

还在莱特战役期间，美军就在民都洛岛登陆，以便取得吕宋基地。进攻吕宋的日期定为 1945 年 1 月 9 日，这个战役由克鲁格指挥的第六集团军负责进行。艾奇伯格指挥的第八集团军接防莱特、萨马和民都洛，作出了肃清吕宋以南诸岛日军的准备。在新几内亚、新不列颠和布干维尔被孤立的日军由澳大利亚第一集团军负责消灭，并夺回婆罗洲（现名加里曼丹）及其丰富的油田。第六集团军计划在仁牙因湾登陆，攻陷吕宋平原，并拿下马尼拉。海、空军将在吕宋南部海岸显示其力量，菲律宾的游击队要把吕宋南部的交通线破坏。金凯德指挥的第七舰队定名为吕宋特混舰队，运输、掩护和支援登陆部队由其负责，它有850多艘大小舰艇。哈尔西的第三舰队对台湾和吕宋北部的目标发动空袭，进行战略支援。

山下奉文的第十四方面军已在吕宋增至25万人。岛上只有70架日本飞机，这时日本第一航空舰队司令大西泷次郎，便利用青年愿意拼命的心理，越加倡导神风突击战术：飞机满载炸弹猛扎敌舰的甲板，撞得机毁人亡，引起敌舰大爆炸而将其摧毁。此时，大西正式成立神风特攻机队（"神风"之名出自元朝。1273和1279年，忽必烈两次派舰队远征日本，都因台风袭击而失败。故强台风被日本人称为"神风"）。于是，一大批这种亡命徒式的"神风特攻机队"便在日军中出现，使美国军舰遭到可怕的损失。从1月4日开始到13日，最后一架日本飞机完蛋，10天之中共有17艘美国舰艇被炸沉，重伤的有20艘，而轻伤的也有30艘。山下失去海、空军支持，孤立无援，守住吕宋的希望很渺茫，因此，他计划进行拖延战术，尽量阻挠美军得到吕宋。他把部队分为3组：尚武集团，在北部，14万人，防止盟军从仁牙因登陆；建武集团，在中部，3万人，使克拉克机场设施得以保卫；振武集团，在南部，11万人保卫南吕宋。

1945年1月9日，美国第六集团军的4个师在仁牙因湾登陆，31日，克拉克机场及其要塞等设施被占领。2月3日，美军进抵马尼拉外围，但经过1个月的苦战，菲律宾首都的敌军才由美军肃清。日军败退时恼羞成怒，残杀了数以万计的无辜居民。此后，吕宋的日军退往东部山中负隅顽抗，有的甚至到1945年9月才投降美军。

美军在莱特登陆时（1944年10月），为了配合盟军的攻势，菲律宾人民向日军开始了大反攻，使得许多地方获得解放，其中包括邦板牙省首府圣费尔南多，打拉省首府打拉，内湖省首府克鲁斯。省级政权由人民抗日军在新怡施夏、邦板牙和内湖等三省建立，并且还任命了省长。在人民抗日军中，非常活跃的当属华侨抗日游击支队（共6个大队，最多时达700余人），他们和菲律宾人并肩战斗，一起反抗日本侵略者，用鲜血结成了战友情谊。

1945年1月，人民抗日军在八打雁进行牵制战，以配合美军在仁牙因湾的登陆。人民抗日军还切断了日军后方的重要交通线，从而使日军在马尼拉周围基地防御线瓦解的速度加快。美军重返菲律宾之后，美国帝国主义者的本来面目重新露出，他们不但不感谢人民抗日军3年抗战和协同美军最后打败日本占领军的功劳，相反的，他们把人民抗日军视为独占胜利果实的最大障碍。1945年2月5日，美军按预定计划包围了参加攻打马尼拉的人民抗日军，还解除了人民抗日军的武装。

但在世界人民心里，将永远铭记菲律宾人民抗日军为解放祖国、打击日本侵略者而建立的不朽功劳。

1945年3月3日，马尼拉市由美军完全占领，菲律宾自治政府也随之宣布恢复。

菲律宾人民依靠自己的力量，通过武装斗争，付出了巨大的牺牲，为抗日战争的胜利做出了很大的贡献。

四、东条英机下台

1944年初，日本伊势神宫社务所收到一封来信，它来自堺市金冈陆军医院内的一位伤残军人，受压迫、受奴役的日本人民再也不能忍受东条等一小撮军国主义分子的欺凌。信中这样写道：

"我希望能看到日本战败，天皇成为美国俘虏、成为奴隶时的模样。喜好战争的日本，命中注定要遭到老天爷的惩罚，一定失败。立即和美、英谈判，拯救一亿国民吧！只有这样做，我们的丈夫、儿子、父亲才能不再被运往战场，不再在空袭下担惊受怕，肚子也能吃饱。我们厌恶战争，东条英机能不能成为第二个平清盛呢？"

日本历史上的源平之战的战败者是平清盛，在此把东条英机比作平清盛第二，日本国民对他的愤怒由此可见。东条英机内阁执掌日本朝政两年零四个月，最初只是首相兼陆相兼内相，后来还兼外相、文部大臣、商工大臣，到1944年2月，又兼任参谋总长，最后，集军政大权于一身，一人专横独裁。

及至塞班岛全军覆没，盟军完全掌握了太平洋的制海权、制空权，不仅使日本国民怨声载道，连朝野上下都迫切盼望着东条英机下台。于是，日本统治阶层内部也发生了倒东条英机运动。

日本统治阶层内部倒东条的运动发生在1944年2月，即空袭特鲁克等岛屿的时候。这座"不沉的航空母舰"成为了日军的葬身之地。紧急关头，日本大本营内部的军务局长、作战科长、战争指导科长等主要决策人员一致认为，依靠作战来挽回败局是不可能的，应该想想结束战争的办法。

7月3日，大家的意见是由大本营第一部作战的指导课长松谷诚大佐，在陆军大臣室向东条陈述，并且指出一旦德国崩溃，结束战争是日本的首选。在战况最不利的情况下，只要能保持国体不改变就可以，并且派遣使者去苏联，加紧对苏的外交。

对于东条来说，谁敢反对，他就治理谁，这已成为惯例。他对松谷的直言大为不悦，第二天便下令把松谷贬到中国派遣军去当参谋。在这种淫威之下，结束战争的建议再没有人敢提出。

由于海军内部和众多元老重臣都失望于东条的战争指导、国务处理。7月17日下午，两位次长、次官、军务部各部长会议在陆军部召开，会议讨论了今后的战争指导方针，会议中提出了四条可供选择的方案：

（1）不管后果如何，年内动员所有力量进行决战。

（2）年内把主要国力和战斗力投入到决战中去，尽可能保证国内有自给存活的能力。

（3）作战和国内存活两个方面都必须得到兼顾。

（4）以自给存活为重点，尽最大努力作战。

日本陆军内部的高级干部已无法克制对战局和政局的忧虑，纷纷要求东条辞职，日本政局更加不稳。当天，陆军部次官的富永恭次如实地将陆军部会议的内容报告给东条，要求他不再担任参谋总长，由梅津美治郎继任。

7月17日零时20分，重臣会议否决了东条改组内阁的方针。17日晚，重臣会议要求东条内阁下台，并让内务大臣木户直截了当地传达给东条。

18日上午10时，东条召开内阁会议，做出了内阁全体辞职的决定。19日，新内阁成立，由朝鲜总督小矶国昭陆军大将任首相，杉山大将任陆相，任海军大臣的是米内光政海军大将。

8月19日，裕仁天皇出席了新内阁首届最高战争指导会议，在判断世界形势方面后，内阁认为德国的失败已经成为必然，但他们回避讨论如何收拾本国战局的问题。会议认为，不管欧洲形势如何演变，击败敌军仍然是日军一直努力，为完成最终战争而奋斗的目标。

然而，日本政府和大本营对新内阁的夸张语调和一厢情愿的梦想都处于六神无主的状态中。

中国战场发展的形势对日军也越来越不利。诱降蒋介石已不可能，日本已经注定失败。在中国战场一百多万日本军队被困抽不出身来；使得美、英盟军在太平洋战场上严峻的战斗形势得到了极大的缓解；日本对苏外交也严重受挫。

与中国政府停战谈判事宜由小矶首相来主持，以便从中国战场腾出手来挽救局势。对此，不仅中国政府不理睬，在日本国内也几乎无人支持。新内阁不久便被取消。

希特勒畏罪自杀

1945年4月，苏联红军攻破德国的最后一道防线柏林后，希特勒称霸世界的迷梦被彻底击碎了，德军总指挥部里一片混乱。

4月24日，希特勒突然紧急召见了警卫队分队长沙乌布，商谈如何处理军事文件，这是一次绝密行动，就连希特勒的贴身侍卫林格也不准入内。紧张的磋商过后，沙乌布走出了希特勒的办公室，命令林格将保存的两箱军事文件和一些德国马克浇上汽油烧毁。两天后，希特勒把林格叫到密室内，告诉他一个痛苦的抉择：如果柏林失守，他将和情妇爱娃一起自杀。为了防止尸体落入苏联军队手中，希特勒命令，在他们死后，将他们的尸体和居住的防空洞全部焚毁，以免给苏联军队留下什么线索。为了保险起见，他还命令林格事先准备好了两桶汽油放在防空洞门口。

苏联红军一路势如破竹，逼近了希特勒的总指挥部，德国的高级将领们纷纷作鸟兽散，希特勒诚惶诚恐地待在防空洞里，唯恐被苏联军队生擒活捉。4月29日，希特勒派一名叫费格良的军官去外面探听虚实，结果费格良准备逃离柏林城，希特勒下令处死了他。

爱娃对希特勒的死亡决定显得异常镇静，她情愿和希特勒一起共赴黄泉，临死之前，她向希特勒提出了一个要求，希望与希特勒举行婚礼，做他正式的妻子，希特勒答应了她的要求。处死费格良的当天，希特勒和爱娃的婚礼在简陋的防空洞中举行，一位曾经担任德国宣传工作的高级官员当了他们的证婚人，并主持了这场简单的婚礼仪式，宣布他们成为夫妻，希特勒夫妇和在场的其他人共同组织了一个简单的茶宴。不远处，苏联军队的隆隆炮声敲碎了希特勒的所有梦想，防空洞里越发显得凄惶，希特勒心里很明白，自己的时间已经不多了。

举行婚礼的第二天，希特勒开始实施死亡计划。下午3时45分，希特勒和属下作最后的告别，此时的希特勒已经不是一个不可一世的纳粹狂徒，往昔骄嚣的气焰也已经荡然无存了，他希望属下能向西突围，获得德国盟军的支援，最后，他再次提醒保镖，一定要将他们的尸体焚毁。之后，希特勒在自己的办公室里饮弹自尽，子弹从希特勒右侧的太阳穴射入，墙壁和地面上都溅满了血迹，地上扔着希特勒自杀时使用的两把手枪。随后，爱娃也服毒自杀了。属下按照希特勒的嘱咐将他和爱娃的尸体浇上汽油焚烧了，几个小时后，希特勒生前的几名保镖将两人的尸骨合葬在防空洞附近。

5月5日，苏联红军挖出了两具尸骨，经过多方调查和审问希特勒的保镖，最终确定了挖出的尸骨就是希特勒和爱娃。

日本本土作战

意大利退出第二次世界大战后，纳粹德国也很快向盟军投降，而日本却不甘心就此罢休，依然负隅顽抗。日本在太平洋战场上和美国进行的一系列血腥的角逐以全面失败告终，逐渐丧失了海上作战能力，美国凭借其在综合国力、先进的情报系统等强大的优势，先后取得了中途岛、莱特湾以及瓜达尔卡纳尔岛等战役的胜利，并且夺得了所罗门群岛。日军称霸南太平洋的计划彻底宣告失败。而在硫磺岛与冲绳岛战役失败后，战火终于引到了日本本土，日本军国主义者一意孤行地推出了本土决战计划，打算做最后的挣扎以寻求一线生机。

1945年3月20日，日军大本营制定了《决战作战准备纲要》。开始的时候，日本计划利用本土作战的有利条件，以残存的陆军、海军和航空兵实行特攻作战，力图首先挫败登陆的盟军，然后集中地面上的所有兵力，与登陆的盟军全力一搏。日本军部判断形势，认为盟军会以6月作为登陆的时间，地点在九州、四国和本州的关东地区。因此，日本军队希望赶在盟军登陆之前，在关东和九州等地部署强大的兵力，做好战斗的防御准备。此后的几个月内，日本一方面加紧从中国东北和朝鲜向本土调集兵力，加强防御工事，另一方面重新调整了指挥系统，成立了5个方面军司令部和5个军管区司令部，专门负责本土作战。到6月中旬的时候，日本已经调集了其所能调动的所有兵力到日本以进行本土决战。

然而，日本这个昔日不可一世的军国主义国家正在迅速走向衰亡和崩溃。由于航空母舰和优秀飞行员的损失殆尽，日本已经完全丧失了海、空优势。同时，在海面上，美军还布设了1.4万枚鱼雷，封锁了下关海峡、名古屋、横滨和东京的海上交通线。这让原本缺乏资源的日本几乎枯竭，战略储备与需求相比已经是杯水车薪，日军和民众的日常生活都变得异常艰难，日军的战斗力也随之迅速下降。一直到1945年8月14日，美军向日本的军事基地、石油储备库、政府机构和民居投放了数万吨的炸弹和燃烧弹，民居被毁让国内民众对战争的反感达到了极点。

8月6日，美国向日本广岛投掷了第一颗原子弹，3天之后，第二颗原子弹投向了日本另一座城市长崎，日军精心准备的本土作战计划并没有起到丝毫的作用。盟军发表《波茨坦公告》后，日本天皇于8月15日被迫宣布正式投降。

德黑兰会议

在德国法西斯撕毁《苏德互不侵犯条约》进攻苏联和日本偷袭

美军太平洋舰队基地珍珠港以后,英美两国同苏联结成了反法西斯同盟,共同对德国作战。1942年1月1日,中、苏、美、英等26个国家在华盛顿发表了《联合国家宣言》,表示要全力对抗德、意、日法西斯。这样,国际反法西斯统一战线(又称"国际同盟")形成了。

在苏联战场上,当斯大林格勒会战取得伟大胜利以后,如何协调行动,共同作战就成了迫切的问题。1943年11月下旬,美国总统罗斯福、英国首相丘吉尔和苏联领导人斯大林都来到了伊朗首都德黑兰,共同商量对德作战的军事问题。这是三国领导人之间举行的第一次首脑会晤。

1943年11月28日下午3时,正式开会前一小时,斯大林身着苏联大元帅的咔叽制服,胸前佩戴列宁勋章,从苏联人的住地走到美国人住的别墅来拜会罗斯福总统。罗斯福穿了一套蓝色便服坐在轮椅上对斯大林说:"见到你很高兴,我早就想同你见面了。"斯大林也微笑着回答说:"我也很希望会见你。"下午4时,苏、美、英三国领导人会议正式开始。

美国总统罗斯福主持了第一次会议,他首先致词说:"苏联人、英国人和美国人第一次作为家庭的成员相聚一堂。我们所抱的唯一目标,就是赢得战争的胜利。希望大家自由讨论,畅所欲言。"

丘吉尔接着说:"这次会议也许象征着人类有史以来整个世界力量的空前大聚会,人类的幸福及命运已完全掌握在我们手中。"

斯大林也说:"苏美英三大国的友谊是非常重要的,希望大家很好地利用这个机会。"

在第二次会议举行以前,丘吉尔奉英国国王之命,向斯大林赠送了为纪念光荣的斯大林格勒保卫战而特别设计铸造的宝剑。斯大林把宝剑举到唇边,轻吻剑鞘,然后把宝剑交给身旁的伏罗希洛夫元帅,再由他交给苏联的仪仗队捧将出去。这些言辞和举动都为会议创造了友好的气氛。但是，当会议讨论到具体问题的时候，他们就发生了分歧。这次会议主要目的是研究如何打败德国法西斯，早日结束战争问题。具体地说，就是如何尽快开辟欧洲第二战场。

当时，苏军是抗击德军的主要力量，为了减轻苏军的压力，迫切需要美英在欧洲西部开辟另一条战线，牵制德军，缩短战争时间。斯大林早在1941年就几次要求英国开辟第二战场，却遭到了丘吉尔的婉言拒绝。后来，美国和英国国内也掀起了要求开辟第二战场的声浪，美英两国才制订了代号为"霸王"的战役计划，准备在1944年从法国诺曼底登陆，开辟欧洲第二战场。现在，德黑兰会议讨论到这个问题时，丘吉尔却又把他早就提出的"地中海战略"拿出来，主张英美从地中海进攻意大利，再往巴尔干进军。

面对丘吉尔的建议，斯大林反驳道："进行地中海战役对打败德军意义不大，巴尔干离德国心脏太远。所以，还是尽快进行'霸王'战役好。"丘吉尔思索了一阵，又提出两路并进的办法，实际上还是要把巴尔干作为主要战场。

斯大林再也忍耐不住了。这位工人出身的领袖猛地敲了一下桌子，怒声道："我们的人民每天都在流血牺牲，我们的孩子由于没有面包充饥而正在挨饿！而有的人在这时却只顾抢夺中欧的地盘，置人民的牺牲于不顾！我待在这里简直是浪费时间！"说完，斯大林挪开椅子，就要离开会场。

罗斯福这时也觉察出了丘吉尔的用心。他知道丘吉尔是想从巴尔干打进中欧，不让苏军进入奥地利、罗马尼亚和匈牙利。罗斯福并不同意丘吉尔的意见。他说："如果在地中海登陆作战，就会把战役推迟两三个月，我是不想推迟'霸王'战役的。"

经过反复磋商、争论，最后美英苏三国达成了一致协议，决定在1944年5月，英美实行"霸王"战役并进攻法国的南部，开辟欧洲第二战场。斯大林也答应同时发动攻势，阻止东线德军西调。苏联还答应在打败德军后，对日本宣战。 苏美英三国领导人在协议上签了字。 德黑兰会议取得了积极的成果。 达成协议以后，罗斯福、丘吉尔和斯大林互相祝贺。 罗斯福在庆贺丘吉尔69岁生日的宴会上说："彩虹有很多颜色，各不相同，但它们能构成一条灿烂夺目的彩练。我们各个国家也是如此。 我们有不同的习惯、哲学和生活方式。 我们每一个国家都按本国人民的愿望和理想，来拟订我们处理各种事情的计划。 可是，我们在德黑兰会议上已经证明，各国不同的理想可以汇合成一个和谐的整体，团结一致地为我们自身和全世界的利益而采取行动。 所以，当我们离开这次历史性的聚会时，我们会在天空第一次看见希望的象征——彩虹。"

德黑兰会议为国际联盟接下来对德宣战起了重大作用，它加速了反法西斯战争的胜利。

雅尔塔会议

1945年，第二次世界大战的结局已经变得非常明朗，取得反法西斯战争的胜利指日可待。 在欧洲战场上，美英联军和苏联分别由西、东两线向德国本土推进，德国法西斯政权败局已定。 在远东和太平洋战区，负隅顽抗的日本法西斯军队也已走到了末路。 为了协调反法西斯盟国之间的联系，商讨最后打败日德的计划以及研究如何处置战败后的法西斯德国、安排未来欧洲事务与战后建设等一系列的问题，1945年，美、英、苏三国首脑在黑海沿岸的著名度假胜地雅尔塔，举行了日后对世界政治格局影响深远的雅尔塔会议。

1945年2月3日，美、英两国领导人来到苏联克里米亚半岛的雅尔塔，并于1945年2月4日到11日，在此举行了著名的雅尔塔国际会议。 因为雅尔塔地处克里米亚半岛，所以雅尔塔国际会议又被称为克里米亚会议。这次会议的参与者主要是苏联人民委员会主席斯大林、美国总统罗斯福与英国首相丘吉尔，以及随同他们前来的三国外交部长、参谋长和顾问们。在2月4日到11日这8天时间里，英、美、苏三国政府代表团采取了各种各样的会谈方式，包括所有代表出席的全体会议、只有"三巨头"在场的秘密会晤，还有针对具体问题的参谋长或外长分组会议等。在这次会议上，英、美、苏三国政府代表团针对最后打败德日法西斯、处置战败后的德国、安排欧洲事务和保卫战后世界和平等重大事项进行了广泛的讨论，最后三国共同发表了联合会议公报，签订了《雅尔塔议定书》以及秘密的《雅尔塔协定》。不过，当时英、美两国为了争取苏联对日宣战，会议期间签订了许多侵犯中国权利的内容，而会前其他国家并不知道具体的会议内容，所以又被称为"雅尔塔密约"。

在雅尔塔会议期间，如何来处置战败国德国，成为每个参会国最为首要讨论的问题，其中包括战败后对德国领土的占领以及战争赔款等多个议项。在领土管辖的问题上，"三巨头"全部同意了对德国实行"分而治之"的政策，也就是战后德国由苏、美、英、法四国分别占领。而在德国战败赔款的问题上，苏联和美国达成了秘密协议，赔偿总额高达220亿美元，尽管英国当时认为赔款总额还没有办法估计，但是最后还是同意了由东道国苏联提出的"战争赔偿总额为200亿美元，其中一半归苏联"的建议。

如何对日作战成为雅尔塔会议的另一项重要议题。会议召开的时候，日军依然在太平洋战场上做最后垂死的挣扎。罗斯福总统为了减少美军在太平洋战区的伤亡并且尽快结束战争，非常希望苏联尽快出兵对日作战，并将牺牲中国的权益作为苏联出兵的条件。三国领导人就此达成协议，根据协议规定，苏联要在德国投降及欧战结束后两到三个月内参加对日作战。其条件的主要内容为：

(1) 保持外蒙古（即今天的蒙古共和国）现状。

（2）库页岛南部以及相邻的岛屿交还苏联，大连商港必须国际化，维护苏联在该港的优越权，恢复苏联在旅顺港所有的权益，苏、中共同经营合办中东铁路和"南满"铁路，但苏联拥有优先权益，中国可保持在"满洲"的全部主权。

（3）苏联拥有千岛群岛的主权。

这个协定是美、苏两个大国在亚洲势力划分范围相互妥协和承认的产物。

美、苏各国背着当时作为四大盟国之一的中国政府与人民，签订了侵犯中国主权和利益的协定。协定签订4个多月以后，美国才将内容通知给了当时的国民党政府。当时的国民党政府严词拒绝此协议，感到非常愤怒。可以说，这是雅尔塔会议最为不光彩的一页，是大国沙文主义与强权政治交媾的一种丑恶行径。

在雅尔塔会议上，三国首脑还讨论了关于成立联合国方面的事情。会议决定由美、英、法、苏、中五国担任安理会常任理事国，规定实质性问题必须经过常任理事国的全部同意，五个常任理事国各拥有一票否决权。会议还通过了《关于被解放的欧洲的宣言》，宣布各国人民拥有权利根据自己的选择，用民主的方式来解决他们的经济与政治问题。会议反映了苏、美、英三国对战后世界安排问题上的不同意图和矛盾，对战后的国际关系格局有着巨大的影响。它对于巩固反法西斯联盟，以及推动反法西斯战争的最后胜利起到了重要的作用，并为联合国的建立奠定了基础。但会议中的一些协议并没有经过相关国家的同意，具有明显的大国强权政治的倾向，严重地损害了中国等国的主权、利益以及领土行政完整。

雅尔塔会议被认为是确立战后世界以美、苏两极为主导战略格局形成最重要的一场会议。因而后来人们通常将这种格局称为雅尔塔格局或雅尔塔体系，对战后世界影响深远。

联合国成立

第二次世界大战在世界历史上留下了沉重的一页，人类又一次陷入了没有秩序的黑暗之中。开战后不到一年，国际反法西斯同盟开始建立，许多联盟国的领导人面对着眼前疮痍的城市、荒芜的田野、无数被屠戮的生命，开始了深刻的反思。是否应该建立起一个超脱于民族和国家狭隘利益的国际性组织，让整个人类世界的和平与安全都能够得到保障。

其实早在1916年的时候，时任美国总统候选人的威尔逊就曾经提出过这个设想。而与联合国性质类似的国际组织在历史上也曾有过先例，那便是第一次世界大战后成立的国际联盟。一战后，保卫世界和平的问题被提上了议程。不久之后，包括中、英、法、意、日在内的44个国家参与签订了《凡尔赛和约》，这标志着国际联盟的正式成立。然而可惜的是，大国的缺席使得这个世界性组织变得很不完整，而且它的力量更不足以维护它在各个国家面前的威信。国际联盟虽然标榜着"促进国际合作，维持国际和平"，但是却不能真正将这一宏大目标践行。最终，国际联盟也就沦为了国际政局中一个纯粹的摆设。

为了获得美国在国际组织中的发言权，美国总统罗斯福吸取了一战时威尔逊的教训，试图在和平实现之前建立新的国际组织。罗斯福谋划着战后美国的全球战略利益，并且提出了关于战后国际组织的三点设想：

（1）能够确实有效地维护和平，以防止侵略国策划新的世界大战。

（2）美国需要担负领导作用。

(3)不能让联合国成为软弱无力的国联再版,强调大国要在战后维护世界和平与安全中起到国际警察作用。

1943年10月,中、美、英、苏四国代表在莫斯科发表《普遍安全宣言》,拉开了各国呼吁建立国际安全机构的序幕。在年底的德黑兰会议上,罗斯福提出建议,要成立一个维护战后和平的国际组织,它需要有一个由世界上许多国家共同组成的庞大机构,一个由中、美、英、苏再加上欧洲两个国家、南美一个国家、近东一个国家以及英联邦一个自治领域构成的执行委员会,以及由中、美、英、苏四个大国所组成的警察委员会,斯大林在原则上对此也表示了赞成。反法西斯战争在世界人民的注视中,已经开始走向了胜利的收尾阶段,此时人们所关注的核心,也转移到了如何防止新的世界战争的发生、防止出现新的世界战争策源地的问题上。如何为世界人民建立一个维护和平的共同机构,就成为了人们共同关注的焦点话题。

1944年8月到10月,中、美、英、苏四大国代表齐聚于华盛顿附近的敦巴顿橡胶园,连续举行会议,起草联合国章程。在商议的过程中,美、苏两国为了在联合国的机构设置和权力分配上夺得有利的规定争论不休。苏联坚持联合国安全理事会中,5个常任理事国中、美、英、苏、法应该享有"一票否决权",也就是5国中有一个国家反对,表决就无效。作为当时唯一的社会主义国家,苏联只有用一票否决权来保证它在诸多决议中能够维护自己的利益。英、美代表坚持少数服从多数的主张。就在这个时候,苏联又提出让它的两个加盟共和国,乌克兰和白俄罗斯也加入联合国。这一做法的用意是苏联能够拿到3票的表决权,美、英两国表示不会让步。

双方争论没有结果,这一问题也就一直悬而未决。直到1945年2月,在雅尔塔会议上,由于考虑到要争取苏联全力击败德国并且对日宣战,罗斯福和丘吉尔被迫同意了苏联的建议,明确了安理会的5个常任理事国在实质性问题上享有一票否决权。会议的另一成果便是约定在4月份的时候,于美国旧金山召开世界各国反法西斯国家代表大会,共同商讨成立联合国的问题。

6月25日,经过一系列的商议讨论,世界各国反法西斯国家代表大会终于一致通过了《联合国宪章》和《国际法院规约》,后者被作为宪章构成部分。在第二天的宪章签字仪式上,来自世界上50多个国家,其中包括最初到会的46个国家以及后来受邀的丹麦、阿根廷等4国,总共约153名代表依次在中、英、俄、法、西5种文本宪章上签字,表明宪章在50多个国家中正式生效。中国代表团第一个走上签字台,苏联、英国和法国代表团紧随其后,然后其他国家代表团按照其国家英文名称的顺序一一签字,作为东道主的美国最后签字。值得一提的是,董必武作为中国共产党的代表,也以中国代表团成员的身份,在宪章上签了字。

1945年10月24日,联合国宣布正式成立。10月24日,也被定为联合国日。联合国总部设立于美国东海岸的纽约曼哈顿区。联合国建立在二战的惨痛教训上,它一方面是反法西斯同盟国为了保护来之不易的胜利果实,另一方面是为了维护战后世界长期的安全与和平。联合国的诞生是现代历史上非常重要的大事,此后,它在维护世界和平的事业中发挥着至关重要的作用。